dialogues et situations

dialogues et situations

A Program for Intermediate French Conversation, Composition, and Grammar Review

SECOND EDITION

Stefan Max

San Diego State University

D.C. HEATH AND COMPANY
Lexington, Massachusetts   Toronto

Chapter Opening Photographs by Francesco.
Frontispiece photograph by Jacques Verroust.
Cover photograph by Peter Menzel.

International Standard Book Number: 0-669-01788-4

Library of Congress Catalog Card Number: 78-55742

preface

Dialogues et Situations, Second Edition, is an integrated program for inter-mediate-level students. The text, which is written entirely in French, em-phasizes the active use of the four language skills within a flexible format that may be adapted to different classroom situations, depending on the individual instructor's techniques and teaching methods as well as on the level of the class.

This edition of *Dialogues et Situations* presents a systematic review of all the basic structures of the French language and a newly developed exercise program. There is a direct correlation between the reading materials, structures, and exercises. Each unit not only presents new vocabulary along with the grammar explanations but also systematically reintroduces material covered in earlier lessons. The substantial number of readings prepares the student for more advanced oral and written expression, as presented in the conversation-composition section, *Situation*, in Part A of every chapter.

The textbook consists of fourteen chapters, three appendices, an all-French end vocabulary, and an index. Each chapter is divided into two parts. Part A starts with a reading segment of a continuous story that develops throughout the text and concludes in Chapter 14. These readings present specific vocabulary and structures; e.g., Chapter 1 is mostly written in the present and the future tenses with vocabulary pertaining to travel. The reading material is followed by a questionnaire and the *Situation*. The struc-ture section of Part A presents a complete review of verb tenses. Expla-nations are concise and are always reinforced by examples and exercises.

Part B starts with a narrative in monologue or dialogue form, which uses the theme presented in the reading of Part A as a point of departure. The function of this material is to expose the students to the spoken language in context and to further present the unit's structures and vocabulary. A questionnaire consisting of short comprehension questions and a list of themes for written composition or class discussion follow. Each theme is closely related to the vocabulary and structure of the reading material and stresses both the students' application of knowledge and their demonstration of originality. The structure section of Part B contains a detailed presentation of grammatical points other than verbs, i.e., adjectives, pronouns, etc. Exercises follow every major grammar presentation.

Since each chapter is divided into two autonomous parts, Part A and Part B, the instructor could choose to cover both parts in class, to omit Part B and concentrate on the study of verbs, or vice-versa, depending on his or her schedule and on the level of the class.

The exercise sections of *Dialogues et Situations* are exceptionally complete; every grammar point is drilled, and all exercises are thematically based on the reading material of both parts.

The Appendices contain a summary of French verbs, consisting of the conjugation charts of regular and auxiliary verbs, major irregular verbs, and orthographic-changing verbs. The all-French vocabulary contains the words and expressions used in the text.

The different uses of words and idiomatic expressions are illustrated with numerous contextual examples related to the reading materials. The purpose of these examples is to make students aware of archetypal structures and enable them to adapt French to specific needs or situations. I firmly believe that vocabulary is acquired and retained only when learned in context and related to the student's own needs and experiences.

Dialogues et Situations, Second Edition, is accompanied by the *Cahier d'exercices/Manuel de laboratoire* and a tape program. The *Cahier d'exercices*, new to this edition, contains a great variety of challenging exercises that complement the structural exercises in the text. The laboratory part of the manual follows the verb sequence of the text and contains a series of exercises to be done in coordination with the tapes. These exercises deal with pronunciation, pattern practice, listening-comprehension, and writing training in the form of a *Dictée*.

The present revised edition of *Dialogues et Situations* offers a significant departure from second-year college texts. It not only presents a systematic review of all basic French grammar within a flexible format, but it also enables the student to acquire and use a vocabulary within the characteristic patterns of French thought and facilitates and encourages the student's creative participation in the language learning process.

• • •

I wish to express my appreciation for the reviews and constructive criticism offered by many colleagues who have used the earlier edition. I am also grateful to the editorial staff of the College Division, D.C. Heath and Company, for bringing this project to a successful conclusion.

S.M.

table des matières

Additional Materials:
   Cahier d'exercices/Manuel de laboratoire
   Tapes
      Number of reels: 7, 7″ dual track
      Speed: 3 3/4 ips
      Running time: 7 hours (approx.)
   Also available on cassettes

dialogues et situations

chapitre 1

a

Dans le train

Si Joyce a changé de compartiment c'est que dans celui-ci le coin près de la portière est libre. Une dame très maquillée, aux cheveux plus blonds que les siens, aux doigts qui se croisent et se décroisent nerveusement dans l'impatience de l'arrivée, est assise en face d'elle et la dévisage. Sur la même banquette un jeune homme d'allure sportive et d'apparence très nette, portant un veston beige clair et une cravate verte à raies rouges, tente de s'absorber dans la lecture d'un roman policier tout en écoutant la dame parler. La voix de celle-ci est assez forte et Joyce ne peut pas s'empêcher d'entendre ses doléances; elle n'arrive pas à se décider:[1] ira-t-elle passer l'automne à Venise ou à Lisbonne?

—Qu'est-ce que vous choisiriez, vous, Jean-Pierre, si vous étiez à ma place?

Jean-Pierre, songeant que sa tante ne le laissera pas terminer son roman dit « Venise ». Venise en septembre . . . ça lui donnait envie de voir des films.° Il irait au cinéma peut-être. Ce soir. . . .

---

[1] **elle n'arrive pas à se décider = elle ne peut pas décider**
° Voir *Notes.*

—Oui, Venise, bien sûr, dit la dame. Il y a sans doute des gens chanceux pour y trouver une chambre d'hôtel qui leur convient. Moi non. Et puis, cela me paraît d'une affreuse banalité. S'il vous plaît, Jean-Pierre, ne m'envoyez pas à Venise au moment où tout le monde y va!

—Alors, faites une croisière en Méditerranée. La femme de mon patron en a fait une le mois dernier. Elle s'est bien amusée et a bien profité du soleil.

—C'est ce qu'on vous dit toujours quand on revient d'une croisière. Moi, quand je monte à bord, il pleut. Et puis, je tombe toujours sur des passagers[1] qui m'ennuient. Il y a aussi le mal de mer . . . enfin . . . quand je pense que j'ai une propriété à Biarritz où je n'ai pas mis les pieds[2] depuis trois ans! Heureusement, pour le mois d'octobre c'est décidé. Nous allons en Grèce, mais après? Armand veut que nous revenions à Paris, mais Paris . . . toujours Paris. . . .

Joyce est contente d'elle car c'est le premier jour qu'elle est en France et elle suit la conversation sans trop de difficulté. Une chose, pourtant, elle ne comprend pas: qu'il existe des gens qui en ont assez de Paris. Si elle réussit à trouver un emploi . . . elle ne se fatiguera jamais de Paris. . . .

Dehors, la hauteur des maisons augmente. De grands immeubles apparaissent; un camion de laitier se fraye un chemin parmi des gens affairés. Au travers de la vitre, Joyce voit un bistrot° aux grosses lettres peintes en bleu, une épicerie à côté et, plus loin, la gare avec une foule grise qui attend sur le quai l'arrivée d'un autre train.

Enfin, on y est . . . c'est Paris; un quartier parisien qui se réveille, car il est six heures du matin. Joyce croit vivre un rêve et n'a plus qu'une idée en tête:[3] laisser ses bagages quelque part, afin de courir s'enivrer de ce Paris qu'elle vient à peine d'entrevoir.

NOTES

Venise en septembre . . . : un festival du cinéma a lieu à Venise en septembre.

Bistrot: petit café de quartier. On n'appelle pas « bistrot » un café chic comme le Café de la Paix où se réunit une clientèle cosmopolite.

QUESTIONNAIRE

Répondez aux questions suivantes:

1. Pourquoi Joyce a-t-elle changé de compartiment?
2. Décrivez la dame assise en face d'elle.
3. Comment le jeune homme est-il habillé?
4. Qu'est-ce qu'il fait?

---

[1] **tomber sur quelqu'un, sur quelque chose = le rencontrer par hasard:** Je suis tombé sur un livre que je cherchais depuis longtemps.
[2] **mettre les pieds quelque part = y aller**
[3] **n'a plus qu'une idée en tête = n'a plus qu'une idée dans l'esprit**

5. Que demande la dame à Jean-Pierre?
6. Pourquoi est-ce que celui-ci suggère à sa tante d'aller à Venise?
7. Que fera-t-il probablement le soir de son arrivée?
8. La dame n'aime pas aller à Venise au mois de septembre. Pourquoi?
9. Qu'est-ce que Jean-Pierre lui propose alors?
10. A quel propos mentionne-t-il la femme de son patron?
11. La tante de Jean-Pierre n'aime pas les croisières non plus. Expliquez pourquoi.
12. Où va-t-elle au mois d'octobre?
13. Et après, où ira-t-elle?
14. Expliquez ce que c'est que le mal de mer.
15. Est-ce que Joyce a des difficultés à suivre la conversation?
16. Pensez-vous qu'elle soit en vacances?
17. Qu'est-ce qu'elle a envie de faire dès son arrivée?

SITUATION 1

Le voyage

Imaginez que la tante de Jean-Pierre a décidé d'aller passer quelques semaines aux Etats-Unis et qu'elle vous a engagé(e) comme guide. Le salaire est assez intéressant. Vous avez, cependant, certaines responsabilités: écrire pour retenir des chambres d'hôtel, retenir des places . . . bref, organiser tout le voyage et veiller à ce qu'on n'oublie rien.

Décrivez ce que vous ferez avant le départ et le jour du départ. Racontez également vos occupations sur le bateau transatlantique. Essayez d'utiliser certaines des expressions suggérées:

Questions	Expressions suggérées
1. Que ferez-vous avant le départ?	• demander un passeport, un visa d'entrée • aller voir un agent de voyage pour retenir des places • écrire pour retenir une chambre d'hôtel • faire les valises
2. Que ferez-vous le jour du départ?	• descendre les bagages (la malle, les valises, le nécessaire de toilette . . .) • appeler un taxi, un porteur • appeler l'agence de voyage pour confirmer le départ

Questions	Expressions suggérées
3. Vous prenez le bateau transatlantique au Havre. Comment irez-vous de Paris au Havre?	• aller en auto (en voiture), en autocar, en avion, en train. . . .
4. Que ferez-vous avant de vous embarquer?	• passer à la douane • répondre aux questions du douanier qui fouille (inspecte) les bagages et demande: « Avez-vous quelque chose à déclarer? » • montrer le passeport, la carte d'embarquement • acheter des devises étrangères (des dollars) • dire adieu. . . .
5. Vous êtes déjà à bord. Bon voyage! Voulez-vous nous décrire:	• votre cabine et le passager (ou la passagère) qui la partage avec vous • les autres passagers • l'équipage • les repas (somptueux, mauvais . . .) • la tenue (tenue de soirée pour aller danser . . .)
6. Comment allez-vous utiliser votre temps pendant le voyage?	• arpenter le pont, admirer le paysage maritime, flirter, jouer aux échecs, organiser des parties de bridge, prendre un bain de soleil, se baigner dans la piscine, rester au lit (avoir le mal de mer)
7. Que feriez-vous si vous découvriez un passager clandestin sous votre couchette?	

REVISION DE GRAMMAIRE

I. Le présent de l'indicatif

FORMES

Les verbes français sont rangés en trois groupes:

1er Groupe:

Infinitif en **-er** comme **parler.** Indicatif présent, 1re, 2e et 3e personnes du singulier en **-e, -es, -e:**

je parle   tu parles   il parle

Exception: aller

Ce groupe est le plus nombreux. Il compte à peu près neuf dixièmes des verbes français.

REMARQUE: Comme les verbes en **-er** se conjuguent aussi quelques verbes en **-ir: cueillir, offrir, couvrir, soufrir** et **ouvrir.**

2ᵉ Groupe:

Infinitif en **-ir** comme **finir.** Indicatif présent 1ʳᵉ, 2ᵉ et 3ᵉ personnes en **-s, -s, -t:**

je finis   tu finis   il finit

Au pluriel de l'indicatif présent, le radical (**fin**) est allongé par la syllabe **-iss-:**

nous finissons   vous finissez   ils finissent

3ᵉ Groupe:

Infinitif en **-ir, -re** ou **-oir** comme **tenir, prendre** et **savoir.** Ces verbes sont plus ou moins irréguliers. Notez les conjugaisons des verbes suivants.

Irrégularités des verbes au présent de l'indicatif

aller	je vais, tu vas, il va, nous allons, vous allez, ils vont
s'asseoir	je m'assieds, tu t'assieds, il s'assied, nous nous asseyons, vous vous asseyez, ils s'asseyent
	je m'assois, tu t'assois, il s'assoit, nous nous assoyons, vous vous assoyez, ils s'assoient
avoir	j'ai, tu as, il a, nous avons, vous avez, ils ont
battre	je bats, tu bats, il bat, nous battons, vous battez, ils battent
boire	je bois, tu bois, il boit, nous buvons, vous buvez, ils boivent
croire	je crois, tu crois, il croit, nous croyons, vous croyez, ils croient
devoir	je dois, tu dois, il doit, nous devons, vous devez, ils doivent
dire	je dis, tu dis, il dit, nous disons, vous dites, ils disent
dormir	je dors, tu dors, il dort, nous dormons, vous dormez, ils dorment
écrire	j'écris, tu écris, il écrit, nous écrivons, vous écrivez, ils écrivent
être	je suis, tu es, il est, nous sommes, vous êtes, ils sont
faire	je fais, tu fais, il fait, nous faisons, vous faites, ils font
falloir	il faut
fuir	je fuis, tu fuis, il fuit, nous fuyons, vous fuyez, ils fuient
haïr	je hais, tu hais, il hait, nous haïssons, vous haïssez, ils haïssent
mettre	je mets, tu mets, il met, nous mettons, vous mettez, ils mettent
mourir	je meurs, tu meurs, il meurt, nous mourons, vous mourez, ils meurent
paraître	je parais, tu parais, il paraît, nous paraissons, vous paraissez, ils paraissent

Irrégularités des verbes au présent de l'indicatif (suite)

plaire	je plais, tu plais, il plaît, nous plaisons, vous plaisez, ils plaisent
pouvoir	je peux, tu peux, il peut, nous pouvons, vous pouvez, ils peuvent
prendre	je prends, tu prends, il prend, nous prenons, vous prenez, ils prennent
recevoir	je reçois, tu reçois, il reçoit, nous recevons, vous recevez, ils reçoivent
résoudre	je résous, tu résous, il résout, nous résolvons, vous résolvez, ils résolvent
savoir	je sais, tu sais, il sait, nous savons, vous savez, ils savent
tenir	je tiens, tu tiens, il tient, nous tenons, vous tenez, ils tiennent
vaincre	je vaincs, tu vaincs, il vainc, vous vainquons, vous vainquez, ils vainquent
valoir	je vaux, tu vaux, il vaut, nous valons, vous valez, ils valent
venir	je viens, tu viens, il vient, nous venons, vous venez, ils viennent
voir	je vois, tu vois, il voit, nous voyons, vous voyez, ils voient
vouloir	je veux, tu veux, il veut, nous voulons, vous voulez, ils veulent

EMPLOIS

On emploie le présent pour exprimer:

1. Une action qui se passe au moment où l'on parle:

   En ce moment, Joyce **descend** du train.
   Je les **entends** chanter.

2. Quelque chose qui est vrai non seulement dans le présent, mais aussi d'une manière générale:

   Elle **aime** beaucoup ses parents.
   Le ciel n'**est** pas bleu quand il **pleut.**

3. Une action passée qui continue dans le présent. On emploie alors **depuis, il y a . . . que,** ou bien **voilà . . . que (voici . . . que):**

   Il **étudie** le français **depuis** deux ans.
   Il y a deux ans **qu'il étudie** le français.
   Voilà (Voici) deux ans **qu'il étudie** le français.

4. La certitude d'une action future:

   Je **me marie** dans trois mois.
   Elle **va** en Europe cet été.

5. Dans une condition, après **si,** une action future. (**Si** ne peut jamais être suivi par le futur. Le futur se trouve dans la proposition principale):

   Demain, **si** Joyce **a** le temps, elle **visitera** le Louvre.
   Si vous **allez** chez mon ami, vous **serez** bien reçu.

6. Une action passée qu'on veut rendre plus vivante:

> Dimanche dernier je me promenais au bord de la mer. Tout d'un coup j'**entends** une voix familière; je **me retourne** et je **vois** Jean-Pierre . . .

REMARQUE: Pour souligner la durée dans le présent, on emploie souvent **être en train de** + l'infinitif:

> Joyce **est en train d'écrire** des cartes postales.
> Ne le dérangez pas. Il **est en train d'étudier.**

EXERCICES

A. Remplacez **depuis** par **il y a . . . que** en faisant tous les changements nécessaires.

> EXEMPLE: J'organise ce voyage depuis un mois.
> **Il y a un mois que j'organise ce voyage.**

1. Il attend depuis une heure.   2. Nous sommes en France depuis une semaine.   3. Il habite à New York depuis trois mois.   4. J'appelle l'agence de voyage depuis un quart d'heure.   5. Ils étudient le français depuis deux ans.   6. Vous écrivez cette lettre depuis trois heures. 7. On les connaît depuis dix ans.   8. Elle parle au téléphone depuis une demi-heure.

B. Remplacez le verbe de chaque phrase par **être en train de** suivi de l'infinitif.

> EXEMPLE: Il écrit pour retenir une chambre d'hôtel.
> **Il est en train d'écrire pour retenir une chambre d'hôtel.**

1. Nous écrivons des cartes postales.   2. Jean-Pierre ne lit pas le journal.   3. Ils descendent leurs bagages.   4. Répondez-vous aux questions du douanier?   5. Je prends un bain de soleil.   6. Parle-t-elle avec la dame assise en face d'elle?

ORTHOGRAPHE

1. Les verbes en **-eler** et en **-eter** doublent généralement le **l** ou le **t** devant une terminaison muette:

> j'appelle, nous appelons   je jette, nous jetons

> *Exception*: acheter: j'achète, nous achetons

2. Les verbes comme, par exemple, **exagérer, céder** et **compléter** changent l'accent aigu en accent grave devant une terminaison muette:

> exagérer: tu exagères, vous exagérez

3. Les verbes comme, par exemple, **mener, lever** et **se promener** prennent un accent grave devant une terminaison muette:

   se promener: je me promène, nous nous promenons

4. Les verbes en **-yer** changent généralement le **y** en **i** devant une terminaison muette:

   envoyer: j'envoie, nous envoyons

5. Les verbes en **-uyer** changent le **y** en **i** devant une terminaison muette:

   essuyer: j'essuie, nous essuyons

   NOTE: Les verbes **balayer, payer** et **frayer** peuvent garder le **y** devant une terminaison muette:

   je paie ou je paye

6. Les verbes en **-ir** prennent les terminaisons **-is, -is, -it, -issons, -issez, -issent:**

   finir: je finis, tu finis, il finit
        nous finissons, vous finissez, ils finissent

   EXCEPTION: Les verbes **cueillir, couvrir, souffrir, ouvrir** et **offrir** prennent les terminaisons des verbes en **-er:**

   je souffre, tu souffres, il souffre
   nous souffrons, vous souffrez, ils souffrent

7. Quelques verbes en **-tir** ou en **-mir** comme, par exemple, **sortir, partir, sentir, mentir** et **dormir** perdent le **t** ou le **m** au singulier:

   sortir: je sors (rs), tu sors (rs), il sort (rt),
        nous sortons, vous sortez, ils sortent

8. Les verbes en **-indre** comme **craindre** et **joindre** perdent le **d** au singulier et prennent **gn** au pluriel:

   peindre: je peins, tu peins, il peint
        nous peignons, vous peignez, ils peignent

9. Quelques verbes en **-vir** ou **-vre** comme **servir, vivre** et **suivre** perdent le **v** au singulier:

   servir: je sers (rs), tu sers (rs), il sert (rt),
        nous servons, vous servez, ils servent

   suivre: je suis (is), tu suis (is), il suit (it),
        nous suivons, vous suivez, ils suivent

II. Le futur

FORMES

1. Tous les verbes au futur simple ont les mêmes terminaisons: **-ai, -as, -a, -ons, -ez, -ont.**

2. La plupart des verbes conservent l'infinitif en entier:

> je parlerai   je finirai

3. Les verbes en **-re** perdent le **e** final de l'infinitif:

> je perdrai   je boirai   je mettrai   je prendrai

Particularités et irrégularités des verbes au futur

acheter	j'achèterai	**jeter**	je jetterai
aller	j'irai	**mourir**	je mourrai
s'asseoir	je m'assiérai, je m'assoirai	**pouvoir**	je pourrai
avoir	j'aurai	**rappeler**	je rappellerai
courir	je courrai	**recevoir**	je recevrai
cueillir	je cueillerai	**savoir**	je saurai
devoir	je devrai	**tenir**	je tiendrai
employer	j'emploierai	**valoir**	il vaudra
envoyer	j'enverrai	**venir**	je viendrai
être	je serai	**voir**	je verrai
faire	je ferai	**vouloir**	je voudrai
falloir	il faudra		

EMPLOIS

On emploie le futur pour exprimer:

1. Une action à venir:

> Je **prendrai** l'avion à neuf heures du matin.
> Demain, nous **partirons** pour la campagne.

2. Un ordre:

> Tu **conduiras** ta sœur chez le coiffeur et tu **viendras** me chercher après.

3. Un conseil:

> Vous **ferez** attention en traversant la rue.

4. Une supposition:

> Le professeur n'est pas encore arrivé. Il **préparera** (= **il prépare**) sans doute l'examen pour demain.

STRUCTURES

1. Pour préciser l'heure, la date, le mois, la saison, la durée et le moment dans le futur on emploie les expressions suivantes:

> Il partira **à** quatre heures de l'après-midi.
> Il partira **le** 15 juin, ou **le** jeudi, 15 juin.
> Il partira **en** juin, **en** 19 . . .
> Il partira **en** été, **en** automne, **en** hiver.
> Il partira **au** printemps.
> Il partira **pour** un mois.[1] (= *for a month*)
> Il partira **dans** un an. (= l'année prochaine)

2. Pour exprimer un futur qui va suivre immédiatement, on emploie l'infinitif du verbe précédé par le présent de l'indicatif du verbe **aller**. (En anglais, c'est la forme *I am going to . . .*):

> Joyce **va laisser** ses bagages quelque part, afin de courir s'enivrer de Paris. (= laissera ses bagages dès qu'elle arrivera)
> Joyce **va prendre** le train demain soir.
> N'**allez** pas **croire** cela.

EXERCICES

A. Mettez au singulier ou au pluriel selon le cas.

> EXEMPLE: Je suis déjà à bord.
> **Nous sommes déjà à bord.**

1. Tu parles tout en rêvant au voyage.   2. Il offre une cigarette à la dame.   3. Quand finiront-elles cette conversation ennuyeuse?   4. Nous ne voulons pas revenir à Paris.   5. Je n'irai pas à Rome en novembre. 6. A-t-il une propriété à Biarritz?   7. Je tombe toujours sur des passagers qui m'amusent.   8. Demain, si elle a le temps, elle ira voir M. Dupont à l'hôpital.   9. Nous viendrons vous chercher vers huit heures. 10. Bon voyage! Je te reverrai bientôt.

B. Remplacez le futur immédiat par le futur simple.

> EXEMPLE: Vous allez retenir des places.
> **Vous retiendrez des places.**

1. Ils vont retenir une chambre d'hôtel.   2. Joyce va essayer de trouver un emploi.   3. Va-t-il confirmer notre départ?   4. Allons-nous partir en voiture?   5. Je ne vais pas répondre si l'on m'appelle.   6. Tu vas descendre la grande malle, n'est-ce pas?   7. Qu'est-ce qu'ils vont faire avant de s'embarquer?   8. On va partager la même cabine.   9. Si j'ai le mal de mer, je vais rester au lit.   10. N'allez-vous pas acheter des billets?

---

[1] Notez que **pour** suivi d'une expression de temps indique une intention.

III. Le futur antérieur

FORMES Le futur antérieur est formé du futur simple de l'auxiliaire **avoir** ou **être** et du participe passé du verbe conjugué.

> Je donnerai mon devoir au professeur dès que je l'**aurai relu.**
> Aussitôt qu'elle **sera arrivée** à Paris, Joyce cherchera une chambre d'hôtel.

EMPLOIS Le futur antérieur exprime:

1. Une action à venir qui sera accomplie avant le commencement d'une autre action:

> Quand Jean-Pierre **sera arrivé** à Paris, il ira au cinéma.
> Quand tu **auras lu** ce roman, tu me le prêteras.

2. Une supposition ou une probabilité sur une action passée:

> Tu n'as pas ta serviette! Tu l'**auras oubliée** (tu l'as probablement oubliée) à l'école?

3. Une action déjà finie à un certain moment du futur:

> Ce soir, à huit heures, j'**aurai dîné.**
> Demain, elle **sera** certainement **rentrée** à neuf heures.

EXERCICES

A. Complétez chaque phrase, faisant tous les changements nécessaires d'après le modèle: « **Je ne veux pas partir et je ne partirai pas.** »

EXEMPLE: Elle ne veut pas partir.
Elle ne veut pas partir et elle ne partira pas.

1. Nous ne voulons pas sortir. 2. Les enfants ne veulent pas dormir. 3. Elle ne veut pas nous écouter. 4. Vous ne voulez pas faire une réservation. 5. Je ne veux pas aller me baigner dans la piscine.

B. Employez le verbe de chaque phrase au futur antérieur.

EXEMPLE: Joyce arrivera à Paris avant ce soir.
Joyce sera arrivée à Paris avant ce soir.

1. Jean-Pierre finira son roman policier cet après-midi. 2. Est-ce que tu pars mercredi? 3. Le jour du départ, nous ferons nos valises. 4. Avant de partir, je retiendrai une chambre d'hôtel. 5. Et votre passeport! Vous l'avez oublié à la maison?

b

Le port d'arrivée

Jack Stacy vient d'arriver à Paris. Il va passer tout à l'heure par la douane mais il doit attendre car sa valise est encore dans l'avion. Pour passer le temps, il sort de sa poche un petit livre intitulé *Guide pratique à l'usage du touriste de langue anglaise* . . . , spécialement composé pour enseigner aux touristes à parler français dans l'avion, dans le train, à l'hôtel, au restaurant, etc. Mais puisque le voyageur étranger a surtout besoin du français quand il se trouve dans des circonstances difficiles, le volume contient surtout des phrases à employer quand les choses vont mal.

Jack commence à examiner ce petit livre bizarre. Chaque page contient une liste d'expressions anglaises et, à côté, la traduction française. La première page, sous le titre *Le port d'arrivée* n'a encore rien d'inquiétant:

Au porteur: Prenez mes bagages.
Au douanier: Je n'ai rien à déclarer.
  Voici mon passeport.
  Je suis Américain(e).
  Je suis étudiant(e).
  Je vais passer à peu près un mois en France.

> *Au chauffeur de taxi:* Etes-vous libre?
>
> Prenez le chemin le plus court pour aller . . .

Mais à partir de là, les choses vont de mal en pis, et, dans l'imagination fertile de Jack, *Le Guide pratique* . . . se transforme en véritable tragédie sanglante.

Le malheur commence déjà à la deuxième page: « Je ne trouve pas la clef de ma valise. Qu'est-ce que j'ai fait de mon passeport? Je ne peux pas ouvrir cette malle. J'ai oublié ma serviette et mon imperméable dans l'avion. »

Le pauvre touriste monte finalement dans le train pour Paris où d'autres malheurs l'attendent: « J'ai laissé mes lunettes dans le wagon-restaurant. J'ai perdu mon billet. Quelqu'un a pris ma place. Il fait trop chaud, pouvez-vous m'aider à ouvrir la fenêtre? Le bruit est épouvantable. »

Il arrive à la page trente-six, mort de fatigue, à l'hôtel mais le destin hostile le poursuit: « J'ai réservé une chambre il y a quinze jours. Vous n'avez pas reçu ma lettre? Vous avez perdu mon chèque? Cette chambre ne me plaît pas. Je veux une chambre avec salle de bains. Je ne peux pas dormir; les gens à côté font trop de bruit. Où est la femme de chambre? Le tapis est sale. Il n'y a pas de serviettes. Il fait trop froid. Le lit n'est pas confortable. Il y a une souris dans l'armoire à glace. Cette valise n'est pas à moi. Puisque vous n'avez rien de mieux je m'en vais. »

Furieux, le malheureux touriste quitte l'hôtel mais le destin hostile le poursuit dans la rue: « Je suis perdu. Quelqu'un m'a volé mon portefeuille. Appelez un agent de police . . . » La folie s'empare de lui, il se met à courir, et on arrive alors tout naturellement à la catastrophe ou au chapitre intitulé *L'Accident*: « Allez vite chercher un médecin. Faites venir une ambulance. J'ai mal au bras, au dos, au cou, à la tête. J'ai mal partout. Je me suis cassé la jambe. Je me suis foulé la cheville. Je saigne. »

Jack arrive au dénouement de la tragédie. Il sent que les dieux cruels des anciens grecs se plaisent à faire souffrir le malheureux touriste de langue anglaise: « Allez vite chercher un agent de police. Au secours! Au feu! Ce n'est pas moi qui ai fait cela. Je suis étudiant(e). Je suis Américain(e). Où est l'Ambassade des Etats-Unis? » Cette dernière question pathétique marque la fin de la tragédie et du *Guide pratique*—Le héros est mort. Il n'a plus besoin d'apprendre le français. Le rideau tombe. Jack remet le *Guide* dans la poche de son pardessus, puis vérifie; tout est là: le passeport, le portefeuille, la clef de la valise. . . . Il se lève, prend sa valise et se dirige vers la douane. « Rien à déclarer? Passez, s'il vous plaît. » Le douanier n'a même pas ouvert sa valise. Jack jette un dernier coup d'œil vers la foule qui attend l'arrivée ou le départ d'autres avions, puis sort dans la rue. Tout est nouveau pour lui dans cette belle matinée du printemps parisien.

QUESTIONNAIRE

1. Jack Stacy vient d'arriver à Paris. Par où doit-il passer, et pourquoi doit-il attendre?
2. Qu'est-ce qu'il fait pour passer le temps?

3. Qu'enseigne le *Guide pratique* . . . au touriste de langue anglaise?
4. Que dit le touriste imaginaire: a) au porteur, b) au douanier, c) au chauffeur de taxi?
5. Quelle sorte de difficultés a-t-il à la douane?
6. Il monte finalement dans le train pour Paris où d'autres malheurs l'attendent. Lesquels?
7. A l'hôtel, il est mécontent. Pourquoi?
8. Dans la rue, le destin hostile le poursuit. Que lui arrive-t-il?
9. Que faut-il faire en cas d'accident?
10. Qu'est-ce qu'il faut faire quand on a: a) mal à la tête, b) mal aux dents, c) mal à l'estomac?
11. Imaginez le dénouement de la tragédie. Qu'arrive-t-il au pauvre touriste?
12. Que fait Jack après avoir remis *Le Guide* dans la poche de son pardessus?
13. A-t-il des ennuis à la douane?

DISCUSSION / COMPOSITION

1. Imaginez le dialogue entre le contrôleur qui passe dans les compartiments du train pour vérifier les billets et le touriste qui a perdu: a) son billet, b) ses lunettes, c) sa valise. . . .

2. Imaginez la conversation du touriste avec: a) le propriétaire de l'hôtel, b) la femme de chambre, c) un agent de police.

REVISION DE GRAMMAIRE

L'article défini

L'article défini est un mot que l'on place devant le nom pour marquer que ce nom est pris dans un sens complètement déterminé; il individualise ce qui est nommé. Il sert aussi à indiquer le genre et le nombre du nom qu'il précède.[1]

FORMES

1. L'article défini a deux formes pour le singulier et une seule forme pour le pluriel:

	masculin	féminin
singulier	**le**	**la**
pluriel	**les**	

---

[1] Il y a aussi l'*article indéfini* et l'*article partitif*. Nous les considérerons dans Chapitre 4.

2. Les formes **le, la,** de l'article défini sont *élidées* devant un mot commençant par une voyelle ou un **h** muet:

> Il y a une souris dans **l'**armoire à glace.
> Il est arrivé mort de fatigue à **l'**hôtel.

3. Les formes **le, les,** de l'article défini sont *contractées* lorsqu'elles se combinent avec une des prépositions **à, de,** pour former un mot unique. Ainsi:

> **à le** devient **au**   **à les** devient **aux**
> **de le** devient **du**   **de les** devient **des**

EMPLOIS

L'article défini s'emploie:

1. Devant les noms communs désignant un endroit déterminé, une espèce ou un individu précis:

> **La** vallée de **la** Loire.
> **Les** touristes allemands.
> **L'**homme à **la** barbe blanche.

2. Devant des noms employés dans un sens général ou désignant quelque chose de bien connu:

> En France, **le** vin et **le** fromage ne sont pas chers.
> Il fait trop chaud. Fermez **la** fenêtre. (*La personne à qui l'on s'adresse sait de quelle fenêtre il s'agit.*)
> **Les** enfants aiment **le** chocolat.

3. Comme *possessif*, surtout devant des noms désignant certaines parties du corps, quand l'idée de possession est suffisamment marquée par le sens général de la phrase:

> Levez **la** main!
> S'est-il cassé **la** jambe?
> Elle n'a plus mal **aux** yeux.
> J'ai **le** nez long.
> Il est entré, **les** mains dans **les** poches.

Mais on emploie l'article possessif lorsque la partie du corps est qualifiée:

> La petite fille a levé **son** bras maigre.

4. Devant les jours de la semaine, quand on indique un fait qui se répète:

> Il va voir sa mère **le** mardi (*tous les mardis*).
> Les magasins sont fermés **le** dimanche (*tous les dimanches*).
> Elle ne travaille pas **le** samedi.

Mais on omet l'article quand on indique un jour particulier:

Je suis allé à San Francisco lundi et j'y retournerai vendredi.

5. Devant une expression de quantité lorsqu'il s'agit de prix:

' Les oranges coûtent deux francs **le** kilo, le vin trois francs **le** litre et les œufs quatre francs **la** douzaine.

Mais on omet l'article si l'on ne mentionne pas le prix:

J'ai acheté **un kilo** de tomates.
Elle a cassé **une douzaine** d'œufs.

6. Devant les noms propres de personnes, quand ces noms propres sont déterminés par un adjectif ou un complément:

Le grand Corneille est l'auteur du *Cid.*
Le Racine des *Plaideurs* est moins intéressant.

7. Devant les noms propres qui désignent deux ou plusieurs individus du même nom, des familles entières ou des peuples:

les Goncourt, **les** Dupont, **les** Italiens, **les** Américains, **les** Slaves

8. Devant les noms propres de continents, de pays, de provinces, de montagnes, de mers, de cours d'eau, etc.:

La Meuse traverse **la** Champagne et **la** Lorraine.
La Californie et **le** Texas font partie **des** Etats-Unis.
Le Massif Central est situé au centre de **la** France.
Les Alpes ne sont pas loin de **la** Méditerranée.
La Loire traverse **la** Touraine.
La Normandie, **la** Bretagne et **la** Touraine sont des provinces françaises.
La Manche sépare **la** France de l'Angleterre.

9. Devant un nom de ville déterminé par un adjectif ou un complément:

Le vieux Paris.
Le New York d'autrefois.
La Rome de la Renaissance.

Mais si le nom de la ville n'est pas déterminé par un adjectif ou un complément, on omet l'article:

Londres est une grande ville.
Es-tu allé à Berlin?
Nous habitons à Paris.

REMARQUE: L'article fait partie intégrante de certains noms de ville:

La Nouvelle Orléans, **La** Rochelle, **Le** Havre, **La** Haye, **Le** Caire

10. Devant les noms de grandes îles:

La Corse, **L'**Islande, **La** Nouvelle-Zélande, **La** Sardaigne

11. Devant les noms propres de pays masculins:

Aller **au** Brésil, **au** Japon, **au** Canada.
Revenir **du** Mexique, **du** Danemark, **du** Portugal.
Faire un voyage **au** Maroc, **aux** Etats-Unis, **au** Kenya.

REMARQUE: On emploie:

à + nom de ville: **à** Paris, **à** Chicago, **à** Tokyo

en + nom de pays terminé par **e** muet: **en** Grèce, **en** France, **en** Allemagne, **en** Argentine

Exception: **au** Mexique

au, aux + les autres noms de pays: **au** Chili, **aux** Pays-Bas, **au** Luxembourg

Exceptions: **en** Israël, **en** Iran

12. Devant les noms de fêtes religieuses qui prennent l'article féminin: **L'Ascension, L'Assomption, La Toussaint, La Saint-Jean:**

L'Assomption est une fête de l'église catholique qui célèbre la montée au ciel de la Sainte Vierge.

Mais Pâques et Noël rejettent l'article:

Pâques tombe tôt cette année.
Qu'allez-vous faire pendant les vacances de **Noël?**

13. Devant les noms de langues ou de disciplines:

Elle étudie **l'**histoire, mais elle préfère **la** sociologie et **les** sciences politiques.
Au lycée,[1] j'ai appris **l'**espagnol, **le** grec et **le** latin.
Il connaît **le** russe, **l'**allemand et **l'**italien.

Mais on omet l'article après le verbe **parler:**

Est-ce que vous parlez français?
Ils ne parlent pas norvégien.

---

[1] **lycée,** *n.m.*: etablissement d'enseignement destiné aux élèves de onze à dix-huit ans.

14. Quand on s'adresse à une personne en l'appelant par son titre:

> Bonjour Monsieur **le** professeur.
> Au revoir Monsieur **le** président.
> Je vous remercie, Monsieur **l'**agent.
> A bientôt, Madame **la** baronne.

Si l'on ne mentionne pas le titre, on omet l'article défini:

> Dimanche dernier, chez Madame Launay, j'ai rencontré Monsieur Hubert et sa fiancée Mademoiselle Pinchon.

Omission de l'article défini

Voici les principaux cas où l'on omet l'article défini:

1. Devant les compléments, quand ils servent à caractériser, comme feraient des adjectifs:

une statue de marbre	une mesure de longueur
un écrivain de génie	une gravure sur verre
un adverbe de lieu	les transports par mer

2. Devant les compléments employés dans un sens général ou partitif qui restent intimement liés aux expressions verbales comportant la préposition **de: avoir besoin de, se passer de, manquer de,** etc.:

> Elle n'**a** pas **besoin d'**argent.
> L'homme peut facilement **se passer de** cigarettes.
> La police **manque de** preuves pour l'arrêter.

Mais:

> Elle n'**a** pas **besoin de l'**argent que son père lui a laissé. (*sens déterminé*)
> Ce jeune homme ne peut plus **se passer de la** drogue que son organisme réclame. (*sens déterminé*)

3. Après les expressions de quantité:

> Elle a **beaucoup d'**amis.
> Tu as **trop d'**ennuis.
> Je prendrai **un peu de** beurre.
> **Combien de** fois avez-vous lu cette leçon?
> J'achèterai **un kilo de** tomates.
> Il a bu **une bouteille de** vin.

4. Après certaines expressions adverbiales:

> Nous **pleurions de** joie.
> Ils **meurent de** faim.
> Elle **tombe de** sommeil.

5. Après la préposition **en:**

> Il va **en** France cet été.
> Elle est rentrée **en** voiture.
> **En** route, ils ne disaient pas un mot.
> Etes-vous **en** vacances?

Mais on emploie l'article avec certaines expressions idiomatiques: **en l'absence de, en l'honneur de, en l'air,** etc.:

> La réception a été donnée **en l'honneur** des diplomates présents à la négotiation.
> **En l'absence** des enfants, nous avons pu prendre quelques jours de repos.
> Tous les papiers sur son bureau sont **en l'air,** comme si l'on avait fouillé.

6. Dans certaines expressions telles que:

> **noblesse oblige**   **blanc comme neige**   **donner carte blanche**[1]

7. Dans certaines énumérations, pour éviter la répétition:

> Vieillards, femmes, enfants, tous voulaient le voir.

8. Devant le nom en apposition quand ce nom n'a qu'une valeur d'adjectif:

> Soyez reine.
> Son frère était officier de cavalerie.
> Etes-vous médecin?
> M. Picard, professeur à la Sorbonne, fera une conférence ce soir.

Mais on met l'article si le nom apposé garde toute sa valeur substantive et marque quelque chose de bien particulier:

> Vous êtes **la** reine d'Angleterre.
> Etes-vous **le** professeur de français?
> Le Général De Gaulle, **l'**homme d'Etat bien connu, à été le premier président de la Cinquième République.

---

[1] **donner, laisser carte blanche à quelqu'un,** c'est lui laisser toute liberté d'agir à son gré.

9. Dans les inscriptions, les titres d'ouvrages, les adresses, etc.:

maison à vendre
chambre à louer
Cours de Civilisation Française
Manuel de Conversation
Guide pratique à l'usage du touriste de langue anglaise
Dictionnaire du français contemporain
21, rue des Ecoles

Mais on dit:

La rue des Ecoles est une artère[1] importante.
Le Dictionnaire du français contemporain a été publié en 1966.
Le cours de Civilisation française du professeur Nelson est très
intéressant.

EXERCICE   Remplacez les tirets par la forme correcte de l'article défini là où c'est
nécessaire. N'oubliez pas de faire, si besoin, les élisions et les contractions.

EXEMPLE: _____ dimanche, elle va toujours à _____ église.
Le dimanche, elle va toujours à l'église.

1. Son anniversaire est _____ mardi.
2. Elle avait tellement mal à _____ dents, qu'elle criait _____ douleur.
3. _____ Brésil, peu de _____ gens comprennent _____ français, mais
   presque tout _____ monde parle _____ portugais.
4. Donnez-moi un verre de _____ eau; je meurs de _____ soif.
5. Par sa côte méditerranéenne, _____ France est en contact immédiat
   avec _____ Afrique, _____ Asie et _____ Orient.
6. Sa situation à l'estuaire de _____ Seine fait de _____ Havre un port à la
   fois maritime et fluvial, dont le rôle consiste à établir _____ liaison
   entre _____ Paris et _____ mer.
7. _____ bibliothèque de _____ université n'est pas fermée _____
   dimanche.
8. Elle ne manque pas d'_____ esprit, mais elle manque d'_____
   expérience.
9. Généralement, _____ étudiants reçoivent _____ note qu'ils méritent.
10. Ce livre enseigne _____ français à _____ étudiants américains.
11. Prenez _____ chemin _____ plus court pour aller à Versailles.
12. Le printemps en _____ Bretagne est plus doux qu'à _____ environs de
    Paris.

---

[1] **artère,** *n.f.*: route, rue importante.

13. J'ai mal à _____ bras, à _____ dos et à _____ tête.
14. _____ homme à _____ barbe blanche s'est lavé _____ mains avant de
    se mettre à table.
15. _____ Slaves et _____ Anglo-Saxons ont _____ yeux bleus.
16. Il étudie _____ mathématiques, mais il préfère _____ littérature
    et _____ anthropologie.

chapitre 2

a

La chambre

Joyce arrive au Quartier latin° après avoir passé une partie de l'après-midi sur les Champs-Elysées. Elle a l'air de se promener dans la rue des Ecoles mais, en réalité, elle est à la recherche d'une chambre. Elle examine les façades, essayant de découvrir un hôtel bon marché. A droite d'un kiosque° à journaux, elle voit une femme d'une cinquantaine d'années, assise sur un tabouret,° un livre à la main. Elle est si pittoresque avec sa coiffure à la Marie-Antoinette.

—Excusez-moi, dit Joyce, connaissez-vous un hôtel pas trop cher dans le quartier?

—Allez voir au Sans-Souci, répond la dame en désignant un vieux bâtiment en face d'elle. Il y aura peut-être de la place.

Joyce la remercie, reprend sa petite valise et traverse la rue. Il est près de six heures du soir et le soleil va bientôt disparaître derrière les maisons qui font face à la Sorbonne.° Certes, pense-t-elle, un hôtel permet plus de liberté qu'une pension. C'est aussi moins cher sans doute puisqu'il n'y a pas de repas. . . . Elle s'arrête devant une porte dont le bois richement sculpté témoigne d'un passé luxueux, lève le bras et appuie le doigt sur la sonnette. La porte s'ouvre et une femme apparaît.

—Vous êtes la propriétaire, madame?

—Non, je suis la concierge.

—Comment? Qu'est-ce qu'une concierge?

—Eh bien . . . garder la maison, nettoyer l'escalier, balayer le trottoir, recevoir le courrier et le faire suivre quand les locataires sont en voyage, transmettre les messages et parfois louer des chambres, voilà le travail d'une concierge. Vous cherchez une chambre? Voulez-vous quelque chose de convenable mais pas trop cher? J'ai une assez grande pièce au sixième avec salle de bains. Ça n'est pas très moderne, mais vous avez l'eau chaude et un lit très confortable. Laissez-moi vous aider à porter votre valise et montons. Suivez-moi . . . faites attention aux marches.

La concierge monte l'escalier lentement et s'arrête à chaque palier pour reprendre son souffle.

—Y a-t-il une cuisine?

—Non.

—Pas d'ascenseur non plus, j'imagine.

—Si. Mais il ne fonctionne pas régulièrement. C'est pourquoi nous avons pris l'escalier. . . . Enfin, nous y sommes. Entrez, mademoiselle. Les fenêtres donnent sur la Seine et vous allez pouvoir admirer le Vieux Paris. Asseyez-vous.

L'ameublement est simple: un lit, une armoire à glace, une chaise, un vieux fauteuil, un petit bureau à côté d'une étagère, sur laquelle sont disposés quelques bibelots;° dans la salle de bains: un lavabo, une baignoire, un miroir. . . .

—Le prix, trente francs par jour, est très raisonnable. . . .

Joyce s'imagine avoir mal entendu. C'est à peu près la moitié de ce qu'elle est disposée à payer.

—D'accord pour trente francs par jour, dit-elle. J'aime bien cette chambre. Voici. Je vous paie d'avance pour quinze jours.°

—Je vous laisse ranger vos affaires, mais ayez la gentillesse de passer plus tard me voir pour inscrire votre nom sur le registre. Tout le monde doit le faire; c'est la loi et nous voulons être en règle. Alors, à tout à l'heure.

NOTES

Le Quartier latin: quartier de Paris qui est le centre de l'enseignement.

Le kiosque: abri établi pour la vente des journaux (*newspaper stand*).

Le tabouret: petit siège à quatre pieds, sans dossier ni bras.

La Sorbonne: l'Université de Paris; siège des facultés des lettres et des sciences.

Le bibelot: petit objet décoratif qui se place sur une cheminée, une étagère, etc.

Quinze jours: en France on dit souvent huit jours, quinze jours . . . au lieu d'une semaine, deux semaines.

QUESTIONNAIRE   Répondez aux questions suivantes:

1. Où arrive Joyce après avoir passé l'après-midi sur les Champs-Elysées?
2. Qu'est-ce qu'elle cherche?
3. A qui s'adresse-t-elle?
4. Décrivez la femme qui recommande à Joyce l'hôtel Sans-Souci.
5. Qu'est-ce qu'elle fait?
6. Pourquoi Joyce préfère-t-elle habiter dans un hôtel?
7. Pensez-vous que le Sans-Souci est un hôtel très luxueux?
8. A quelle heure est-ce que Joyce arrive à l'hôtel?
9. Est-ce la propriétaire qui ouvre la porte?
10. Qu'est-ce qu'une concierge?
11. Qui est-ce qui fait suivre votre courrier quand vous êtes en voyage?
12. Où se trouve la chambre que Joyce va louer?
13. Pourquoi Joyce et la concierge sont-elles obligées de monter à pied?
14. Décrivez l'ameublement de la chambre.
15. Sur quoi donnent les fenêtres?
16. Qu'est-ce qu'il y a dans la salle de bains?
17. Quel est le prix de la chambre?
18. Est-ce que ce prix est raisonnable?
19. Que demande la concierge à Joyce avant de la laisser ranger ses affaires?
20. Pourquoi est-ce que tout le monde doit inscrire son nom sur le registre?

SITUATION 2

A l'hôtel

Joyce lève le bras et appuie sur la sonnette. La porte s'ouvre et une femme apparaît.

—Bonjour madame, vous êtes la concierge?

—Non, mademoiselle, je suis la propriétaire. Vous cherchez une chambre?

—Oui, quelque chose de pas trop cher.

—Voyons . . . la seule chambre qui me reste est à soixante-quinze francs par jour. C'est une grande pièce avec. . . .

—Inutile de me la décrire, madame; je cherche un emploi en ce moment et je ne peux pas me permettre de louer une chambre à ce prix.

—Vous cherchez du travail? Alors, vous arrivez au bon moment. Je cherche justement quelqu'un pour. . . .

Imaginez que vous êtes le (la) propriétaire de cet hôtel. Vous venez d'engager Joyce et maintenant vous lui expliquez en quoi consiste son travail. . . . Vous lui décrivez également la chambre qu'elle va occuper. Les expressions suggérées vous aideront à vous exprimer en bon français.

Questions	Expressions suggérées
1. En quoi consiste le travail?	• faire le ménage (balayer, laver, essuyer, cirer . . .) • travailler—à la réception (louer des chambres), dans la salle à manger (servir à table), dans la cuisine (faire la cuisine)
2. Qu'est-ce que vous lui offrez?	• sa chambre, ses repas, un salaire de . . . francs par mois
3. Comment est sa chambre?	• spacieuse, petite, moyenne, sombre, humide, ensoleillée
4. Où est-elle? A quel étage est-elle?	• au rez-de-chaussée,[1] au premier, au deuxième. . . .
5. Sur quoi donnent les fenêtres?	• sur la rue, sur la cour, sur un jardin, sur un mur de briques. . . .
6. Qu'est-ce qu'il y a dans la chambre?	• un lit, un bureau, un fauteuil, un tapis, des étagères, un appareil de télévision, un téléphone, une radio. . . .
7. Y a-t-il une salle de bains?	• une baignoire, une douche, un lavabo, un W.C. (des cabinets)

REVISION DE GRAMMAIRE

I. L'impératif

FORMES

1. L'impératif se conjugue à trois personnes seulement: à la deuxième personne singulier et pluriel, et à la première personne du pluriel:

finir: finis, finissons, finissez

---

[1] **le rez-de-chaussée** = la partie d'une maison au niveau du sol

2. L'impératif prend les formes du présent de l'indicatif. Comparez:

Présent de l'indicatif	*Impératif*
Vous **allez** à la bibliothèque.	**Allez** à la bibliothèque.
Nous **prenons** l'autobus.	**Prenons** l'autobus.
Tu **ne conduis pas** vite.	**Ne conduis pas** vite.

EXCEPTIONS:

- Les verbes qui à la deuxième personne du singulier du présent de l'indicatif se terminent en **-es** ou en **-as** perdent le **s** au singulier de l'impératif:

Indicatif présent	*Impératif*
tu étudi**es**	étudie
tu ouvr**es**	ouvre
tu **vas**	**va**

Cependant, devant les pronoms **y** et **en,** le **s** est conservé:

Va t'habiller; vas-y tout de suite
Achète des champignons; achètes-en un kilo.

- Les verbes **avoir, être, savoir** et **vouloir** ont une forme spéciale:

avoir	*être*	*savoir*	*vouloir*[1]
aie	sois	sache	—
ayons	soyons	sachons	—
ayez	soyez	sachez	veuillez

3. L'impératif n'a pas de troisième personne. C'est la troisième personne du subjonctif qui le remplace:

qu'il aille   qu'elles sortent

NOTE: Les pronoms personnels **me, te, nous, vous, le, la, les, lui** et **leur** se placent avant le verbe. Mais ces pronoms sont placés après l'impératif affirmatif et, sauf devant **y** et **en, me** devient **moi, te** devient **toi:**

Impératif affirmatif	*Impératif négatif*
regarde-**moi**	ne **me** regarde pas
excuse-**toi**	ne **t'**excuse pas
asseyons-**nous**	ne **nous** asseyons pas

---

[1] On n'emploie que la deuxième personne du pluriel du verbe **vouloir** qui signifie **ayez la bonté de.**

EMPLOIS   On emploie l'impératif pour exprimer:

    1. Un ordre:

        Partez!   N'écris pas!   Montons!

    2. Un conseil:

        Réfléchissez avant d'agir.
        Prenez garde qu'on ne vous voie.

    3. Une prière ou une supposition:

        Pardonnez-lui.
        Donnez-lui mille dollars, il les dépensera en deux jours.

On emploie l'impératif aussi dans les formules de politesse:

        Veuillez recevoir, cher Monsieur, nos souvenirs les meilleurs.
        Agréez, Madame, mes salutations distinguées.

EXERCICES   A. Mettez le verbe de chaque phrase à l'impératif.

      EXEMPLE: Tu viens avec moi.
                Viens avec moi.

    1. Vous laissez votre valise.   2. Nous faisons attention à ce qu'il dit.
    3. Tu ne parles pas anglais.   4. Vous êtes contente d'avoir trouvé une chambre.   5. Nous ne nous promenons pas sur les Champs-Elysées.
    6. Vous n'avez pas peur d'elle.

B. Mettez le verbe de chaque phrase à l'affirmatif.

      EXEMPLE: Ne me répondez pas.
                Répondez-moi.

    1. Ne me louez pas cette chambre.   2. Ne lui donnez pas vos bagages.
    3. Ne te promène pas dans la rue.   4. Ne nous parlez pas français tout le temps.   5. Ne leur demandons pas de monter.   6. Ne te lève pas de bonne heure.

II. L'infinitif

    1. Quand on emploie deux verbes ensemble, le deuxième est à l'infinitif:

        Elle **adore voyager.**
        Il ne **peut** pas **dormir** le soir.

2. L'infinitif peut être introduit par un autre verbe:

    a. Sans préposition:

> Nous **voulons apprendre** le français.
> Elle **aime voyager.**

Après les verbes **aimer, détester, préférer** et **espérer** employez immédiatement l'infinitif de l'autre verbe, sans préposition.

    b. Précédé de **à**:

> Elle **hésite à demander** le prix de la chambre.
> Je me demande si vous **réussirez à le convaincre.**
> Ils **se sont mis à courir.**

    c. Précédé de **de**:

> Ils **décident de louer** la maison.
> Elle **a oublié d'envoyer** la lettre.
> Nous **nous dépéchons de finir** la leçon.

De introduit souvent l'infinitif après une expression contenant les auxiliaires **avoir** et **être**:

> Nous **avons besoin** (la chance, l'intention, envie) **de travailler.**
> Vous **êtes content** (ravi, heureux) **de trouver** une chambre.
> **Il est préférable** (dangereux, agréable, nécessaire) **de prendre** l'avion.

Avec **avoir:**	j'**ai**	+ nom	+ **de** +	infinitif
Avec **être:**	je **suis**	+ adjectif	+ **de** +	infinitif
	il **est** (impersonnel)	+ adjectif	+ **de** +	infinitif

Notez comment chacun des verbes suivants s'emploie avec l'infinitif.

Verbes qui introduisent l'infinitif

verbe + infinitif	*verbe + à + infinitif*	*verbe + de + infinitif*
aimer	aider	accepter
aller	apprendre	s'arrêter
compter	s'attendre	cesser
détester	chercher	choisir
devoir	commencer	conseiller
écouter	continuer	craindre
entendre	décider	demander
espérer	se décider	dire
faillir	demander	empêcher
faire	encourager	éviter
falloir	enseigner	s'excuser
laisser	s'exercer	finir
monter	hésiter	s'occuper

Verbes qui introduisent l'infinitif (suite)

verbe + *infinitif*	*verbe* + **à** + *infinitif*	*verbe* + **de** + *infinitif*
oser	s'intéresser	offrir
penser	inviter	oublier
pouvoir	obliger	promettre
préférer	renoncer	recommander
regarder	réussir	refuser
savoir	songer	regretter
sembler	tenir	risquer
souhaiter		suggérer
voir		tâcher
vouloir		

REMARQUES:

- Avec **penser** suivi d'un infinitif, on emploie **à** quand **penser** signifie *réfléchir à, songer à.* Dans la langue courante, cette préposition est souvent omise:

  Il pense à visiter les musées (il pense visiter les musées).

- **Décider à** veut dire *déterminer quelqu'un à faire quelque chose*:

  La concierge décide Joyce à louer la chambre.

  Décider de détermine ce qu'on a choisi de faire:

  Joyce décide de louer la chambre.

  Se décider suivi d'un infinitif se construit toujours avec **à**:

  Joyce se décide à louer la chambre.

- On emploie **demander à** si l'action exprimée par chacun des deux verbes est faite par la même personne:

  Elle demande à voir le logement.

  On emploie **demander de** si l'action exprimée par les deux verbes est faite par des personnes différentes:

  Elle vous demande de lui montrer le logement.

STRUCTURES   Notez l'emploi de l'infinitif dans les constructions suivantes:

1. **avant de, après avoir (être):**

   Elle a laissé ses bagages chez la concierge **avant de monter.**
   Elle est montée **après avoir laissé** ses bagages chez la concierge.

première phrase: **avant de** + infinitif (= *before doing something*)
deuxième phrase: **après avoir (être)**[1] + participe passé (= *after having done something*)

2. **ne pas** + infinitif:

> **Ne pas** aimer voyager est rare.
> Je **n'**aime **pas** voyager.

> *Règle:*   Quand la négation **ne . . . pas** porte sur l'infinitif, **ne** et **pas** précèdent tous deux l'infinitif. Dans le cas contraire, on sépare **ne** et **pas**.

3. **il faut** + infinitif:

> Il faut **partir.**

il faut + subjonctif:

> Il faut **que** vous **partiez.**

> *Règle:*   L'infinitif est introduit par **il faut** sans préposition; pourtant, s'il y a un autre sujet exprimé, on emploie le subjonctif.

EMPLOIS   L'infinitif s'emploie pour exprimer:

1. Comme l'impératif un ordre, mais cet ordre prend la forme impersonnelle:

> **Traduire** les phrases suivantes. (= traduisez . . .)
> **Remplacer** les mots soulignés. (= remplacez . . .)

2. Une indignation:

> Vous, **habiter** dans cette petite chambre!
> Moi, lui **demander** des excuses!

3. Une hésitation:

> Où **aller?** (= où puis-je aller?)
> Quoi **faire?** (= que dois-je faire?)

---

[1] Pour les verbes qui se conjuguent avec **être,** on emploie l'infinitif du verbe **être.**

Après **être allée** au musée, Joyce rentrera à son hôtel.

EXERCICES   A. Faites une seule phrase en employant **de** suivi de l'infinitif.

EXEMPLE: Joyce est contente. Elle se promène sur les Champs-Elysées.
Joyce est contente de se promener sur les Champs-Elysées.

1. Joyce est ravie. Elle trouve une chambre.   2. Ces jeunes filles sont fières. Elles parlent français.   3. Je suis sûr. Je ne réussirai pas à l'examen.   4. Nous sommes fatigués. Nous travaillons tout le temps.   5. Jean-Pierre est libre. Il fait ce qu'il veut.   6. Ma sœur est capable. Elle réussit à tous les examens.

B. Faites une seule phrase en employant **avant de** suivi de l'infinitif.

EXEMPLE: Elle a laissé sa valise. Puis, elle est montée.
Elle a laissé sa valise avant de monter.

1. Nous nous arrêtons. Puis, nous appuyons sur la sonnette.
2. Vous lui dites au revoir. Puis, vous traversez la rue.
3. J'examine l'ameublement. Puis, j'admire les toits de Paris.
4. Tu as montré ton billet. Puis, tu es monté dans l'avion.
5. Elle a fait une longue promenade. Puis, elle est rentrée.
6. Ils ont examiné son passeport. Puis, ils ont ouvert ses valises.

C. Remplacez le subjonctif par l'infinitif.

EXEMPLE: Il faut que vous preniez le bateau.
Il faut prendre le bateau.

1. Il faut que je trouve un emploi.   2. Il faut qu'elle loue une chambre.   3. Il faut que vous soyez à l'heure.   4. Il faut qu'ils sachent parler français.   5. Il faut que nous montions au cinquième.   6. Il faut que tu balayes le trottoir.   7. Il faut qu'il fasse suivre le courrier.   8. Il faut que vous transmettiez les messages.   9. Faut-il que je vous paie d'avance?   10. Faut-il qu'elle lui demande son nom?   11. Il ne faut pas que vous ayez peur.   12. Il ne faut pas qu'elle lui dise la vérité.

Chambre à louer

La Dame. Bonjour madame.

La Concierge. Bonjour madame.

La Dame. Je veux louer une chambre meublée, pas trop grande, avec une salle de bains.

La Concierge. Je vois ce que vous désirez, madame: une chambre moyenne, meublée, avec une salle de bains.

La Dame. Parfaitement. Mais il ne faut pas qu'elle soit trop chère. Ma pauvre tante m'a laissé sa fortune, mais il y a vingt ans de cela; cette inflation, où s'arrêtera-t-elle, mon Dieu? Où s'arrêtera-t-elle?

La Concierge. Je comprends votre situation, madame. Vous cherchez une chambre . . . .

La Dame. . . . pas sombre surtout. J'aime les grandes fenêtres qui laissent passer le soleil, la lumière, l'air . . . et qui donnent sur une large avenue bordée d'arbres ou sur un petit parc . . . .

La Concierge. C'est-à-dire que vous désirez une chambre moyenne et peu coûteuse, avec une salle de bains et de grandes fenêtres.

La Dame. Exactement. Et puis, qu'est-ce que vous me conseilleriez pour la couleur des murs, des tentures, du tapis . . . ? Je sais que le blanc est à la mode cette année, mais je préfère les couleurs tendres.

La Concierge. Je suis de votre avis. Avec des tentures et des murs blancs on se croirait à l'hôpital! Je vois ce qu'il vous faut: une chambre moyenne, bon marché, avec une salle de bains, de grandes fenêtres et un décor où dominent les couleurs chaudes de l'automne.

La Dame. Absolument d'accord! Mais . . . pas trop chaudes, tout de même. Mon cousin François me rend souvent visite et vous savez . . .

La Concierge. Oui, je sais, les hommes ne se trouvent pas à leur aise dans une pièce aux couleurs trop chaudes. La chambre que vous désirez, en somme, c'est une chambre moyenne et bon marché, avec une salle de bains, de grandes fenêtres et des murs de couleurs neutres.

La Dame. Vous m'avez comprise tout à fait. Et puis, je prendrais volontiers une chambre au sixième, mais pas à côté de l'ascenseur! Quand les portes automatiques d'un ascenseur se ferment, quel bruit!

La Concierge. On dirait un coup de canon!

La Dame. Je supporte mal le bruit. Voilà pourquoi je déménage. Ma chambre est tout près de l'Ecole des Beaux-Arts et j'entends les étudiants crier toute la nuit. Je n'arrive à dormir convenablement qu'entre minuit et cinq heures du matin. Au début, je me mettais du coton dans les oreilles, mais j'ai vite compris que. . . .

La Concierge. . . . le coton ne peut rien contre les cris des étudiants. Ah! Ces galopins! En somme, ce qu'il vous faut, c'est une chambre bon marché, bien éclairée, ni trop grande ni trop petite, avec une salle de bains, avec des murs de couleurs neutres et où vous puissiez dormir en paix.

La Dame. Oui, c'est en effet ce que j'ai en tête. Ah, j'allais oublier! Et que la porte n'exige pas, comme celle que j'ai maintenant, la force d'un taureau pour l'ouvrir.

La Concierge. Bien entendu. Résumons-nous. Ce que vous voulez, c'est une chambre au sixième où vous serez bien tranquille, d'un prix abordable, pas trop grande, ensoleillée, avec des murs de couleurs neutres et avec une porte d'un maniement aisé.

La Dame. Oh, c'est parfait, parfait! C'est tout à fait ce que je veux. Eh bien . . . montrez-moi la chambre.

La Concierge. Je regrette, madame, mais nous n'avons pas de chambres à louer.

QUESTIONNAIRE
1. Quels sont les personnages? Où conversent-ils?
2. Quelle sorte de chambre cherche la dame?
3. Pourquoi aime-t-elle les grandes fenêtres?
4. Pourquoi ne veut-elle pas louer une chambre avec des tentures et des murs blancs?

5. Quelles sont ses couleurs favorites? Et les vôtres?
6. Pourquoi ne veut-elle pas louer une chambre qui est à côté de l'ascenseur?
7. Où habite cette dame?
8. Pourquoi veut-elle déménager?
9. Pensez-vous qu'elle trouvera facilement une chambre à son goût?
10. Décrivez la chambre qui plairait à la dame. Quels en sont les avantages? Vous plaît-elle? Pourquoi?
11. Y a-t-il des chambres à louer dans le quartier où vous habitez? Se louent-elles facilement?
12. Pourquoi déménage-t-on? Donnez plusieurs raisons possibles.

DISCUSSION/ COMPOSITION

1. Décrivez la chambre que vous avez. Est-elle en ordre? Avez-vous assez de place pour vos affaires? Quelle est la couleur des murs, des tentures . . . ? Quels en sont les meubles principaux? Y en a-t-il que vous voudriez voir disparaître? Etes-vous obligé(e) de payer un loyer?
2. Décrivez la chambre idéale que vous aimeriez avoir: les meubles, les bibelots, les tableaux pour décorer les murs. Etablissez vos couleurs pour les murs, les tentures, le tapis. . . . Comment y vivriez vous?

REVISION DE GRAMMAIRE

L'adjectif qualificatif

L'adjectif qualificatif est un mot que l'on joint au nom pour exprimer une qualité de l'être ou de l'objet nommé:

une chambre **meublée**   un étudiant **paresseux**

1. L'adjectif qualificatif s'accorde en genre et en nombre avec le nom auquel il est joint:

une **vieille** tante   de **grandes** fenêtres   des murs **blancs**

2. Les adjectifs qualificatifs peuvent être modifiés par un adverbe:

plus grand   **trop** petite

3. Les adjectifs qualificatifs peuvent être deux ou plusieurs à qualifier le même nom:

> un **jeune** étudiant **anglais**
> de **gentilles petites** filles **blondes**
> une **grande** et **belle** cérémonie **religieuse catholique**

Féminin des adjectifs qualificatifs

On forme le féminin des adjectifs en ajoutant un **e** muet à la forme masculine:

> chaud, chaud**e**   petit, petit**e**
> parfait, parfait**e**   ensoleillé, ensoleillé**e**

Exceptions:

1. Un grand nombre d'adjectifs redoublent la consonne finale devant l'**e** du féminin:

   a. Les adjectifs en **-el, -eil,** ainsi que **nul** et **gentil,** doublent l'**l** devant l'**e** du féminin:

   > cruel, crue**lle**   pareil, parei**lle**
   > gentil, genti**lle**   nul, nu**lle**

   b. Souvent les adjectifs en **-en, -on, -et, -as** et **-os** doublent la consonne finale devant l'**e** du féminin:

   > ancien, ancie**nne**   bon, bo**nne**   muet, mue**tte**
   > bas, ba**sse**   gros, gro**sse**

   Mais les adjectifs suivants font leur féminin en **-ète:**

   > complet, compl**ète**   incomplet, incompl**ète**
   > concret, concr**ète**   discret, discr**ète**
   > inquiet, inqui**ète**   secret, secr**ète**

   c. Les adjectifs **beau, nouveau, fou** et **vieux** ont une forme primitive masculine **bel, nouvel, fol, vieil** qu'on emploie devant un nom masculin singulier commençant par une voyelle ou par un **h** muet:

   > un **bel** enfant   un **nouvel** appartement
   > un **fol** amour   un **vieil** hôpital

   Les formes féminines proviennent de ces masculins primitifs:

   > une **belle** maison   une **nouvelle** voiture
   > une imagination **folle**   une **vieille** dame

2. Certains adjectifs modifient la voyelle ou la consonne finale:

    a. Les adjectifs en **-er** prennent au féminin un accent grave sur l'**e** qui précède l'**r:**

cher, ch**è**re	amer,[1] am**è**re	léger, lég**è**re
fier, fi**è**re	premier, premi**è**re	dernier, derni**è**re

    b. Les adjectifs en **-x** changent **x** en **s** devant l'**e** du féminin:

paresseux, paresseu**se**	courageux, courageu**se**
luxueux, luxueu**se**	dangereux, dangereu**se**
jaloux, jalou**se**	généreux, généreu**se**
merveilleux, merveilleu**se**	

    Mais:

    doux, dou**ce**

    c. Les adjectifs en **-f** changent en **-ve** au féminin:

actif, acti**ve**	vif, vi**ve**	pensif, pensi**ve**
naïf, naï**ve**	neuf, neu**ve**	chétif, chéti**ve**[2]

    d. En général, les adjectifs en **-eur** font leur féminin en **euse:**

menteur, ment**euse**	travailleur, travaill**euse**
trompeur, tromp**euse**	flateur, flat**euse**
moqueur, moqu**euse**	

    Mais:

    enchanteur, enchant**eresse**   pécheur, péch**eresse**

    REMARQUE: Neuf adjectifs en **-eur,** d'origine latine, font leur féminin en ajoutant un **e** muet; ce sont des comparatifs:

antérieur,e	postérieur,e	intérieur,e
extérieur,e	inférieur,e	supérieur,e
mineur,e	majeur,e	meilleur,e

- Certains adjectifs forment leur féminin de façon spéciale:

blanc, blan**che**	franc, fran**che**	sec, s**èche**
public, publi**que**	turc, tur**que**	grec, grec**que**
aigu, aiguë[3]	ambigu, ambiguë	frais, fra**îche**
épais, épai**sse**	doux, dou**ce**	faux, fau**sse**
roux, rou**sse**	long, lon**gue**	favori, favori**te**

---

[1] **amer (amère)**, *adj.*: (ang.: *bitter*).
[2] **chétif(ve)**, *adj.*: se dit d'une personne qui n'est pas en bonne santé
[3] **aigu(ë)**, *adj.*: son **aigu,** dont la hauteur peut avoir quelque chose de désagréable: *P ser des cris aigus.*

- Les adjectifs terminés au masculin par un **e** muet ont une forme unique pour les deux genres:

  un conseil **utile**   une règle **utile**
  un vendeur **honnête**   une vendeuse **honnête**

Pluriel des adjectifs qualificatifs

On forme le pluriel des adjectifs, comme celui des noms, en ajoutant un **s** au singulier:

    grand, grand**s**   grande, grande**s**

REMARQUES:

- Si l'adjectif est terminé par **-s** ou **-x,** il n'y a pas de changement:

  un étudiant **paresseux**   des étudiants **paresseux**
  un **gros** morceau   de **gros** morceaux

- Les adjectifs en **-eau: beau, nouveau** et **jumeau**[1] prennent un **x** au pluriel:

  Les **beaux** cadeaux   les **nouveaux** livres   des frères **jumeaux**

- Les adjectifs en **-al** forment, en général, leur pluriel en **-aux:**

  général, génér**aux**   principal, princip**aux**
  trivial, trivi**aux**   brutal, brut**aux**
  loyal, loy**aux**   central, centr**aux**

  EXCEPTIONS: les combats nava**ls**   les examens fina**ls**

Accord de l'adjectif qualificatif

1. L'adjectif qualificatif s'accorde en genre et en nombre avec le nom (ou le pronom) auquel il se rapporte:

   une **large** avenue   un **petit** parc
   des couleurs **tendres** des chemises **bleues**

2. Quand l'adjectif se rapporte à plusieurs noms ou pronoms, il s'écrit au pluriel et prend le genre des noms (ou pronoms) qualifiés:

   Son amie a un chien et un chat **blancs.**
   Il est d'une honnêteté et d'une loyauté **parfaites.**

---

[1] **jumeau(elle),** *adj.* et *n.*: se dit de deux enfants nés en même temps qui présentent certains traits de ressemblance physique.

REMARQUE: Si les mots qualifiés sont de genres différents, l'adjectif s'écrit au masculin pluriel:

Une robe et un chapeau **neufs.**

Règles particulières

1. On laisse au singulier l'adjectif se rapportant aux pronoms **nous, vous,** quand ces pronoms désignent une seule personne:

    Etes-vous **contente,** Madame?
    Soyons **heureux,** dit-elle.
    Avons-nous été **sage,** ma petite Alice?

2. Quand l'adjectif est en rapport avec deux noms joints par **ou,** il s'accorde avec le dernier nom:

    Il y avait par terre un paquet ou une boîte **noire.**

3. Si, pour désigner une couleur, on emploie un adjectif qualifié par un autre adjectif ou complété par un nom, l'ensemble reste invariable:

    des murs **bleu foncé**   des tentures **vert pâle**
    des gants **gris perle**   des cheveux **châtain clair**
    des cravates **vert pomme**

4. L'adjectif **demi** reste invariable quand il précède le nom qu'il qualifie; il s'y rattache par un trait d'union:

    une **demi**-tasse   une **demi**-douzaine

    Mais quand il suit le nom, il s'y joint par **et,** et s'accorde en genre seulement:

    Il est trois heures et **demie.**
    Ce trajet est trois fois et **demie** plus long que l'autre.

Place de l'adjectif qualificatif

L'adjectif se place *avant* le nom quand il exprime un jugement ou une réaction soit *subjective*, soit *affective*:

    une **charmante** soirée   une **excellente** composition
    une **vilaine** jeune fille

Il se place *après* le nom quand il énonce une catégorie, un lieu, une qualité physique ou temporelle:

    la nature **humaine**   la langue **anglaise**   le code **civil**
    une fête **champêtre**   une promenade **nocturne**

Mais cette règle n'est pas toujours valable puisque la prose littéraire et la langue poétique changent souvent la place ordinaire de l'adjectif.

1. En général, on place après le nom:

   a. Les adjectifs *polysyllabiques*:

le train **rapide**	le vol **orbital** des cosmonautes
un décor **harmonieux**	un cœur **sensible**

   b. Les adjectifs qui expriment des *qualités physiques*:

une taille **fine**	un nez **busqué**
une porte **automatique**	une télévision **portative**

   c. Les adjectifs qui expriment la *couleur* ou la *forme*:

une chemise **jaune**	une robe **noire**	un tapis **bleu**
une table **ronde**	une boîte **carrée**	un visage **allongé**

   d. Les adjectifs *dérivés d'un nom propre*:

une tragédie **racinienne**	la philosophie **cartésienne** (*de Descartes*)

   e. Les adjectifs qui indiquent une catégorie *religieuse*, *sociale*, *historique* ou *géographique*:

une fête **catholique**	un temple **juif**
des goûts **aristocratiques**	un drame **bourgeois**
la France **moyenâgeuse**[1]	des objets **préhistoriques**
un accent **méridional** (qui appartient au Midi de la France)	les pays **nordiques** (= du Nord de l'Europe)

   f. Les adjectifs dérivés d'un *participe présent* ou *passé*:

une fenêtre **fermée**	un professeur **estimé**
une voix **couverte**[2]	un succès **éclatant** (syn.: **total**)

2. On place avant le nom les adjectifs de sens très général, surtout quand ils sont courts:

un **bel** arbre	un **bref** exposé	un **bon** voyage
une **longue** histoire	une **jolie** fille	de **grands** bâti-ments
une **nouvelle** adresse	un **mauvais** exemple	
un **vieil** ami	une **haute** montagne	une **petite** table

   Mais il y a beaucoup d'exceptions. Ainsi **laid**, adjectif court et de sens général, ne se met jamais devant le nom. On dit: « Un garçon **laid;** une femme **laide** ».

---

[1] **moyenâgeuse** = médiévale
[2] **voix couverte** = voix dont le timbre n'est pas clair

3. Quand un nom est accompagné de deux adjectifs, ils peuvent précéder le nom, l'encadrer, ou le suivre. Cela dépend de la place qu'ils auraient s'ils étaient employés séparément:

une **longue** histoire **ennuyeuse**	une **petite** table **carrée**
de **grands** bâtiments **gris**	une **longue** robe **noire**
un **bref** et **bon** exposé	une **jolie** et **gentille** fille
un visage **pâle** et **allongé**	des cheveux **roux** et **bouclés**

REMARQUE: Il n'est guère possible en français d'aligner, comme en anglais, trois adjectifs avant un nom:

Her brother is a small, fat, tired-looking man.
Son frère est un homme petit et gras, à l'air fatigué.

4. Certains adjectifs qui s'unissent intimement au nom, changent de sens selon qu'ils précèdent ou qu'ils suivent le nom:

un **simple** soldat = militaire qui n'a pas de grade
un soldat **simple** = militaire qui a peu d'intelligence

l'**ancien** ministre = ex ministre (qui n'est plus ministre)
un monument **ancien** = qui existe depuis longtemps

le **pauvre** enfant! = exprime la pitié (syn.: **malheureux**)
un enfant **pauvre** = qui est né d'une famille qui a peu de biens (contr.: **riche**)

une **brave** fille = qui a des qualités de loyauté et d'honnêteté
une fille **brave** = qui ne craint pas le danger (contr.: **lâche**)

chers amis = qui sont l'objet d'une vive tendresse
un livre **cher** = d'un prix élevé (contr.: **bon marché**)

de **méchants** vers = qui n'ont aucune valeur (syn.: **mauvais**)
un type **méchant** = qui fait consciemment du mal.

un **grand** homme = homme célèbre qui a réalisé de grandes choses
un homme **grand** = de taille élevée

Je l'ai vu de mes **propres**[1] yeux = moi-même, de mes yeux
un mouchoir **propre** = qui n'est pas sale
Employez le mot **propre** = le mot juste, exact

un **triste** personnage = une personne de réputation équivoque
un personnage **triste** = malheureux, désespéré

la **dernière** semaine = (ang.: *the last week*)
la semaine **dernière** = (ang.: *last week*)

un **maigre** repas = où il y a peu à manger
un repas **maigre** = un repas qui ne contient pas de graisse

---

[1] Avant le nom, avec un possessif, **propre** renforce l'idée possessive.

5. On ne peut pas toujours traduire littéralement l'adjectif anglais en français:

> *The American Embassy* = L'Ambassade des Etats-Unis
> *a musical instrument* = un instrument de musique
> *a juvenile court* = un tribunal pour enfants
> *a chemical plant* = une usine de produits chimiques
> *an electrical engineer* = un ingénieur électricien
> *an electrical appliance* = un appareil électrique
> *an oriental rug* = un tapis d'orient
> *the French consul* = le consul de France
> *He (she) is a medical student* = Il (elle) fait sa médecine.

EXERCICES

A. Donnez le singulier des expressions suivantes.

1. Les beaux arbres
2. Les musées principaux
3. Les succès éclatants
4. De longs discours ennuyeux
5. Des hommes petits et gras, à l'air fatigué

B. Formez, avec les noms et les adjectifs suivants, des expressions précédées d'un article.

EXEMPLE: meublé / chambre **une chambre meublée**
vieux / tante **une vieille tante**

1. moyen / chambre
2. beau / enfant
3. vieux / hôpital
4. leger / valise
5. neuf / voiture
6. fermé / porte
7. charmant / réception
8. nouveau / auto
9. roux / jeune / fille
10. favori / chanson

C. Formez des phrases avec les expressions et les adjectifs suivants. Accordez les adjectifs avec les mots auxquels ils se rapportent et donnez-leur la place convenable.

EXEMPLE: (beau, blond) Marie est une jeune fille.
Marie est une belle jeune fille blonde.

1. (petit, blanc) C'est un chien.
2. (blanc, nouveau) Ce sont mes chaussures.
3. (vieux, aristocratique) C'est une famille.
4. (grand, sympathique) Pierre est un jeune homme.

5. (nouveau, parisien) C'est mon adresse.
6. (mauvais, laid) C'est un garçon.

D. Mettez l'adjectif entre parenthèses à la forme qui convient.

1. Les voitures (japonais) _____ sont (bon) _____ mais elle trouve que les voitures (italien) _____ sont (meilleur) _____ .
2. Ce chapeau (vert pomme) _____ ne va pas avec cette robe (brun foncé) _____ .
3. Ma (cher) _____ Jacqueline, vous êtes si (courageux) _____ et (généreux) _____ !
4. Comment s'appelle cette (charmant) _____ comédienne (roux) _____ qui a interprété le rôle d'Araminte dans « Les (Faux) _____ Confidences » de Marivaux?
5. Diderot a dit que les acteurs qui jouent « d'âme » sont (inégal) _____ , tandis que ceux qui jouent « de réflexion » sont toujours (parfait) _____ .
6. « La (Nouveau) _____ Héloïse » fut inspirée à Rousseau, non pas, comme ses œuvres (précédent) _____ , par des circonstances (extérieur) _____ , mais par les mouvements (profond) _____ de sa vie intime.

E. Dans les phrases suivantes, accordez l'adjectif avec le mot auquel il se rapporte et donnez-lui la place convenable, en faisant les changements nécessaires s'il y a besoin.

1. La _____ façade _____ (extérieur) de ce château date du Moyen Age, mais la _____ cour _____ (grand, intérieur) date du 17ᵉ siècle.
2. Le _____ ministre _____ (ancien) écrit des _____ critiques _____ (long, ennuyeux) pour une _____ revue _____ (parisien).
3. Cette _____ ville _____ (petit, breton) possède une _____ église _____ (grand, ancien).
4. _____ amis _____ (cher), connaissez-vous à Paris quelque _____ restaurant _____ (bon, pas cher)?
5. Il a jeté un _____ regard _____ (méchant) sur sa _____ fille _____ (joli, gentil).
6. C'était la _____ semaine _____ (dernier) des _____ examens _____ (final).
7. La _____ semaine _____ (dernier), le professeur nous a donné une _____ dictée _____ (bref).
8. Il parle avec un _____ accent _____ (méridional) mais il emploie toujours le _____ mot _____ (propre).

chapitre 3

a

Les vêtements

Joyce a ouvert sa valise et en a sorti des jupes, des blouses, des chandails. . . .
Elle a jeté au hasard sur la coiffeuse quelques produits de beauté: fond de
teint, crème, poudre, rouge à lèvres . . . tout cela d'un geste distrait, car elle
ne cessait d'aller regarder par la fenêtre la vue splendide.

Malgré le long voyage, Joyce avait bonne mine.[1] Son teint était frais et
légèrement bronzé . . . et la robe noire qu'elle portait s'alliait admirablement au blond de ses cheveux. Elle a ajusté une large ceinture à sa taille° fine,
a mis une broche au revers de sa jaquette° comme un point final à sa toilette,
puis elle est sortie.

Sur le boulevard Saint-Michel, des jeunes gens s'arrêtaient devant les
innombrables boutiques ou bavardaient à la terrasse des cafés. Quel mélange
de touristes, d'expatriés et d'étudiants! C'était un défilé continuel et si pittoresque. Des femmes élégantes coudoyaient des adolescents en blue jeans.
On aurait cru que toute cette jeunesse s'appliquait à manifester sa forte
individualité.

---

[1] **avoir bonne mine = être en bonne santé et bien reposé**

Joyce s'est arrêtée devant un magasin de nouveautés° dont les étalages éclataient en notes vives dans la douce après-midi de juillet. Après un moment d'hésitation, elle y est entrée. Un vendeur, impeccable dans son costume en tissu gris foncé, l'a accueillie, le sourire aux lèvres.

—De belles chaussures, mademoiselle? Voici quelque chose de très chic . . . ça vous plaît? Quelle est votre pointure?° Voici . . . essayez-les. . . . C'est ce qu'on porte maintenant . . . nous en vendons beaucoup. La chaussure est trop étroite? Voyons, vous savez qu'à l'usage le cuir s'assouplit. . . .

—Non, je regrette, mais ce n'est pas tout à fait ce que je voulais.

—Nous avons aussi de très belles robes qui sont maintenant en solde.° Sur un comptoir traînaient des manteaux et des robes de toutes les tailles et de toutes les étoffes. Les femmes prenaient leur temps, examinaient la marchandise, discutaient les prix et caressaient du bout des doigts la soie, le coton, la laine. . . .

—Est-ce que je peux essayer cette robe? a demandé Joyce.

—Certainement, mademoiselle. Mais ce modèle n'est plus à la mode[1] cette année. Essayez plutôt celui-là . . . c'est très seyant[2] . . . c'est un article que nous venons de recevoir. Le tissu est de très bonne qualité et ne rétrécira pas au lavage . . . la finition est incomparable . . . tout révèle la robe de grande classe. Et elle vous va à merveille!

—Vous trouvez?° Je l'achète alors.

Au moment de payer, Joyce s'est aperçue qu'un jeune homme, debout à côté d'elle, ne perdait de vue aucun de ses mouvements. Elle a pris son paquet et sa monnaie et s'est dirigée vers la sortie. Dehors, il faisait déjà presque nuit.

NOTES

La taille: le mot "taille" se traduit en anglais par: *height, size, waist.*

La jaquette: vêtement de femme couvrant les bras et le buste et ouvrant devant.

Le magasin de nouveautés: On y vend tout ce qui concerne la toilette des femmes.

La pointure: en anglais *size* (quand il s'agit de chaussures et de gants).

Le solde, en solde: en anglais, *sale.*

Vous trouvez?: en français, on ne répond pas à un compliment par « merci ». On dit plutôt: « vous trouvez? » ou bien « vous êtes bien aimable ».

---

[1] **ce modèle n'est plus à la mode = ce modèle** (ang.: *style*) **n'est plus élégant**
[2] **c'est très seyant = ça vous va très bien** (ang.: *it suits you*)

QUESTIONNAIRE   Répondez aux questions suivantes:

1. Qu'est-ce que Joyce a sorti de sa valise?
2. Qu'a-t-elle jeté sur sa coiffeuse?
3. Pourquoi était-elle distraite?
4. Est-ce que Joyce avait l'air fatigué?
5. Pourquoi est-ce que sa robe noire lui allait très bien?
6. Qu'est-ce qu'elle a mis comme un point final à sa toilette?
7. Que faisaient les jeunes gens sur le boulevard Saint-Michel?
8. « C'était un défilé . . . si pittoresque. » Pourquoi?
9. Où Joyce est-elle entrée?
10. Qui est-ce qui l'a accueillie?
11. Qu'est-ce que le vendeur a demandé à Joyce?
12. Pensez-vous que c'était un bon vendeur?
13. Les chaussures que Joyce a essayées étaient-elles confortables?
14. Les a-t-elle achetées?
15. Qu'est-ce qu'on voyait traîner sur un comptoir?
16. Joyce voulait essayer une robe, mais le vendeur (la vendeuse) lui a conseillé d'en essayer une autre. Pourquoi?
17. Comment est la robe que Joyce a finalement achetée?
18. Qu'est-ce que Joyce a remarqué au moment de payer?
19. Est-ce qu'elle a parlé au jeune homme qui la regardait?

SITUATION 3

Les vêtements

La vendeuse.   Une belle robe, madame? Voici quelque chose qui a du chic et que vous allez pouvoir porter aussi bien en voyage qu'à Paris.

La cliente.   Je voulais une robe plus habillée. Je suis arrivée de New York il y a quelques jours, n'emportant dans une petite valise que quelques jupes et quelques chandails; je pensais que mes vacances à Paris me procureraient un certain repos. Pourtant, j'ai rencontré à mon hôtel de vieux amis et depuis hier les invitations pleuvent. Montrez-moi cette robe en taffetas rouge vif. Elle est ravissante. . . .

Imaginez que l'an dernier vous avez passé vos vacances de Noël à Paris. Vous avez été plus prévoyant(e) que cette New-Yorkaise et vous avez emporté des vêtements pour toutes les occasions.[1] Cependant, vous ne voulez

---

[1] N'oubliez pas qu'il pleut à Paris 160 jours par an, en moyenne, et que l'hiver y amène une quinzaine de jours de neige.

pas vous charger de plus d'une valise; vous avez donc choisi les vêtements qui vous seraient les plus utiles. Essayez de décrire en bon français, en vous servant du vocabulaire, ce que vous avez emporté avec vous pour ce voyage imaginaire. (Une jeune fille dira, par exemple: « Pour aller danser, j'ai emporté une robe du soir en tissu uni vert sombre . . . »)

MOTS SUGGÉRÉS: Vêtements et accessoires

Pour les hommes:	Pour les femmes:
le pardessus	le manteau (de lainage, de fourrure . . .)
l'imperméable	l'imperméable
le complet,[1] le veston, le gilet	la robe (de ville, du soir), le tailleur
le pantalon, le chandail	la jupe, le chandail
la chemise, la cravate	la blouse, l'écharpe, la ceinture
les chaussettes, les gants	les bas de nylon, les gants
le chapeau, la casquette, le béret basque	le chapeau, le béret
les chaussures, les bottes	les chaussures, les souliers
les boutons de manchettes	les boucles d'oreilles, le bracelet
l'épingle de cravate, la bague	le collier, la broche, la bague

Un tissu est:
de soie, de laine, de coton, de nylon
uni, rayé, à pois, imprimé, écossais

Une couleur est:
claire, foncée, vive, sombre, discrète,
criarde

REVISION DE GRAMMAIRE

Les temps du passé (première partie)

I. L'imparfait

FORMES

On forme l'imparfait en employant le radical de la première personne du pluriel du présent et en ajoutant les terminaisons de l'imparfait: **ais, ais, ait, ions, iez, aient.**

---

[1] **le complet**—généralement composé de trois pièces: le veston, le gilet et le pantalon, ou de deux pièces (sans gilet).

Exception: le verbe **être:** j'étais, tu étais . . .

Aux deux premières personnes du pluriel de l'imparfait:

1. Les verbes en **-yer** s'écrivent avec **y** et **i:**

   nous envoyions   vous envoyiez

2. Les verbes en **-ier** s'écrivent avec deux **i:**

   nous copiions   vous copiiez

3. Les verbes en **-iller** prennent un **i** après le groupe **ill:**

   nous nous habillions   vous vous habilliez

4. Les verbes en **-gner** prennent un **i** après le groupe **gn:**

   nous enseignions   vous enseigniez

EMPLOIS   L'imparfait exprime:

1. Une durée qui n'a ni commencement ni fin dans le passé; c'est le temps de la *description dans le passé*:

   Sur le boulevard Saint-Michel, des jeunes gens **s'arrêtaient** devant les innombrables boutiques ou **bavardaient** à la terrasse des cafés.
   Ce matin il ne **faisait** pas beau. Il y **avait** du brouillard et il **pleuvait.**

2. Une action qui se répète dans le passé à un moment indéterminé; c'est le temps de *l'habitude dans le passé*:

   A Paris, j'**allais** tous les dimanches au musée.
   Pendant l'année scolaire, elle **étudiait** à la bibliothèque tous les jours.

3. Après **si,** l'imparfait exprime souvent un désir:

   Si nous **allions** à la plage! (= *how about going* . . .)
   Si on **se reposait** un peu!

4. Devant un infinitif, l'imparfait du verbe **aller** exprime le futur proche du passé:

   Le soleil **allait disparaître** derrière les maisons qui faisaient face à la Sorbonne, (allait disparaître = *was about to disappear*)
   Ce matin, j'**allais acheter** quelques disques, mais j'ai vu que je n'avais pas assez d'argent.

5. Devant un infinitif, le verbe **venir de** exprime un passé récent. L'imparfait du verbe **venir de** exprime un passé proche d'un autre passé:[1]

> Elle **vient de sortir.**
> Je **viens d'acheter** une nouvelle voiture.
> Le soleil **venait de disparaître** derrière les magasins qui faisaient face à la Sorbonne quand Joyce est sortie du magasin.
> Mon frère **venait de se marier** quand sa femme a eu un accident.
> Quand j'ai téléphoné, on m'a dit qu'il **venait de sortir.**

REMARQUE: Les verbes **avoir, être, devoir, pouvoir, vouloir, falloir, savoir, croire, penser, détester, espérer** et **aimer** expriment souvent, dans le passé, une durée sans commencement ni fin et s'emploient généralement à l'imparfait:

> Joyce **aimait** beaucoup la robe qu'on lui a montrée; pourtant, elle ne **savait** pas si elle **devait** l'acheter car elle n'**avait** pas beaucoup d'argent.
> Quand j'**étais** enfant, j'**avais** une gouvernante que je **détestais** parce qu'elle ne **voulait** pas me laisser jouer dans la rue avec les autres enfants.
> Tu **voulais** venir avec nous? Il **fallait** nous le dire!

EXERCICE   Mettez les verbes de chaque phrase à l'imparfait.

EXEMPLE: Les gens s'arrêtent devant les boutiques ou bavardent.
Les gens s'arrêtaient devant les boutiques ou bavardaient.

1. Elle est contente parce qu'il fait beau.   2. Il pense que les étudiants parlent tous français.   3. Nous voulons vous voir parce que nous avons besoin d'argent.   4. Tu crois que c'est dimanche.   5. Il ne sait pas la réponse parce qu'il ne connaît pas la règle.   6. Quand ils sont à Paris, ils vont se promener sur les Champs-Elysées.   7. Elle a faim mais elle n'a pas le temps de déjeuner.   8. Vous voulez venir avec nous au cinéma mais vous ne pouvez pas quitter la maison.   9. Nous avons l'air de nous promener, mais nous cherchons une chambre.   10. Elle a mauvaise mine et la robe qu'elle porte ne lui va pas.

---

[1] Les verbes **aller** et **venir de** + l'infinitif d'un verbe sont *toujours à l'imparfait* quand la phrase est au passé.

II. Le passé composé

FORMES

1. Le passé composé est formé du présent de l'auxiliaire **avoir** ou **être** et du participe passé du verbe conjugué:

> J'**ai acheté** un livre.
> Il **est allé** au cinéma.

2. Les verbes *transitifs*[1] se conjuguent au passé composé avec l'auxiliaire **avoir.**

3. Les verbes *intransitifs* suivants se conjuguent avec **être:**

aller	venir	arriver
sortir	entrer	rentrer
partir	retourner	rester
monter	descendre	tomber
naître	mourir	

NOTE: Certains des verbes ci-dessus peuvent avoir aussi un sens transitif. Dans ce cas, on les conjugue avec l'auxiliaire **avoir.** Comparez les phrases suivantes:

> La concierge **a monté** la valise. (*transitif*)
> Joyce **est montée** au sixième étage. (*intransitif*)

4. Tous les verbes *pronominaux* se conjuguent avec **être:**

> Il **s'est acheté** une nouvelle cravate.
> Ils **se sont rencontrés** à Paris.

5. Le participe passé conjugué avec l'auxiliaire **avoir** ne s'accorde jamais avec le sujet du verbe, mais il s'accorde en genre et en nombre avec le complément d'objet direct quand celui-ci est placé avant le participe. Comparez les deux phrases:

> Elle **a essayé** une robe qui lui allait très bien.
> La robe qu'elle **a essayée** lui allait très bien.

> *première phrase*: le complément d'objet direct est placé après le participe = pas d'accord.
> *deuxième phrase*: le complément d'objet direct est placé avant le participe = accord.

---

[1] Un verbe est transitif quand l'action faite par le sujet passe sur un complément direct ou indirect.

6. Le participe passé conjugué avec l'auxiliaire **être** s'accorde en genre et en nombre avec le sujet du verbe:[1]

> Joyce est sorti**e**.
> Nous sommes entré**s** dans le magasin.
> Elles se sont arrêté**es** devant la porte.

On emploie le passé composé dans la langue écrite et dans la langue parlée pour exprimer une action *entièrement passée* ou qui se passe à un *moment précis*:

> Nous **sommes arrivés** à New York en juin dernier.
> Hier, je **suis allé** voir mes amis et je **suis rentré** à minuit.

L'imparfait et le passé composé employés dans la même phrase

Nous trouvons souvent l'imparfait et le passé composé dans la même phrase, mais il y a une distinction entre ces deux temps du passé.

L'imparfait exprime:

1. Soit une action qui était en train de se dérouler (mais n'était pas encore achevée) au moment du passé auquel se reporte le sujet parlant:

> Il **faisait** ses devoirs quand je **suis entré**.
> Elle **pleurait** quand nous **sommes partis**.

2. Soit un état sans limites précises de temps:

> Il **faisait** beau quand nous **sommes arrivés** à Paris.
> Elle **était** très triste quand ils **sont allés** la voir.

Le passé composé indique l'action momentanée (ayant lieu à un moment précis) qui vient interrompre le déroulement indéfini indiqué par l'imparfait:

> Joyce s'**est arrêtée** devant un magasin de nouveautés dont les étalages **éclataient** en notes vives dans la douce après-midi de juillet.

A. Mettez les verbes de chaque phrase au passé composé.

EXEMPLE: Joyce ouvre la valise et en sort des jupes et des robes.
Joyce a ouvert la valise et en a sorti des jupes et des robes.

1. Joyce ajuste une large ceinture à sa taille et met son chapeau. 2. Je prends ma monnaie et je me dirige vers la sortie. 3. Tu t'arrêtes devant

---

[1] Sauf le participe passé des verbes pronominaux qui s'accordent en genre et en nombre avec le complément d'objet direct quand celui-ci est placé avant le participe.

la porte et tu appuies sur la sonnette. 4. Le film commence à neuf heures et finit à minuit. 5. Allez-vous chez les Dupont? Moi, je reste chez moi. 6. Ils partent en automne et ils reviennent au printemps. 7. Nous entrons et nous montons au sixième étage. 8. Je ne la vois pas parce que je ne sors pas. 9. Tu achètes beaucoup de livres mais tu ne les lis pas. 10. Partez-vous au moment où le comte arrive?

B. Mettez les phrases suivantes au passé.

EXEMPLE: Joyce arrive au Quartier latin.
Joyce est arrivée au Quartier latin.
Ou bien:
Elle a l'air de se promener, mais elle cherche une chambre.
Elle avait l'air de se promener, mais elle cherchait une chambre.

1. Joyce voit une femme assise sur un tabouret. 2. Elle est si pittoresque avec sa coiffure à la Marie-Antoinette. 3. Joyce demande quelque chose à la dame et celle-ci lui répond. 4. Joyce reprend sa valise et traverse la rue. 5. Il est près de six heures du soir. 6. Joyce regarde vers la Seine et admire les vieilles maisons. 7. Le soleil va bientôt disparaître derrière les maisons. 8. Elle veut trouver une chambre bon marché, mais elle ne sait pas où aller. 9. Elle s'arrête devant une porte, lève le bras et appuie sur la sonnette. 10. La concierge descend l'escalier et ouvre la porte.

C. Faites une seule phrase avec **quand** et mettez les verbes au passé.

EXEMPLE: Nous sommes en train de dîner. Le téléphone sonne.
Nous étions en train de dîner quand le téléphone a sonné.

1. Ils vont à la plage. Ils rencontrent Pierre. 2. Je ne peux pas répondre. Vous appelez. 3. Sais-tu qu'elle est mariée? Tu fais sa connaissance. 4. Il va partir. Nous arrivons. 5. Je pense qu'il est malade. Il ne répond pas. 6. Voulez-vous venir avec nous? Nous allons à Paris. 7. Elle n'a pas d'argent. Je la rencontre à Nice. 8. Sont-ils fatigués? Nous partons. 9. Il fait mauvais. Nous quittons Cannes. 10. Il pleut. L'avion arrive à l'aéroport d'Orly.

Le journal du petit Joseph

Pour mon anniversaire, Papa voulait m'acheter des vêtements parce que j'ai l'art de salir mes tricots, déformer mes pantalons et déchirer mes chemises. Mais je lui ai dit que je me moque pas mal de ma tenue et que je laisse volontiers à Jacques, mon frère aîné, la conquête des jeunes filles du quartier.

—Mais qu'est-ce que tu veux alors, m'a demandé Papa.

—Eh bien, j'ai répondu, je veux une grande montre-bracelet avec laquelle je peux me baigner et qui indique l'heure dans le noir. Je voulais aussi que la montre puisse indiquer le jour, le mois, l'année, la température et les phases de la lune, mais je n'osais pas trop demander.

—Mais pourquoi veux-tu aller dans l'eau avec une montre-bracelet? En dehors du cas de naufrage, je ne vois pas très bien à quoi cela sert exactement. Et même un naufragé n'a aucun besoin de regarder l'heure. Si j'étais à ta place, j'aurais demandé qu'on m'achète des vêtements, comme ceux de Jacques. Regarde comme il est beau avec son veston ajusté, son pantalon gris foncé et ses chaussures en cuir souple.

Mon copain Pierre était là, heureusement. Il s'est mis à rigoler parce qu'il pensait à l'horrible cravate jaune que Jacques portait l'autre jour avec sa terrible chemise verte. Il a dit à Papa que c'était moi qui avait raison de vouloir une montre.

Alors, pour mon anniversaire, Papa m'a acheté une montre-bracelet phosphorescente et imperméable. Quand je l'ai montrée à Maman, elle a dit:

—Tiens! Au moins avec ça tu ne seras plus en retard pour ta classe d'algèbre. Prends tes livres, ceux qui sont sur la table, et va travailler. Il sera bientôt l'heure de dîner.

Je suis monté dans ma chambre, j'ai fermé la porte et les rideaux pour qu'il fasse bien noir et puis, couché par terre, j'examinais les beaux chiffres phosphorescents. Il était six heures juste quand Maman est entrée dans ma chambre.

—Joseph! Où es-tu? Si tu ne te remets pas au travail tout de suite, tu le regretteras, c'est moi qui te le dis. Ton père a commis une grave erreur en t'offrant cette montre-bracelet, ça me semble évident.

Quand Maman est sortie, je me suis mis au travail, mais l'un de mes livres d'histoire disait ceci, l'autre cela, lequel fallait-il croire?

Et puis, Papa est arrivé, et je suis descendu l'embrasser. Il m'a demandé l'heure. J'ai éteint la lumière et je lui ai dit qu'il était six heures et demie. Puis Jacques est arrivé avec un copain et je les ai surpris rire aux éclats: « Regarde les godasses de mon frère. Elles pointent vers le ciel comme celles de Charlot. Joseph, tu ne veux pas échanger ta montre contre mes bottes de cow-boy et mon blue-jean? »

—Ce n'est pas du tout une mauvaise idée, a dit Maman, qui est venue de la cuisine. Mon avis est celui-ci: prends les bottes de Jacques, et on réparera ta vieille montre; celle que tu as eue pour Noël.

Alors, je me suis mis à pleurer, j'ai dit que ce n'était pas juste et que ça ne valait pas la peine de fêter les anniversaires si, après, on vous reprenait les cadeaux.

A table, comme personne n'a demandé l'heure, je n'ai pas osé éteindre la lumière. C'est dommage. Mais il y avait deux desserts: le reste de mon gâteau d'anniversaire et un baba au rhum. Celui-ci était plus sucré, mais celui-là me semblait meilleur.

Après le dîner, je suis allé regarder la télévision; pas celle qui est dans le salon, mais celle qui est dans la chambre d'amis parce que là, on avait éteint la lumière et on pouvait voir l'heure même à travers le tissu de la chemise.

—Joseph, a dit Maman, prends ton bain et va te coucher.

Alors, je suis monté dans ma chambre, je me suis deshabillé, puis je suis allé dans la salle de bains, j'ai laissé couler l'eau dans la baignoire, j'ai éteint la lumière et je me suis mis dans l'eau avec ma montre, bien sûr! C'était agréable comme vous ne pouvez pas vous imaginer; puis, je me suis endormi.

Quand Maman m'a réveillé, ma montre était au fond de la baignoire, et il y avait une goutte d'eau sous le verre. Oh! . . . pas bien grosse . . . mais enfin assez pour que Maman se fâche.

—Bien sûr, a dit Maman. Elle ne marche plus. Je ne sais pas pourquoi, mais c'est toujours à toi que ces choses-là arrivent.

Maman a raison. Toutes sortes de choses m'arrivent. Mais s'il n'y avait pas de choses qui arrivent, qu'arriverait-il?

QUESTIONNAIRE

1. Joseph dit que son père voulait lui acheter des vêtements pour son anniversaire. Pourquoi?
2. Joseph veut que son père lui achète une montre. Quelle sorte de montre?
3. Le père de Joseph dit que s'il était à sa place. . . . Que dit-il exactement?
4. Pierre, le copain de Joseph, se met à rigoler. Pourquoi rigole-t-il? Qu'est-ce qu'il dit au père de Joseph?
5. Que dit la mère de Joseph quand elle voit la nouvelle montre?
6. Que fait Joseph avant le dîner, au moment où sa mère entre dans sa chambre?
7. Que fait-il quand son père lui demande l'heure?
8. Que dit-il quand on lui demande d'échanger sa montre contre les bottes de cow-boy et le blue-jean de son frère?
9. Pourquoi est-ce que Joseph préfère regarder la télévision dans la chambre d'amis?
10. Que fait Joseph dans la salle de bains?
11. Qu'arrive-t-il à sa montre?
12. Quel est le meilleur cadeau que vous avez reçu récemment?
13. Recevez-vous quelquefois comme cadeaux des objets complètement inutiles?
14. Les petits cadeaux entretiennent, dit-on, l'amitié. Etes-vous d'accord?

DISCUSSION / COMPOSITION

1. Racontez un incident (amusant ou bizarre) de votre vie dans lequel vos vêtements étaient particulièrement appropriés (ou mal appropriés). Que portiez-vous ce jour-là?
2. Racontez ce que vous avez envie d'offrir à vos parents et amis pour la fête de Noël.

REVISION DE GRAMMAIRE

Adjectifs et pronoms démonstratifs

I. L'adjectif démonstratif

Les adjectifs démonstratifs montrent en quelque sorte les noms auxquels ils se rapportent, et s'accordent en genre et en nombre avec ces noms.

FORMES

	masculin	*féminin*
singulier	ce, cet	cette
pluriel	ces	

1. Le masculin singulier a deux formes: **ce** et **cet.**

   a. On emploie la forme **ce** devant un mot commençant par une consonne ou un **h** aspiré:

      ce livre   **ce** héros   **ce** pauvre homme

   b. On emploie la forme **cet** devant un mot commençant par une voyelle ou un **h** muet:

      cet ami   **cet** arbre   **cet** homme   **cet** autre livre

2. L'adjectif démonstratif est souvent renforcé par l'une des particules **-ci** ou **-là** que l'on place après le nom.

   -ci marque la proximité:

      cet homme-**ci**   ces livres-**ci**

   -là marque l'éloignement:

      ces gens-**là**   ces fleurs-**là**

EMPLOIS

On emploie **-ci** et **-là** dans la même phrase pour distinguer entre l'un ou l'autre de deux êtres ou deux objets, ou entre deux groupes d'êtres ou d'objets:

   Que me conseillez-vous? **Ce** livre-**ci** ou **ce** livre-**là?**
   Je garderai **ces** documents-**ci** à la maison et **ces** documents-**là** dans
      mon bureau.

REMARQUE: On emploie souvent **-là** après un nom exprimant la durée pour en marquer l'importance:

> **Ce jour-là,** j'ai pris l'avion pour Paris.
> C'est **cette année-là** qu'elle s'est mariée.

II.   Le pronom démonstratif

Le pronom est un mot qui représente ou remplace soit un nom, soit une expression exprimée avant ou après lui. Quand le pronom représente un nom ou une expression définie, il est masculin ou féminin, singulier ou pluriel:

> Nous avons de bons étudiants; **celui-ci** se spécialise en espagnol, **ceux-là** en français.
> Cette voiture est trop grande; **celle** que vous m'avez montrée l'autre jour était toute petite.

Quand le pronom représente autre chose qu'un nom, il est neutre ou impersonnel:

> Elle est entrée à l'hôpital? **Cela (Ça)** me fait de la peine.

Les pronoms démonstratifs accentuent en quelque sorte les personnes ou les choses qu'ils désignent:

> J'aime les deux tableaux, mais je préfère **celui-ci** à **celui-là.**
> Lisez **ceci.**
> Avez-vous vu **cela?**

FORMES

Les pronoms démonstratifs présentent des formes *simples* et des formes *composées.* Pour les formes composées, on ajoute les adverbes **ci** et **là** aux formes simples. **Ci** sert à former le démonstratif *proche*; **là** sert à former le démonstratif éloigné. Ces diverses formes sont indiquées dans le tableau suivant:

	masculin	*féminin*	*neutre*
formes	**celui**	**celle**	ce, c', ç
simples	**ceux**	**celles**	
	celui-ci	**celle-ci**	**ceci**
formes	**ceux-ci**	**celles-ci**	
composées	**celui-là**	**celle-là**	**cela, ça**
	ceux-là	**celles-là**	

REMARQUES:

- Le pronom **ce** subit l'élision devant le verbe **être** et devant le pronom **en;** devant un **a,** on écrit **ç'**, avec la cédille:

C'est formidable.
Ç'a été la cause de son départ.
Ç'aura été un grand mariage.
C'en est fait.

- **Ça** est considéré comme une forme contractée de **cela.** Il est plus familier et moins distingué que **cela:**

Regardez-moi **ça!**
Il ne manque plus que **ça.**
Je chanterai si **ça** me plaît.
Ton père a commis une grave erreur en t'offrant cette montre, **ça** me semble évident.
Tiens! Au moins avec **ça** tu ne seras plus en retard pour ta classe d'algèbre.

Formes simples

1. Les pronoms démonstratifs *simples* **celui, celle(s)** et **ceux** demandent toujours après eux soit un complément introduit par **de** ou par **en,** soit une proposition relative:

Elle préfère les romans de Stendhal à **ceux de Balzac.**
Celles de ses étudiantes qui sont allées en France l'été dernier, ont très bien réussi à l'examen.
Non, ce n'est pas ma voiture; c'est **celle de mon frère.**
Nous prendrons le train de cinq heures: **celui de huit heures** arrive trop tard.
Quelle chemise aimez-vous mieux, **celle en soie** ou **celle en laine?**
Sa passion pour le sport égale **celle qu'il a pour la musique.**
J'ai été retenu par **celui dont je t'avais parlé.**
Ceux qui travaillent, ce sont généralement **ceux qui réussissent dans la vie.**
Ce tableau est plus beau que **celui que vous avez acheté.**
Prends tes livres, **ceux qui sont sur la table,** et va travailler.

2. Le pronom démonstratif neutre **ce (c', ç)** a des emplois limités à certaines locutions ou constructions.

a. **Ce** est utilisé dans les expressions suivantes:

- **C'est,** qui sert soit à mettre en évidence un nom, un pronom ou un adverbe, soit à montrer quelque chose:

C'est Marie qui a téléphoné tout à l'heure.
Ce sont eux les coupables.
C'était moi qui avais raison de vouloir une montre.
Ce sera demain l'examen final.
Ç'a été la cause de son départ.
C'est un architecte très connu.
Mais: **Il** est architecte.

C'est est souvent suivi d'une préposition:

C'est à vous de tirer une carte.
C'est à mourir de rire. (= *C'est très drôle*).
Etait-ce pour elle cette bague?
C'était contre son frère qu'était dirigée cette attaque.

- **Ce peut être** et **ce doit être,** qui indiquent la possibilité ou la probabilité:

    Ce doit être elle qui a cassé le vase (= *C'était elle sans doute*).
    Ce devait être Jean qui avait téléphoné.
    Partir ensemble, **ç'aurait pu être** plus amusant.
    Ce ne peut être lui; il est parti en vacances.

- **Ce que** (suivi d'un adjectif, d'un adverbe ou d'un verbe), qui indique la quantité dans une phrase exclamative:

    Ce qu'elle peut être bête!
    Ce qu'on s'est amusé l'autre soir!

b. **Ce** est utilisé comme antécédent de **qui, que, dont, quoi:**

Je vous renvoie à **ce que** j'ai déjà écrit à ce sujet.
Sait-il exactement **ce dont** on l'accuse?
Ce qui est fait est fait.

Ce est utilisé également comme antécédent de **qui, que** et **quoi** dans les phrases interrogatives indirectes:

Je me demande **ce qu**'elle peut faire à cette heure-ci.
Je ne comprends pas **ce qui** a pu la rendre malade.
Elle ne voyait pas **ce à quoi** ils faisaient allusion.

c. Devant le verbe **être**, très souvent **ce** reprend un sujet (ou un nom) déjà exprimé pour le mettre en évidence:

La première des vertus, **c'est** la modestie.
Ne pas répondre à sa lettre, **c'est** inexcusable.
La lecture, **c'est** son seul divertissement.

d. On emploie souvent **ce** et **être** devant un superlatif:

Nous utilisons ce livre de grammaire, parce que **c'est le meilleur**.
Elle a acheté cette maison parce que **c'était la moins chère**.

REMARQUE: Notez qu'on dit:

> **C'est nous** qui avons fait cela.
> **Est-ce vous** qui avez mangé le gâteau?

Mais: **Ce sont eux** qui ont gagné le premier prix.
> **Ce seront elles** qui gagneront.

Formes composées

1. Les pronoms démonstratifs *proches* (**celui-ci, celle(s)-ci, ceux-ci, ceci**) s'emploient en opposition avec les pronoms démonstratifs *éloignés* (**celui-là, celle(s)-là, ceux-là, cela**) pour distinguer entre l'un ou l'autre, ou entre deux groupes d'êtres ou de choses:

> **Celui-ci** était plus sucré, mais **celui-là** me semblait meilleur.
> Choisissez une robe: **celle-ci** est fort jolie; **celle-là** est plus simple.
> Vous avez déjà entendu **ces histoires-là**? Alors écoutez **celles-ci.**
> Quel vin préférez-vous? **Celui-ci** est très bon, mais je préfère **celui-là.**

   a. Le pronom démonstratif + **ci** s'emploie souvent pour référer à ce qui est proche ou à ce qui va être dit:

> Mon avis est **celui-ci:** prends les bottes de Jacques et on réparera ta vieille montre.
> Je voudrais changer de maison; **celle-ci** est trop petite.
> Il faudra remplacer les tapis. **Ceux-ci** sont vraiment trop usés.

   b. Le pronom démonstratif + **là** s'emploie souvent par référence à ce qui est loin ou à ce qui a été dit:

> C'est une belle cravate, mais je préfère **celle-là.**
> Je ne vois pas mon stylo; **celui-là** n'est pas le mien.
> Ah! **Celle-là** est bien bonne! (= cette histoire-là)
> Ah! **Ceux-là** quand est-ce qu'ils vont finir de manger!

REMARQUE: On omet les adverbes **-ci** et **-là** lorsque le pronom démonstratif est modifié par un complément prépositionnel ou une proposition relative:

> Les pneus d'arrière sont usés, mais **ceux de devant** sont encore en bon état.
> Elle a beaucoup de chapeaux: **celui qu'elle porte aujourd'hui** vient de Paris.

Mais: Elle a beaucoup de chapeaux; **celui-ci** vient de Paris.

2. Les pronoms démonstratifs **ceci** et **cela** sont neutres.

   a. Le pronom **ceci** s'emploie souvent en opposition avec le pronom **cela:**

> L'un de mes livres d'histoire disait **ceci**, l'autre **cela**, lequel fallait-il croire?
> **Ceci** va ici et **cela** va là-bas.

b. **Ceci** et **cela** sont souvent suivis d'un qualificatif introduit par **de:**

Les exercices écrits ont **cela de bon** qu'ils se gravent dans la mémoire.

La folie a **ceci de terrible** qu'elle peut ressembler à la plus profonde sagesse.

c. Avec **être** suivi d'un complément, on prend comme sujet **cela** au lieu de **ce,** si l'on veut accentuer l'expression:

Cela est admirable (au lieu de: **c'est** admirable).

Cela est sans importance (au lieu de: **c'est** sans importance).

Cela est une affaire grave (au lieu de: **c'est** une affaire grave).

III.   Le pronom impersonnel *il* + *être*

Les verbes impersonnels ou employés impersonnellement sont accompagnés du pronom **il** qu'on appelle sujet *apparent* par opposition au sujet *réel.* Souvent **il** est le sujet apparent du verbe **être:**

Quelle heure **est-il? Il est** quatre heures et demie.

Il sera bientôt l'heure de dîner.

Il lui **est** arrivé un malheur.

Il doit être minuit passé.

Il m'**est** agréable de vous recevoir chez moi.

Il est difficile de comprendre pourquoi il a fait cela.

Il est rare qu'un écrivain refuse ce prix.

Mais: Pourquoi a-t-il fait cela? **C'est** difficile à comprendre.

Qu'un écrivain refuse ce prix, **c'est** rare.

REMARQUE: **Il est** s'emploie pour annoncer ce qui suit; on le trouve donc au début d'une phrase. **C'est** s'emploie par référence à ce qui a été dit.

EXERCICES

A. Employez le pronom démonstratif.

EXEMPLE: Ce gâteau-ci est plus grand mais ce gâteau-là est meilleur.
Celui-ci est plus grand mais celui-là est meilleur.

Prends les livres qui sont sur la table.
Prends ceux qui sont sur la table.

1. Préfères-tu la montre qui indique le jour et le mois?   2. Le médecin dont elle parle est très connu.   3. Je voudrais changer d'appartement; cet appartement-ci est beaucoup trop grand.   4. Avez-vous déjà entendu ces histoires-là?   5. Puis-je avoir une autre fourchette? Cette fourchette-ci est sale.   6. Ces pneus-ci sont usés, mais ces pneus-là sont encore en bon état.   7. Prends tes livres, les livres qui sont sur la table, et va travailler.   8. Il préfère les films de Bunuel aux films de Truffaut.

B. Utilisez **ce** + **être** + **qui** ou **que** pour mettre en évidence les mots en italiques des phrases suivantes.

> EXEMPLE: *Mon frère* a téléphoné tout à l'heure.
> **C'est mon frère qui a téléphoné tout à l'heure.**

1. *J'avais* raison de vouloir une montre.
2. Ils ont rencontré Madeleine *à la gare*.
3. *Pierre* a téléphoné.
4. *Ce jour-là* vous étiez à San Francisco.
5. Je préfère *les poèmes* de Baudelaire.

C. Remplacez les tirets par la forme de l'adjectif démonstratif qui convient.

1. Je mettrai _____ fleurs dans le salon.
2. J'étais en Europe _____ année-là.
3. _____ pauvre homme a un besoin urgent de cet argent.
4. Qui est _____ homme?
5. Regardez _____ immeuble-là, tout neuf, un peu plus loin que _____ maison-ci.

D. Remplacez les tirets par **c'est** ou par **il est**.

1. _____ convenu qu'il partira la semaine prochaine.
2. Je vous dois encore quinze francs? Oui, _____ exact.
3. _____ rare de rencontrer quelqu'un d'aussi intelligent.
4. _____ à vous de jouer.
5. _____ vous qui avez fait cela? Non _____ pas moi.

E. Remplacez les tirets par le mot qui convient: **ceci, cela, ce, ce qui, c'est, ç', ce dont, il**.

1. _____ dommage.   2. Savez-vous exactement _____ il s'agit?
3. _____ est dit est dit.   4. _____ sera bientôt l'heure de déjeuner.
5. Laissez _____ ici, dans le salon, et mettez _____ dans le garage.
6. Voyager ensemble, _____ aurait pu être plus amusant.
7. Est-_____ vous qui avez pris mon stylo?   8. _____ sera demain la réunion.

F. Remplacez les tirets par le pronom qui convient:

1. Ces poèmes sont difficiles à comprendre, mais ce sont _____ que je préfère.
2. Vous avez reçu le grand prix? _____ est formidable.
3. Je veux acheter une voiture, comme _____ de Jacques.
4. _____ était cinq heures juste quand Papa est entré dans ma chambre.
5. _____ doit être lui qui a téléphoné, mais _____ n'est pas certain.

BANQUE AMERICAINE
à Paris

recherche
pour son service CAISSE

JEUNES GENS BILINGUES
(ANGLAIS-FRANÇAIS)

De format, secondaire avec connaiss. compt. et bancaires, appelés à être en contact avec la clientèle.

Adr. C.V. av. lettre manusc. et photo n° 27.873, Contesse Pté, 20, av. Opéra, Paris-1er, q. tr.

AIR INTER
recherche

AGENT
MASCULIN
pour service PAYE
PARIS puis ORLY.

Avant. particuliers aux transports aériens.

Env. C.V. manuscr., photo et prét. N° 27.866, Contesse Pté, 20, av. Opéra, Paris-1er, q. tr

Billetiste qualif., air, mer, terre, Se présent. OUKACI, 71 bis, bd Ornano, 18e.

VALISERE rech. Standardiste pr pet. stand. + trav. dactylo. Lib. si poss. déb. août. Env. CV à Valisère, 11, rue Dulong-17e

IMPORTANTE SOCIETE IMMOBILIERE
demande

STANDARDISTE

Société ROLESCO
Matériel Frigorifique,
58, r. P.-V.-Couturier, Levallois recherche

1°) UNE DAME
DACT.-FACTUR.
2°) **UNE EMPLOYÉE**
KARDEX

à MI-TEMPS
Possib. de rentrer au 1er sept. si nécessaire. Tél. 737-30-37 à Mlle IC, pour rendez-vs.

DACT. pr FNAMC, 28, bd Strasbourg-10e, trav. mi-tps à part. 1/9. Ecr. seult. donn. âge quoique indifférent.

Secrétaire-Dactylo. 5x4, travail intéressant, initiative et sérieux exig. à partir 1er sept. Formation du 15 au 31 juillet. Téléph. : BAL. 53-42.
M. LEHNING

Société quartier St-Augustin
RECHERCHE

DACTYLO
courrier, tableaux comptables, not. angl., mi-temps à partir du 15-7 pour 6 mois environ.

Env. C.V. et prétentions à E.P.P.A. n° 20, 3, r. Villaret-de-Joyeuse, 17e, qui transm.

Rech. comptable confirmé, non méthodique et débutant s'abst., libre rapid. Lettre manuscr., C.V. et prét. à Lacor Publicité, 102, r. St-Lazare, Paris (9e).

Dact. mi-tps, au cour. bâtiment. ARC. 17-21, M° Bastille. Tél. apr. 18 h. 30.

Personnel intérim.
18,50 + 4,07 = 22,57 (n.c.)

MINERVE

SECRET Bilingues haute qualif.
SECRETAIRES
STENODACTYLOS
DACTYLOS
AIDES-COMPTABLES
COMPTABLES
TELEXISTES
MECANOGRAPHES
STANDARDISTES
MAGASINIERS
AOUT - SEPTEMBRE +
138, av. V.-Hugo-16e. Pas. 61-69

LES VOLANTES
recrutent en permanence :
STENODACTYLOS
DACTYLOS
MECANOGRAPHES
PERFORATRICES
OPERATEURS

REGIE INTERIM

engage immédiatement
STENODACTYLOS
DACTYLOS
MECANOGRAPHES
PERFOS BULL IBM

PRIME D'ETE IMPTE
Hauts salaires, 4 sem. congés, mutuelle, retraite compl., etc.
Se présenter :

28, RUE 4-SEPTEMBRE
Métro : Opéra.

19, rue Esclangon
(ex-passage Ornano)
Métro : Porte Clignancourt.

PALAIS-ROYAL SERVICE

recrute d'urgence et chaque jour de 8 h. 30 à 18 heures

SECRETAIRES
BILINGUES
STENODACTYLOS
FRANÇAIS
DACTYLOS
FRANCAIS
COMPTABLES
AIDES-COMPTABLES
PERFOS
MECANOGRAPHES
EMPLOYÉS ÉES DE BUREAU
ARCHIVISTES
STANDARDISTES

LA MAISON DE L'INFIRMIERE
1er Groupe de France au service des Infirmières offre à :

INFIRMIERES D.E
1300-1500-1700 F
PANSEUSES
1700-1900-2300 F

Plus de 350 postes
Paris et proche Banlieue.
Ecrire ou se présenter avec diplômes, 16, rue du Louvre, PARIS-1er.

QUICK MEDICAL SERVICE
recrute de TTE URGENCE

25. MANIPULATRICES
RADIO

Pour PARIS et BANLIEUE SUD

Se présenter avec diplômes : 15, rue Clapeyron (8e). LAB. 43-77.

OFFRES D'EMPLOI
GENS DE MAISON
12,60 + 2,77 = 15,37 (n.c.)

Gouvernantes d'enfants
Bonnes d'ents - Nurses

Aides familiales

Jne Fille franc., à demeure, pr enfts 1 et 3 ans. Campagne juillet, août. MAI. 87-90.

Gouvernante, pr 3 enfts, (libre suite ou au 16/8, plein temps, nour., logée. Se prés. PONCE, 20, r. des 4-Fils, 3e.

CHERCH. gouvern. caract. aff. et expér. pour s'occup. enfant sourde handic. à TUNIS (Tunisie). Ecr. M. Koskas, 144, bd Madeleine - 06-NICE.

Cher. Jne Fille av. référ. pr s'occ. enft juill. août. ou montagne. - 705-55-54.

Ch. aide-fam. ou étudte pr août, proche banl. 660-45-90.

Port-Royal - Les Gobelins
Ch. pour 15 sept. dame tte conf. s'occup. enfts 9 a., 7 a. 1/2 pension., bébé 8 mois et tenir mais., aidée fem. de mén., 8 h. 15 - 18 h. Tél. 336-16-10 apr. 18 h.

Cher. J.F. parl. franc. pr s'occup. enft 1 a. 15 juill.-15 août, Provence. ANJ. 06-69.

Fam. cher. étudte pr aider travx mén. mer, août. Odé. 92-17

Francfort Allem., fam. biling. (angl.-allem.) ch. jne fille franc. au pair, expér. enf. essent., 1 a., approxim. à part. de sept. au 50120/Amep 37, r. Gal-Foy; 8e, q. tr.

Rech. J.F. 12 au 31 juill. pr villa rég. bantieue, août. Tél. PAS. 77-59, 11-17 h.

Gouvernantes d'intérieur

CADRE DIRECT'
TECHN.-COMMER-CI
Ingénieur dipl., 35 ans plusieurs années expérie technique, B.E. et fabric actuel!. DIRECTEUR S (organisation, négociation) élevé France et étranger recherche situation act permett. utiliser compétence Peut se libérer rapidem Ecr. n° 27.890, Contesse P 20, av. Opéra, Paris-1er, q.

E.C.P 41 ans actuellement
SECRETAIRE GENERAL
depuis 2 ans après avoir assumé fonctions diverse: niveau direction : technique-commercial, administr., personnel.

Parfaite connaiss. industr matières plastiques, chim et engineering.

Allemand cour., anglais
RECHERCHE POS'
DIRECTION
comport. haute responsabi

Référ. mor. et proféss. 1er Peut se rendre libre rapid

Ecr. n° 27.984, Contesse P 20, av. Opéra, Paris-1er, q

Direct. techn. 39 a., niv. A. et M. (form. électr.-m bnes conn. angl., ayt resp ds usine produits manufac aux niveaux méthodes et d achats matér., rech. Paris, situat. corresp. ds sté moy import. offrant sér. perspe aven. Ecr. à n° 7037, PUI MAILLE, 18, r. Volney, Par

J. H 22 a., capacit. droit empl. Lib. ste. Billard, 2, Sellier, 91-Ste-Geneviève-

Dessinateur construct. ther 26 ans, diplôme Dorian, a stage 2 ans en Angleterre, position technicien ou te commerc. Europe, libre in diatem. Mlle Contant, 14 Raffet, PARIS-16e.

STYLISTE-TOIL. expéri J.F. 25 ans, référ. 1er Ecr. n° 27.191, Contesse P 20, av. Opéra, Paris-1er, q.

CADRE 31 ans
TECH. COMMERCIA

chapitre 4

a

Professions et métiers

La salle d'attente du bureau de placement était pleine de monde. Comme Joyce, tous ces gens cherchaient un emploi. Enfin, c'était son tour:

—Alors, mademoiselle, vous cherchez un emploi? Qu'est-ce que vous savez faire? interrogea un employé moustachu.

—Je sais la sténo et je tape à la machine. Evidemment, en français j'aurai des difficultés. Je joue du piano[1] mais assez mal. . . . J'ai fait de la danse classique pendant quelque temps et . . . j'ai étudié pendant un an l'allemand et l'espagnol.[2]

—Pas fameux, dit l'employé. Remplissez ce questionnaire.

Joyce prit le questionnaire et se mit au travail. Elle devait remplir une dizaine de pages et répondre à une centaine de questions. Elle indiqua son nom et son prénom, sa date de naissance, le lieu de sa naissance, sa nationalité, son domicile, ses diplômes . . . ainsi que le nom de deux personnes qualifiées pour fournir des renseignements sur con caractère et ses capacités.

---

[1] Avec un instrument de musique, on emploie la préposition **de: on joue du piano, de la guitare.**
[2] On dit en français **j'apprends l'allemand, l'espagnol,** mais **je parle allemand, espagnol.**

« Quelle est votre profession (métier)? (Si vous exercez une profession libérale, demandez le questionnaire supplémentaire.) »

—Que veut dire *profession libérale*? demanda Joyce à une femme assise à côté d'elle.

—Et bien, les médecins, les dentistes, les avocats, les architectes . . . exercent des professions libérales.

—Et les professeurs?

—Eux, ils font une carrière académique. Je ne parle ni des instituteurs qui enseignent dans les écoles primaires ni des professeurs d'écoles secondaires, mais des professeurs d'université. Vous voyez: on appelle carrière une profession à laquelle on consacre sa vie. Les officiers, par exemple, font une carrière militaire.

—Y a-t-il une différence entre une profession et un métier?

—Les gens de métier sont des ouvriers spécialisés qui n'ont pas de diplôme universitaire. Le tailleur, l'électricien, le plombier, le maçon, le menuisier, la couturière, la modiste° exercent des métiers.

—Ah, bon! Joyce se leva et se dirigea vers la sortie.

. . .

Le lendemain, Joyce arrêta au passage le marchand de journaux: « *Le Figaro* s'il vous plaît. » Il tira vivement un exemplaire du paquet pendu à son épaule et le lui tendit.

Les manchettes° et les faits divers annonçaient, comme toujours, des crimes passionnels et des accidents tragiques. Dans les petites annonces on cherchait un grand nombre de secrétaires et de bonnes à tout faire. Soudain, le regard de Joyce s'arrêta sur l'annonce suivante:

> Cherchons gouvernante américaine, ayant certaines connaissances d'allemand, d'espagnol, de musique et de danse. Se présenter chez la comtesse de M. entre trois heures et trois heures trente, 134 rue François 1ᵉʳ, Paris 8ᵉ.°

« Comme c'est curieux . . . Quelle coïncidence entre la liste des qualités requises et mes propres qualités, » pensait Joyce. Elle entra dans un bistrot, posa le journal sur la table et chercha des yeux le garçon pour commander un café crème.

NOTES

Une modiste: elle fait ou vend des chapeaux de femmes.

Les manchettes: dans les journaux, titres généralement sensationnels, qui s'impriment en gros caractères en tête de la première page.

8ᵉ: huitième arrondissement (Paris est divisé en arrondissements).

QUESTIONNAIRE   Répondez aux questions suivantes:

1. Qu'est-ce qu'un bureau de placement?
2. Y avait-il beaucoup de gens dans la salle d'attente du bureau?
3. Qu'est-ce que l'employé moustachu a demandé à Joyce?
4. Qu'est-ce que Joyce lui a répondu?
5. Pensez-vous qu'elle parle bien allemand et espagnol?
6. L'employé n'était pas satisfait de ses connaissances. Pourquoi?
7. Quand et pourquoi remplit-on un questionnaire?
8. Dans le questionnaire que Joyce a rempli fallait-il répondre à beaucoup de questions?
9. A quel genre de questions fallait-il répondre?
10. Pourquoi devait-elle donner le nom de deux personnes?
11. Qui est-ce qui exerce une profession libérale?
12. Les professeurs d'université exercent-ils une profession libérale?
13. Que veut dire le mot carrière?
14. Quelle est la différence entre une profession et un métier?
15. Les médecins et les avocats exercent-ils un métier?
16. Qui est-ce qui exerce un métier?
17. Qu'est-ce que Joyce a acheté le lendemain?
18. Qu'est-ce que les manchettes et les faits divers annonçaient?
19. Pourquoi Joyce a-t-elle consulté les petites annonces?
20. Y avait-il des annonces qui l'intéressaient?

SITUATION 4

Projets pour l'avenir

Une discussion a lieu entre un père et son fils qui vient de quitter son emploi comme sous-chef de service dans une grande entreprise. Le père veut que son fils retourne à son emploi; celui-ci pense qu'il n'a pas les qualités d'un sous-chef de service.

Le père. Tu es jeune et insouciant. Pourtant, il s'agit de tout ton avenir. Je ne veux pas t'empêcher de faire autre chose, mais l'emploi que tu viens de quitter t'assurait un revenu stable et une vie agréable. . . . Mais ne prends donc pas cet air triste. Quel enfant gâté! Au fond, je sais que tu m'as compris et que tout s'arrangera.

Imaginez que vous êtes le fils (ou la fille). Les réponses suggérées vous aideront à expliquer pourquoi vous avez décidé de quitter votre emploi et à justifier vos projets pour l'avenir.

Questions	Réponses suggérées
1. Pourquoi as-tu quitté ton emploi?	• Je ne voulais pas: entendre tous les jours les mêmes phrases, revoir les mêmes têtes, faire les mêmes gestes • Je n'aimais pas: l'impersonnalité dans les relations professionnelles, le travail qui s'est vite transformé en routine, aller aux réunions, assumer de multiples responsabilités, travailler dans une cage. • L'entreprise avec ses chefs et sous-chefs de service me rappelait trop la caserne (la ruche, la fourmilière . . .)
2. Quels sont tes projets pour l'avenir?	• un médecin—soigner les malades • une hôtesse de l'air—voyager • un avocat—plaider devant le tribunal • un architecte—faire construire des maisons • un instituteur (une institutrice)—apprendre aux enfants à lire et à écrire • un dentiste—arracher, soigner, nettoyer les dents

REVISION DE GRAMMAIRE

Les temps du passé (deuxième partie)

I. Le passé simple (ou le passé défini)

FORMES

Au passé simple:

1. Tous les verbes en **-er** prennent les terminaisons: **-ai, -as, -a, -âmes, -âtes, -èrent.**

   il monta   ils montèrent

2. Tous les verbes en **-ir,** beaucoup de verbes en **-dre** et un certain nombre de verbes irréguliers prennent les terminaisons: **-is, -is, -it, -îmes, -îtes, -irent.**

   > il prit   ils prirent

3. Les verbes **tenir** et **venir** prennent les terminaisons: **-ins, -ins, -int, -înmes, -întes, -inrent**

   > il vint   ils vinrent

   Comme **tenir** et **venir** se conjuguent: **contenir, devenir, intervenir, maintenir, obtenir, parvenir, soutenir** et **se souvenir.**

4. Un certain nombre de verbes irréguliers ont des terminaisons irrégulières:

Verbes qui se terminent en **-us, -us, -ut, -ûmes, -ûtes, -urent**

apercevoir	il aperçut, ils aperçurent	**lire**	il lut, ils lurent
apparaître	il apparut, ils apparurent	**mourir**	il mourut, ils moururent
avoir	il eut, ils eurent	**paraître**	il parut, ils parurent
connaître	il connut, ils connurent	**plaire**	il plut, ils plurent
courir	il courut, ils coururent	**résoudre**	il résolut, ils résolurent
croire	il crut, ils crurent	**recevoir**	il reçut, ils reçurent
devoir	il dut, ils durent	**savoir**	il sut, ils surent
disparaître	il disparut, ils disparurent	**vivre**	il vécut, ils vécurent
être	il fut, ils furent	**vouloir**	il voulut, ils voulurent

Verbes qui se terminent en **-is, -is, -it, -îmes, -îtes, -irent**

acquérir	il acquit, ils acquirent	**naître**	il naquit, ils naquirent
s'asseoir	il s'assit, ils s'assirent	**plaindre**	il plaignit, ils plaignirent
conduire	il conduisit, ils conduisirent	**prendre**	il prit, ils prirent
écrire	il écrivit, ils écrivirent	**vaincre**	il vainquit, ils vainquirent
faire	il fit, ils firent	**voir**	il vit, ils virent
mettre	il mit, ils mirent		

EMPLOIS

1. Le passé simple *ne s'emploie plus dans la conversation.* Dans la langue écrite, surtout à la troisième personne (récits historiques ou littéraires), il remplace souvent le passé composé. La différence entre le passé simple et le passé composé n'est pas grammaticale mais stylistique.

   Comparez:

   > *Passé simple:* Christophe Colomb **naquit** à Gênes en 1451. Il **entra** au service de l'Espagne vers 1492 et **obtint** d'Isabelle de Castille trois navires qui lui **permirent** d'aller à la découverte de l'Amérique. Il **mourut** en 1506.

Passé composé: Christophe Colomb **est né** à Gênes en 1451. Il **est entré** au service de l'Espagne vers 1492 et **a obtenu** d'Isabelle de Castille trois navires qui lui **ont permis** d'aller à la découverte de l'Amérique. Il **est mort** en 1506.

2. Comme le passé composé, le passé simple exprime une action entièrement passée:

Louis XIV **régna** d'abord sous la régence de sa mère.
Claire **écrivit** la lettre, mais elle **se plaignit** d'être fatiguée et **monta** dans sa chambre.

3. Dans un récit, le passé simple est souvent employé (comme le passé composé) pour exprimer le moment défini dans le passé, tandis que l'imparfait est employé pour exprimer la durée indéfinie dans le passé:[1]

Malgré le long voyage, Joyce **avait** bonne mine, son teint **était** frais et légèrement bronzé . . . et la robe noire qu'elle **portait s'alliait** admirablement au blond de ses cheveux. Elle **ajusta** (a ajusté) une large ceinture à sa taille fine, **mit** (a mis) une broche au revers de sa jaquette comme un point final à sa toilette, puis elle **sortit** (est sortie).

EXERCICES

A. Remplacez le passé composé de chaque phrase par le passé simple.

EXEMPLE: Racine est resté orphelin de bonne heure.
Racine resta orphelin de bonne heure.

1. Racine, le grand poète tragique français est né en 1639. 2. La tragédie Andromaque a assuré sa réputation. 3. L'échec de la dernière de ces tragédies l'a déterminé à abandonner le théâtre. 4. Les encouragements de ses amis l'ont ramené à l'art dramatique. 5. Il est mort en 1699.

B. En vous servant du passé simple et de l'imparfait, mettez le verbe de chaque phrase au passé à la forme qui convient.

EXEMPLE: Elle se promène, mais elle glisse et tombe par terre.
Elle se promenait, mais elle glissa et tomba par terre.

1. Michel l'aide à se lever et il apprend qu'elle s'appelle Jacqueline.
2. Elle a un visage très bronzé qui plaît à Michel immédiatement.

---

[1] On peut dire aussi que l'imparfait décrit une action dans le passé, tandis que le passé simple (ou le passé composé) nous renseigne sur ce qui est arrivé dans le passé.

Imaginez que vous présentez un exposé sur un roman ou sur une pièce de théâtre: tout ce qui concerne l'action principale sera au passé simple ou au passé composé. Tout ce qui sert de décor à l'action principale sera à l'imparfait.

Règle: *what happened?* = passé simple ou passé composé.
what was going on at that time? = imparfait.

3. Michel lui offre de l'accompagner mais elle le quitte. 4. Il s'endort, mais la voix de sa mère le réveille. 5. Jacqueline a beaucoup de charme, mais elle est très timide.

II. Structures au passé

Les verbes *avoir, être, vouloir, pouvoir, croire et devoir*

Les verbes **avoir, être, vouloir, pouvoir, croire** et **devoir** expriment souvent une durée ou une action sans commencement ni fin et sont employés généralement à l'imparfait. Ces verbes sont pourtant quelquefois au passé composé quand ils expriment un moment précis et terminé au passé.

Notez, dans les phrases suivantes, l'emploi du passé composé et de l'imparfait:

> Jacqueline n'**était** pas surprise de rencontrer Anne à Paris; mais elle **a été** surprise de la voir descendre d'une Cadillac.[1]
> Son père **avait** dix ans quand il a quitté les Etats-Unis. Le 20 juillet il **a eu** cinquante-cinq ans.
> Quand on m'a dit que vous **étiez** en France, je ne l'**ai** pas **cru**. Je **croyais** que vous ne viendriez pas cet été.
> Joyce a commencé à remplir le questionnaire, mais elle n'**a** pas **pu** répondre à toutes les questions.
> Je lui ai dit de se présenter à l'examen, mais il n'**a** pas **voulu** m'écouter.
> Il **devait** venir à trois heures. Il est bien en retard: il **a dû** avoir une panne.

Venir de *et* faillir *devant un infinitif*

1. L'indicatif présent du verbe **venir de** devant un infinitif exprime un passé récent:

> Joyce **vient d'**entrer dans un bistrot. (= *has just entered* . . .)[2]
> Je **viens de** recevoir de ses nouvelles.

2. Le verbe **faillir** s'emploie surtout au passé simple: **je faillis, tu faillis** . . . et au passé composé: **j'ai failli, tu as failli** . . . pour exprimer une action qui a été sur le point de se réaliser:

---

[1] Notez que le verbe **être** se conjugue aux temps composés (passé composé, plus-que-parfait) avec l'auxiliaire **avoir**. Lorsqu'une expression est formée de **avoir** et de **être** c'est du verbe **être** qu'il s'agit. Dans ce cas, le participe passé s'accorde avec le sujet: **elle a été surprise**.
[2] Le verbe **venir de** à l'imparfait devant un infinitif se traduit par *I had just* . . .: **quand je su² arrivé, il venait de partir**.

Je **faillis** (ai failli) tomber dans l'eau. (J'allais[1] tomber . . . mais je n'y suis pas tombé.)

Elle **faillit** (a failli) acheter cette robe.

Pendant, depuis *et* il y a

Les prépositions **pendant** et **depuis** combinées avec des expressions de temps ont les fonctions suivantes:

1. **Pendant** + passé composé indique une période déterminée dans le passé. En contraste, **il y a** + imparfait ou passé composé indique le moment précis du passé où une action s'est produite.

2. **Depuis** ou **il y a . . . que** + présent indique une période de temps qui n'est pas terminée au moment où l'on parle. Notez l'emploi de ces constructions dans les phrases suivantes:

Il **a vécu** en France **pendant** trois ans. (Il n'y vit plus.)
Il **a vécu** (**vivait**) en France **il y a** trois ans. (= *three years ago*)
Il **vit** en France **depuis** trois ans. ⎫
Il y a trois ans **qu'il vit** en France. ⎭ (Il y est encore.)

EXERCICES

A. Remplacez le futur récent par le passé récent.

EXEMPLE: Il va partir pour New York.
Il vient de partir pour New York.

1. Nous allons nous mettre au travail. 2. Ils vont indiquer leur nom et leur nationalité. 3. Je vais lire les faits divers et les petites annonces. 4. Vous allez commander un café crème, n'est-ce pas? 5. Tu vas remplir le questionnaire supplémentaire.

B. Remplacez **depuis** par **pendant** et le présent par le passé composé.

EXEMPLE: Nous attendons depuis deux heures.
Nous avons attendu pendant deux heures.

1. Il habite à New York depuis trois mois. 2. Vous étudiez le français depuis deux ans. 3. J'écris ce livre depuis cinq ans. 4. On les connaît depuis la guerre. 5. Elle parle au téléphone depuis une demi-heure. 6. Nous travaillons pour cette entreprise depuis une semaine. 7. Joyce cherche un emploi depuis trois jours. 8. Ils appellent le bureau de placement depuis un quart d'heure.

---

[1] Le verbe **aller** à l'imparfait devant un infinitif se traduit par *I was going to* . . .

Comment vont les affaires?

La pendule du bureau sonnait trois coups quand la secrétaire entra.

—Quelqu'un veut vous voir, Monsieur le Président.

—Quoi? Quelqu'un? Je n'attends personne.

—Je sais, Monsieur le Président. Mais elle dit . . .

—Elle?

—Oui, Monsieur le Président. Une jeune demoiselle. Je la fais entrer?

—D'accord.

La secrétaire revint en compagnie d'une jeune fille blonde. Une blonde très séduisante. Le président lui montra un fauteuil en cuir bien rembourré. La jeune fille s'assis et alluma une cigarette.

—Excusez-moi, monsieur, de vous déranger. Ma fusée vient de s'abattre sur le jardin public de votre planète. J'ai failli me faire tuer. Pourriez-vous me donner asile jusqu'à ce qu'elle soit réparée? Je m'appelle Désirée Parnasse. Vous connaissez sans doute mon père, Collin Parnasse. C'est à lui qu'appartient la planète voisine de la vôtre.

—Ah! Vous êtes la fille de Collin Parnasse! Votre père est écrivain, n'est-ce pas? Un écrivain très doué. J'ai lu son dernier roman avec intérêt et avec une attention constante.

—Papa écrit tout le temps. On connaît surtout ses romans. Mais il a aussi publié de nombreux essais, des pièces amusantes et d'intéressants récits de voyage.

—Dites-moi, est-il vrai que les villes de sa planète et les habitants de ces villes ont été créés par son imagination?

—Oui, en effet. Il y a vingt ans, sa fiancée s'en est allée avec un peintre abstrait de Vénus. Il en a été un peu secoué et, pour l'oublier, il est parti pour la planète Mars. C'est là qu'un vieil architecte lui a appris le secret de matérialiser les projections de ses rêves. Quand il est revenu, il a installé des villes avec des théâtres, des cinémas, des imprimeries et tout le reste. Les habitants de ces villes sont tous des doubles de lui-même. Ils éditent leurs propres romans et récitent, naturellement, leurs propres poèmes. Moi, je voulais être infirmière mais, voyez-vous, Papa est en bonne santé et par conséquent, ses sujets se portent tous à merveille. Il n'y a pas un seul hôpital sur sa planète. Un médecin est arrivé de Saturne il y a cinq ans et comme il n'avait rien à faire, il a commencé à écrire des poèmes saturniens pour une revue parnassienne.

—Ils étaient bons?

—Quoi?

—Les poèmes.

—Assez bons. Mais . . . pour revenir à mon histoire . . . Comme je n'avais aucune possibilité de trouver un emploi comme infirmière sur la planète de mon père, j'ai décidé d'explorer les possibilités ailleurs. Je suis partie ce matin de bonne heure avec l'intention d'arriver dans l'après midi sur Vénus. Hélas! J'ai dû perdre le sens de la direction . . .

—Ne vous faites pas de souci, Mademoiselle Désirée. Personne ne répare les fusées aussi vite que nous. Après tout, vous êtes sur la planète des hommes d'affaires . . .

—Bien sûr, j'allais oublier. Et, à propos, comment vont les affaires?

—Les affaires vont très bien. Nos ouvriers travaillent avec un soin constant et avec un enthousiasme exemplaire. Et puis, ils ont de la patience, du tact et de l'audace. La vente de notre pâte dentifrice à travers les galaxies augmente de semaine en semaine et nous avons créé d'innombrables centres de vente sur toutes les planètes. A titre publicitaire, nous vendons même des fromages, des glaces, de la crème, de la confiture, du lait et du yaourt faits avec de la pâte dentifrice. Ainsi, nous venons de constater que pour nos meilleurs clients, les habitants de la planète des bureaucrates, notre yaourt aux fraises a remplacé toute autre nourriture.

—Formidable! Mais faites attention! Vous concurrencez les produits d'alimentation de la planète Terre et les syndicats y sont forts. Ils pourraient s'en mêler et vous intenter un procès.

—Au diable les syndicats! Nous ne concurrençons point les produits d'alimentation de la Terre parce que la Terre ne vend pas à crédit et les bureaucrates n'ont pas d'argent.

—Parfait alors . . . Dites-donc, puisque les affaires vont bien, vous avez sans doute de grands hôpitaux modernes. Auriez-vous besoin d'infirmières?

—Malheureusement, nous n'avons besoin ni de médecins, ni d'infirmières. Dans les hôpitaux, les malades ambulants soignent ceux qui sont obligés de rester au lit. Nous réalisons ainsi une économie de personnel . . .

—Quel dommage!

—Mais, je sais qu'on a besoin d'infirmières sur la planète des bureaucrates. Notre chef des ventes nous a envoyé un message radiophonique ce matin. Il dit que les services médicaux sont débordés par l'épidémie de grippe intestinale.

—Splendide.

—Dites, Désirée, pourquoi ne resteriez-vous pas ici? Je n'ai ni père, ni mère, ni frère, ni sœur . . . Je serais enchanté si vous acceptiez d'être ma femme.

—Je serais charmée, monsieur, de devenir votre épouse. Viendriez-vous avec moi? M'aideriez-vous à soigner les malades? Vous avez trop à faire en ce moment? Alors je viendrai vous chercher plus tard . . . Dans un mois? Dans un an?

QUESTIONNAIRE

1. Qui est Désirée Parnasse?
2. Pourquoi veut-elle voir le président de la planète des hommes d'affaires?
3. D'où vient-elle?
4. Où va-t-elle?
5. Que savez-vous de Collin Parnasse?
6. Pourquoi est-il parti, il y a vingt ans, pour la planète Mars?
7. Qu'est-ce qu'il a appris sur cette planète?
8. Que font les habitants des villes construites par Collin Parnasse?
9. Pourquoi n'y a-t-il pas d'hôpitaux sur sa planète?
10. Il n'y a pas d'hôpitaux sur la planète des hommes d'affaires non plus. Pourquoi?
11. Comment vont les affaires sur la planète des hommes d'affaires?
12. De quoi les habitants de la planète des bureaucrates se nourrissent-ils?
13. Le président pense que sur la planète des bureaucrates on a besoin d'infirmières. Pourquoi?
14. Pourquoi est-ce que le président veut que Désirée reste sur la planète?
15. Et Désirée, que veut-elle faire?

DISCUSSION/ COMPOSITION

1. Quels sont vos projets d'avenir?
2. Avez-vous déjà choisi un métier ou une profession?
3. Quelles sont les qualités nécessaires à l'exercice de ce métier ou de cette profession?
4. Quelles seront vos occupations, vos loisirs . . . ?

REVISION DE GRAMMAIRE

I. Le genre des noms

Les noms féminins

1. En règle générale, un **e** est ajouté au masculin pour former le nom féminin:

   un candidat, une candidat**e**   un cousin, une cousin**e**
   un partisan, une partisan**e**   un Français, une Français**e**

2. Les noms terminés par **-er** ont un féminin en **-ère:**

   un berger, une berg**ère**   un fermier, une fermi**ère**
   un boulanger, une boulang**ère**   un étranger, une étrang**ère**

3. Les noms terminés en **-on, -ien,** doublent la consonne:

   un baron, une baro**nne**   un lion, une lio**nne**
   un gardien, une gardie**nne**   un chien, une chie**nne**

4. Les noms terminés en **-eur** ont souvent leur féminin en **-se:**

   un vendeur, une vendeu**se**   un menteur, une menteu**se**
   un chanteur, une chanteu**se**   un danseur, une danseu**se**
   Mais: un instituteur, une institut**rice**
   un acteur, une act**rice**

5. Les noms terminés en **-f** ont leur féminin en **-ve:**

   un veuf, une veu**ve**   un Juif, une Jui**ve**

6. Les noms suivants ont le féminin en **-esse:**

   le comte, la comt**esse**   le duc, la duch**esse**
   l'hôte, l'hôt**esse**   le maître, la maît**resse**
   le poète, la poét**esse**   le prince, la princ**esse**

La distinction des genres

1. Les noms suivants marquent la distinction des genres par deux mots de radicaux différents:

   le frère, la sœur   le garçon, la fille
   l'homme, la femme   le mâle, la femelle

le mari, la femme   le monsieur, la dame
l'oncle, la tante   le père, la mère
le taureau ⎤
le bœuf   ⎦ la vache

2. Les noms suivants ont une seule forme pour les deux genres:

auteur	dentiste	écrivain
ingénieur	journaliste	juge
médecin	ministre	diplomate
peintre	professeur	sculpteur

Le féminin de ces noms s'indique parfois à l'aide du mot **femme** placé devant le nom, parfois par l'article ou le pronom:

C'est **une** dentiste.
Une **femme** auteur; une **femme** peintre.
Elle a été mon **professeur** à l'université.

3. Certains noms homonymes peuvent être distingués l'un de l'autre par le genre. Voici les principaux:

le livre:	ouvrage, volume
la livre:	unité de poids (ang.: *pound*)
la mode:	(ang.: *fashion*)
le mode:	forme d'un verbe
la physique:	(ang.: *physics*)
le physique:	aspect général d'une personne
la critique:	art de juger des qualités ou des défauts d'une œuvre
le critique:	la personne qui pratique la critique

Quelques règles pour reconnaître le genre des noms

C'est surtout l'usage qui nous apprend à reconnaître le genre des noms. Il y a, cependant, pour les noms de choses, quelques règles générales qui nous fournissent des indications utiles.

Sont masculins:

1. Les noms terminés par les suffixes **-ier, -age, -ment, -isme:**

un encr**ier**	un lang**age**	un loge**ment**	le social**isme**
un cendr**ier**	un from**age**	un testa**ment**	le patriot**isme**

2. Les noms d'arbres et de métaux:

le sapin (*pine tree*)	le palmier	le cerisier
le fer (*iron*)	l'or (*gold*)	l'argent (*silver*)

3. Le nom des jours, des mois, des saisons:

    le mardi   le printemps

4. Les noms désignant des langues:

    le norvégien   le russe   le portugais

5. Les noms ayant pour terminaison une consonne:

    le sac   le riz   le port   le son   le vin

6. Les noms ayant pour terminaison une voyelle autre que **e** muet ou les suffixes **-té, -tié:**

    le thé   le café   le cinéma   le métro   le piano

7. Les noms de pays, de régions ou de fleuves n'ayant pas un **e** muet pour terminaison:

    le Canada   le Québec   le Mississippi
    le Portugal   le Colorado   le Rhin

Sont féminins:

1. Les noms terminés par les suffixes **-ion, -ée, -esse, -ie:**

    la réun**ion**   la journ**ée**   la sag**esse**   la jalous**ie**
    la nat**ion**   la fus**ée**   la rich**esse**   la fol**ie**
    Mais: **un** avion   **un** camion   **un** lion

2. Les noms ayant pour terminaison un **e** muet précédé d'une double consonne:

    la ba**lle**   la sa**lle**   la vi**lle**   la po**mme**   la servie**tte**

3. Les noms abstraits terminés par les suffixes **-té, -eur:**

    la socié**té**   la doul**eur**
    la liber**té**   la ferv**eur**
    la fraterni**té**   la chal**eur**
    Mais: **un** honneur   **le** bonheur

4. Les noms de pays, de continents, de régions et de fleuves ayant pour terminaison un **e** muet:

    La France   L'Afrique   la Californie   La Seine
    La Belgique   L'Australie   la Normandie   La Loire
    Mais: **le** Mexique   **le** Cambodge

II. Le pluriel des noms

Les noms simples

On forme, généralement, le pluriel des noms en ajoutant un **s** au singulier. Il y a, cependant, quelques exceptions:

1. Les noms terminés par **-s, -x, -z** ne changent pas au pluriel:

    le dos, les dos   la voix, les voix   le nez, les nez

2. Les noms en **-al** changent en **-aux:**

    le canal   le journal   le général
    les can**aux**   les journ**aux**   les génér**aux**

3. Les noms en **-eau, -eu** prennent un **-x:**

    le chapeau   les chapeau**x**
    le bateau   les bateau**x**
    le cadeau   les cadeau**x**
    le cheveu   les cheveu**x**
    le feu   les feu**x**
    le neveu   les neveu**x**

    Exceptions: **bleu** et **pneu** prennent un **s**

4. Les noms en **-ail** prennent un **s** au pluriel:

    un détail, des détail**s**   un chandail, des chandail**s**

    Exception: le travail, les trav**aux**

5. Généralement, les noms propres ne prennent pas le pluriel:

    Les Morand sont aussi riches que les Fayolle.
    Les Habsbourg ont été chassés de Vienne.

Les noms composés

Dans les noms composés, le *nom* et l'*adjectif* peuvent seuls être mis au pluriel. Retenons le pluriel des noms suivants:

	le grand-père	les grand**s**-père**s**
	la grand-mère	les grand**s**-mère**s**
	le wagon-restaurant	les wagon**s**-restaurant**s**
Mais:	le chef-d'œuvre	les chef**s**-d'œuvre
	le chemin-de-fer	les chemin**s**-de-fer
	le timbre-poste	les timbre**s**-poste

EXERCICES

A. Formez le nom féminin:

    1. le pâtissier   4. le trompeur
    2. le comédien   5. le mâle
    3. l'acteur   6. le poète

B. Donnez le genre (**le, la, les**) des noms suivants:

1. _____ fromage 2. _____ soirée 3. _____ Etats-Unis 4. _____ pommier 5. _____ camion 6. _____ cigarette 7. _____ chaleur 8. _____ Japon 9. _____ logement 10. _____ Floride 11. _____ Texas 12. _____ santé.

C. Donnez le pluriel des noms suivants:

1. le jeu 2. le prix 3. le travail 4. le timbre-poste 5. le grand-père 6. le lac.

III. L'article indéfini

1. L'article indéfini se présente sous les formes suivantes:

    masculin et féminin singulier: **un, une**
    masculin et féminin pluriel: **des**

2. L'article indéfini indique que la personne ou la chose désignée par le nom reste *indéterminée*:

    Elle habite **un** appartement meublé.
    Venez **un** vendredi du mois.
    Il a acheté **une** machine à écrire.
    Elle est pour lui **une** vraie mère.
    Pour **des** enfants, cela sera excellent.
    Il reste **des** semaines sans travailler.

3. L'article indéfini peut avoir une valeur affective (mépris ou admiration) dans des phrases exclamatives:

    En voilà un imbécile!
    Elle a joué avec une finesse, une grâce, une émotion!
    Il a parlé avec un enthousiasme!

IV. L'article partitif

1. L'article partitif n'est autre chose, pour le sens, qu'un article indéfini placé devant le nom pour indiquer que l'on ne considère qu'*une certaine quantité* ou *une certaine partie* de ce que le nom représente:

    J'ai mangé **du** fromage, **de la** viande et **des** fruits.

2. L'article partitif est formé de la préposition **de,** pure ou combinée avec l'article défini:

    masculin et féminin singulier: **du, de la, de l'** (**du** = **de** + **le**)
    masculin et féminin pluriel: **des** (= **de** + **les**)

3. L'article partitif s'emploie pour marquer une quantité indéterminée:

    Je prendrai **du** café avec **du** sucre et **de la** crème.
    Elle a commandé **du** poulet avec **des** pommes de terre.
    Il lui a donné **du** courage (= *some courage*)
    Mais: il aime le café; elle préfère le poulet.

    Au lieu de **du, de la, de l'** ou **des**, on emploie tout simplement **de** (**d'**):

    a. Quand le nom est précédé d'un *adjectif pluriel*:

    Dans cette partie de la Californie, on trouve **de bons** hôtels et **d'excellents** restaurants.
    Ses deux fils sont **de très bons** étudiants.
    Nous avons créé **d'innombrables** centres de vente.
    Dans cette ville, il y a **de belles** maisons avec **d'énormes** jardins.
    Il a aussi publié **de nombreux** essais et **d'intéressants** récits de voyage.

    b. Quand le nom est le complément d'objet direct d'un *verbe au négatif*:

    Vous ne faites **pas de** fautes.
    Ne vous faites **pas de** souci.
    Il n'y a **plus de** vin, mais il y a de la bière.
    Nous ne faisons **jamais de** projets d'avenir.
    Elle n'a **guère de** tact.

    Mais, avec le verbe **être**, on emploie toujours **du, de la** ou **des**:

    Ce n'**est pas de la** soupe à l'oignon, **c'est de la** soupe aux légumes.

    c. Après une expression de *quantité*:

    Ces étudiants font **trop de** bruit.
    Les Français mangent **beaucoup de** pain.
    Avez-vous **assez d'**argent?

REMARQUES:

- On dit toujours **bien des, la plupart des:**

  Elle a **bien des** ennuis en ce moment (= beaucoup d'ennuis).
  La plupart des villes ont des difficultés de circulation (= la majorité).
  La plupart des enfants aiment regarder la télévision (= presque tous).

- Le pluriel de **un autre** est toujours **d'autres:**

  Donnez-moi **d'autres** exemples.
  Demain, je vous enverrai **d'autres** livres.

Omission de l'article indéfini ou partitif

L'article indéfini ou partitif s'omet:

1. Après la préposition **sans:**

   Voici un livre **sans** illustrations.
   Il est resté à Paris **sans** argent.
   Elle a grimpé à l'arbre **sans** échelle.

2. Après la préposition **avec** quand elle indique la *manière + nom abstrait*:

   Il avance **avec prudence.**
   Elle enseigne **avec enthousiasme.**
   Nous viendrons **avec plaisir.**

   Mais:

   Avec de la patience et **du** tact, rien n'est impossible.
   J'irai à la plage **avec des** amis.
   Il a ouvert la boîte **avec un** couteau.
   Vous écrivez **avec un** stylo.

3. Après **ne . . . ni . . . ni:**

   Il **n**'a **ni** parents **ni** amis.
   Nous **n**'avons **ni** radio **ni** télévision.

   EXCEPTION: Après **sans, avec, ne . . . ni . . . ni,** l'article défini, indéfini ou partitif peut s'employer lorsque le nom est qualifié:

   Il est parti **sans l'**argent que son père lui a donné.
   J'ai lu son dernier roman **avec une** attention constante.
   Nos sujets travaillent **avec un** enthousiasme exemplaire.
   Nous **n**'avons **ni des** livres russes **ni des** livres bulgares.

EXERCICE   Ajoutez l'article indéfini ou partitif lorsqu'il le faut, en faisant, si besoin, élisions et contractions.

1. Nous avons beaucoup _____ étudiants et, Dieu merci, _____ excellents étudiants.   2. Il n'a ni _____ parents, ni _____ amis.   3. Nous pouvons vous offrir _____ bifteck avec _____ pommes de terre et _____ petits pois.   4. A titre publicitaire, nous vendons même _____ fromages, _____ beurre, _____ glace et _____ yaourt faits avec de la pâte dentifrice.   5. Il a commencé à écrire _____ poèmes saturniens pour _____ revue parnassienne.   6. Nous n'avons besoin ni _____ médecins, ni _____ infirmières.

chapitre 5

La maison

Le comte et la comtesse de M. demeuraient dans un hôtel particulier°
monumental: cinquante mètres de façade—pierre d'un gris morne—ornée
de statues et de colonnes qui dataient de l'époque de Louis XIII. . . . Un
mur séparait le jardin de la rue bordée d'arbres qui descendait en pente
douce vers la Seine.

Arrivant à l'heure indiquée, Joyce a franchi le vieux porche et a sonné.
Un laquais en livrée a ouvert la porte et l'a conduite lentement à travers les
vastes salles. Les peintures, les sculptures, les meubles anciens, les boiseries,
les parquets glissants, l'expression figée du laquais . . . tout cela la troublait.
Elle se sentait bien plus à l'aise avec la concierge du Sans-Souci qui lui ouvrait
la porte les manches retroussées, la saluant d'un air distrait et l'abandonnant
aussitôt pour aller balayer un couloir ou pour aller chercher son chat. La
comtesse s'est avancée vers Joyce qui l'observait pétrifiée, n'osant pas bouger.

—La comtesse de M.?

—Elle-même. Vous êtes la jeune fille qui a appelé hier soir—Joyce . . .
Joyce Smith, n'est-ce pas? Allons, venez vous asseoir . . . ne craignez rien;
vous ne tomberez pas . . . là, vous serez bien dans ce fauteuil . . . vous
parlez très bien français . . . et anglais, naturellement, puisque vous êtes
américaine . . . je vous engage! Vous pouvez vous installer ici dès au-

jourd'hui . . . je sais que le travail vous plaira. Vous donnerez des leçons à mes enfants et à mon neveu aussi; l'entreprise pour laquelle il travaille va l'envoyer pour un an à New York et il faut absolument qu'il perfectionne son anglais. Il connaît assez bien la grammaire mais il manque de pratique. Une bonne conversation en anglais de temps en temps . . . vous êtes d'accord?

—Oh, oui! Je ne saurais[1] vous promettre de déménager tout de suite, mais dans quelques jours peut-être. . . . C'est vraiment magnifique chez vous!

—Vous n'avez encore rien vu! Je vous montrerai un jour toute la maison. Mais, vous avez sans doute envie de voir où vous serez logée. Venez. Excusez-moi, je passe devant pour vous montrer le chemin.

Joyce et la comtesse ont traversé le salon, la salle à manger, le cabinet du comte . . . puis elles ont pris l'ascenseur et sont montées au troisième. Joyce suivait la comtesse, parcourant rapidement un long couloir. L'appartement qu'elle devait occuper se trouvait à l'extrême gauche. La comtesse, arrivée la première, avait ouvert la porte de la chambre à coucher et celle de la salle de bains. Joyce hochait la tête d'un air d'admiration. Elle retourne maintenant dans la chambre à coucher et examine la pièce: une commode ancienne, un sofa couvert de soie gris bleu, un fauteuil, quatre affiches sur le mur, deux de chaque côté du lit, comme celles qu'on voit dans les agences de voyage: l'Obélisque° entouré de voitures démodées, le Panthéon,° les tours de Notre-Dame et la Place de l'Opéra avec le Café de la Paix° à gauche.

—Mais non, ne regardez pas ces affiches. Affreuses, n'est-ce pas? Je crois qu'un jour il va falloir les remplacer.

—Et bien non, moi je les trouve bien. J'aime les couleurs. Ça fait très doux.

—Alors tant mieux. On n'y touchera pas.

—Quelles belles proportions a cette chambre et quelle vue magnifique! Quand on se place ici on peut voir la Seine, les ponts, les reflets sur l'eau. . . .

—Mais . . . nous sommes en train de bavarder et vous avez sans doute mille choses à faire. Je vous fais perdre votre après-midi.

Joyce sentait qu'il ne fallait pas s'attarder. Elle trouvait quelque chose de déplaisant dans l'amabilité un peu mondaine de la comtesse qui la conduisait vers la porte en lui serrant la main:

—Alors à très bientôt. On vous attend. . . .

NOTES

Un hôtel particulier: une maison somptueuse.

L'Obélisque: c'est un monolithe (ouvrage exécuté d'un seul bloc de pierre) donné à la France par un souverain d'Egypte. L'Obélisque se trouve au centre de la Place de la Concorde et mesure 25 mètres de hauteur.

---

[1] Le conditionnel de **savoir** employé à la forme négative est l'équivalent atténué de **pouvoir: Je ne saurais vous promettre . . . (Je ne pourrais pas . . .).**

Le Panthéon: enorme temple destiné à recevoir les cendres des hommes illustres comme Victor Hugo et Emile Zola.

Le Café de la Paix: café célèbre pour sa clientèle cosmopolite; il se trouve à l'angle d'un des grands boulevards et de la Place de l'Opéra.

QUESTIONNAIRE   Répondez aux questions suivantes:

1. Où demeuraient le comte et la comtesse de M.?
2. Décrivez l'extérieur de la maison.
3. Qu'est-ce qui séparait le jardin de la rue bordée d'arbres?
4. Qui est-ce qui a conduit Joyce à travers les vastes salles?
5. Qu'est-ce qui la troublait?
6. Avec qui se sentait-elle plus à l'aise? Pourquoi?
7. Est-ce que la comtesse a posé beaucoup de questions à Joyce?
8. Qu'est-ce qu'elle lui a demandé?
9. A qui est-ce que Joyce devait donner des leçons?
10. Le neveu de la comtesse devait perfectionner son anglais. Pourquoi?
11. Où était situé l'appartement que Joyce devait occuper?
12. Décrivez cet appartement. Aimeriez-vous y vivre?
13. Décrivez les meubles de la chambre à coucher.
14. Que représentent les quatre affiches au-dessus du lit?
15. Qu'est-ce que c'est que l'Obélisque?
16. Où se trouve le Café de la Paix?
17. Est-ce que la comtesse aime les affiches qui sont au-dessus du lit? Et Joyce, les aime-t-elle?
18. Joyce sent qu'il ne faut pas s'attarder. Pourquoi?

SITUATION 5

A l'hôtel Sans-Souci

Une dame. Bonjour, mademoiselle. La concierge vient de me dire que vous nous quittez dans quelques jours.
Joyce. En effet, je déménage lundi.
La dame. Ah! Vous avez de la chance! Remarquez . . . je ne me plains pas. Le prix des chambres est raisonnable et j'aime la proximité des magasins, mais je ne peux pas dire que j'ai pour la concierge une très grande

affection. Pouvez-vous m'expliquer pourquoi mes amis la rencontrent toujours dans l'escalier quand ils viennent me voir? Et que pensez-vous du Sans-Souci? Le nom est paisible, mais sans parler des passants qui font tant de bruit, il y a le métro qui passe juste sous l'hôtel. Je n'arrive à dormir convenablement qu'entre une heure et six heures du matin. J'aimerais bien pouvoir trouver un petit appartement meublé pas trop cher. . . .

Imaginez que vous êtes à Paris pour un an. Expliquez à un ami qui veut vous aider à trouver un appartement meublé quels sont vos goûts et vos moyens. Aimez-vous les vieux logements aux meubles anciens ou bien le décor moderne? Etes-vous partisan du confort? Les expressions et mots suggérés vous aideront à expliquer à cet ami ce que vous cherchez.

Questions	Expressions et mots suggérés
1. Où aimeriez-vous habiter?	• le Quartier latin, Saint-Germain-des-Prés (étudiants, touristes) • près de l'Avenue des Champs-Elysées (magasins de luxe, cinémas, cafés, couturiers) • Passy (quartier résidentiel) • Montmartre (artistes, boîtes de nuit)
2. Quels sont vos moyens?	• Je cherche quelque chose de: pas trop cher, bon marché • Le prix n'a aucune importance
3. Quels sont vos goûts?	• J'aimerais avoir: un appartement de 3, 4, 5 . . . pièces,[1] tout le confort moderne, une belle vue, beaucoup d'espace, de lumière
4. Aimez-vous les vieux logements?	• meubles anciens, murs recouverts de boiseries, porcelaines et bibelots rares, cheminée dans chaque pièce
5. Etes-vous partisan du confort moderne?	• canapés, fauteuils . . . très confortables, appareil de télévision, tourne-disque et magnétophone stéréophoniques, réfrigérateur, machine à laver, placards à linge, — à vaisselle, chauffage individuel, — central, garage, piscine . . . chauffés

---

[1] **pièces** veut dire *rooms*; une **chambre** est une pièce où l'on dort.

REVISION DE GRAMMAIRE

I. Le participe présent

Le participe présent est une forme verbale qui marque une action et qui se termine toujours en **-ant:**

parlant   choisissant   vendant   croyant   disant   faisant

FORMES

1. On forme le participe présent, comme l'imparfait, avec le radical de la première personne du pluriel de l'indicatif présent, et la terminaison du participe présent: **-ant.**

   nous craignons—craignant   nous écrivons—écrivant
   nous conduisons—conduisant
   Exceptions: nous avons—ayant   nous sommes—étant
                   nous savons—sachant

2. Le participe présent est invariable en genre et en nombre:

   Il leur montra les hautes montagnes **environnant** la ville.
   Les étudiants **ayant** des renseignements à demander pourront s'adresser à la secrétaire du département.

3. La forme composée du participe présent a l'auxiliaire **avoir** ou **être:**

   ayant parlé   étant parti   s'étant souvenu

   Ayant oublié sa cléf, il ne pouvait rentrer chez lui.
   Il ne put comprendre ce qui se passait, **étant étourdi** par le choc.

4. Le participe présent est souvent précédé de **en.** (**En** est la seule préposition qu'on puisse employer devant le participe présent.)

   Elle a perdu ses gants **en faisant** du ski.
   Ils couraient dans la rue **en chantant.**

   Il ne faut pas confondre le participe present quand il n'est pas précédé de **en** avec l'adjectif verbal en **-ant** qui s'accorde en genre et en nombre avec le nom auquel il se rapporte.
   Comparez:

   Les enfants, **obéissant** à leurs parents, sont bien aimés.
   Les enfants **obéissants** sont bien aimés de leurs parents.

Les étudiants **négligeant** (= se désintéressant de) leurs études sont souvent obligés de quitter l'université.
Ce sont des étudiants **négligents** (= paresseux).

Il parlait souvent aux militaires, les **provoquant** (= les incitant) à la désobéissance.
Son attitude est **provocante** (= agressive).

EMPLOIS

1. Employé sans la préposition **en,** le participe présent exprime:

a. Le temps du verbe principal de la phrase dans laquelle il se trouve:

Joyce regardait (avait regardé, regarde) pétrifiée, **n'osant** pas bouger.
Je l'ai surpris **lisant** mes lettres (= au moment où il lisait).

b. Le temps immédiatement antérieur à celui du verbe principal de la phrase:

Arrivant à l'heure indiquée, Joyce a franchi le vieux porche et a sonné.
Appelant un de ses amis à son aide, il s'efforça de soulever le rocher.

c. Le temps antérieur à celui du verbe principal. Dans ce cas, il faut employer la forme composée du participe présent:

Tu parles bien anglais naturellement, **étant né**(e) aux Etats-Unis.
J'ai très bien compris ce que les acteurs disaient, **ayant** déjà **lu** la pièce.

d. De quelle manière l'action est en train de s'accomplir:

Joyce suivait la comtesse, **parcourant** rapidement un long couloir.
Il parlait à haute voix, **gesticulant** sans arrêt.

e. La cause ou la raison de l'action en train de s'accomplir:

Voulant arriver à l'heure, elle a quitté l'hôtel tout de suite après le déjeuner.
Ne **sachant** quoi répondre, il se taisait.

2. Le participe présent précédé de **en** décrit comment se produit (s'est produite, se produira) l'action principale. Il exprime alors une action secondaire qui accompagne l'action principale:

Joyce regardait la comtesse **en hochant** la tête d'un air d'admiration.
Elle les a rencontrés **en allant** au supermarché (*temps*).

En prenant cette rue, vous arriverez devant le Palais de justice (*condition*).

REMARQUE: Si on veut accentuer la simultanéité du participe présent et du verbe principal de la phrase, on emploie l'adverbe **tout** devant **en:**

Tout en voulant rester encore quelques moments, Joyce sentait qu'il ne fallait pas s'attarder.[1]
Ils ont refusé de boire, **tout en ayant** soif.

EXERCICE   Faites une seule phrase en employant le participe présent.

EXEMPLE: Joyce voulait arriver à l'heure. Elle a pris un taxi.
Voulant arriver à l'heure, Joyce a pris un taxi.

1. Joyce ne connaissait pas le chemin. Elle suivit la comtesse.   2. Nous n'avons pas d'argent. Nous sommes obligés de travailler.   3. Il est trop timide. Il n'ose pas parler.   4. Je savais que c'était son anniversaire. Je lui ai acheté des fleurs.   5. Vous êtes étrangère. Vous n'avez pas le droit de travailler.   6. Ils avaient peur de manquer l'autobus. Ils se sont mis à courir.

II. Le participe passé

Le participe passé est une forme verbale qui a une valeur temporelle.

FORMES

1. Le participe passé des verbes en **-er** est **é:**

   parler—parlé   monter—monté   employer—employé

2. Le participe passé des verbes en **-ir** est **i:**

   choisir—choisi   finir—fini   dormir—dormi

3. Le participe passé des verbes en **-re** est **u:**

   répondre—répondu   vendre—vendu   perdre—perdu

---

[1] Quand **tout** précède **en,** l'action du verbe principal de la phrase et celle du participe présent sont souvent contradictoires. (Il est contradictoire de vouloir rester et partir en même temps.)

4. Voilà quelques participes passés irréguliers.

apparaître	apparu	**mourir**	mort
apercevoir	aperçu	**naître**	né
s'asseoir	assis	**offrir**	offert
avoir	eu	**ouvrir**	ouvert
boire	bu	**paraître**	paru
conduire	conduit	**plaindre**	plaint
connaître	connu	**plaire**	plu
courir	couru	**pleuvoir**	plu
couvrir	couvert	**prendre**	pris
craindre	craint	**recevoir**	reçu
croire	cru	**résoudre**	résolu
cuire	cuit	**rire**	ri
devoir	dû	**savoir**	su
disparaître	disparu	**souffrir**	souffert
dire	dit	**suivre**	suivi
écrire	écrit	**tenir**	tenu
être	été	**valoir**	valu
falloir	fallu	**venir**	venu
faire	fait	**vivre**	vécu
lire	lu	**voir**	vu
mettre	mis	**vouloir**	voulu

REMARQUE: On donne quelquefois le nom de participe passé à l'adjectif verbal, mais c'est une erreur. L'adjectif verbal exprime l'*état* qui suit l'achèvement d'une action et n'a pas de valeur temporelle. C'est le contexte qui lui donne une valeur chronologique:

La nuit **venue,** elle rentra chez elle.
Les cours **terminés,** ils partirent en vacances.

ACCORD

1. Le participe passé conjugué avec l'auxiliaire **être** s'accorde en genre et en nombre avec le sujet du verbe:[1]

Joyce est sorti**e.**
Nous sommes entr**és** dans le magasin.
Les feuilles sont tomb**ées.**

2. Le participe passé conjugué avec l'auxiliaire **avoir** ne s'accorde jamais avec le sujet du verbe, mais il s'accorde en genre et en nombre avec le complément d'objet direct quand celui-ci est placé avant le participe. Comparez:

---

[1] Sauf le participe passé des verbes pronominaux qui s'accorde en genre et en nombre avec le complément d'objet direct quand celui-ci est placé avant le participe.

Elle **a essayé** une robe qui lui allait très bien.
La robe qu'elle **a essayée** lui allait très bien.

Vous **avez envoyé** une lettre.
J'ai reçu la lettre que vous **avez envoyée.**

première phrase: le complément d'objet direct est placé après le participe = pas d'accord.
deuxième phrase: le complément d'objet direct est placé avant le participe = accord.

3. Lorsque le complément d'objet du verbe est **en,** le participe passé reste invariable:

Regardez ces belles fleurs; j'**en ai acheté** pour ma fiancée.
J'ai cueilli des fraises dans le jardin et j'**en ai mangé.**

4. Conjugué avec **avoir** et un verbe impersonnel, le participe passé reste invariable:

Les trois jours qu'il **a plu.**
Les accidents nombreux qu'il y **a eu** cet hiver.
La chaleur qu'il **a fait.**

5. Conjugué avec **avoir** et une expression collective comme complément d'objet direct placé avant, le participe passé s'accorde soit avec le mot collectif, soit avec le mot complément du terme collectif:

Le grand nombre de succès que vous **avez remporté** (*ou* **remportés**).
Le peu d'attention que vous **avez apporté** (*ou* **apportée**) à cette affaire.

6. L'accord avec **combien** est facultatif:

Combien de livres **avez vous acheté** (*ou* **achetés**)?

EXERCICES

A. Faites une seule phrase en employant la forme composée du participe présent.

EXEMPLE: Elle parle bien français. Elle a vécu en France.
Ayant vécu en France, elle parle bien français.

1. Vous devez prendre l'avion. Vous avez manqué l'autocar. 2. Elle est arrivée à l'heure. Elle s'était levée de bonne heure. 3. Il n'a presque pas dormi. Il s'était couché tard. 4. Nous sommes arrivés à Paris avant eux. Nous avions pris l'avion. 5. Je voulais l'aider. J'avais connu ses parents.

B. Remplacez le verbe précédé de **pendant que** par le participe présent précédé de **en.**

EXEMPLE: Je me suis endormi pendant que je lisais ce livre.
Je me suis endormi en lisant ce livre.

1. Ils regardent la télévision pendant qu'ils déjeunent. 2. Avez-vous vu de belles peintures pendant que vous traversiez le salon? 3. Elle me serrait la main pendant qu'elle me conduisait vers la porte. 4. Tu t'es fait mal pendant que tu jouais au tennis. 5. Nous buvons toujours du lait pendant que nous mangeons.

III. Les verbes *connaître, savoir* et *pouvoir*

1. Les verbes **connaître** et **savoir.**

On traduit **connaître** et **savoir** par *to know.*

connaître = 1. *to be familiar with something*
            2. *to be acquainted with somebody*
savoir = *to be very familiar with or informed about something*

Comparez:

Connaissez-vous cette pièce de Corneille? Oui, je la **sais** presque par cœur.
Elle est allée à la même école que lui et je **sais** qu'elle le **connaît.**

2. Les verbes **pouvoir** et **savoir** + l'infinitif:

On traduit **pouvoir** et **savoir** quand ils précèdent un infinitif, par *can.*

pouvoir = *to be able to do something*
savoir = *to know how to do something*

Comparez:

Giselle **sait jouer** du piano, mais elle ne **peut** pas **jouer** ce soir parce qu'elle a un examen de chimie demain.
C'est un homme qui **sait parler** aux foules, qui **sait plaire.**
Il ne **sait** pas **refuser** un service.
Pouvez-vous **soulever** cette malle?
Je n'**ai** pas **pu comprendre** cette phrase.

Quand le conditionnel de **savoir** est employé à la forme négative (*I couldn't*), on omet généralement **pas:**

Je **ne saurais** vous dire comment j'ai trouvé cet appartement; c'est tellement incroyable.

On **ne saurait** avoir plus d'esprit.

Tout cela **ne saurait** faire notre bonheur.

EXERCICE   Répondez affirmativement et négativement à chaque question.

EXEMPLE: Est-ce que vous connaissez cet homme?
Oui, je le connais; non je ne le connais pas.

1. Est-ce que tu connais le président?   2. Est-ce qu'ils savent la réponse?
3. Est-ce qu'elle sait votre nom?   4. Est-ce que Jean-Pierre connaît Joyce?
5. Est-ce que nous savons ce poème par cœur?   6. Savent-ils que Jacques est notre meilleur étudiant?   7. Connaissez-vous beaucoup de gens à Paris?
8. Sait-elle qu'elle a réussi à l'examen écrit?   9. Connais-tu cette jeune fille?
10. Est-ce que Joyce sait le nom de la comtesse?

Suivez le guide!

Avant de pénétrer dans le château, admirez le merveilleux parc qui s'étend autour. C'est le quatrième parmi les plus grands parcs de Transylvanie. Quant au château, il fût construit par le plus célèbre architecte de l'époque ou par un de ses meilleurs élèves. Admirez cette façade majestueuse bâtie avec des pierres blanches devenues grises et qui date du XVIe siècle. Ne vous attardez pas trop car nous avons encore tout l'intérieur du château à visiter.

Dès l'entrée, vous remarquerez l'immense galerie qui sépare en deux le château, le traverse de part en part, et qui ouvre ses grandes portes sur les deux faces. Cette galerie occupe la quatrième place parmi les plus belles galeries de Transylvanie. C'est un bijou de style baroque (pas pur baroque, mais aussi pur qu'il puisse l'être chez nous). Sans doute avez-vous déjà remarqué le grand nombre de tapisseries qui couvrent les murs de cette galerie dite « des portraits » parce que chaque tapisserie représente un des ancêtres du comte Dracula. Il y en a quarante-quatre en tout. Il n'existe que trois autres châteaux en Transylvanie qui en comptent davantage. La tapisserie placée au-dessus de la cheminée est supérieure à toutes les autres. Elle représente le père de Dracula habillé de la façon la plus étrange, faisant la cour à une jeune dame sous un arbre bleu où mûrissent des fruits noirs.

Cette jeune dame deviendra son épouse pour le meilleur et pour le pire. . . . Vous pouvez admirer le double escalier de marbre qui semble enjamber cette immense salle laissant vide le centre et joignant au premier ses deux montées à la manière d'un pont. Cet escalier a été commencé en 1519 mais terminé seulement le 24 août 1852. Il compte 326 marches. Si on avait ajouté deux marches de plus, ç'aurait été le troisième parmi les plus longs escaliers de Transylvanie. L'ascenseur qu'on a installé il y a trois mois vous évitera de compter les marches.

A droite, vous admirerez la superbe bibliothèque avec de hautes vitrines où sont rangés les livres. Le premier septembre, 1729, un incendie détruisit une bonne partie des manuscrits du comte et tous les traités sur les apparitions des esprits et sur les vampires ou revenants de la Transylvanie. Pourtant, il n'en reste pas moins de 9540 éditions originales et 5367 manuscrits. Il n'y a pas de château dans toute la Transylvanie qui en compte davantage.

Je vous recommande la visite du premier étage (deux dollars de supplément); on y conserve le mobilier où s'harmonisent les styles les plus divers. Vous allez voir les meubles que chaque génération a laissés dans la famille et qui font de cet ancien château une sorte de musée où tout se mêle: des superbes commodes bavaroises, des tables turques en bois de rose, des fauteuils Louis XV encore couverts de leur soie à bouquets. . . . On y conserve également quelques portraits de Dracula qui sont de véritables chefs-d'œuvre. Vous pourrez voir Dracula enfant, Dracula adolescent, Dracula dans la force de l'âge, Dracula âgé, dépourvu de dents . . . On y vend aussi des souvenirs et des cartes postales. En payant deux dollars de plus, vous allez pouvoir visiter la chambre de Dracula qui abrite le lit monumental et pourtant gracieux, malgré les quatre grands oiseaux de proie, tout noirs et luisants de cire, qui portent la couche et paraissent en être les gardiens.

Avant de quitter le château, n'oubliez pas de visiter le cimetière. Vous admirerez particulièrement le tombeau de Dracula qui est protégé par une merveilleuse grille de fer forgé, exécutée par un artiste d'un aussi grand talent que celui du maître qui a conçu le tombeau. Selon certaines croyances populaires, le comte n'attaque que les avares; il accomplit les souhaits de ceux qui sont généreux. En général, vers la fin de l'après-midi, le tombeau est enseveli sous une montagne de pièces de monnaie et de billets de banque que les admirateurs de Dracula ont jeté à travers les barreaux de la grille. Mais cela n'empêche point le comte de sortir pour faire sa promenade nocturne. Notez qu'il accepte volontiers les dollars, les francs, les roubles . . . même les chèques personnels et les cartes de crédit. . . . Il dérangera le sommeil des gens qui vous embêtent à partir de cinquante dollars (vingt-cinq pour les jeunes gens de moins de dix-huit ans) et vous débarrassera de vos ennemis mortels à partir de cent dollars.

En quittant le cimetière, ne manquez pas de faire une visite complète du village. Vous n'avez qu'à traverser le parc. C'est le village le plus pittoresque de Transylvanie.

QUESTIONNAIRE
1. A qui a appartenu le château que les visiteurs doivent admirer?
2. Où se trouve ce château?
3. Avez-vous déjà entendu parler du comte Dracula? Que savez-vous de lui?
4. Croyez-vous aux revenants?
5. Le fait que le guide emploie souvent le superlatif est-il une indication de son caractère?
6. De quelle époque date la façade du château?
7. Y a-t-il des exemples de style baroque dans votre ville?
8. Pourquoi appelle-t-on la grande galerie du château la galerie des portraits?
9. Que représente la tapisserie placée au-dessus de la cheminée?
10. Quand est-ce que l'escalier de marbre à double révolution a été terminé?
11. Un incendie a détruit une bonne partie des manuscrits du comte. C'était en quelle année?
12. Qu'est-ce qu'on peut voir au deuxième étage?
13. Combien faut-il payer pour voir les « trésors » du deuxième?
14. Qu'est-ce qu'il y a dans la chambre de Dracula?
15. Pourquoi faut-il visiter le tombeau de Dracula?
16. « En général, vers la fin de l'après-midi, le tombeau est enseveli de . . . » Terminez la phrase.
17. Le comte accepte-il les devises étrangères (la monnaie étrangère)?
18. Il dérangera le sommeil des gens qui vous embêtent à partir de combien de dollars?
19. Pourquoi faut-il visiter le village qui se trouve à côté du château?
20. Si vous êtes d'accord que ce récit est humoristique, faites-en ressortir tous les éléments qui contribuent à le rendre tel.

DISCUSSION/ COMPOSITION
1. Trouvez d'autres exemples d'événements qui n'ont pas d'explication logique, ou bien tracez le portrait d'un « original » de votre connaissance ou invention.
2. Quelle est la place que tiennent les sciences occultes dans le monde moderne?

REVISION DE GRAMMAIRE

I. La comparaison des adjectifs qualificatifs

On exprime le degré d'une qualité par le *positif*, le *comparatif* et le *superlatif* des adjectifs:

Le positif et le comparatif

1. Le positif exprime tout simplement la qualité:

   Cet arbre est grand.
   Cette jeune fille est belle.

2. Le comparatif indique une qualité égale, inférieure ou supérieure. On distingue donc le comparatif d'*égalité*, le comparatif d'*infériorité* et le comparatif de *supériorité*:

   Jeanne est **aussi** intelligente que Marie. (*égalité*)
   Jeanne est **moins** intelligente que Marie. (*infériorité*)
   Jeanne est **plus** intelligente que Marie. (*supériorité*)

   Notez qu'on place les adverbes de quantité **aussi, moins** et **plus** devant l'adjectif qualificatif (en ce cas, **intelligente**) pour indiquer une comparaison.

EMPLOIS

1. Dans une phrase *négative* ou *interrogative*, **aussi** et **si** ont le même sens de qualité égale:

   Il n'était pas **aussi** (**si**) généreux qu'on le croyait.
   Etait-elle **aussi** (**si**) paresseuse que vous le dites?

2. Dans une phrase *impérative*, on emploie généralement **si**:

   Ne parlez pas **si** vite.
   Ne frappez pas **si** fort.

3. Le second terme de la comparaison est, généralement, introduit par **que**:

   Elle est **plus** agée **que** son frère.
   André est **moins** ordonné **que** Pierre.

   Mais on emploie **de** avec un nombre (de personnes *ou* de choses):

   Voici **plus de quatre jours** que j'attends sa réponse.
   Il n'y avait **pas moins de dix mille personnes** sur la place.
   Il n'en reste **pas moins de 9540 éditions** originales.

4. Le comparatif est souvent renforcé au moyen des adverbes **bien, beaucoup, un peu,** etc.:

   La santé est **bien** (*ou* **beaucoup**) plus précieuse que l'argent.
   Notre réunion était **un peu** moins longue cette fois-ci.

5. Dans les phrases exclamatives, le comparatif est souvent renforcé au moyen de **tellement**:

   Ce serait **tellement** plus agréable s'il faisait toujours beau pendant les vacances!

Le superlatif

Le superlatif exprime la qualité au degré le plus élevé ou le plus bas. On distingue donc le superlatif de *supériorité* (**le plus, la plus, les plus**) et le superlatif d'*infériorité* (**le moins, la moins, les moins**):

> Le château fut construit par **le plus** célèbre architecte de l'époque.
> Cette galerie occupe la quatrième place parmi **les plus** belles galeries de Transylvanie.

> La ville où elle habite a le climat **le moins** humide du continent.
> Pierre est **le moins** ordonné de ses enfants.

1. Les adjectifs qualificatifs **bon, mauvais** et **petit** ont des comparatifs et des superlatifs irréguliers:

   bon: meilleur, le meilleur
   mauvais: plus mauvais (*ou* pire), le plus mauvais (*ou* le pire)
   petit: plus petit (*ou* moindre), le plus petit (*ou* le moindre)

   a. **Meilleur, le meilleur, la meilleure,** etc., sont le comparatif et le superlatif de **bon:**

   > Le repas est **meilleur** qu'hier.
   > Je vous souhaite une **meilleure** santé.
   > Les plaisanteries les plus courtes sont souvent **les meilleures.**
   > Cette information est puisée **aux** (= **à + les**) **meilleures** sources.

   b. **Moindre** (comparatif de **petit**), **le moindre, la moindre,** etc. (superlatifs de **petit**) ne s'emploient que dans quelques expressions:

   > **Le moindre** effort lui coûte.
   > Je n'ai pas **la moindre** idée de ce qui s'est passé.
   > On n'a pas **la moindre** preuve contre lui.
   > **La moindre** des choses est de vous excuser.

   On emploie presque toujours **plus (moins, aussi) petit(e), le plus (le moins) petit, la plus (la moins) petite,** etc.:

   > Votre chambre est **aussi petite** que la mienne.
   > Cette maison-ci est **plus petite** que celle-là.
   > C'est **la plus petite** voiture qu'on puisse acheter en France.

   c. **Pire, le pire, la pire,** etc. (le comparatif et les superlatifs de **mauvais**), s'emploient dans des expressions comme:

   > Il n'y a **pire** eau que l'eau qui dort.
   > Le remède est **pire** que le mal.
   > Elle deviendra son épouse pour le meilleur et pour **le pire.**
   > C'est **la pire** chose qui puisse vous arriver.
   > **Le pire,** c'est que tout cela aurait pu ne pas arriver.

Mais on peut souvent substituer l'un pour l'autre **pire** ou **plus mauvais:**

Cet enfant ne pourrait être **pire** (**plus mauvais**) à l'égard de ses parents.

Cette excuse est **pire** (**plus mauvaise**) que la faute.

2. L'article défini précède toujours le superlatif, sauf quand il est précédé d'un possessif:

C'est **son** meilleur livre.

Je vous présente **mes** meilleurs vœux.

Voici venir **votre** pire ennemi.

3. Pour le superlatif, le second terme de la comparaison est introduit par la préposition **de** + nom:

Le mois d'août est le mois le plus chaud **de l'année.**

C'est le plus dangereux **des hommes** (des = de + les).

C'est la plus belle ville **du monde** (du = de + le).

De toutes **les régions,** celle-ci possède les plus belles églises romanes.

4. Quand l'adjectif suit le nom, ou répète l'article en formant le superlatif:

Cette tapisserie représente le père de Dracula habillé de **la** façon **la** plus étrange.

C'est **le** village **le** plus pittoresque de Transylvanie.

C'est l'homme **le** plus aimable que je connaisse.

Mais: C'est **le** plus aimable **des** hommes.

REMARQUE: Il ne faut pas confondre les adjectifs **bon, meilleur, mauvais** et **pire** avec les adverbes **bien, mieux, mal** et **pis.** Comparez:

Il est **bon** chauffeur et il sait éviter les embouteillages.	Tu as **bien** parlé
Cette marchande vend de **bons** fruits.	Tout s'est **bien** passé.
Ce vin est bien **meilleur.**	Il se porte **mieux.** Il se sent **mieux.**
Elle a reçu **la meilleure** note.	On fera **le mieux** qu'on pourra. Cette façon de vivre lui convient **le mieux.**
C'est la **mauvaise** saison pour la chasse.	Les affaires vont **mal.**
Sa santé est **mauvaise.**	Ce chapeau lui va **mal.**
	Ca va **de mal en pis** (= de plus en plus mal).
C'est **la pire** chose qui puisse lui arriver.	Il a fait **pis** (= plus mal).

5. Certains adjectifs ne comportent pas de degrés de comparaison parce qu'ils ont une signification absolue, ou parce qu'ils sont déjà eux-mêmes des comparatifs ou des superlatifs:

aîné, cadet	carré, circulaire
principal, unique	antérieur, postérieur
extérieur, intérieur	inférieur, supérieur
premier, dernier	

EXERCICES

A. Répondez aux questions suivantes.

1. Est-ce que les Etats-Unis sont plus ou moins grands que le Mexique?
2. Etes-vous plus jeune ou plus âgé(e) que le professeur? 3. Quelle est la plus belle ville des Etats-Unis? 4. Qui est le (la) plus petit(e) de votre famille? 5. Quel est le meilleur film que vous avez vu récemment?
6. Est-ce que les chiens sont plus intelligents ou moins intelligents que les chats?

B. Mettez les adjectifs entre parenthèses à la forme qui convient. Ajoutez s'il le faut, **que, de** ou **à** selon le cas.

1. Les études de droit sont plus (long) ――― celles de sciences (politique) ――― . 2. Notre (premier) ――― réunion a été la plus (intéressant) ――― toutes. 3. L'introduction de l'imprimerie en Europe (occidental) ――― est-elle (antérieur) ――― ou (postérieur) ――― à la découverte de l'Amérique? 4. C'est la plus (dangereux) ――― armes à feu.

C. Formez des phrases comparatives ou superlatives avec les éléments suivants.

EXEMPLE: Il écrit / bien / les autres
Il écrit mieux que les autres.

Jean / a acheté / voiture / chère
Jean a acheté la voiture la plus chère.

1. Voici / grand / château / Transylvanie 2. Elle / est / tellement / petite / sa sœur 3. Nous / avons choisi / route / pittoresque 4. Voilà / bonne / étudiante / la classe 5. Vous / parlez / français / bien / moi 6. Aujourd'hui / il fait / beaucoup / chaud / hier 7. Sa composition / bonne / la mienne 8. Ce roman-ci / est / bien / intéressant / celui-là

II. La quantité numérique

La quantité numérique s'exprime au moyen des adjectifs numéraux. On distingue les adjectifs numéraux *cardinaux* (**deux** étudiants, **cinq** leçons) et les adjectifs numéraux *ordinaux* (la **troisième** semaine, le **dix-neuvième** siècle).

Les adjectifs numéraux cardinaux

Les adjectifs numéraux cardinaux indiquent le nombre *précis*:

deux mille hommes   trente-quatre lignes   cinquante dollars

FORMES

En général, les adjectifs numéraux cardinaux sont *invariables*. Seuls **un, vingt** et **cent** peuvent varier.

1. **Un** a une forme féminine:

   Elle a trois frères et **une** sœur.
   Avez-vous lu *Les Mille et* **Une** *nuits*?

2. **Vingt** et **cent** prennent un *s* quand ils sont multipliés par un autre nombre. Mais lorsqu'ils ne terminent pas l'adjectif numéral, c'est-à-dire lorsqu'ils sont suivis d'un autre nombre, ils restent au singulier:

   quatre-vingt**s** ans   cinq cent**s** francs
   Mais: quatre-vingt-trois ans   cinq cent huit pages

3. **Mille** est invariable.

   trois **mille** francs   deux **mille** huit cents dollars

   a. Entre **mille** et **deux mille,** on peut former des nombres sans avoir recours à **mille:**

      quatorze cents ouvriers
      onze cents étudiants

   b. Pour marquer la date des années, quand **mille** est suivi d'autres nombres, on met de préférence **mil:**

      Les Normands envahirent l'Angleterre en l'an **mil**
          soixante-six.
      L'an **mil** cinq cent quatre-vingt-treize.
      Mais: Le monde de l'an deux **mille.**

STRUCTURES
1. On emploie **et** dans les nombres **21, 31, 41, 51, 61** et **71;** mais pas dans les nombres **81, 91** et **101:**

> vingt et un   trente et un   soixante et onze
> *Mais*:   quatre-vingt-un   quatre-vingt-onze   cent un

2. Pour marquer que le nombre exprime la totalité, on met **tout** devant le chiffre:

> Nous sommes partis **tous** les trois.
> Ils ont été reçus **tous** les deux (*they both passed the exam*).

Mais on omet **tout** quand le chiffre est suivi d'un nom:

> Les deux sœurs ont été reçues.

EMPLOIS
Les adjectifs cardinaux s'emploient:

1. Après le nom d'un souverain ou d'un pape, sauf quand il s'agit du **premier** (*first*)

> Charles **huit**   Louis **quatorze**   Pie **douze**

Mais: François **premier**   Léopold **premier**

2. Pour indiquer l'heure, le jour, le mois et l'année. Par exemple, **Le 15 janvier, 1903, à 8 heures** se lit **Le quinze janvier, mille neuf cent trois, à huit heures.**

> Vous viendrez **le huit** à la maison?
> Cet escalier a été commencé en **quinze cent cinquante-deux.**

Mais on dit:

> le **premier** janvier   le **premier** août

3. Pour désigner la division d'un livre, la page etc.

> Volume **deux,** chapitre **six,** page **quatre-vingts**
> Acte **deux,** scène **quatre**

(Notez qu'ici l'adjectif cardinal est placé *après* le nom.)

REMARQUE: **Zéro** est un nom et ne s'emploie pas comme adjectif. Pour exprimer la négation absolue, il faut employer **nul, aucun** ou **pas un +** **nom.**

Les adjectifs numéraux ordinaux

Les adjectifs numéraux ordinaux indiquent l'*ordre* ou le *rang*:

> Nous habitons au **cinquième** étage.
> Elle a été **quarante et unième** à la composition.

Il a écrit le **troisième** tome de ses Mémoires.
C'est le **quatrième** parmi les plus grands parcs de Transylvanie.

FORMES

1. On forme l'adjectif ordinal de l'adjectif cardinal correspondant, au moyen du suffixe **-ième:**

   deux**ième**   trois**ième**   dix**ième**
   trente et un**ième**   cent**ième**

   Exceptions:

un, une:	**premier, première**
quatre:	**quatrième**
cinq + u:	**cinquième**
neuf:	**neuvième**
trente:	**trentième**
quarante:	**quarantième**

   REMARQUE: **Deux** a deux formes: **deuxième** et **second(e).**

   - **Second** ne s'emploie jamais dans les adjectifs ordinaux composés. On dit: cinquante-**deuxième** ou cent **deuxième.**

   - Autrement, on peut employer indifféremment **second** ou **deuxième:**

     Prenez **la seconde** (**la deuxième**) rue à droite.
     Il repart toujours **le second** (**le deuxième**) jour du mois.
     Quel est **le second** (**le deuxième**) jour de la semaine?
     Elle fait cette faute pour **la seconde** (**la deuxième**) fois.

2. L'adjectif ordinal se place *avant* le nom et s'accorde en genre et en nombre avec le nom auquel il se rapporte:

   Les **premiers** jours du mois.
   La **dernière** semaine des vacances.

III. Supplément aux adjectifs numéraux

Quand on n'est pas sûr d'un chiffre, on exprime l'approximation:

1. Au moyen des mots **environ, près de, à peu près, un peu plus de** ou **un peu moins de:**

   Il y a **environ** cent cinquante kilomètres par la route de Paris à Rouen (= **à peu près**).

Il a touché **près de** cinq cents francs (= **presque**).
Il y a **à peu près** un mois que je ne l'ai pas vu.
Cela vous coûtera **un peu plus de** mille francs.

2. Au moyen de certains noms qui se terminent en **-aine.** Ces noms exigent l'article partitif **de** quand ils précèdent le nom:

La première **dizaine de** kilomètres a été parcourue en sept minutes.
Il y avait une **centaine de** personnes à la réunion.
J'ai acheté une **vingtaine de** livres.

La trentaine, la quarantaine, la cinquantaine et **la soixantaine** désignent l'âge d'environ trente ans, quarante ans, cinquante ans et soixante ans:

Elle a atteint **la quarantaine.**
Il a dépassé **la cinquantaine.**
Vous approchez de **la soixantaine.**

Les noms de fractions

Au supplément des adjectifs numéraux, il faut rattacher les noms de fractions de l'unité:

½	un demi, la moitié
⅓	un (le) tiers
⅔	(les) deux tiers
¼	un (le) quart
¾	(les) trois quart
8½	huit et demi
7¼	sept et un quart
3⅔	trois et deux tiers.

1. **à demi** indique un degré moyen:

La bouteille est encore **à demi** pleine (= **à moitié**).
Il dormait **à demi** en entendant cette histoire (= **presque**).

2. **et demi** indique qu'il faut ajouter la moitié d'une unité. Cette expression s'accorde en genre avec le nom qui précède, mais ne prend pas la marque du pluriel:

Trois ans **et demi** (= 42 mois)
Quatre heures **et demie** (= 270 minutes)

3. **la moitié** est un nom qui indique l'une des deux parties égales d'un tout:

Cinquante est la **moitié** de cent.
Voulez-vous partager ce gâteau en deux **moitiés?**
La seconde **moitié** du vingtième siècle a vu les premiers voyages dans l'espace.
A peine la **moitié** des passagers a été sauvée (*ou* ont été sauvés) du naufrage.
La moitié des vacances est passée (*ou* sont passées).

EXERCICES

A. Refaites chaque phrase en y incorporant les mots entre parenthèses.

EXEMPLE: Nous sommes partis. (Nous étions trois).
Nous sommes partis tous les trois.

1. Vous avez été reçus à l'examen. (Vous étiez cinq) 2. Elles ont été reçues à l'examen. (Elles étaient canadiennes et elles étaient quatre) 3. Ils les ont invités. (Ils étaient huit) 4. Il faut répondre à toutes les questions. (Il y en a douze) 5. Ils les ont invités à dîner. (Ils étaient frères et ils étaient trois) 6. Il faut visiter tous les musées. (Il y en a quatre) 7. Nous avons échoué à l'examen. (Mon frère et moi)

B. Ecrivez en toutes lettres les nombres cardinaux ou ordinaux entre parenthèses.

1. Il y a (21) étudiants dans cette classe.
2. Ce château a été terminé le (13) août (1648).
3. Le (1) septembre, (1729), un incendie détruisit une bonne partie des manuscrits.
4. Je vous recommande la visite du (2) étage.
5. Cette cathédrale date du (14) siècle.
6. Dracula vous débarrassera de vos ennemis à partir de (80) dollars.
7. Elle habite dans le (16) arrondissement.
8. Ce vers se trouve au début de la (5) scène du (3) acte.
9. Il a dépensé (3500) dollars.
10. Ouvrez le livre à la page (91).

C. Faites une phrase avec chacun des mots suivants.

1. second   2. dizaine   3. douzaine   4. cinquantaine
5. demi   6. moitié   7. tiers   8. quart

chapitre 6

a

Les rues

Une fois dans la rue, Joyce s'est arrêtée un instant devant la maison. Non, ce n'était pas la peine d'appeler un taxi. Elle rentrerait à pied. Après tout, elle n'était pas pressée, et il faisait si beau! Au moment de traverser la rue, une voiture de sport s'est arrêtée et lui a barré le chemin. Joyce a remarqué derrière le volant une tête souriante qui la dévisageait d'un air curieux. Elle repart, mais sans trop se presser pour ne pas attirer l'attention du jeune homme, coupe de biais la rue, tourne l'angle. . . . Ce n'était pas son chemin mais elle jugeait prudent de faire ce détour. A ce moment, une main s'est posée sur son épaule. Elle a fait un bond de côté et s'est retournée. Ses yeux, comme les yeux d'un animal traqué, fuyaient le regard de l'étranger qui souriait d'un air doux:

—Bonjour, mademoiselle. Je m'appelle Jean-Pierre Brisson. Je vous ai vu sortir de chez ma tante et je voulais simplement vous proposer un « lift » ou un « ride » comme on dit en anglais.

La voix de Joyce était faible, presque étranglée:

—Je m'appelle Joyce Smith. Vous m'avez fait peur, vous savez!

—Je m'excuse . . . je n'ai pas l'habitude de poursuivre les jeunes filles dans la rue . . . est-ce que je peux vous déposer quelque part?

—Vous êtes très aimable, mais je préfère rentrer à pied.

—Vous allez dans cette direction? Puis-je vous accompagner? J'ai justement quelques courses à faire et ce sera aussi vite fait à pied. Il est si difficile de stationner dans ce quartier. . . . Mais non, mais non! Pas du tout, ça ne me dérange pas; nous allons dans la même direction.

Ils longeaient maintenant les devantures des magasins chics de l'Avenue des Champs-Elysées. Ici, des montres, des bagues, des bracelets . . . là, des articles de cuir: valises, nécessaires de toilette, sacs à main, porte-feuilles . . . se détachaient sur le velours des vitrines. D'innombrables groupes discutaient à la terrasse des cafés; des tables et des chaises, installées dehors, réduisaient le trottoir de moitié. Le flot lent des voitures s'écoulait entre les piétons qui se groupaient devant les façades des cinémas, devant les kiosques à journaux, devant les boutiques. . . .

Au tournant d'une rue, des voitures étaient prises dans un embouteil-lage.[1] Un agent de police dressait une contravention à un chauffard[2] qui avait sans doute pris un sens interdit ou bien brûlé le feu rouge. Joyce écoutait la conversation entre l'agent et l'automobiliste et trouvait que leur langage expressif était l'un des charmes des rues de Paris. En même temps, elle se disait qu'elle devrait enrichir son vocabulaire. Tant de mots, tant d'expressions qu'elle n'arrivait pas à comprendre!

—Le grand monument que vous voyez au fond, c'est l'Arc de Triomphe.° C'est Napoléon qui l'a fait construire en l'honneur de ses armées. Et à l'autre extrémité de l'avenue, on aperçoit la Place de la Concorde.° L'Obélisque est au milieu; les statues qui se trouvent sur la place représentent les grandes villes françaises. Au delà, derrière la grille, commence le jardin des Tuileries.°

—Tout est si joli en ce moment! Regardez ces fontaines et ces massifs de fleurs!

Joyce se souvenait des cartes postales où elle avait vu écrit au verso: *Paris. Rond-Point des Champs-Elysées; Hôtel des Invalides.°* Ces réminiscences donnaient aux monuments, à l'avenue, aux bâtiments une tonalité plus chaude. Tout s'animait et prenait du relief. Le dôme des Invalides et les chevaux dorés du Pont Alexandre III semblaient osciller légèrement dans l'air tremblant.

Devant un hôtel particulier, un arbre couvert de grandes feuilles vertes se détachait sur le mur gris comme dans le petit square de New York que Joyce connaissait si bien. Elle avait demandé à Jean-Pierre, avec cette liberté, cette naïveté des étrangers, s'il savait le nom de l'arbre. « Je crois bien que

---

[1] **un embouteillage**: Il y a un embouteillage quand les voitures obstruent une rue ou une avenue et arrêtent la circulation.

[2] **un chauffard** = chauffeur inexpérimenté, imprudent et dangereux

c'est un marronnier, » avait-il répondu. Elle avait aperçu une lueur attendrie dans ses yeux et tout était devenu doux et calme.

—La comtesse m'a dit que la société où vous travaillez vous envoie à New York.

—Oui, je pars dans quelques semaines. Et vous? Faites-vous des études à Paris?

Joyce a hésité un instant, puis:

—Non, je serai à partir de demain . . . votre professeur d'anglais.

—Ah, vous vous moquez de moi, sans doute. Est-ce vrai? Mais alors, il faut fêter cela. Si on allait dîner quelque part? Je connais un petit restaurant. . . . Vous n'êtes pas obligée de rentrer tout de suite, j'espère. . . . Vous ne pouvez pas ce soir? Alors demain. Ma tante vous donnera congé. Je me demande ce qu'elle va dire quand elle apprendra que je vous connais!

—Joyce avait fait signe à un taxi conduit par un petit homme sec, portant des lunettes et un béret basque. Il s'était arrêté devant elle, mais en stoppant, il avait calé le moteur et essayait en vain de le remettre en marche. Elle est montée dans le taxi qui continuait à pétarader.

—Je vais vous laisser à vos courses. Il faut que je file. Je ne me rendais pas compte qu'il était si tard. A demain alors.

—A demain.

Jean-Pierre voulait lui demander où il pourrait la rencontrer, mais le taxi avait déjà démarré.

NOTES

L'Arc de Triomphe: ce monument se trouve au milieu de la Place de l'Etoile vers laquelle convergent douze avenues dont la plus célèbre est l'avenue des Champs-Elysées.

La Place de la Concorde: on l'appelait autrefois Place Louis XV. Pendant la Révolution, la guillotine était dressée au milieu de cette place.

Le jardin des Tuileries: ce jardin continue les jardins du Louvre et s'étend jusqu'à la Place de la Concorde.

L'Hôtel des Invalides: ce bâtiment a été construit par Louis XIV. C'était à l'origine un hôpital militaire. Sous le dôme doré des Invalides se trouve le tombeau de Napoléon.

QUESTIONNAIRE

Répondez aux questions suivantes:

1. Que fait Joyce en sortant de chez la comtesse?
2. Qu'est-ce qu'elle remarque au moment de traverser la rue?

3. Que fait-elle pour ne pas attirer l'attention du jeune homme qui lui sourit?
4. Qui est le jeune homme qui arrête Joyce dans la rue?
5. Comment s'appelle-t-il?
6. Qu'est-ce qu'il propose à Joyce?
7. Sur quelle avenue Joyce et Jean-Pierre s'engagent-ils?
8. Quels sont les signes de richesse de l'avenue?
9. Décrivez ce que font les piétons sur les Champs-Elysées.
10. Que veut dire le mot *embouteillage*?
11. Essayez de définir le mot *chauffard*.
12. Quel est l'un des charmes des rues de Paris?
13. Qui a fait construire l'Arc de Triomphe?
14. Comment appelait-on la Place de la Concorde avant la Révolution?
15. Que savez-vous de l'Hôtel des Invalides?
16. Pourquoi est-ce que Jean-Pierre va à New York?
17. Il dit à Joyce qu'il faut fêter leur rencontre. De quelle manière?
18. Est-ce que Joyce est libre ce soir-là?
19. Décrivez le chauffeur du taxi qui s'arrête devant Joyce.
20. Quand est-ce que celle-ci va revoir Jean-Pierre?

SITUATION 6

Sur les Champs-Elysées

Joyce. Les voitures sont prises dans un embouteillage. Qu'est-ce qui se passe?

Jean-Pierre. Eh bien, il est arrivé un accident. La dame qui était dans la Mercedes bleue reculait pour stationner. Le conducteur de la Simca décapotable, voulant sans doute éviter un cycliste ou un enfant, a dû freiner brusquement sur le pavé mouillé et . . . vlan! Au fond, il se peut que je me trompe. Je ne parviens jamais à voir ce qui se passe quand il arrive un accident.

Joyce. Voici l'ambulance qui arrive. Il y a sans doute quelqu'un de blessé.

En vous servant des expressions suggérées, essayez de décrire l'accident dont on parle. Imaginez le décor et le dialogue entre le jeune homme qui a causé l'accident et la dame qui essayait de stationner et qui se croit blessée.

Expressions suggérées

Le jeune homme:
- Je vais vous expliquer: c'est très simple; c'est bien compliqué.
- J'ai voulu éviter: un cycliste, un vieillard, un enfant, un chien.
- C'était à moi de passer.
- J'ai dû freiner brusquement sur le pavé mouillé.
- Vous auriez dû klaxonner avant de reculer.

La dame:
- Vous avez: brûlé le feu rouge, pris un sens interdit, roulé à tombeau ouvert.
- Où avez-vous appris: à conduire, la politesse, le Code de la route?
- Allez vite chercher: un agent, un médecin, mon mari.
- J'ai mal: au bras, au dos, au cou, à la jambe.
- J'éprouve un malaise général.
- Y a-t-il un bon hôpital dans le quartier?
- Etes-vous assuré?

REVISION DE GRAMMAIRE

I. Les verbes pronominaux

Les verbes pronominaux sont ceux qui s'accompagnent d'un des pronoms personnels (ou réfléchis) **me, te, se, nous, vous.** Ce pronom, placé avant le verbe et après le sujet, représente la même personne que le sujet:

je m'habille	tu te laves	il se lève
nous nous amusons	vous vous taisez	ils s'en vont

1. Les temps simples des verbes pronominaux se conjuguent de la façon suivante:

   Je m'arrête un instant devant la maison.
   Nous nous rencontrons dans la rue.

2. Les temps composés des verbes pronominaux se conjuguent toujours avec **être:**

   Je me suis arrêté un instant devant la maison.
   Nous nous sommes rencontrés dans la rue.

3. On appelle les verbes pronominaux *réfléchis* ou *réciproques*:

   a. On appelle un verbe pronominal réfléchi quand l'action faite par le sujet est réfléchie (agit) sur le sujet:

> Il **s'excuse** d'être tellement en retard.
> Il **se lave.**
> Je **me blesse** à la main.

   b. On appelle un verbe pronominal réciproque quand il y a deux ou plusieurs sujets qui agissent l'un sur l'autre:

> Joyce et Jean-Pierre **se verront** le lendemain.
> Vous **vous êtes battus** encore entre vous.
> Nous **nous sommes écrits** de longues lettres.

Les verbes pronominaux réciproques sont toujours au pluriel car il y a au moins deux sujets qui agissent l'un sur l'autre.

REMARQUE: Pour renforcer l'idée de réciprocité, on peut ajouter après le verbe les mots **l'un l'autre, l'un avec l'autre, les uns les autres** ou **les uns avec les autres:**

> Ces deux médecins se respectent **l'un l'autre.**
> Les habitants de ce village s'aident **les uns les autres.**

4. Beaucoup de verbes transitifs deviennent pronominaux:

> Elle **arrête** un taxi; elle **s'arrête.**
> Elle **habille** sa sœur; elle **s'habille.**

Le verbe transitif change souvent de sens en devenant pronominal:

> J'**appelle** un taxi. (*I call a taxi.*)
> Je **m'appelle** Jean-Pierre. (*I am named—my name is—Jean-Pierre.*)

> Il **a demandé** à Joyce s'il pouvait l'accompagner. (*He asked Joyce . . .*)
> Il **se demandait** s'il pouvait l'accompagner. (*He was wondering . . .*)

Notez les verbes dans le tableau suivant.

Verbes qui changent de sens lorsqu'ils deviennent pronominaux

appeler	nommer pour faire venir: **Il a appelé la police.**
s'appeler	être nommé: **Il s'appelle Michel.**
attendre	rester dans un lieu jusqu'à ce qu'arrive quelqu'un ou quelque chose: **Elle attendait l'autobus.**
s'attendre (à)	compter sur, espérer (*to expect*): **Elle s'attend à ce qu'on vienne la chercher.**

demander	prier quelqu'un d'accorder une chose: **J'aimerais vous demander un service.**
se demander	(*to wonder*): **Je me demande si elle est chez elle aujourd'hui.**
douter	être dans l'incertitude: **Nous doutons qu'elle vienne ce soir.**
se douter	soupçonner: **Je me doute qu'elle viendra ce soir.**
mettre	placer, poser: **As-tu mis les verres sur la table?**
se mettre (à)	1. commencer: **Ils se sont mis à travailler.**
	2. se placer: **Ils se sont mis à table.**
passer	1. traverser: **Je vous ai vu passer devant la maison.**
	2. employer: **Vous passez tout votre temps à lire.**
se passer	avoir lieu: **L'histoire se passe à Paris.**
se passer (de)	s'abstenir (*to do without*): **En Amérique, on ne peut pas se passer de voiture.**
porter	1. soutenir un poids: **Le vieillard portait un grand sac sur le dos.**
	2. être vêtu de . . .: **Elle portait une très belle robe ce soir-là.**
se porter	bien (mal) = être en bonne (en mauvaise) santé: **Il ne se porte pas très bien.**
rappeler	appeler de nouveau (au téléphone): **Mme Le Blond est sortie. Voulez-vous rappeler plus tard?**
se rappeler[1]	se souvenir: **Je ne me rappelle plus son nom.**
tromper	1. ne pas dire la vérité: **Cet homme nous a trompés; il n'est jamais allé en France.**
	2. (*to be unfaithful*): **Dans ce roman, il s'agit d'une femme qui trompe son mari.**
se tromper	tomber dans l'erreur: **Je ne retrouve plus mon hôtel. Je me suis sans doute trompé de rue.**

[1] Dites **se rappeler quelque chose** et non . . . **de quelque chose.**

5. Les verbes *essentiellement pronominaux* sont toujours accompagnés du pronom réfléchi:

   se souvenir   se repentir   s'enfuir

   Dans ces verbes, il est impossible d'analyser la fonction du pronom réfléchi.

EXERCICES

A. Employez le verbe pronominal de chaque phrase au passé composé.

EXEMPLE: Je me lève à sept heures du matin.
Je me suis levé à sept heures du matin.

1. Elle se lave les mains et la figure.   2. Te réveilles-tu à six heures du matin?   3. Nous nous habillons très vite pour ne pas être en retard.

4. Vous promenez-vous tout seul?   5. Une voiture s'arrête en freinant brusquement.   6. Ils se dépêchent pour ne pas être en retard.

B.   Commencez chaque phrase par **L'été dernier . . .** et mettez le verbe à l'imparfait.

>   EXEMPLE: Elle se lève tous les jours à sept heures du matin.
>   **L'été dernier, elle se levait tous les jours à sept heures du matin.**

1. Je me promène chaque jour au bord de la mer.   2. Te réveilles-tu toujours à six heures du matin?   3. Nous ne nous habillons pas pour le déjeuner.   4. Elle se baigne souvent dans le lac.   5. Vous vous disputez tous les dimanches.   6. Il se met au travail très tôt le matin.   7. Nous nous demandons où vous êtes.   8. A l'hôtel où nous sommes, tout le monde se plaint de la nourriture.   9. Ils ne se voient jamais.   10. Vous vous connaissez à peine.

Le participe passé des verbes pronominaux

1.   Le participe passé des verbes pronominaux *réfléchis* s'accorde en genre et en nombre avec le complément d'objet direct quand celui-ci est placé avant le participe.

   Si vous doutez, remplacez l'auxiliaire **être** par l'auxiliaire **avoir** et posez la question **qui?** ou **quoi?**

>   Marie s'est habillée très vite.
>   Vous demandez: Marie **a** habillé **qui?**—**Elle-même.**

Le complément direct d'objet est placé avant le participe: *accord.*

>   *Mais*:   Marie s'est lavé les mains.
>   Vous demandez: Marie **a** lavé **quoi?**—**Les mains.**

Le complément direct d'objet est placé après le participe: *pas d'accord.*

2.   Le participe passé des verbes pronominaux *réciproques* suit la même règle: il s'accorde en genre et en nombre avec le complément d'objet direct quand celui-ci est placé avant le participe:

>   Joyce et Jean-Pierre **se sont regardés.** (*On regarde quelqu'un.*)

Le complément d'objet placé avant le participe est direct: *accord.*

>   *Mais*:   Joyce et Jean-Pierre **se sont plu.** (*On plaît à quelqu'un.*)

Le complément d'objet placé avant le participe est indirect: *pas d'accord.*

REMARQUE: Les participes passés des verbes **se dire, se téléphoner, se demander** et **se parler,** ne s'accordent pas parce que le pronom réfléchi de ces verbes est un complément d'objet *indirect*. (On demande quelque chose **à** quelqu'un.)

3. Le participe passé des verbes *essentiellement pronominaux* comme **se souvenir, s'enfuir** et **se repentir** s'accorde en genre et en nombre avec le sujet du verbe:

> Les voleurs **se sont enfuis.**
> Ils **se sont repentis** de leur mauvaise conduite.
> Les années de jeunesse **se sont enfuies.**
> Nous **nous sommes souvenus** de notre dernier voyage en France.

EXERCICES

A. Mettez le verbe de chaque phrase à l'interrogatif en employant l'inversion.

EXEMPLE: Joyce et Jean-Pierre se sont promenés sur les Champs-Elysées.
Joyce et Jean-Pierre se sont-ils promenés sur les Champs-Elysées?

1. Jean-Pierre se demandait ce que cette belle jeune fille faisait chez sa tante. 2. Elle s'est mise à marcher sans trop se presser. 3. La main de Jean-Pierre s'est posée sur son épaule. 4. Ils se sont arrêtés devant un kiosque à journaux. 5. Joyce et Jean-Pierre se sont rencontrés devant la maison de la comtesse.

B. Mettez le verbe de chaque phrase à la forme interrogative-négative en employant l'inversion.

EXEMPLE: Il se lève à sept heures du matin.
Ne se lève-t-il pas à sept heures du matin?

1. Elle se baigne souvent dans la rivière. 2. Vous vous êtes ennuyés à la campagne. 3. Nous nous sommes rencontrés à Paris. 4. Tu t'es moqué d'elle. 5. Cette voiture s'est arrêtée devant ma maison.

II. Les verbes *devoir* et *falloir*

1. Quand le verbe **devoir** est suivi d'un infinitif, il indique souvent, comme le verbe **falloir**, la nécessité. Comparez:

> Je **dois** (devais, ai dû, devrai) **copier** cet exercice.
> Il **me faut** (fallait, a fallu, faudra) **copier** cet exercice.
> Il **faut** (fallait, a fallu, faudra) **que je copie** cet exercice.

2. **Il faut** se traduit en anglais par *must* ou bien par *have to*. La forme négative **il ne faut pas** a le sens de *must not*:

> Il **ne faut pas** poursuivre les jeunes filles dans la rue.
> Il **ne faut pas** parler en classe.

Si vous voulez dire *I do not have to*, employez l'expression **je ne suis pas obligé de** ou bien **je n'ai pas besoin de**:

> Vous **n'êtes pas obligée de** rentrer tout de suite, j'espère.
> Je **n'ai pas besoin de** vous dire combien cette règle est importante.

3. Le verbe **devoir** + l'infinitif indique souvent:

a. La probabilité ou la supposition:

> Mireille ne repond pas: elle **doit être** sortie.
> Il est bien en retard: il **a dû avoir** une panne.

b. L'obligation:

> Vous **devriez faire** attention à ce qu'il dit.

c. L'intention:

> Je lui ai téléphoné: il **doit passer** vous voir demain.

REMARQUE: Le conditionnel du verbe **devoir** suivi de l'infinitif exprime souvent une obligation qui n'est pas ou qui n'a pas été réalisée (*unfulfilled obligation*):

> Vous **devriez aller** plus souvent au laboratoire.
> Vous **auriez dû** lui **écrire**.

EXERCICE

Remplacez le verbe **falloir** par le verbe **devoir** et faites les changements nécessaires.

> EXEMPLE: Il faut que je travaille pour réussir.
> **Je dois travailler pour réussir.**

1. Il faut qu'il envoie des fleurs à sa tante.   2. Il faudrait qu'ils se revoient plus souvent.   3. Il faudra que tu m'accompagnes.   4. Faut-il que les étudiants finissent cette leçon?   5. Il vous faut partir très tôt.   6. Faut-il que tu rentres chez toi tout de suite?   7. Nous faillait-il répondre à toutes les questions?   8. Il a fallu qu'elle téléphone à tous ses amis.

b

Une rose est une rose est une rose . . .

—Je vous demande pardon, monsieur, dit l'homme coiffé d'un béret basque, pouvez-vous me dire où se trouve la maison de Gertrude Stein?

—Je n'en ai aucune idée. Je suis bordelais, non pas parisien, répondit l'homme à la barbe grise en éprouvant un mécontentement obscur, tandis que l'autobus continuait sa course le long du Boulevard St. Germain.

—Ah! Et si vous étiez parisien?

—Si j'étais parisien? Alors j'aurais pu faire la connaissance de cette dame, mais tout cela est peu probable. Je ne suis guère d'un caractère sociable et ne sors plus jamais le soir . . .

—Vous ne sortez jamais? Vous ne voyez personne? On ne peut pas être plus sage que vous.

L'homme au béret basque s'adressa alors à un autre compagnon de voyage, une femme d'un certain âge coiffée d'un chapeau à grands bords:

—Je vous demande pardon, madame . . . Vous êtes de Paris, vous?

—Tout ce qu'il y a de plus parisienne. Du Marais!

—Alors vous allez sans doute pouvoir me dire où est située la maison de Gertrude Stein.

—Je regrette, monsieur, mais je ne saurais vous dire où habite cette dame. Je n'ai jamais entendu ce nom. Je fréquente très peu de gens depuis la mort de mon mari . . . Je ne sors que pour voir mes deux nièces qui habitent ce quartier.

L'autobus s'était arrêté et le voyageur à la recherche de la maison de Gertrude Stein descendit en hâte et s'engagea sans se retourner dans la rue du Bac. Au coin de la rue Jacob, il vit un agent de la circulation qui tirait de son sifflet des sons déchirants sans impressionner qui que ce soit. Un encombrement radical avait gelé toute circulation.

—Pardon, Monsieur l'agent, vous ne pourriez pas m'indiquer le chemin le plus court pour me rendre à la maison de Gertrude Stein?

—J'connais pas, moi.

—C'est la mère spirituelle de Hemingway, de Scott Fitzgerald, de Dos Passos, de Picasso . . . Elle a vécu longtemps à Paris, rue Christine. . . .

—Attendez. Je vais regarder dans le guide. Il tira un petit livre de sa poche et se mit à feuilleter. Non, je regrette, monsieur, je ne trouve rien. . . .

L'encombrement avait dû « se dégeler » quelque part. Un flot de voitures s'écoulait lentement devant l'agent de police qui sifflait, sifflait. . . . Un taxi s'arrêta.

—Qu'est-ce qu'il y a? demanda le chauffeur agressivement. Je n'ai rien fait de mal. J'ai mon permis de conduire, moi . . . et je n'ai jamais eu de contraventions. Alors quoi? Vous feriez mieux de vous occuper des piétons qui se promènent au beau milieu de la rue que de venir embêter les bons citoyens.

—Oh! fit l'agent choqué. Je suis justement en train de m'occuper des piétons. J'essaie d'aider ce monsieur qui cherche la maison de Gertrude Stein, rue Christine. . . . J'ai regardé dans les guides, mais je ne trouve rien nulle part.

—Eh bien, répondit automatiquement le chauffeur de taxi, voilà. Il faut d'abord tourner à droite, et puis ensuite à gauche, et puis lorsque vous arriverez sur une place avec un petit jet d'eau au milieu, vous vous engagerez dans la deuxième rue à droite, ensuite dans la troisième à gauche, encore un peu à droite, quatre fois sur la gauche et enfin vous marcherez tout droit pendant à peu près vingt minutes. . . .

—Vous n'êtes pas fou? dit l'homme au béret. Je n'y arriverai jamais. Je n'ai ni le temps ni la force pour accomplir ce voyage à pied. Voulez-vous m'y conduire?

—Pourquoi pas? Montez. Mais je vous préviens. Ce n'est pas à côté. Il y a des rues à sens unique, ce qui ne simplifiera pas le boulot.

Le taxi partit s'engageant dans d'innombrables rues, traversant des carrefours et des places illustres, au milieu d'une quantité de véhicules divers et bruyants. Le long des trottoirs, on voyait cette foule impatiente qui fait de

Paris la cité de la vie intense. Le voyageur au béret basque regardait le paysage citadin qui changeait à tout instant. Il faisait déjà nuit et il ne cessait de pleuvoir. Les places et les carrefours devenaient moins fréquentés, moins illustres. Les ruelles prenaient un air faubourien. Des terrains vagues ici et là annonçaient la campagne. De temps en temps, on ne sait pour quelle raison, au lieu de continuer tout droit, le taxi prenait une rue transversale. Puis, après deux ou trois virages imprévus, le chauffeur s'engagea dans des rues plus larges, mieux éclairées.

—N'êtes-vous pas fatigué? demanda le monsieur.

—Pas du tout. J'ai l'habitude . . . , répondit le chauffeur de taxi.

Les nombreuses boutiques réapparurent, puis les devantures des grands magasins, les places connues, la circulation intense, la lumière brillante! . . . On était revenu près du cœur de ce géant dont on avait exploré les membres. Il ne pleuvait plus. Le taxi s'arrêta.

—Voici la rue Christine. Quel numéro avez-vous dit? Je n'ai pas très bien compris.

—Je ne sais pas le numéro de la maison. Il paya, descendit, s'arrêta devant la porte d'un immeuble, regarda les fenêtres sombres et se mit à répéter d'une voix chantante « une rose est une rose est une rose . . . »

QUESTIONNAIRE

1. Que demande l'homme coiffé d'un béret basque au monsieur à la barbe grise?
2. Est-ce que l'homme à la barbe grise est parisien? D'où est-il?
3. Est-il d'un caractère sociable?
4. A-t-il l'habitude de sortir le soir?
5. Est-ce que la dame coiffée d'un chapeau à grands bords est parisienne?
6. Sait-elle où est située la maison de Gertrude Stein?
7. A-t-elle déjà entendu ce nom?
8. Sort-elle souvent?
9. Que fait l'agent de la circulation au coin de la rue du Bac et de la rue Jacob?
10. Résumez la conversation entre l'agent et le chauffeur de taxi.
11. L'homme au béret basque demande au chauffeur de taxi s'il est fou. Pourquoi?
12. Est-ce que le chauffeur prend le chemin le plus court pour aller à la rue Christine?
13. Décrivez la course.
14. Racontez la fin de l'histoire.
15. Qui était Gertrude Stein?
16. Quand vous voyagez, que préférez-vous: aller dans les endroits recommandés par tous les guides et que tout le monde voit, ou bien explorer ce qui est peu connu et voir ce que la plupart des touristes ne voient pas?

DISCUSSION/
COMPOSITION

Vous êtes dans la rue. Racontez brièvement une aventure très amusante qui vous est arrivée ou bien quelque chose d'inoubliable que vous avez vu. (Où étiez-vous? Avec qui? Pourquoi? Qu'est-ce que vous avez fait ou vu? Qu'est-ce qui rend cette aventure ou cette scène inoubliable?)

REVISION DE GRAMMAIRE

La négation

Les adverbes de négation sont **non,** forme accentuée, et **ne,** forme non-accentuée.

I.   L'adverbe de négation *non*

1. L'adverbe de négation **non** reprend d'une façon négative une idée ou une proposition antérieure:

> Allez-vous au cinéma ce soir? —**Non.**
> Venez-vous ou **non?**

Au lieu de **non,** on emploie souvent **pas, plus,** ou **jamais** pour nier une proposition antérieure:

> Michel me dit que les gens qui sont allés voir la pièce sont enthousiasmés. Eh bien! Moi **pas!** (*ou:* **Pas** moi!).
> N'êtes vous pas fatigué? —**Pas** du tout.
> Il y a des gens qui voudraient vous faire croire qu'ils travaillent tout le temps. Nous autres **pas** (*ou:* **Pas** nous autres).
> Voulez-vous m'y conduire? —Pourquoi **pas.**
> Es-tu allé en Europe? —**Jamais.**
> Sont-ils encore fatigués? —**Plus** maintenant.
> Accepterez-vous sa collaboration? —**Jamais** (*ou* renforcé: **Jamais de la vie**).

REMARQUES:

● **Jamais** peut être employé seul, mais **plus** et **pas** sont toujours accompagnés d'autres mots.

- **Jamais** tout seul peut avoir le sens de « en un moment quelconque » (ang.: *ever*):

  Si **jamais** vous le voyez, vous lui direz que j'ai besoin de son aide.
  Elle est plus belle que **jamais**.
  C'est pire que **jamais**.

2. **Non** sert de préfixe négatif devant certains noms:

   non-intervention   **non**-agression   **non**-sens

3. **Non,** placé avant ou après une proposition négative, sert à accentuer la négation:

   Non, je **ne** reçois **point** vos excuses.
   Non, la terre **n**'est à **personne**.

II. L'adverbe de négation *ne*

L'adverbe de négation **ne** s'emploie avec un verbe pour lui donner une connotation négative.

1. La négation **ne** est généralement accompagnée de **pas:**

   « **N**'êtes-vous **pas** fatigué? » demanda le monsieur.
   Elle **n**'a **pas** faim.
   Je **ne** sais **pas** le numéro de la maison.
   Vous **n**'avez **pas** répondu à sa lettre.
   Ce **n**'est **pas** à côté.
   N'ont-ils **pas** l'intention d'aller en France cet été?
   Il **n**'a **pas** eu le courage d'envoyer cette lettre.
   Vous trouvez toujours une raison de **ne pas** venir en classe.

   REMARQUES:

   - La négation **ne** précède le verbe et la négation **pas** suit le verbe (ou l'auxiliaire du temps composé), excepté quand il s'agit de l'infinitif qui est précédé de **ne pas**.

   - Avec les infinitifs des verbes **avoir** et **être**, on peut mettre **ne** avant le verbe et **pas** après le verbe:

     Prends ton pardessus pour **ne pas** avoir froid plus tard (*ou:* **n**'avoir **pas** froid plus tard).
     Il faut que je parte tout de suite pour **ne pas** être en retard (*ou:* **n**'être **pas** en retard).

2. D'autres adverbes de négation s'emploient de la même manière que **pas:** **jamais, plus, point, guère,** etc.

a. **Ne . . . jamais** exprime la continuité dans l'absence, dans l'inexistence:

Je **n'**ai **jamais** eu de contraventions.
Il **n'**a **jamais** entendu ce nom.
Vous **n'**y arriverez **jamais.**

Ne . . . jamais est souvent le contraire de **toujours:**

Elle **n'**est **jamais** en retard.   Elle est **toujours** en retard.
Il **ne** l'a **jamais** aimée.   Il l'a **toujours** aimée.

b. **Ne . . . plus** indique la cessation de l'état ou de l'action:

Il **n'**a **plus** besoin de ce livre.
Il **n'**y a **plus** de place dans le compartiment.

Ne . . . plus est souvent le contraire de **encore:**[1]

Elle **n'**est **plus** très jeune.   Elle est **encore** très jeune.
Il **ne** l'aime **plus.**   Il l'aime **encore.**

c. L'emploi de **ne . . . point** est restreint à la langue littéraire:

« Va, je **ne** te hais **point,** » dit Chimène à Don Rodrigue.

Dans la langue usuelle, **ne . . . point** est remplacé par **ne . . . pas.**

d. **ne . . . guère** indique une quantité ou un temps minime:

Il **n'**est **guère** raisonnable (syn.: **peu**)
Je **ne** suis **guère** d'un caractère sociable.
Elle **ne** va **guère** mieux (syn.: **pas beaucoup**)
Cette coiffure **ne** lui va **guère.**
Nous **n'**allons **guère** au cinéma (= nous y allons rarement).

III.   Les pronoms indéfinis *rien* et *personne*

1. Les pronoms indéfinis **rien** (contr.: **quelque chose**) et **personne** (contr.: **quelqu'un**) accompagnés de *ne*, expriment en général l'absence d'une chose (*rien*), ou d'un être humain (*personne*):

Non, je regrette, monsieur, je **ne** trouve **rien.**
On **ne** voit **rien** dans cette tempête de neige.

---

[1] **Ne pas encore** est le contraire de **déjà:**

Il est **déjà** midi. Il **n'**est **pas encore** midi.
Je suis **déjà** fatigué. Je **ne** suis **pas encore** fatigué.

> Qui **ne** risque **rien n**'a **rien.**
> Ça **ne** vaut **rien** (= cela n'a aucune valeur).
> Je **ne** connais **personne**[1] de plus intelligent qu'elle.
> Il **n**'y a **personne** à la bibliothèque à cette heure-ci.
> **N**'y a-t-il **personne** qui connaisse le portugais parmi vous?

2. **Rien** et **personne** sont suivis de **de** lorsqu'ils sont accompagnés d'un adjectif ou d'un participe passé:

> Elle **n**'a **rien d'autre** à vous dire pour l'instant.
> Il **n**'y a **rien de perdu:** il ne faut pas désespérer.
> Il **n**'y avait **personne de blessé** parmi eux.

3. **Rien** et **personne,** non accompagnés de **ne,** expriment la négation dans les réponses sans verbes:

> Avez-vous acheté quelque chose? —**Rien.**
> Quelqu'un m'a-t-il demandé? —**Personne.**

4. **Rien** et **personne** peuvent être le sujet d'une phrase. On les place alors, généralement, au début de la phrase:

> **Rien n**'a jamais pu le décider à venir.
> **Rien n**'est joué (= la partie n'est pas finie).
> **Personne ne** l'a retrouvé.
> **Personne ne** sera assez sot pour le faire.

5. Dans les temps composés, **rien** précède le participe passé ou l'infinitif. **Personne** suit le participe passé ou l'infinitif:

> Elle lui conseille de **ne rien** changer.
> **N**'avez-vous écrit à **personne?**
> Je **ne** veux rencontrer **personne.**

Les adjectifs et pronoms indéfinis **aucun(e)** et **pas un(e)**

Les adjectifs et pronoms indéfinis **aucun, aucune, pas un, pas une** expriment la négation portant sur un substantif exprimé ou représenté. **Aucun, aucune,** correspondent négativement à **chaque** (+ nom), **chacun, chacune, tous** et **toutes. Aucunement,** l'adverbe, exprime une négation absolue portant sur un verbe, un adjectif ou un adverbe:

Adjectif indéfini: Nous n'avons **aucune** information à ce sujet.
Il **n**'y a **pas un** livre d'art dans sa bibliothèque.

Pronom indéfini: **Aucun** d'entre eux **ne** le fera.
Il **n**'en est **pas un** qui sache la réponse.

Adverbe: Il n'en est **aucunement** responsable.
S'est-il excusé? —**Aucunement.**

---

[1] **personne,** pronom indéfini, est masculin.

REMARQUES:

- L'adjectif indéfini **nul, nulle,** est synonyme de **aucun, aucune,** mais son emploi est réduit à quelques constructions:

  Nous n'avons **nul (aucun)** besoin de votre aide.
  Je n'ai **nulle (aucune)** envie d'aller en classe aujourd'hui.
  Nul autre que toi ne peut faire cela (= **aucune** autre personne).
  Ce livre ne peut se comparer à **nul** autre (= à **aucun** autre livre).

- L'emploi du pronom indéfini **nul** suivi de **ne** (presque toujours sujet masculin) est limité à la langue administrative:

  Nul n'a le droit de pénétrer dans cette salle, sauf pour des raisons de service (syn.: **personne**).
  Nul n'est censé ignorer le règlement.

- L'adverbe **nullement** est synonyme de **aucunement:**

  Il n'en est **nullement** responsable.
  Il n'en est **nullement** question.

IV.   La locution *ne . . . que*

La locution **ne . . . que** indique une restriction et signifie **seulement:**

  Il **n**'y a **que** cinq minutes qu'elle est là (= il y a **seulement . . .**).
  Je **n**'ai **que** peu de temps à vous consacrer (= j'ai **seulement . . .**).
  Je **ne** sors **que** pour voir mes deux nièces.

Avec une négation, la restriction porte sur une idée négative:

  Dans cette classe, il **n**'y a **pas que** de bons étudiants.
  Malheureusement, on **ne** vit **pas que** d'air et d'eau fraîche.

REMARQUE: **Ne . . . que** ne modifie jamais le sujet. **Seul** et **il n'y a que** modifient le sujet:

  Seule Béatrice a reçu un A.
  Il n'y a que Béatrice qui a reçu un A.

V.   La conjonction *ni*

1. La conjonction **ne . . . ni** indique une addition ou une alternative, de caractère négatif. Généralement **ni** est répété:

  Je **n**'ai **ni** le temps **ni** la force pour accomplir ce voyage à pied.
  Il **n**'est **ni** plus paresseux **ni** plus bête que les autres.
  Ni la mort de son père **ni** la ruine de ses affaires **n**'ont pu le décourager.
  Elle **ne** connaît **ni** votre frère **ni** votre sœur.

2. **Ni** est souvent remplacé, dans la langue contemporaine, par **ou** ou par **et:**

> Il ne veut **et** ne peut accepter. (= il ne veut **ni** ne peut accepter)
> N'espérez pas que je vous félicite **ou** (**ni**) que je vous récompense pour un pareil travail.
> Les conseils **ou** (**et**) les reproches n'ont rien pu sur lui. (= **ni** les conseils **ni** les reproches n'ont rien pu sur lui)

3. Quand deux sujets sont réunis par **ni,** le verbe est au singulier quand **ni** remplace **ou,** et au pluriel quand **ni** remplace **et:**

> **Ni** lui **ni** elle ne le sait (*ou* ne le savent).

4. **Ni** peut être employé sans **ne,** avec **sans:**

> C'est une histoire **sans** queue **ni** tête. (= incohérente)
> Ce qu'il dit est **sans** rime **ni** raison. (= dépourvu de tout bon sens)

ou dans les réponses sans verbes:

> Etes-vous libre? —**Ni** aujourd'hui **ni** demain.

VI.   *Ne* employé seul

Le simple **ne** (sans **pas** ni **guère**) s'emploie:

1. Dans certaines phrases proverbiales ou dans certaines expressions figées en nombre limité:

> Il **n**'est pire eau que l'eau qui dort.
> Il **n**'empêche que vous auriez pu m'avertir à temps.
> Je **n**'ai que faire de tous ces meubles.
> Il pleut! **N**'importe! J'ai mon parapluie.
> Si je **ne** me trompe, je vous ai bien rencontré l'année dernière.

2. Avec certains verbes comme **savoir, pouvoir, cesser** et **oser.** Mais **ne** seul est moins fréquent que **ne pas:**

> Il faisait déjà nuit et il **ne cessait** (**pas**) de pleuvoir.
> Elle **ne peut** (**pas**) faire un pas sans que sa mère s'inquiète.
> Il **n**'**osait** (**pas**) parler.
> De temps en temps, on **ne sait** (**pas**) pour quelle raison, le taxi prenait une rue transversale.
> Vous **ne savez** (**pas**) ce que vous voulez.
> Je **ne saurais** (**pas**) vous dire où habite cette dame.

VII.   Le *ne* explétif

Dans certaines propositions subordonnées en nombre limité, **ne** n'a pas de valeur négative. On l'appelle alors **ne** *explétif*. Son emploi est facultatif. La langue parlée se débarrasse de plus en plus de ce **ne** explétif. On l'emploie surtout dans la langue écrite:

1. Après les verbes de *crainte*, d'*empêchement*, de *défense*:

   Elle **craint** qu'on **ne** lui augmente le loyer.
   Il **a peur** que sa mère **ne** soit malade.
   J'**appréhende** qu'il **n'**apprenne cette nouvelle.
   Prenez garde qu'il (**ne**) tombe (plus souvent sans **ne**).
   Empêchez que cette jeune fille (**ne**) parte seule (plus souvent sans **ne**).

2. Après les verbes de doute employés négativement ou interrogativement:

   Il **ne doute pas** qu'il **ne** se soit trompé.
   Est-ce qu'il nie que cette erreur **ne** se soit produite?

3. Après **avant que** et **à moins que:**

   Il faut lui téléphoner **avant qu'**il **ne** parte.
   Je m'arrêterai chez le fleuriste, **à moins qu'**il **ne** soit déjà fermé.

4. Dans les propositions comparatives après **plus, moins, mieux, meilleur, pire** et **moindre** si la principale est affirmative (langue soutenue; dans la langue parlée, **ne** est supprimé):

   Il est **plus** intelligent **qu'**on (**ne**) croit.
   Elle a **mieux** réussi **que** je (**ne**) pensais.
   Sa composition est **meilleure que** je (**ne**) l'espérais.
   Sa santé est **pire qu'**il (**ne**) craignait.

Combinaisons négatives

En français, on peut employer deux ou même trois négatifs dans la même phrase, ce qui n'est pas possible en anglais:

   Elle **n'**écrit **plus jamais** à ses amis au Canada.
   Vous **n'**avez **plus rien** à faire ici.
   Ils **ne** m'ont **jamais rien** dit.
   Ses parents **ne** vont **plus jamais nulle part.**
   Il **n'**y a **plus personne** au bureau.
   Je **ne** suis **guère** d'un caractère sociable et **ne** sors **plus jamais** le soir.

J'ai regardé dans les guides, mais je **ne** trouve **rien nulle part.**
Elle **ne** critiquera **jamais plus personne.**
Promettez de ne **jamais plus rien** dire à **personne.**

EXERCICES

A. Remplacez **seulement** par la locution **ne . . . que.**

1. Il y a seulement dix minutes qu'ils sont là.   2. Elle sort seulement le dimanche.   3. Nous mangeons seulement des légumes et des fruits.   4. Vous aimez seulement les romans policiers.   5. J'ai seulement trois dollars.   6. Nous sommes allés seulement en Normandie.

B. Remplacez **et** ou **ou** par **ni . . . ni.**

1. Les conseils ou les reproches n'ont rien pu sur lui.   2. J'ai le temps et l'argent pour faire ce voyage.   3. Elle connaît votre père et votre mère.   4. Cette fois-ci, ils iront en Allemagne ou en Italie.   5. Les bébés boivent du vin et de la bière.   6. G. Washington et B. Franklin ont vécu au 19ᵉ siècle.

C. Remplacez **tous, toutes** ou **chaque,** par **aucun, aucune,** en faisant les changements nécessaires.

1. Chaque étudiant a fait les exercices.   2. Chaque maison dans ce quartier est à vendre.   3. Chaque membre de la famille a donné son avis.   4. Toutes ses amies sont venues.   5. Tous les professeurs ont approuvé cette décision.   6. Nous ferons tous les exercices.

D. Ecrivez à la forme négative.

1. Pierre habite encore à Paris.   2. Il l'a toujours détesté.   3. Nous allons souvent au cinéma.   4. J'ai vu quelque chose d'amusant.   5. Je les envie les uns et les autres.   6. Il y a quelqu'un de malade parmi eux.

chapitre 7

a

Au restaurant

Assis à une petite table près de la fenêtre, Joyce et Jean-Pierre se confondaient dans la salle banale du restaurant avec les habitués, assis autour d'eux aux autres tables. La patronne, à moitié cachée par le comptoir, présidait à la caisse. Elle accueillait les clients quand le maître d'hôtel était occupé à prendre des commandes et faisait sauter les bouchons, car il n'y avait pas de sommelier.

Jean-Pierre avait mis ses lunettes et scrutait le menu, l'air connaisseur:

—J'ai déniché ce petit restaurant tout à fait par hasard. Il n'y a pas de quoi, vraiment, en tirer trop grande vanité car, à Paris, il n'est point difficile de trouver un restaurant où l'on mange bien . . . Oh, ce n'est pas le Ritz, mais le service est impeccable et la cuisine est très soignée.

—C'est très sympathique ici, dit Joyce en souriant. Les lumières sont tamisées, les gens discutent discrètement, les garçons sont bien stylés . . . Quelle différence avec le libre service° où j'ai dîné hier soir! La nourriture était mangeable, mais il n'y avait aucune ambiance. Il fallait faire la queue pour se faire servir sur un plateau; ensuite, il fallait faire la queue pour trouver une place . . .

Le garçon avait déjà apporté l'apéritif—du Dubonnet, l'eau, le pain et une assiette de hors-d'œuvre. Le maître d'hôtel, respectueusement incliné au-dessus de Jean-Pierre, attendait la commande:

—Le bœuf bourguignon° est très bon aujourd'hui. C'est la spécialité de la maison . . .

—Ah! Le bœuf bourguignon! La dernière fois je l'ai trouvé sen-sationnel, mais il ne vaut pas votre chateaubriand garni.° Vous allez nous le servir avec un bon bourgogne° bien chambré,° n'est-ce pas? Et pour commencer, du pâté de campagne° . . . et du beurre: mon nouveau régime.° Vous savez que je pars pour les Etats-Unis.

Le maître d'hôtel souriait. Il aimait bien ce jeune client qui plaisantait avec les garçons, tapotait la joue de la dame du vestiaire et laissait toujours de gros pourboires.

—C'est délicieux, vous ne trouvez pas? Mais passons aux choses sérieuses. Vous êtes en France pour combien de temps?

—Je ne sais pas encore. Tout va dépendre de ma nouvelle situation, dit Joyce.

—Vous n'avez pas un ami qui vous attend aux Etats-Unis? Une belle jeune fille comme vous . . .

—Non. Il y avait Jack, mais tout est fini entre nous. C'est la vie, que voulez-vous . . . les dures réalités de la vie. C'est précisément pour cette raison que je suis en France.

—Et pourquoi en France et pas ailleurs? avait demandé Jean-Pierre.

Joyce hésitait; elle n'osait pas faire part à un étranger de ses sentiments intimes, mais elle avait besoin de parler à quelqu'un. Il allait peut-être lui donner un bon conseil.

—Quatre soirs par semaine, Jack allait étudier le français dans une école de New York. Cela remonte à plus d'un an. Je ne parlais pas français à ce moment-là, ou très peu et je ne pouvais pas contrôler ses progrès. Je trouvais qu'il se fatiguait trop, mais il ne voulait pour rien au monde manquer un cours. Il venait parfois me trouver, un roman français à la main. On s'installait dans le salon et j'écoutais Jack traduire de longs passages du roman. Le plus souvent, il n'était question que d'amour et de meurtre. Aujourd'hui encore je tremble lorsque je pense au meurtrier qui coupe le cadavre en petits morceaux pour le jeter ensuite dans une rivière.

—Encore un peu de pâté? Non? Continuez, je vous écoute.

—L'an dernier, j'ai commencé à suivre des cours de français avec quelques amies. Nous avions un jeune professeur excellent qui venait d'arriver de France. Toutes les jeunes filles de la classe étaient follement amoureuses de lui. Je leur parlais des romanciers français et elles admiraient mes connaissances. Une fois pourtant, comme j'évoquais en classe l'auteur des *Secrets du château abandonné*, mon professeur m'a dit que je me trompais. Camus n'avait jamais écrit de roman portant ce titre. Je lui ai dit qu'il était mal informé. Je me suis disputée avec lui, et je n'ai découvert que plus tard qu'il avait raison. Jack m'avait présenté pendant des mois les fruits de son imagination fertile comme les chefs-d'œuvre de la littérature française. Et il l'avait fait parce qu'il ne savait pas un mot de français. J'ai appelé le directeur du Foreign Language Center pour demander des renseignements sur lui. J'ai appris qu'il n'y avait jamais mis les pieds.

—Où passait-il alors ses soirées?

—Il apprenait à piloter un avion. Il en faisait un secret à cause de ses parents. Il y a eu plusieurs accidents d'avion dans sa famille. Mais pourquoi ne pas me l'avoir dit à moi! Passe encore de m'avoir menti. Mais m'avoir brouillé à mort avec mon professeur de français, voilà ce que je ne lui pardonnerai jamais.

Joyce avait besoin qu'on la rassure:

—Ah, vraiment, vous pensez que j'ai eu raison . . . Non, merci, je n'ai plus faim . . . Alors vous trouvez qu'il a eu tort. Vraiment? Parce que lui, voyez-vous, il ne peut pas comprendre cela et moi j'ai toujours peur . . .

NOTES

Le libre service: genre de *cafeteria* (*self-service*).

Bœuf bourguignon: bœuf cuit avec des oignons et du vin rouge.

Chateaubriand garni: filet de bœuf grillé, garni de pommes de terre et de légumes.

Le bourgogne: vin récolté en Bourgogne. Les principaux bourgognes sont: le chambertin, le pommard et le chablis.

Chambrer une bouteille de vin: la sortir de la cave et la garder pendant quelque temps dans la pièce où elle sera consommée, pour qu'elle prenne la température.

Le pâté de campagne: hachis de viande enveloppé dans une pâte.

Le régime: règle observée dans la manière de vivre et surtout en ce qui concerne les aliments et les boissons. Pour maigrir, on se met au régime, on suit un régime. « . . . et du beurre: mon nouveau régime. » Nouveau pour Jean-Pierre car en France on ne sert pas de beurre avec le pain habituellement.

QUESTIONNAIRE   Répondez aux questions suivantes:

1. Où sont Joyce et Jean-Pierre?
2. Décrivez le restaurant: les clients, la patronne, l'ambiance, etc.
3. Est-il difficile de trouver un restaurant à Paris où l'on mange bien?
4. Comment est-ce que Jean-Pierre avait trouvé ce restaurant?
5. Que dit-il de la cuisine et du service?
6. Joyce aime bien ce restaurant. Pourquoi?
7. Pourquoi est-ce que les libres services n'ont pas d'ambiance?
8. Quelle est la spécialité de ce restaurant?

9. Qu'est-ce que Jean-Pierre commande pour le dîner?
10. En quoi consiste son nouveau régime?
11. Pourquoi est-ce que le maître d'hôtel aime bien Jean-Pierre?
12. De quoi dépend le séjour de Joyce en France?
13. A-t-elle un ami qui l'attend aux Etats-Unis?
14. Qui est Jack?
15. Que faisait-il quatre soirs par semaine?
16. Comment étaient les romans qu'il lisait?
17. De quoi Joyce parlait-elle à ses amies?
18. Pourquoi s'est-elle disputée avec son professeur de français?
19. Est-ce que Jack connaissait vraiment les chefs-d'œuvre de la littérature française?
20. Où Jack passait-il ses soirées?
21. Pourquoi était-il obligé de mentir?
22. Joyce est encore fâchée avec Jack. Pourquoi?

SITUATION 7

Au restaurant

Joyce. C'était un dîner mémorable. Depuis que je me suis mise au régime je mange trois fois rien mais ce soir j'ai mangé comme quatre.[1] C'était tellement bon. Je me suis régalée.

Jean-Pierre. Vous vous êtes mise au régime? Pourtant vous êtes si mince! Mais . . . est-ce possible? Je vois ma tante assise toute seule à l'autre bout de la salle. Elle n'a pas l'air contente. Partons vite. . . .

La tante de Jean-Pierre dîne dans le même restaurant, mais rien ne lui plaît. Essayez d'imaginer, en vous servant des expressions suggérées, son dialogue avec le maître d'hôtel.

Expressions suggérées

• La soupe est: froide, tiède, fade, trop salée . . .

• C'est tout ce que vous avez comme hors-d'œuvre: des sardines, des radis et des olives?

• Vous n'avez pas autre chose que: du poisson, du bœuf, de la volaille . . . ?

---

[1] **manger comme quatre = manger beaucoup**

- Je ne supporte pas la cuisine: à l'ail, à l'huile, au beurre . . .
- Vous m'aviez recommandé le bifteck; pourtant: il n'est pas à point, il est trop cuit, trop saignant . . .
- Cette nappe (serviette, assiette . . .) est sale.
- Je n'ai pas de: couteau, cuiller, fourchette . . .
- Ce melon (ce raisin, cet ananas, cet abricot . . .) n'est pas mûr.
- Ce gâteau (cette tarte, cette pâtisserie . . .): est trop: sucré(e), immangeable . . .
- Apportez-moi: autre chose, le menu, la liste des vins, l'addition . . .
- Je ne retrouve plus: mon chapeau, mon parapluie, mon sac à main . . .
- Envoyez-moi (appelez): le chef, le sommelier, le garçon, la patronne, la police . . .

REVISION DE GRAMMAIRE

Les temps du passé (troisième partie)

I. Le plus-que-parfait

Le plus-que-parfait est formé à l'aide de l'imparfait de l'auxiliaire **avoir** ou **être** et du participe passé du verbe conjugué:

elle avait dit   nous étions sortis

EMPLOIS

1. Le plus-que-parfait indique une action passée accomplie avant une autre action passée, c'est-à-dire exprime l'*antériorité*. Il peut exprimer non seulement une action isolée, mais encore une action répétée ou habituelle:

Jean **avait** tant **étudié,** qu'il savait la leçon par cœur.
Il a été mis à la porte: nous l'**avions** pourtant **averti!**
Quand il **avait gagné** un peu d'argent, une sœur ou un frère survenait pour le lui arracher des mains.

a. Le plus-que-parfait se trouve quelquefois au début d'un récit, d'un paragraphe ou d'une phrase:

Jean-Pierre **avait déniché** ce petit restaurant tout à fait par hasard.

b. Le plus-que-parfait se trouve aussi dans la même phrase qu'un autre verbe au passé:

> J'ai appris qu'il n'y **avait** jamais **mis** les pieds.
> Il est arrivé très tard, et ils **avaient joué** sans lui.

Les deux verbes peuvent aussi figurer dans deux phrases différentes à condition d'être unis par un lien interne:

> Mon professeur m'**a dit** que je me **trompais.** Camus n'**avait** jamais **écrit** de roman portant ce titre.

REMARQUES:

- L'antériorité immédiate par rapport à un autre verbe au passé est exprimée par **venir de** + *infinitif*, le verbe **venir** étant à l'imparfait:

> Il m'a appelé parce que sa femme **venait d'avoir** un accident de voiture.
> Il **venait de pleuvoir** et le terrain de golf était inondé.

- Dans le style narratif, le plus-que-parfait accompagne souvent l'adverbe **déjà:**

> Il voulait lui dire quelque chose, mais le taxi **avait déjà démarré.**
> Nous sommes arrivés au rendez-vous, mais nos amis **étaient déjà partis.**

2. Le plus-que-parfait s'emploie dans une proposition subordonnée introduite par une conjonction de temps comme **quand, lorsque, après que, dès que, aussitôt que** et **à peine . . . que** quand le verbe principal est à l'imparfait (le plus-que-parfait exprime alors une action *habituelle*):

> Lorsqu'ils **avaient fini** de travailler, ils **jouaient** souvent au tennis.
> Quand elle **avait fait** de bonnes affaires, elle **partait** toujours en voyage.
> Aussitot qu'il **avait fini** d'étudier, il **allait** à la plage.

3. Le plus-que-parfait s'emploie dans le discours indirect:

> Richard a dit qu'il **avait parlé** à Nicole, et qu'elle **avait accepté** de l'épouser.

4. Avec **si,** le plus-que-parfait marque une hypothèse qui n'a pas pu se réaliser dans le passé:

> **Si** je vous **avais vu**, je vous **aurait** prévenu.

5. Dans une proposition exclamative, **si** suivi du plus-que-parfait exprime le regret:

> **Si** seulement vous **étiez venu** plus tôt!
> **Si** j'**avais étudié** quand j'étais jeune!

EXERCICES

A. Employez le verbe de chaque phrase au plus-que-parfait.

EXEMPLE: Jean-Pierre met ses lunettes.
            Jean-Pierre avait mis ses lunettes.

1. Joyce lui parle de son ami Jack.   2. Nous n'arrivons pas de bonne heure.   3. Dites-moi ce qui se passe.   4. Comment ont-ils trouvé ce restaurant?   5. Elle quitte les Etats-Unis à cause de lui.

B. Employez le verbe de chaque phrase au plus-que-parfait et ajoutez **quand vous êtes arrivé.**

EXEMPLE: Ils ont déjà fini de dîner.
            Ils avaient déjà fini de dîner quand vous êtes arrivé.

1. Jean-Pierre a déjà fait la connaissance de Joyce.   2. J'ai déjà préparé le dîner.   3. On a déjà vu le film.   4. Ils sont déjà sortis.   5. Elle s'est déjà couchée.

II.   Le passé antérieur

Le passé antérieur est formé à l'aide du passé simple de l'auxiliaire **avoir** ou **être** et du participe passé du verbe conjugué:

> il eut dit   ils furent arrivés

EMPLOIS

Le passé antérieur, comme le plus-que-parfait, est un « passé du passé » (il exprime une action qui s'est passée avant une autre action exprimée au passé).

1. Comme le passé simple, le passé antérieur ne s'emploie pas dans la langue parlée. (Le plus-que-parfait s'emploie dans la langue écrite et dans la langue parlée.)

2. Le passé antérieur s'emploie dans la langue écrite à la place du passé simple, quand il s'agit d'évoquer *le déroulement rapide d'une action.*

L'effet de rapidité est souligné par des mots comme **vite, tôt, bientôt,** ou des expressions comme **en un instant, en un moment,** etc.:

Le général s'adressa aux soldats, mais il **eut vite compris** qu'ils se méfiaient de lui.

3. Comme le plus-que-parfait, le passé antérieur s'emploie dans une proposition subordonnée introduite par une conjonction de temps comme **quand, lorsque, après que, aussitôt que, à peine . . . que,** etc., lorsque le verbe principal est au passé simple:

Lorsqu'ils **furent arrivés** à la Place de la Concorde, elle **appela** un taxi et s'en alla.
A peine se fut-elle **présentée** que la comtesse l'**engagea.**
Aussitôt qu'il **eut rencontré** l'aveugle, le jeune homme entra en conversation avec lui.

EXERCICE   Employez le verbe de chaque phrase au passé antérieur.

EXEMPLE: Elle avait vite changé de conversation.
Elle eut vite changé de conversation.

1. Elle avait bientôt retrouvé son sac à main.   2. Il avait vite lu le journal.
3. Le garçon avait vite apporté le Dubonnet.   4. Il avait vite pris la commande.   5. Il avait vite répondu à ses questions.   6. Ils avaient rejoint les invités en un instant.   7. Jean-Pierre avait bientôt fait retomber la conversation sur Joyce.   8. Elle avait bien vite trouvé un taxi.

III.   Le passé surcomposé

Le passé surcomposé est formé du passé composé de l'auxiliaire **avoir** ou **être** et du participe passé du verbe conjugué:

il a eu dit   ils ont été arrivés

EMPLOIS   1. Le passé surcomposé s'emploie surtout dans la langue parlée.

2. Le passé surcomposé s'emploie dans une proposition subordonnée introduite par une conjonction de temps comme **quand** ou **lorsque** quand le verbe principal est au passé composé:

Quand elle **a eu compris** (a compris) que le jeune homme était le neveu de la comtesse, elle lui **a souri.**
Lorsqu'il **a été arrivé** (est arrivé) nous **avons commencé** à chanter.

> **A peine a**-t-il **eu commencé** (a-t-il commencé) son discours que les gens **se sont mis** à crier.

Remplacez **toujours** par **ce jour-là,** l'imparfait par le passé composé et le plus-que-parfait par le passé surcomposé.

> EXEMPLE: Après que Jean-Pierre avait dîné, il fumait toujours un cigare.
> **Après que Jean-Pierre a eu dîné, ce jour-là, il a fumé un cigare.**

1. Aussitôt qu'il avait fini son travail, il allait toujours jouer au tennis.
2. Lorsque le roi avait remporté une victoire, on la célébrait toujours à Versailles.
3. Dès que la comtesse était entrée, les domestiques la saluaient toujours en souriant.
4. Quand on avait fini de déjeuner, le comte s'endormait toujours.
5. Aussitôt que Jean-Pierre était rentré, il écrivait toujours une lettre à Joyce.
6. Après que les enfants avaient fait leurs devoirs, ils voulaient toujours aller jouer dans le jardin.
7. Lorsque Jack avait fini sa leçon, il venait toujours me trouver, un roman à la main.

IV. Expressions utiles avec le verbe *avoir*

Les expressions suivantes sont idiomatiques. Le nom est généralement employé sans article:

avoir chaud **avoir froid**	J'**avais** très **chaud** tout à l'heure et maintenant j'**ai froid.** Est-ce que je peux fermer la fenêtre?
avoir raison **avoir tort**	Vous **avez raison** cette fois-ci. J'avoue **avoir eu tort.**
avoir faim **avoir soif**	—Allons prendre un verre de Dubonnet avant le dîner. —Non, merci. J'**ai** très **faim** mais je n'**ai** pas **soif.**
avoir mal à **avoir peur de**	Ma cousine **a mal à** l'estomac et j'**ai peur de** la laisser seule à la maison.
avoir . . . ans **avoir besoin de**	Il **avait** seize **ans** quand il a quitté l'école; peut-être **avait**-il **besoin de** gagner sa vie.

avoir lieu	Leur mariage **aura lieu** le mois prochain;
avoir l'air	voilà pourquoi ils **ont l'air** si content(s).[1]
avoir (quelque chose)	Qu'**avez-vous** aujourd'hui Mireille? (*what is the matter with you . . .*)
avoir beau	Vous **avez beau** espérer, il ne viendra pas ce soir. (*it is useless*)
avoir sommeil	J'**ai** parfois **sommeil** le matin,
avoir envie de	mais je n'**ai** jamais **envie de** dormir en classe.

[1] Quand l'expression **avoir l'air** est suivie d'un adjectif, l'accord se fait toujours avec un nom de chose, et le plus souvent—mais non obligatoirement—avec un nom de personne: **Elle a l'air intelligent** ou **Elle a l'air intelligente.** On dit aussi: **Elle a un air intelligent.**

Le spectre

Quand je suis revenu de l'école cet après-midi, la maison était toute drôle avec des fleurs dans le salon et des serviettes propres dans la salle de bains. Ma guitare, mon chapeau de cowboy et mes jouets étaient rangés dans la grande armoire du salon. . . . Dans la salle à manger, la nappe brodée était sur la table et, au dessus, les assiettes à fleurs qu'on ne sort jamais du buffet. Et puis, autour de chaque assiette, il y avait un tas de couteaux, de fourchettes, de cuillères . . . et de verres très fins dont on ne se sert presque jamais. Maman parlait dans la cuisine avec la dame qui se promène toujours avec son chien et qui habite dans la maison en face de la nôtre.

—Un certain Monsieur Plon a téléphoné l'autre jour et nous l'avons invité à dîner, disait Maman à notre voisine. C'est un excellent ami, paraît-il, du cousin de mon mari, pas celui qui habite chez ses parents à Bordeaux, mais celui qui habite à Marseille.

—Comme c'est curieux, a répondu la voisine. Nous connaissons nous aussi un Monsieur Plon qui habite à Marseille. Aristide Plon. Il a une cinquantaine d'années, il est veuf et il partage sa maison, son énorme maison près du port, avec son insupportable belle-mère . . . C'est le même? . . . Alors je ne vous envie pas. Il mange comme quatre. C'est la seule personne que je connaisse capable d'absorber une énorme assiette de hors-d'œuvre, un demi poulet, plusieurs tranches de rôti de bœuf, un kilo d'asperges, un énorme morceau de tarte aux pommes, trois glaces de parfums différents, une bonne tranche de gâteau au chocolat bien épais, un assortiment de fruits confits, deux bouteilles de vin . . . et tout cela avec autant de facilité que vous pour boire un apéritif.

—Ah mon Dieu! a dit Maman. Qu'est-ce que je vais faire? Dans le réfrigérateur, il n'y a qu'un homard mayonnaise, de la laitue et des tomates, juste pour faire une petite salade, quelques olives, un peu de fromage et des tartelettes aux fraises.

Alors je suis entré en courant dans la cuisine et la dame qui se promène toujours avec son chien a poussé un cri.

—Joseph, a crié Maman, je t'ai déjà dit plusieurs fois de ne pas entrer dans la maison comme un sauvage. Tu m'as fait peur et je n'ai pas besoin de ça pour m'énerver. Change de chemise . . . et je ne veux pas te voir ce soir les manches retroussées . . . Il faut que j'aille au marché. Nous n'avons rien dans le réfrigérateur . . . Va faire tes devoirs et sois sage. Je serai de retour dans un quart d'heure.

C'est vrai que Maman avait l'air énervée. Elle est partie avec la voisine en claquant la porte d'entrée. J'allais commencer à faire mes devoirs quand quelqu'un a sonné à la porte. C'était Monsieur Plon.

—Entrez monsieur. Je m'appelle Joseph. Maman est sortie faire quelques emplettes mais elle va revenir tout de suite. Papa sera de retour de son bureau à six heures.

Le gros monsieur s'est assis dans le salon, a vu les amandes que Maman avait laissées dans une assiette sur la table et s'est mis à manger en silence. Mais moi, voyez-vous, je suis plutôt bavard.

—Le cousin de Papa habite à Marseille. Où habite le vôtre?

—Le mien habite à Marseille aussi, pas loin du sien.

—Connaissez-vous le cousin de Papa?

—Pas très bien. Il est surtout ami avec mon frère.

—Alors vous ne savez pas grand' chose de mes parents?

—Seulement leur nom, leur numéro de téléphone et leur adresse. . . . Je sais aussi que leur fils Joseph est un enfant très espiègle qui aime poser des questions. . . . Dis-donc, Joseph, veux-tu fermer cette porte-fenêtre qui ouvre sur le jardin? Il commence à faire froid.

—Ah, non, j'ai dit. Nous laissons toujours cette fenêtre ouverte depuis la tragédie.

—La tragédie? Quelle tragédie?

—Eh bien . . . il y a un an aujourd'hui, mon frère Jacques est allé faire du camping avec deux de ses amis. Ils ne sont jamais revenus. On n'a pas retrouvé leurs corps. Mes parents croient toujours que Jacques va revenir, lui et son petit caniche noir qui l'accompagnait, et rentrer par cette porte-fenêtre comme il le faisait toujours. C'est pourquoi nous la fermons seulement à la tombée de la nuit. Pauvre Jacques! Je me souviens quand il est parti. C'est comme si c'était aujourd'hui. Il portait son tricot rouge et ses blue jeans et il criait « chat, chat » pour taquiner son chien qui déteste les chats. . . .

Puis Maman est arrivée avec un tas de sacs:

—Je m'excuse . . . J'étais obligée de sortir . . . Joseph vous a-t-il tenu compagnie? . . . Mon mari sera ici d'une minute à l'autre. Mon autre fils est parti faire du camping et Dieu sait quand il reviendra.

Maman a poussé un gros soupir et le monsieur l'a regardée avec beaucoup de sympathie compréhensive. Mais soudain son expression a changé.

—Ah, le voilà enfin! a dit Maman. Il arrive juste à l'heure pour le dîner!

Le gros monsieur n'avait pas l'air de partager la joie de Maman. Son regard horrifié fixait une silhouette qui se détachait dans la pénombre et traversait le jardin. Elle se dirigeait vers la maison et on distinguait à peine un tricot rouge sur un pantalon bleu. Un caniche noir aboyait, tandis qu'une voix criait « chat, chat . . . ».

Le gros monsieur est parti sans dire un mot. Puis Papa est entré et il a dit qu'il avait failli écraser un monsieur qui traversait la rue en courant.

—Notre invité n'est pas encore arrivé?

—Si, il est arrivé et il vient de partir sans un mot d'adieu ou d'excuses, a dit Maman. Quel homme bizarre! Il regardait tout le temps dehors. On aurait dit qu'il avait vu un spectre. Et moi ça fait des heures que je travaille pour ce dîner et que je me fais du souci! La prochaine fois tu emmèneras les amis de ton cousin au restaurant.

QUESTIONNAIRE

1. Joseph dit que la maison ce jour-là est « toute drôle ». Qu'est-ce qu'il veut dire exactement?
2. Avec qui est-ce que sa mère parle dans la cuisine?
3. Résumez la conversation entre la mère de Joseph et la voisine.
4. Qui est Aristide Plon? Qu'y-a-t-il d'invraisemblable dans sa description?
5. Connaissez-vous quelqu'un qui « mange comme quatre »? Pouvez-vous le décrire?
6. Est-ce que la mère de Joseph pense qu'elle a tout ce qu'il lui faut pour recevoir M. Plon à dîner?
7. Qu'est-ce qu'il y a dans le réfrigérateur?
8. La mère de Joseph décide subitement de sortir. Où va-t-elle?
9. Résumez la conversation entre Joseph et M. Plon.
10. Joseph refuse de fermer la porte-fenêtre qui ouvre sur le jardin. Pourquoi?
11. Racontez « la tragédie ». S'agit-il d'une vraie tragédie?
12. Quand la mère de Joseph dit qu'elle voit son fils Jacques arriver, M. Plon n'a pas l'air de partager sa joie. Pourquoi?
13. A quoi voyons nous que M. Plon croit aux spectres? Et vous, y croyez vous?
14. Pouvez-vous faire ressortir les éléments comiques de ce récit?

**DISCUSSION/
COMPOSITION**

1. Racontez, de façon vivante et intéressante, un film que vous avez vu (ou un récit que vous avez lu) où il s'agit de revenants, de spectres, etc. Avez-vous aimé le film (ou le livre)? Pourquoi?
2. Faites le menu d'un repas que vous aimeriez servir pour une occasion spéciale. Quelle est l'occasion? Quels plats allez-vous servir? Qui fera la cuisine?

REVISION DE GRAMMAIRE

I. L'adjectif possessif

L'adjectif possessif indique la possession et s'accorde en genre et en nombre avec la personne ou l'objet possédé:

> **Ma** cravate, **mon** chapeau de cowboy et **mes** jouets étaient rangés dans la grande armoire.
> Va faire **tes** devoirs et sois sage.
> Papa sera de retour de **son** bureau à six heures.
> **Mon** frère est allé faire du camping avec deux de **ses** amis.
> **Notre** invité n'est pas encore arrivé?

Les formes de l'adjectif possessif

		Un seul possesseur		*Plusieurs possesseurs*	
		un objet ou une personne	*plusieurs objets ou plusieurs personnes*	*un objet ou une personne*	*plusieurs objets ou plusieurs personnes*
1ère Pers.	*masc.*	**mon** livre	**mes** { livres / amies / classes	**notre** { livre / amie / classe	**nos** { livres / amies / classes
	fém.	**mon** amie / **ma** classe			
2e Pers.	*masc.*	**ton** livre	**tes** { livres / amies / classes	**votre** { livre / amie / classe	**vos** { livres / amies / classes
	fém.	**ton** amie / **ta** classe			
3e Pers.	*masc.*	**son** livre	**ses** { livres / amies / classes	**leur** { livre / amie / classe	**leurs** { livres / amies / classes
	fém.	**son** amie / **sa** classe			

Devant un mot féminin commençant par une voyelle ou un **h** muet, on emploie toujours les formes masculines **mon, ton, son** au lieu de **ma, ta, sa:**

> **Ma** cousine Nicole est intelligente, mais **mon** autre cousine Giselle est plus intelligente encore.
> Il partage **sa** maison, **son** énorme maison près du port avec **son** insupportable belle-mère.
> Tu as le droit d'avoir **ton** opinion.
> A **son** habitude, il a mis deux morceaux de sucre dans **son** café.
> **Son** histoire de spectre est bonne, mais **sa** dernière histoire est la meilleure.

EMPLOIS

1. On emploie l'adjectif possessif pour exprimer la possession:

   > **Mon** stylo est sur la table (= qui est à moi).
   > **Ta** chemise est sale.
   > **Sa** montre est arrêtée.

2. L'adjectif possessif n'exprime pas seulement la possession réelle; il sert encore à marquer des rapports variés:

   > Prenez-vous **votre** café? (= que vous prenez habituellement).
   > **Vos** remarques me sont très précieuses (= celles que vous me faites).
   > **Son** pays est là-bas, près de la mer (= le pays où il est né).
   > **Notre** chère Annette est déjà arrivée! (*valeur affective*)
   > Oh! **Mon** Dieu! (*exclamation marquant la surprise*)
   > Cela sent **son** homme malhonnête. (*valeur péjorative*)

   Un militaire, parlant à un supérieur militaire, dit:

   > **mon** lieutenant   **mon** capitaine   **mon** général

   Mais un supérieur, parlant à un inférieur, dit sans possessif:

   > lieutenant   colonel   major

3. Si l'on emploie l'adjectif possessif devant le premier nom d'une série, on doit l'employer aussi devant chacun des autres:

   > J'ai invité **ton** frère, **ta** sœur et **tes** cousins.
   > **Son** travail, **ses** collègues, **sa** maison, il ne parle que de cela!
   > Préférez-vous **votre** vieille ou **votre** nouvelle maison?
   > Il a mis **son** chapeau, **son** pardessus et **ses** gants et il est parti.

   Mais l'adjectif possessif ne se répète pas quand le second nom est l'explication du premier, ou bien quand il désigne la même personne ou le même objet:

Je vous remercie infiniment pour **vos** bons et loyaux services.
Nous avons réhabilité la mémoire de **nos** père et mère disparus.
Je vous présente **mon** patron et ami Louis Hamel.

4. On remplace l'adjectif possessif par l'article défini quand le rapport de possession est assez nettement indiqué par le sens général de la phrase, notamment devant un mot désignant une partie du corps ou du vêtement:

Le bras lui fait mal.
Elle a mal à **la** tête.
Chacun, **les** yeux fixés sur lui, était attentif.
Je me suis cassé **la** jambe en faisant du ski.
Je ne veux pas te voir ce soir **les** manches retroussées.

Mais on doit employer le possessif quand le nom est accompagné d'une épithète ou d'un complément:

Il leva **sa** main rugueuse.
Depuis qu'elle fait des exercices, **son** bras gauche ne lui fait plus mal.
Elle l'a regardé avec **ses** yeux remplis de larmes.

REMARQUES:

● Lorsqu'on décrit un vêtement ou l'attitude de la personne qui porte ce vêtement, on emploie l'article défini. Mais lorsqu'on décrit le geste ou le mouvement exercé sur le vêtement, on emploie l'adjectif possessif:

Elle est entrée, **le** chapeau rabattu sur les yeux. (*attitude, description*)
Il était là, **les** mains dans **les** poches. (*attitude, description*)
Mais: Elle a enlevé **son** chapeau et déboutonné **son** manteau. (*geste, mouvement*)
Il a sorti **son** briquet de **sa** poche. (*geste, mouvement*)

● Avec **avoir,** on emploie l'article défini même quand le nom de la partie du corps est accompagné d'une épithète ou d'un complément:

Elle a **les** mains rugueuses.
Mon frère a **les** yeux bleus et **le** nez droit.
Vous avez **le** teint clair.

● Parfois, quand un objet *possède* une caractéristique, on remplace l'adjectif possessif par l'article défini et par **en** qui marque la possession:

Cette maison me plaît mais **le** prix **en** est très élevé (= **son** prix est très élevé).
Maurice a acheté une voiture d'occasion et il **en** a fait réparer **le** moteur.

5. Quand on veut renforcer l'idée possessive, on emploie, avec le possessif, soit l'adjectif **propre** (avant le nom), soit les locutions **à moi, à toi, à lui, à elle, à nous, à vous, à eux** ou **à elles** (après le nom):

Je l'ai vu de **mes propres** yeux (= moi-même, de mes yeux).
Elle l'a payé avec **mon propre** argent (ang.: *my own*).
Le miroir lui envoyait **sa propre** image.
Ce sont là **ses propres** paroles (= c'est exactement ce qu'il a dit).

C'est **mon** journal **à moi.**
C'est **son** affaire **à lui** et non la vôtre.
Ce sont **leurs** problèmes **à eux,** pas les nôtres.

EXERCICE   Employez la forme correcte de l'adjectif possessif.

1. Les étudiants ont besoin de _____ livres et de _____ cahiers. 2. Faites _____ valises et n'oubliez pas _____ passeport. 3. Voici Christine avec _____ amie; _____ meilleure amie. 4. Oh! _____ Dieu! _____ chers amis sont déjà arrivés! 5. La prochaine fois tu amèneras _____ sœurs et _____ cousin au restaurant. 6. Il portait _____ tricot rouge et _____ blue jeans et il criait « chat, chat » pour taquiner _____ chien. 7. A _____ habitude, il a mis deux glaçons dans _____ verre de scotch. 8. _____ histoire de revenant est bonne, mais _____ première histoire ne vaut rien.

II.   Le pronom possessif

Le pronom possessif représente le nom en ajoutant à ce nom « représenté » l'idée de possession. Il s'accorde, comme l'adjectif possessif, avec la personne ou l'objet possédé:

Je ne vois pas ton auto; je n'aperçois que **la mienne.**
Mon examen d'histoire était plus difficile que **le tien.**
Les enfants des voisins sont en train de jouer avec **les nôtres.**
On nous a demandé les passeports et chacun a présenté **le sien.**
Ma maison est bien modeste, mais **la leur** est magnifique.

Les formes du pronom possessif

		Un seul possesseur		Plusieurs possesseurs	
		un objet ou une personne	plusieurs objets ou plusieurs personnes	un objet ou une personne	plusieurs objets ou plusieurs personnes
1ère Pers.	*masc.* *fém.*	**le mien** **la mienne**	**les miens** **les miennes**	**le nôtre** **la nôtre**	**les nôtres**
2e Pers.	*masc.* *fém.*	**le tien** **la tienne**	**les tiens** **les tiennes**	**le vôtre** **la vôtre**	**les vôtres**
3e Pers.	*masc.* *fém.*	**le sien** **la sienne**	**les siens** **les siennes**	**le leur** **la leur**	**les leurs**

Avec les prépositions **à** et **de,** les articles définis **le** et **les** du pronom possessif forment **au, du, aux** et **des:**

> Je préfère mon professeur **au sien.**
> Vous avez rencontré ses parents; avez-vous fait la connaissance **des miens?**
> Mon droit est incontestable; je n'en dirai pas autant **du vôtre.**

EMPLOIS   On emploie le pronom possessif:

1. Pour exprimer la possession:

> J'ai perdu mon stylo. Il m'a prêté **le sien.**
> Laisse ma bicyclette et prends **la tienne.**
> Vous n'avez pas votre parapluie? Prenez **le leur** en attendant.

2. Pour marquer d'autres rapports que le rapport de possession:

> Ton temps est aussi précieux que **le mien.**
> Votre appartement est grand, **le nôtre** est tout petit (= celui que nous habitons).
> On se passerait de réflexions comme **les tiennes.**
> J'ai écrit mes devoirs; as-tu écrit **les tiens?**
> A **la vôtre,** chers amis (fam.: à votre santé).

STRUCTURES Le pronom possessif renvoie, en général, à un nom exprimé, mais il peut parfois s'employer d'une manière absolue:

1. Au masculin pluriel, pour désigner les parents, les amis, les partisans:

    Il est plein d'égards pour elle et pour **les siens** (= pour sa famille).
    Ils sont entourés de l'affection **des leurs** (= de leurs proches parents).
    Soyez **des nôtres** demain (= parmi nos invités).
    Nous allons au concert dimanche; voulez-vous être **des nôtres?** (ang.: *will you join us?*).

2. Au neutre singulier (avec **il faut que, chacun . . .**), pour désigner les concessions qu'on fait:

    Moi, j'y mets **du mien;** il faut que vous y mettiez **du vôtre** (ang.: *contribute, share, participate, help*).
    Chacun doit y mettre **du sien** (= participer à l'œuvre commune).

3. Au féminin pluriel, les expressions familières **faire des miennes, des tiennes, des siennes** signifient « faire de mes (de tes, de ses) sottises habituelles »:

    Chaque fois que nous sortons, notre fils fait **des siennes** (ang.: *misbehaves*).
    Elle m'a dit que tu as encore fait **des tiennes.**

EXERCICE Remplacez les mots en italiques par des pronoms possessifs, en faisant, si besoin, les changements nécessaires.

1. Mes parents sont jeunes; *les parents de Suzanne* sont vieux. 2. Sa maison est vieille; *ta maison* est neuve. 3. Ce sont vos livres. Où sont *mes livres?* 4. Maurice a besoin de ses crayons. Paul n'a pas besoin de *ses crayons*. 5. J'ai oublié mes clefs. Mes parents m'ont donné *leurs clefs*. 6. Je ne vois pas ta voiture; je n'aperçois que *sa voiture*. 7. Notre classe est petite; mais *leur classe* est très grande. 8. Son temps est précieux. Mais *notre temps* est précieux aussi.

III. L'adjectif indéfini

L'adjectif indéfini se joint au nom pour marquer une idée vague de quantité, de qualité ou d'identité. Les principaux adjectifs indéfinis sont: **aucun, nul, pas un**[1] **certain, quel que, quelque, quelconque, chaque, tout, tel, même** et **autre.**

1. **Certain,** avant un nom commun, invite à considérer spécialement une chose ou une personne parmi d'autres avec lesquelles elle tend à se confondre:

   > Vous souvenez-vous d'une **certaine promenade** que nous avons faite au bord de la mer?
   > Elle est venue nous voir avec une **certaine cousine** à elle.

   Un certain, suivi d'un nom propre de personne, exprime une nuance marquée de mépris ou de manque de considération:

   > Connaissez-vous **un certain M. d'Orbesson,** qui prétend être de vos amis?

   Un certain, suivi d'un nom abstrait de chose, exprime l'intensité ou la qualité:

   > Il faut **un certain courage** pour entreprendre ce travail (= beaucoup de courage).

   Au pluriel, sans article, **certain** exprime la pluralité:

   > Dans **certains** cas, il vaut mieux ne pas se faire remarquer.
   > Pour comprendre cette théorie, il faut avoir **certaines** connaissances mathématiques.
   > **Certaines** phrases de ce texte sont difficiles à comprendre (syn.: **quelques**).

2. **Quel que, quelle que, quels que, quelles que** (toujours suivis du subjonctif et d'un substantif, et sans négation) indiquent une concession ou une opposition:

---

[1] Voir Chapitre 6-b, *Révision de grammaire.*

> **Quelles que** soient vos raisons, votre attitude me blesse (ang.: *whatever*).
>
> **Quelle que** soit la politique qu'on suivra, on sera obligé de respecter ce traité.

3. **Quelque . . . que,** immédiatement devant le nom, est un adjectif, donc variable. Il indique une concession ou une opposition portant sur un substantif ou un adjectif (**quelque** ne s'élide pas devant une voyelle.):

> De **quelque** manière **qu'**on examine la question, la solution est difficile (= de n'importe quelle manière . . .).
>
> Nous partirons par **quelque** temps **que** ce soit (= par n'importe quel temps).

4. **Quelque,** en dehors de l'expression **quelque . . . que,** indique, au singulier, une certaine indétermination:

> A **quelque** distance, on apercevait une rivière (= à une petite distance).
>
> Peut-être **quelque** jour le reverrons-nous (= un jour ou l'autre).
>
> J'ai **quelque** peine à me souvenir de cet incident (= assez de).

Au pluriel, **quelque** indique un petit nombre:

> **Quelques** jours plus tard, il est parti pour l'Europe.
>
> Ce n'est pas avec ces **quelques** employés que le travail pourra être fait.
>
> Les **quelques** articles qu'il a écrits ne justifient pas sa promotion.

5. **Quelconque** marque une indétermination totale sur la qualité ou l'identité:

> Si pour une raison **quelconque** elle ne peut pas venir, dites-lui de me téléphoner (= si pour n'importe quelle raison).
>
> Regardez un point **quelconque** de l'horizon (= quel qu'il soit).

Après **un** ou **une, quelconque** a le sens de médiocre, ordinaire:

> C'est un homme très quelconque (= ordinaire).
>
> C'est une actrice très quelconque (= sans originalité).

6. **Chaque** indique la répartition, la distribution:

> **Chaque** étudiant a rempli le questionnaire.

Le téléphone sonne à **chaque** instant.
Après **chaque** leçon, il donne un petit examen.

7. **Tout,** employé sans article, est synonyme de **n'importe quel** et de **chaque:**

Tout homme est sujet à l'erreur.
Toute vérité n'est pas bonne à dire.

Avec un déterminant, **tout** exprime la totalité:

Il a neigé **toute** la semaine.
Nous avons dépensé **tout** notre argent.
Tous les hommes sont sujets à l'erreur.
Il courait dans **toutes** les directions.

Tout, au pluriel, marque souvent la périodicité, l'intervalle:

Nous avons une dictée **tous** les trois jours (= un jour sur trois).
Tous les combien est-ce qu'il y a un train qui part pour Boston?

8. **Tel** marque la ressemblance ou l'intensité:

Tel père, **tel** fils.
De **telles** raisons ne peuvent suffir à nous convaincre.
On n'a jamais rien vu de **tel** (= semblable).
Ne répétez pas un secret d'une **telle** importance (= si grande).
Il a fait un **tel** bruit qu'il a réveillé tout le monde (= si grand).

9. **Même** entre l'article et le nom indique l'identité, la ressemblance:

Nous avons les **mêmes** goûts (= identiques).
Je vous verrai demain au **même** endroit.
Elle n'est pas du **même** avis.

Après un substantif, un pronom démonstratif, ou joint à un pronom personnel par un trait d'union, **même** a une valeur de renforcement:

Il est la générosité **même** (= en personne).
Son frère **même** refuse de le voir (ang.: *even*).
Elle-**même** n'avait plus confiance en lui.

10. **Autre** indique une différence:

Donnez-moi une **autre** fourchette.
Mets ton **autre** chemise.

Venez un **autre** jour (qu'aujourd'hui).

Avec un nom sans article et après **pas, autre** indique l'exclusion:

Elle n'a **pas d'autre désir** que de le rendre heureux.
Il n'y a **pas d'autre moyen** pour vous sortir d'embarras.

Avec les pronoms **nous** et **vous, autre** indique que le groupe est considéré à l'exclusion de tous ceux qui n'en font pas partie:

Nous autres, nous préférons passer nos vacances au bord de la mer.
Vous autres, vous n'êtes jamais satisfaits de votre travail.

EXERCICES

A. Remplacez les tirets par **quelque . . . que, quelque** ou **quelconque** selon le cas.

1. _____ objections _____ il ait, il finira par être d'accord avec nous. 2. Sa maison est belle, mais son mobilier[1] est très _____ . 3. Donnez une excuse _____ pour ne pas y aller. 4. De _____ manière _____ on présente nos demandes, le patron sera mécontent. 5. _____ étrange _____ soit cette musique, elle m'est pourtant agréable. 6. _____ milliers d'oiseaux s'étaient abattus tout le long de la plage déserte.

B. Complétez les phrases suivantes en employant des adjectifs possessifs ou des articles définis.

1. Elle s'est cassé _____ jambe en jouant au tennis. 2. Il l'attendait là, _____ mains dans _____ poches. 3. Il a sorti _____ portefeuille de _____ poche. 4. Sa cousine a _____ cheveux noirs et _____ teint foncé. 5. Vous êtes toujours très bien habillée; j'aime _____ robe et _____ chaussures. 6. Chaque étudiant, _____ yeux fixés sur le professeur, était attentif.

C. Traduisez les expressions entre parenthèses.

1. A propos de croyances religieuses, (*theirs*) sont moins naïves que (*ours*). 2. Toutes les belles-mères sont charmantes, sauf, bien entendu, (*yours*) et (*mine*). 3. Nous allons participer à l'œuvre commune. Mais il faut aussi que vous (*participate*). 4. Nous allons au cinéma ce soir; voulez-vous (*to join us*)? 5. Pour réussir, il faudrait avoir (*your*) talent, (*his*) intelligence et (*my*) courage. 6. Ce sont (*their—stressed*) problèmes pas (*his*).

---

[1] **le mobilier,** n.m. = *furniture*

chapitre 8

a

L'enseignement

Joyce était déjà installée chez le comte de M. Les jours passaient vite. Ses deux petits élèves l'adoraient. Elle leur enseignait l'histoire, la géographie, l'anglais, l'italien, la musique et même les mathématiques. Ils aimaient surtout l'algèbre car Joyce leur présentait les problèmes sous forme de courtes histoires auxquelles ils devaient fournir une fin.

L'intrigue avait toujours trois personnages—A, B et C—dont les occupations étaient variées: ils jouaient au tennis ou au Ping-Pong; ils creusaient des fossés, plantaient des arbres, construisaient des maisons . . . Souvent ils luttaient de vitesse; A pilotait un avion, B était à cheval, tandis que C, moins favorisé, allait à pied. Quelquefois les sports d'hiver les tentaient et ils s'en allaient faire du ski, mais A, naturellement, était sur la meilleure piste. Les trois lettres de l'alphabet se transformaient en êtres de chair et de sang, avec leurs habitudes, leurs aptitudes et leurs ambitions. Même le comte essayait parfois de résoudre des problèmes. Il venait les rejoindre après sa promenade du matin, un manuel d'algèbre à la main. Il se carrait[1] dans un

---

[1] **se carrer** = se mettre à l'aise; se donner un air important

fauteuil, près des enfants, et écoutait d'un air satisfait. Assister aux leçons des enfants était devenu son passe-temps favori.

—Vous êtes un excellent professeur, mademoiselle. Au début je craignais que vous ne soyez un peu trop jeune et inexpérimentée. Extrêmement intéressante, savez-vous, la façon dont vous présentez les premières règles de l'algèbre aux gosses.° Je ne pense pas, du reste, que ce soit très simple. Pas simple du tout quand on se donne la peine d'approfondir.

Les enfants aimaient aussi les chansons que Joyce leur apprenait. « My pony is over the océan » chantait la petite Isabelle, assise sur les genoux de Joyce. Mais ce qu'ils aimaient le plus, c'était les promenades du jeudi après-midi. Joyce déambulait avec eux, en les tenant par la main, le long de cette rue bordée de façades ternes, au bout de laquelle la Seine aux eaux grises s'étendait comme un collier d'argent sur un cou malpropre. Quand ils allaient au parc, ils partaient chargés de jouets: ballons, soldats de plomb, poupées . . . Parfois ils y amenaient même le chien et le petit chat. Vers le milieu de l'après-midi, Jean-Paul et Isabelle commençaient à lancer vers Joyce des regards suppliants:

—Mademoiselle, faites-nous donc plaisir, laissez-nous jouer encore une demi-heure!

Mais elle ne se laissait pas faire, car chez les M. la vie s'écoulait suivant le rythme solennel d'une grande maison française et il fallait qu'ils soient de retour à l'heure du thé. Devant les gâteaux et à la vue du sourire aimable de Joyce, l'air maussade des enfants s'effaçait. Tout en mangeant des choux à la crème,° ils lui posaient des questions sur sa famille, sur son pays, sur les problèmes d'algèbre qu'ils avaient à résoudre. . . .

—Et A? Pourquoi faut-il qu'il réussisse mieux que B et C? N'est-il pas dommage que C fasse tant de fautes? Il est malheureux qu'il soit le plus faible, le moins favorisé.

La comtesse venait souvent prendre une tasse de thé avec eux. Elle était parfois accompagnée de Jean-Pierre qui restait après le thé pour sa leçon d'anglais. S'ils sortaient, la rue leur offrait plus d'un sujet de conversation; mais ils ne parlaient pas sans réfléchir ni de n'importe quoi. Pourtant, de temps à autre, ils racontaient tout ce qui leur passait par la tête:

—Ecoutez Joyce, il se peut que je parte dans quelques semaines pour les Etats-Unis. Voulez-vous m'expliquer comment on se conduit chez vous quand on sort avec une jeune fille?

—Ah! C'est grand l'Amérique et il faut se méfier de toute généralisation. Pourtant, voici quelques conseils utiles: il faut absolument que vous fassiez une bonne impression sur les parents; soyez poli et jovial. Avec la jeune fille, il vaut mieux que vous soyez prévenant. Elle sera contente que vous l'emmeniez au théâtre, au cinéma, au concert. . . . Il serait bon que vous vous montriez spirituel, galant, attentif à tout ce qu'elle a à dire.

—Merci, j'ai compris le système, mais il vaut mieux que vous fassiez attention, Joyce, car vous pouvez être la première victime de votre élève, du séducteur naissant. . . . Non, pas de danger. Vous êtes si différente . . . vous échappez à la règle . . . Etes-vous libre demain? Aimeriez-vous que nous visitions le musée d'Art Moderne . . . Après-demain? D'accord. Voulez-vous que nous fassions une petite promenade? Qu'on est bien à côté de vous.

NOTES

Un (une) gosse: nom populaire pour enfant.

Un chou à la crème: pâtisserie soufflée et légère (*cream puff*).

QUESTIONNAIRE Répondez aux questions suivantes:

1. Quelles matières est-ce que Joyce enseigne à ses petits élèves?
2. Quelle matière aiment-ils surtout?
3. Comment est-ce que Joyce leur présente les problèmes d'algèbre?
4. Quelles sont les occupations de A, B et C?
5. Qui est-ce qui est le plus favorisé des trois?
6. Que fait le comte le matin, après sa promenade?
7. Aime-t-il assister aux leçons des enfants?
8. Que pense-t-il de la façon dont Joyce présente aux gosses les premières règles de l'algèbre?
9. Qu'est-ce que les enfants aiment le plus?
10. Où vont-ils le jeudi après-midi?
11. Pourquoi Joyce ne les laisse-t-elle pas jouer pendant toute l'après-midi?
12. Quel genre de questions lui posent-ils pendant le thé?
13. Qui vient souvent prendre une tasse de thé avec eux?
14. Que font Joyce et Jean-Pierre après le thé?
15. Qu'est-ce que celui-ci veut savoir?
16. D'après Joyce, comment faut-il se conduire aux Etats-Unis quand on sort avec une jeune fille?
17. Pourquoi est-ce que Jean-Pierre dit à Joyce de faire attention?
18. Où iront-ils le surlendemain?

SITUATION 8

Les études

Le comte. Vous êtes un excellent professeur, mademoiselle. Extrêmement intéressante, savez-vous, la façon dont vous présentez les premières règles de l'algèbre aux gosses. Où avez-vous appris tout ça?

Joyce. A l'école. Après avoir fini mes études secondaires, je suis entrée à l'université. J'y suis restée pendant deux ans seulement. J'avais l'intention de me spécialiser en langues romanes et de suivre plus tard des cours de pédagogie. Qui sait? J'y retournerai peut-être un jour pour terminer mes études.

Racontez, en essayant de répondre aux questions et en vous servant des mots et expressions suggérés, les études que vous avez faites pendant les deux dernières années:

Questions	Mots et expressions suggérés
1. Quels cours avez-vous suivis? Y avait-il des cours obligatoires? Lesquels? Le niveau de ces cours était-il élevé?	• la biologie, la zoologie, la chimie, la physique, l'histoire, la géographie, la philosophie, les sciences sociales, les sciences politiques
2. Depuis quand étudiez-vous le français? Connaissez-vous d'autres langues étrangères?	• les langues modernes: • le français, l'anglais, l'allemand, l'italien, l'espagnol, le russe, le japonais • les langues classiques: le latin, le grec
3. Etes-vous un bon ou un mauvais étudiant?	• Je suis: un étudiant modèle, un cancre[1]—brillant, étourdi, bavard • En classe: j'écoute attentivement quand le professeur parle, je rêve, je dors, je lis le journal, j'essaie de participer à des discussions, je prends des notes, j'agace mes camarades, mon professeur
4. Avez-vous déjà reçu une bourse?[2] Avez-vous quelquefois échoué à un examen?	

---

[1] **le cancre** = étudiant paresseux
[2] **la bourse** = *scholarship*

5. Décrivez un de vos professeurs du semestre dernier:

- Il avait: de l'esprit,[1] l'esprit large (étroit),[2] le sens de l'humour, une belle voix, une voix monotone, des idées bizarres

- Il donnait aux étudiants: peu (beaucoup) de devoirs écrits, des sujets à discuter que je trouvais: passionnants, ennuyeux comme la pluie. . . . de bonnes (mauvaises) notes, des examens faciles (difficiles)

REVISION DE GRAMMAIRE

Le subjonctif (première partie)

I. Généralités

1. Le subjonctif est un mode qui diffère profondément de l'indicatif:

   a. Dans la langue hautement littéraire, le subjonctif a quatre temps—le présent, l'imparfait, le passé et le plus-que-parfait—tandis que l'indicatif en a dix. Dans la langue courante, on n'emploie que deux temps du subjonctif: le présent et le passé.

   b. Le subjonctif est le mode qui exprime surtout une action voulue, souhaitée ou douteuse; bref, il indique une *situation subjective.*

2. Le subjonctif s'emploie rarement dans une proposition indépendante:

   Vive la liberté!   Dieu **soit** loué.

   Il s'emploie surtout dans des propositions subordonnées qu'on peut diviser en deux catégories:

   a. Les propositions subordonnées introduites par la conjonction de subordination **que,** ou par certaines autres conjonctions de subordination comme: **avant que, pour que** et **sans que:**

   Il faut / **que** nous **soyons** à l'heure.

   Il faut = proposition principale
   que nous soyons à l'heure = proposition subordonnée

---

[1] **avoir de l'esprit** = *to be witty*
[2] **avoir l'esprit large ou étroit** = *to be broad- or narrow-minded*

b. Les propositions subordonnées introduites par un pronom relatif:

Je cherche quelqu'un **qui puisse** m'aider.

REMARQUE: On remplace souvent le subjonctif par l'*infinitif* quand le sujet de la proposition subordonnée est le même que celui de la proposition principale:

Nous voulons **que vous alliez** en France.
Mais: Nous voulons **aller** en France.

II. Le présent du subjonctif

FORMES

1. Au présent du subjonctif, à l'exception de **avoir** et **être**, tous les verbes prennent les mêmes terminaisons: **-e, -es, -e, -ions, -iez, -ent:**

parler	*finir*	*vendre*
(que) je parle	(que) je finisse	(que) je vende
(que) tu parles	(que) tu finisses	(que) tu vendes
(qu') il parle	(qu') il finisse	(qu') il vende
(que) nous parlions	(que) nous finissions	(que) nous vendions
(que) vous parliez	(que) vous finissiez	(que) vous vendiez
(qu') ils parlent	(qu') ils finissent	(qu') ils vendent
venir	*écrire*	*devoir*
(que) je vienne	(que) j'écrive	(que) je doive
(que) nous venions	(que) nous écrivions	(que) nous devions

avoir	*être*
(que) j'aie	(que) je sois
(que) tu aies	(que) tu sois
(qu') il ait	(qu') il soit
(que) nous ayons	(que) nous soyons
(que) vous ayez	(que) vous soyez
(qu') ils aient	(qu') ils soient

2. Pour former le présent du subjonctif, on prend la troisième personne du pluriel du présent de l'indicatif:

tenir: ils tienn/ent (que) je tienne, (que) tu tiennes
lire: ils lis/ent (que) je lise, (que) tu lises
écrire: ils écriv/ent (que) j'écrive, (que) tu écrives

a. Les verbes suivants font exception à cette règle:

avoir	(que) j'aie, tu aies, il ait, nous ayons, vous ayez, ils aient
aller	(que) j'aille, tu ailles, il aille, nous allions, vous alliez, ils aillent
être	(que) je sois, tu sois, il soit, nous soyons, vous soyez, ils soient
faire	(que) je fasse, tu fasses, il fasse, nous fassions, vous fassiez, ils fassent
falloir	(qu') il faille
pleuvoir	(qu') il pleuve
pouvoir	(que) je puisse, tu puisses, il puisse, nous puissions, vous puissiez, ils puissent
savoir	(que) je sache, tu saches, il sache, nous sachions, vous sachiez, ils sachent
valoir	(que) je vaille, tu vailles, il vaille, nous valions, vous valiez, ils vaillent
vouloir	(que) je veuille, tu veuilles, il veuille, nous voulions, vous vouliez, ils veuillent

b. Certains verbes comme **venir, tenir** et **prendre** sont irréguliers seulement à la première et deuxième personne du pluriel. La forme **nous** et **vous** du présent du subjonctif suit alors l'irrégularité du présent de l'indicatif.

s'asseoir	que je m'assoie	que nous nous assoyions, que vous vous assoyiez
boire	que je boive	que nous buvions, que vous buviez
céder	que je cède	que nous cédions, que vous cédiez
croire	que je croie	que nous croyions, que vous croyiez
devoir	que je doive	que nous devions, que vous deviez
envoyer	que j'envoie	que nous envoyions, que vous envoyiez
fuir	que je fuie	que nous fuyions, que vous fuyiez
jeter	que je jette	que nous jetions, que vous jetiez
mourir	que je meure	que nous mourions, que vous mouriez
payer	que je paie	que nous payions, que vous payiez
peser	que je pèse	que nous pesions, que vous pesiez
prendre	que je prenne	que nous prenions, que vous preniez
recevoir	que je reçoive	que nous recevions, que vous receviez
tenir	que je tienne	que nous tenions, que vous teniez
voir	que je voie	que nous voyions, que vous voyiez

EMPLOIS

On emploie le subjonctif quand le verbe de la proposition principale exprime une attitude subjective ou une action voulue, souhaitée ou douteuse. Ainsi:

1. Le subjonctif s'emploie généralement après des verbes et des expressions qui expriment une attitude *subjective* quand le sujet de la proposition subordonnée n'est pas le même que celui de la proposition principale.

Comparez:

> J'aimerais bien que **nous allions** visiter le Louvre.
>
> *Mais*: J'aimerais bien **aller** visiter le Louvre.

Il ne faut pas confondre les verbes qui expriment une attitude subjective (**aimer, désirer, vouloir**) et les verbes de *conversation* (**dire, demander, raconter, déclarer, annoncer**). Après ces verbes on n'emploie généralement pas le subjonctif.

Comparez:

> Nous **souhaitons** qu'il **parte** au plus vite.
>
> *Mais*: Nous lui **avons dit de partir** au plus vite.

> Il **regrette** qu'elle **soit** malade.
>
> *Mais*: Il **affirme** qu'elle **est** malade.

Après les verbes **penser, croire, espérer** et **supposer** le subjonctif s'emploie seulement si le verbe est au négatif ou à l'interrogatif. S'il est à l'affirmatif, on emploie l'indicatif.

Comparez:

> Je crois (je pense) qu'il **partira** demain.
>
> *Mais*: Je ne crois pas (je ne pense pas) qu'il **parte** demain.
>
> Croyez-vous (pensez-vous) qu'il **parte** demain?

Voici la raison de cet usage: on emploie l'indicatif à l'affirmatif car la phrase exprime alors une réalité incontestable. Le doute ou l'attitude subjective apparaît à la forme négative et interrogative et on emploie alors le subjonctif.

2. Le subjonctif s'emploie généralement après un verbe impersonnel qui exprime une attitude subjective quand le verbe impersonnel se rapporte à un sujet déterminé; autrement, on remplace le subjonctif par l'infinitif. Notez les expressions suivantes qui prennent le subjonctif:

il faut	il est nécessaire	il est dommage
il suffit	il vaut mieux	il est regrettable
il est bon	il est possible	il est malheureux
il se peut		

Comparez:

> Il **fallait qu'**ils **soient** de retour à l'heure du thé.
>
> *Mais*: Il **fallait être** de retour à l'heure du thé.

> Il **vaut mieux que** vous **soyez** prévenant.
>
> *Mais*: Il **vaut mieux être** prévenant.

3. Après les expressions impersonnelles telles que **il est certain, il est sûr, il est évident** et **il est vrai,** le subjonctif s'emploie seulement si le verbe est au négatif ou à l'interrogatif. S'il est à l'affirmatif, le doute disparaît et on emploie l'indicatif.

Comparez:

Il est certain (il est sûr) qu'elle **vient.**

Mais: **Est-il certain** (est-il sûr) qu'elle **vienne?**

Il n'est pas certain (il n'est pas sûr) qu'elle **vienne.**

4. Certaines expressions comme **s'opposer à** (*to be opposed to*), **s'attendre à** (*to expect*) et **tenir à** (*to insist*), introduisent le subjonctif par **ce que:**

Elle **s'oppose à ce qu'**il **parte.**

Je **m'attendais à ce que** vous **arriviez** plus tôt.

Nous **tenons à ce que** tu **ailles** en France cet été.

5. On emploie le subjonctif après **il est possible,** mais l'indicatif après **il est probable:**

Il est possible que nous **allions** en France cet été.

Il est probable que nous **irons** en France cet été.

EXERCICES

A. Commencez chaque phrase par **Le directeur est content que** . . .

EXEMPLE: Nous parlons toujours français en classe.

Le directeur est content que nous parlions toujours français en classe.

1. Les étudiants ont de bonnes notes.   2. Vous n'agacez plus le professeur.   3. Tu vas souvent à la bibliothèque.   4. Nous faisons des progrès.   5. Jacqueline connaît bien la grammaire.

B. Combinez les deux phrases en commençant par la seconde et faites les changements nécessaires.

EXEMPLE: Les examens seront faciles. Je le crois.

Je crois que les examens seront faciles.

Ou bien:

Les examens seront faciles. Je ne le crois pas.

Je ne crois pas que les examens soient faciles.

1. Elle dort souvent en classe. Je le pense. 2. Nous aurons une dictée demain. Il le dit. 3. Tu as une bourse pour l'année prochaine. Je ne le crois pas. 4. Nous irons à cette conférence. Elle le veut. 5. Louis réfléchit avant de répondre. Je ne le pense pas.

C. Combinez les deux phrases en commençant par la seconde et faites les changements nécessaires.

> EXEMPLE: Elle est en retard. C'est dommage.
> **Il est dommage qu'elle soit en retard.**

1. Je vais à cette conférence. C'est possible. 2. Tu prends des notes. C'est nécessaire. 3. Marie a de mauvaises notes. C'est dommage. 4. Michel répond à toutes les questions. Il le faut. 5. Elle dort en classe. Il ne le faut pas.

D. Employez la forme qui convient de **nous avons un examen** après chacune des phrases qui suit.

> EXEMPLE: Il est certain que nous aurons un examen. Il est possible . . .
> **Il est possible que nous ayons un examen.**

1. Il est évident.
2. Est-il certain?
3. Il est dommage.
4. Il est nécessaire.
5. Il est sûr.

E. Commencez chaque phrase par **Le professeur veut que** . . .

> EXEMPLE: Vous apprenez à écrire et à parler.
> **Le professeur veut que vous appreniez à écrire et à parler.**

1. Les étudiants font des recherches. 2. Nous nous présentons tous à l'examen. 3. Vous participez à des discussions. 4. Je vais à cette conférence. 5. Bernard répond à toutes les questions. 6. Tu prends des notes. 7. Madeleine réfléchit avant de répondre. 8. On est toujours à l'heure. 9. Vous écrivez cette composition en français. 10. Elle lit sa composition.

b

Il faut battre le fer pendant qu'il est chaud

—François, je te soupçonne de n'avoir pas la conscience tranquille. Veux-tu me dire ce que tu as fait cet après-midi?

—Cet après-midi? J'étais avec Claude. Il m'avait dit qu'il passerait me prendre après le déjeuner. En sortant d'ici, nous avons rencontré Michel qui était en panne et voulait qu'on l'aide à réparer sa voiture. Alors, nous lui avons donné un coup de main et puis, nous sommes allés tous les trois à la plage.

—Ah, bon! Et ce matin? Où étais-tu ce matin?

—Je suis allé voir la maison qui a brûlé . . . et puis. . . .

—Comme ça, tu ne vas plus à l'université et tu passes toute la journée dehors, du matin jusqu'au soir?

—Si, j'y vais, Papa. J'ai manqué un seul cours—le cours de français. Je suis allé tout de suite m'excuser auprès du professeur. Il n'avait pas l'air content et il m'a demandé d'écrire pour demain une composition de trois pages. . . .

—Bien entendu, puisque tu as passé la journée à t'amuser, j'imagine que tu as écrit ta composition?

—Ma composition?

—Oui, ta composition.

—J'ai essayé de travailler, avant le dîner. . . .

—Je ne te demande pas si tu as essayé de travailler avant le dîner. Je te demande si tu as écrit ta composition pour demain. . . . Es-tu devenu muet? Réponds-moi: as-tu écrit ta composition ou pas?

—Non, Papa.

—Et pourquoi? Tu as passé toute la matinée à flâner au lieu d'aller en classe; le professeur t'a demandé d'écrire une petite composition et tu n'en a pas trouvé le moyen. Et si je ne te l'avais pas demandé, tu allais te coucher sans l'avoir écrite! François, est-ce que tu m'écoutes? Je te parle, mais tu t'en moques. . . . Si tu avais pensé au mal que je me donne pour t'envoyer à l'université, tu aurais fait ton devoir de français. Mais tu n'y penses pas souvent. Moi, quand j'avais ton âge, j'étais déjà le chroniqueur mondain pour le quotidien dont je suis rédacteur en chef. Mon dévouement pour le journal était exemplaire. Je courais d'une réception à l'autre et pour m'en tirer, je travaillais jusqu'à trois heures du matin. Quand mon article était fait au brouillon, je le rédigeais tout de suite. Ma devise était: « Il faut battre le fer pendant qu'il est chaud ». Est-ce que tu comprends?

—Quoi donc?

—Je te demande si tu comprends le proverbe: « Il faut battre le fer pendant qu'il est chaud ».

—Oui, Papa. Je le comprends . . . Seulement . . . il faut que je pense à ma composition. . . . J'y pense tout le temps, même quand je t'écoute parler.

—Et veux-tu me dire en quoi consiste ta composition?

—Je dois décrire l'incendie que j'ai vu ce matin.

—Et alors? Je ne vois pas ce qui t'empêcherait de le faire. Va chercher ton stylo et au travail. . . . Vas-y, te dis-je! . . . Voici du papier pour le brouillon. Je veux que tu finisse ton devoir avant d'aller te coucher.

—D'accord, Papa . . . mais . . . l'ennui c'est que je manque d'imagination. Je répète mille fois « la maison a brûlé, la maison a brûlé . . . » et j'ai l'impression que ces quatre mots ont résumé tout et qu'il n'y a rien d'autre à ajouter . . .

—Je vois que tu y mets de la mauvaise volonté. Tu n'as pas écrit ta composition et tu n'as pas l'air de t'en faire! Mais moi, j'en ai assez. . . . Je ne te quitterai pas avant que le devoir soit terminé. Je tiens à ce que tu sois premier en classe; j'y tiens beaucoup.

—La maison a brûlé . . . Je me demande ce qu'on pourrait bien dire de plus.

—Eh bien, je vois que si je ne m'en occupe pas moi-même, nous serons encore dans la salle de séjour à cinq heures du matin. Allons, au travail . . . Voyons . . . En te donnant ce devoir-là, le professeur ne t'a rien dit?

—Il m'a dit: « surtout ne répétez pas ce que disent les journaux. Donnez-moi vos impressions personnelles ».

—Il veut que tu lui donnes tes impressions personnelles! Bien sûr, bien sûr . . . Dis-moi, François, la maison que tu as vu brûler, c'est celle du Sénateur Smith, dans la cinquième avenue, n'est-ce pas? Tiens! Je la connais très bien. J'y allais souvent autrefois. Les Smith aimaient bien mes chroniques, surtout Madame Smith . . . Ils recevaient beaucoup . . . Mais . . . Est-ce que tu dors, François? Prends le stylo et écris:

« Par cette splendide matinée, quel est donc cet éblouissement de lumière qui frappe nos regards? C'est le grandiose incendie qui a consumé la luxueuse demeure du Sénateur Smith. L'accueil qui a été réservé aux pompiers ne manquait pas de chaleur. Nous avons beaucoup admiré Madame Smith en délicieuse chemise de nuit mauve; nous avons également noté le sénateur, enveloppé dans une couverture rose et chaussé de souliers de tennis. Dans la chaleur de la discussion, on oubliait l'heure. L'incendie s'est prolongé jusqu'à midi au milieu d'une assistance animée. Tout le monde a emporté le souvenir d'un spectacle inoubliable . . . ».

—Papa, il est tard. Nous ferions mieux d'aller nous coucher et de nous lever demain matin de bonne heure. . . .

—D'accord. Allons nous coucher. Pour cette fois-ci, ça va. Mais n'oublie pas le proverbe.

—Quel proverbe?

—« Il faut battre le fer pendant qu'il est chaud. »

QUESTIONNAIRE

1. Y a-t-il un équivalent américain du proverbe « Il faut battre le fer pendant qu'il est chaud »?
2. La première phrase du récit vous donne déjà une idée du caractère du père de François. Tracez, en quelques mots, son portrait psychologique.
3. Relevez, dans le deuxième paragraphe, les éléments qui nous donnent une idée du caractère de François. Qu'a-t-il fait dans l'après-midi? Et le matin, où est-il allé?
4. Qu'est-ce que le professeur lui a demandé de faire pour le lendemain? Pourquoi?
5. Quelle est la réaction du père lorsque François avoue qu'il n'a pas encore écrit sa composition?
6. Que dit le père quand il commence à parler de sa propre jeunesse? Qu'est-ce qui le pousse à ces réminiscences?
7. Pourquoi est-ce que François n'a pas encore écrit son devoir de français? Est-ce qu'il y met de la mauvaise volonté?
8. Quelles sont les expressions qu'emploie le père et qui traduisent sa colère, sa mauvaise humeur?
9. Qu'est-ce que le professeur a dit à François en lui donnant ce devoir?

10. Est-ce que le père de François connaît la maison qui a brûlé et ses propriétaires, les Smith?
11. Que pensez-vous de la description de l'incendie faite par le père? Faites ressortir les expressions qui rendent cette description drôle et qui contribuent au portrait psychologique du père.
12. Le professeur sera-t-il satisfait de la composition de François? Imaginez sa réaction et ses remarques.
13. Pensez-vous que le titre de cette histoire soit approprié? Quels autres titres pourrait-on employer?

DISCUSSION/ COMPOSITION

1. Imaginez un dialogue entre un professeur et un étudiant. Celui-ci offre des excuses pour avoir été absent; celui-là n'est pas content parce que le style de la dernière composition de l'étudiant ressemble étrangement à celui d'un romancier célèbre.

   Dans ce petit sketch humoristique, essayez d'employer beaucoup de mots et d'expressions de la leçon.
2. Ecrivez une courte composition sur un de ces proverbes:

   L'enfer est pavé de bonnes intentions (= les bonnes intentions ne suffisent pas si elles ne sont pas réalisées).
   Mieux vaut tard que jamais (= Il vaut mieux, en certains cas, agir tard que de ne pas agir du tout).
   Qui ne risque rien n'a rien (= Un succès ne peut s'obtenir sans quelque risque).
   Rira bien qui rira le dernier (= Qui se moque d'autrui risque d'être raillé à son tour si les circonstances changent).

REVISION DE GRAMMAIRE

I. Les pronoms personnels

Les pronoms personnels sont des substituts qui remplacent soit la personne *qui* parle (1ère personne), soit la personne *à qui* l'on parle (2e personne), soit la personne ou la chose *dont* ont parle (3e personne):

Je te soupçonne de n'avoir pas la conscience tranquille. (*1ère et 2e personnes*)
Il veut que **tu lui** donnes tes impressions personnelles. (*3e, 2e, 3e personnes*)

FORMES

1. Les pronoms personnels varient en genre, en nombre, en personne, et même en cas. Ainsi on peut distinguer:

    a. un cas *sujet*:

    je (j'), tu, il, elle
    nous, vous, ils, elles

    b. un cas *objet direct*:

    me (m'), te (t'), le (l'), la (l'), se (s')
    nous, vous, les, se (s')

    c. un cas *objet indirect* (sans préposition):

    me (m'), te (t'), lui, se (s')
    nous, vous, leur, se (s')

    d. un cas *prépositionnel* (qui sert aussi pour les formes de renforcement):

    moi, toi, lui, elle
    nous, vous, eux, elles   **soi**

2. Certaines formes du pronom personnel sont *atones* ou non-accentuées; d'autres sont *toniques* ou accentuées.

    Je, me, te et **se** sont toujours atones.

    Moi, toi, soi et **eux** sont toujours toniques et sont généralement séparés du verbe:

    Les Smith, **eux,** ont vu ce film.
    Moi, j'irai faire du ski pendant les vacances de Noël.

    Les autres formes du pronom personnel peuvent être atones ou toniques selon leur fonction ou leur place par rapport au verbe.

3. Dans les formes atones **je, me, te, se, le** et **la,** la voyelle s'élide devant un verbe commençant par une voyelle ou un **h** muet, ainsi que devant **en** et **y:**

    Il **m'**a dit: « Surtout ne répétez pas ce que disent les journaux. »
    J'y pense tout le temps, même quand je **t'**écoute parler.
    Ils **l'**honorent partout.
    Il faut que je **m'**en occupe moi-même.
    Nous **l'**y envoyons tout de suite.

Le pronom personnel sujet (formes atones)

1. Le pronom personnel sujet (**je, tu, il, elle, nous, vous, ils, elles**) *précède* le verbe dans les phrases affirmatives ou négatives, sauf lorsqu'elles

commencent par **du moins, peut-être, à peine, ainsi** ou lorsqu'il s'agit d'une proposition incise:

> **Je tiens** à ce que **tu sois** premier en classe.
> **Nous avons** rencontré Michel.
> Est-ce que **vous comprenez?**

Mais:

> **Peut-être a-t-il** oublié le rendez-vous.
> **A peine étiez-vous parti** qu'il arrivait.
> **Ainsi soit-il** (syn.: *amen*).
> Bonne soirée, **dit-elle.** (*proposition incise*)
> Vas-y, **te dis-je.** (*proposition incise*)
> C'est ça faute, **répondit-il.** (*proposition incise*)

2. Le pronom personnel sujet *suit* le verbe dans les phrases interrogatives ou exclamatives directes:

> **Veux-tu** me dire en quoi consiste ta composition?
> **Sont-ils** sortis hier soir?
> Qui **avez-vous** rencontré?
> **Puisse-t-il** guérir vite!

REMARQUE: **Tu** est la forme familière de la deuxième personne qui s'emploie généralement quand on parle à un ami intime, à un proche parent ou à un camarade d'école.

Le pronom personnel complément (formes atones)

1. Le pronom personnel complément d'*objet direct* et d'*objet indirect* se présente sous les formes atones suivantes:

objet direct		*objet indirect*	
me (m')	**nous**	**me (m')**	**nous**
te (t')	**vous**	**te (t')**	**vous**
le, la (l')	**les**	**lui**	**leur**

Comparez:

> Il viendra **me** chercher après le dîner. (*objet direct*)
> Il **m'**a envoyé (= à moi) de belles fleurs. (*objet indirect*)
> Je ne **te** quitterai pas avant que le devoir ne soit terminé. (*objet direct*)
> Pourquoi est-ce qu'elle ne **te** parle plus (= à toi)? (*objet indirect*)
> Mme Smith **nous** aime beaucoup. (*objet direct*)
> Mme Smith **nous** a demandé (= à nous) de rester à dîner. (*objet indirect*)

Pourquoi **vous** ont-ils appelés? (*objet direct*)
Pourquoi **vous** ont-ils téléphoné (= à vous)? (*objet indirect*)

Remarquez qu'à la 1ère et à la 2e personnes du singulier et du pluriel, le pronom personnel complément a les mêmes formes. A la troisième personne, cependant, les formes sont différentes:

Objet direct:	Je **le** rendrai (= ce livre) à Jean.
	Elle **la** copiera (= cette lettre) dès qu'elle aura le temps.
	Je ne **les** ai pas vus hier (= les parents de Paul).
	Nous **les** avons achetés (= ces fruits) au supermarché.
	Les trouvez-vous bons? (= ces fruits).
Objet indirect:	Je **lui** rendrai (= à Jean) ce livre.
	Dites-**lui** (à Claire) de venir.
	Il veut que tu **lui** donnes (= à ton frère) ta voiture.
	Alors nous **lui** avons donné (= à Michel) un coup de main.
	Je ne **leur** ai pas prêté (= à mes cousins) ce livre.
	Leur as-tu envoyé (= à tes parents) des fleurs?

Notez que le complément d'objet direct a une forme masculine (**le**) et une forme féminine (**la**) pour la 3e personne du singulier, tandis que le complément d'objet indirect a une seule forme (**lui**) pour les deux genres.

2. Le pronom objet atone, direct et indirect, *précède* le verbe à tous les modes (sauf l'impératif) et dans tous les types de phrases:

verbe:	Je **le** ferai tout de suite.
	Il **lui** demande son nom.
verbe + auxiliaire:	Elle **l'**a rencontré à Paris.
	Nous **lui** avons offert un livre.
verbe + négation:	Elles ne **m'**ont jamais vu.
	Ils ne **lui** ont pas remis leur devoir.
verbe + interrogation:	**Les** avez-vous mangés?
	Lui as-tu dit de venir?

3. Le pronom objet *suit* le verbe dans les phrases *impératives*:

Demande-**lui** son nom.
Mange-**les!**
Dis-**leur** de venir.

Mais l'ordre est inversé lorsque l'impératif est *négatif*:

Ne **le** fais pas tout de suite.
Ne **lui** demande pas son nom.
Ne **les** mange pas.
Ne **leur** écris pas.

REMARQUES:

- Le pronom personnel complément d'objet direct (**le, la, l', les**) remplace un nom (de personne ou de chose) ou une proposition:

    Je connais vos **parents** et **les** admire beaucoup. (*nom de personne*)
    C'est sa **maison. Je la** vois d'ici. (*nom de chose*)
    Je sais **que vous allez me rendre le livre,** je **le** sais bien. (*proposition*)
    Il ne m'a pas dit la vérité, je **le** sais. (*proposition*)
    Vous voulez savoir **ce qu'il r 'a dit?** Eh bien, je ne vous **le** dirai pas.
       (*proposition*)

- Les pronoms objets atones **me** et **te,** deviennent dans les phrases impératives **moi** et **toi.** Comparez:

Il **me** regarde.	Regarde-**moi.**
Vous **m'**écoutez.	Ecoutez-**moi.**
Te dépêches-tu?	Dépêche-**toi.**
Ne **te** lève pas.	Lève-**toi.**

- Le pronom personnel réfléchi atone (**me, nous, te, vous, se**) indique que l'action revient ou *se réfléchit* sur le sujet (le complément est la même personne ou la même chose que le sujet):

    Elle **se** l'est offert (= ce livre) pour sa fête. (*objet indirect*)
    Elle **s'**est blessée au doigt. (*objet direct*)

      Le pronom personnel réfléchi atone est toujours *avant* le verbe:

    Il **se** flatte de réussir.
    S'est-il servi de ce livre?

EXERCICE   Remplacez les mots en italiques par un pronom personnel. Faites attention à l'accord du participe passé.

1. Ils regardent *la télévision* tous les soirs.   2. Elle a apris *les expressions idiomatiques* et elle a employé *les expressions idiomatiques* dans sa composition.
3. Avez-vous vendu vos meubles *à vos cousins*?   4. J'ai écrit *les lettres* mais j'ai

oublié *les lettres* à la maison.   5. Denise a montré sa nouvelle robe *à Sylvie.*
6. Robert a envoyé des cartes postales *à ses amis.*   7. Voilà *son frère*; voyez-vous *son frère*?   8. Jean ne veut pas prêter sa voiture *à Hélène.*   9. Les Américains aiment-ils *les pâtisseries françaises*?   10. Le professeur a-t-il rendu les examens *aux étudiants*?   11. Elle déteste *sa belle-mère* et elle n'écrit jamais *à sa belle-mère.*   12. J'ai vu *mon professeur* et j'ai demandé *à mon professeur* la date de la prochaine conférence.

II.   Les adverbes pronominaux *en* et *y*

En et **y** sont employés comme adverbes de lieu et comme pronoms personnels compléments; équivalant: **en = de lui, d'elle(s), d'eux** et **de cela; y = à lui, à elle(s), à eux** et **à cela.** C'est pourquoi on les appelle aussi des *adverbes pronominaux.*

Employés comme pronoms personnels, **en** et **y** représentent des choses, des animaux ou des idées abstraites.

En et y adverbes de lieu

En, adverbe de lieu, indique l'endroit d'où l'on vient. Il signifie *de là, de ce lieu*:

> Avez-vous été chez le dentiste? —Oui, j'**en** viens.
> Elle est restée à la maison toute la journée et vient juste d'**en** sortir.

Semblablement, **y** est adverbe de lieu indiquant l'endroit où l'on va. Il signifie **là,** *en ce lieu*:

> Connaissez-vous la Californie? —J'**y** suis allé cet hiver.
> Elle sortait du restaurant quand j'**y** entrais.
> Prenons rendez-vous devant ce magasin. Je vous **y** attendrai vers trois heures de l'après-midi.
> Mets-toi là, à côté de ta sœur, et restes-**y**.

En et y pronoms personnels de la 3ᵉ personne

En, pronom personnel de la 3ᵉ personne (placé avant le verbe), remplace un nom de chose qui serait précédé de la préposition **de** (**de lui, d'elle, d'eux,**

d'elles). **En** exprime alors les principaux rapports marqués par **de:** possession, provenance, cause etc.:

> Je ne porte plus jamais ces chaussures. Il faut m'**en** débarrasser
> (= de ces chaussures).
> Mon enface est loin; j'**en** ai perdu jusqu'au souvenir précis (= de
> mon enfance).
> Avez-vous besoin d'argent? —Oui, j'**en** ai besoin.
> Ces pommes sont délicieuses. Prenez-**en** quelques-unes.

Y, pronom personnel de la 3e personne (placé avant le verbe), remplace un nom de chose qui serait précédé de la préposition **à** (**à lui, à elle, à eux, à elles**) ou d'une préposition de sens local (**en, dans, sur, sous,** etc.):

> Voici une lettre importante; vous **y** répondrez tout de suite (= **à**
> cette lettre).
> Quelle belle maison! On **y** vit à l'aise (**dans** cette maison).
> Ils ont un immense jardin; ils **y** cultivent toutes sortes de légumes
> (= **dans** ce jardin).
> Le bureau était couvert de poussière; il **y** écrivit son nom avec le
> doigt (**sur** le bureau).

Quand il s'agit d'une personne, on emploie le pronom tonique (**moi, toi, lui, elle, nous, vous, eux, elles**) à la place de **en** ou de **y.** Comparez:

> A-t-il peur de l'examen final? —Non, il n'**en** a pas peur.
> A-t-il peur du directeur? —Non, il n'a pas peur **de lui.**
> Vous souvenez-vous de votre pays natal? —Oui, je m'**en** souviens.
> Vous souvenez-vous de vos grands parents? —Oui, je me souviens
> **d'eux.**
> Pensez-vous à vos examens? —Oui, j'**y** pense souvent.
> Pensez-vous à vos amis en France? —Oui, je pense **à eux.**

En *et* y *pronoms neutres*

En, pronom neutre, représente une idée, une action ou un fait quelconque. Il signifie alors **de cela:**

> Vous avez bien fait de m'**en** parler (= de cela).
> Elle a obtenu un A et elle **en** est fière (= de cela).
> Vous m'avez beaucoup aidé et je m'**en** souviendrai (= de cela).
> Vous avez très bien réussi à l'examen; je vous **en** félicite (= de cela).

Y, pronom neutre, représente une idée, une action ou un fait quelconque aussi. Il signifie alors **à cela:**

> Je voulais vous apporter les journaux; je n'**y** ai plus pensé (= à cela).
> Je ne resterai pas: rien ne m'**y** oblige.
> Réveillez-le à cinq heures: surtout pensez-**y!**

En et y dans les locutions verbales indissociables

En et **y** forment parfois avec le verbe une locution verbale indissociable.

s'en faire signifie se faire du souci, se tourmenter:

> Ne vous **en faites pas.** Tout s'arrangera.

en avoir assez (ang.: *to have enough*):

> Mes voisins font trop de bruit. Au début je ne disais rien, mais maintenant j'**en ai assez** et je vais protester.

s'en aller (suivi d'un complément de lieu ou de manière) signifie quitter un lieu, s'en éloigner:

> Elle **s'en va** à Noël sur la Côte d'Azur.
> Il **s'en est allé** furieux (syn.: **partir**).

en croire quelqu'un, quelque chose, veut dire se fier à cette personne ou à cette chose sur un point particulier:

> A l'**en croire,** tous les autres sont des imbéciles. (= selon lui).
> Tout ira bien, **croyez en** mon expérience.

y aller (suivi d'un adverbe) veut dire parler ou agir d'une certaine manière:

> **Allez-y** doucement avec elle; elle est très sensible.
> Comme vous **y allez!** (= vous êtes trop impatient)

s'y connaître ou **se connaître en** quelque chose, veut dire avoir de la compétence dans tel domaine:

> Laissez-moi réparer ce moteur, je **m'y connais.** (= je me connais en moteurs; syn.: **s'y entendre**)

REMARQUES:

- Quand on emploie **en** avec une expression de quantité, l'expression de quantité doit être répétée après **en:**

  Combien de frères avez-vous? —J'**en** ai **deux.**
  A-t-elle beaucoup d'amis? —Oui, elle **en** a **plusieurs.**
  Voulez-vous deux ou trois paquets de cigarettes? —Donnez-m'**en trois.**

  Notez qu'en principe l'antécédent de **y** et de **en** est toujours une chose, mais avec une expression de quantité, on emploie **en** non seulement pour les choses, mais aussi pour les personnes.

- Quand on parle d'une qualité possédée par une chose, **en** remplace **son, sa, ses, leur** ou **leurs.** Ainsi, au lieu de dire:

  J'aime cette maison, mais je ne trouve pas **son** jardin beau.
  Cette voiture me plaît, mais **ses pneus** sont trop usés.

  Il est préférable de dire:

  J'aime cette maison, mais je n'**en** trouve pas **le** jardin beau.
  Cette voiture me plaît, mais **les** pneus **en** sont trop usés.

EXERCICES

A. Remplacez les mots en italiques par **en** ou par le pronom qui convient.

1. Elle a *des devoirs* mais elle fera *ses devoirs* plus tard.   2. Mon frère est allé acheter *des cigarettes*; il fume deux paquets *de cigarettes* par jour.
3. Se souvient-il *de son enfance*?   4. Est-ce vous qui m'avez parlé *de cela*?
5. Avez-vous été chez le médecin? — Oui, je viens *de là*.   6. Elle ne se sert plus *de ce livre*.

B. Répondez affirmativement et négativement aux questions en employant un pronom personnel objet indirect ou **y.**

EXEMPLE: Etes-vous allé à Paris?
   Oui, j'y suis allé. Non, je n'y suis pas allé.

   Téléphonez-vous souvent à vos parents?
   Oui, je leur téléphone souvent. Non, je ne leur téléphone pas souvent.

1. Etes-vous dans la salle de classe?   2. Allez-vous au cinéma le dimanche?   3. Pense-t-il à ses amis?   4. Ils restent chez eux ce soir, n'est-ce pas?   5. Elle habite toute seule dans cette grande maison, n'est-ce pas?

C. Remplacez les tirets par une des locutions verbales: **s'en faire, en avoir assez, s'en aller, en croire, y aller, s'y connaître** ou **se connaître en.**

> EXEMPLE: Elle leur a dit qu'elle n'y reviendrait plus jamais et elle _____ furieuse.
>
> **Elle leur a dit qu'elle n'y reviendrait plus jamais et elle s'en est allée furieuse.**

1. A l' _____ , tous ses collègues sont des incapables.   2. Comme vous _____! Vous êtes trop impatient et vous ne considérez pas les difficultés. 3. Ne vous _____ pas; avec vos connaissances, je suis sûr que vous trouverez un bon emploi.   4. Vous me dérangez sans cesse; j' _____ . 5. Laissez-le réparer votre auto. Il _____ .   6. Il est déjà minuit passé! Il faut que je _____ .   7. Michel croyait _____ en mathématiques jusqu'au jour de l'examen final.

D. Faites deux phrases avec chacune des locutions verbales suivantes:

1. s'en aller   2. en croire   3. s'en faire   4. s'y connaître   5. en avoir assez

chapitre 9

la

Le physique et le caractère

Elle était belle, la comtesse de M. De la ligne un peu austère du nez, du menton et de la joue se dégageait une rare beauté, très différente de la beauté fade des vedettes de cinéma. Il y avait cependant quelque chose de désagréable qui se manifestait dans l'œil et qui contaminait le visage entier.

La comtesse n'était pas seule dans le cabinet de travail. Il y avait aussi le comte et Jean-Pierre. Ce dernier était assis en face d'elle, grand, mince, les épaules larges, les cheveux noirs. Il avait avec son oncle un vague air de ressemblance: même complet gris foncé, mêmes chaussures de cuir jaune, même cravate à pois. . . .

Corpulent, les jambes écartées, le comte de M. se tenait debout, un coude appuyé sur la tablette de la cheminée. Son dos puissant était légèrement voûté. La peau de son visage aux traits massifs avait une teinte livide. Il semblait extrêmement sûr de lui: un vrai chef qui n'avait jamais eu peur de qui que ce soit; une forteresse qui avait résisté à tous les assauts de l'ennemi. Inattaquable et imposant, le comte de M. était ce jour-là en colère:

—Jean-Pierre, il faut que vous épousiez cette jeune fille ou nous sommes ruinés.

—Moi, l'épouser? Etes-vous sérieux? Je ne peux tout de même pas épouser une jeune fille que je n'aime pas et que je connais à peine. Du reste, elle est amoureuse d'un garçon qui habite aux Etats-Unis. Elle m'a parlé de lui l'autre soir. . . .

—Imbécile! Je ne vous demande pas si vous l'aimez, ni si elle vous aime. Je veux que vous lui fassiez la cour, que vous l'épousiez. L'unique héritière d'une des plus grandes fortunes des Etats-Unis est à Paris. Elle habite chez votre oncle et vous êtes le seul garçon qui l'intéresse en ce moment. Quant à son ami des Etats-Unis, on vous a mal renseigné. Tout est fini entre eux. Je suis certain qu'elle ne pense même plus à lui.

—Je regrette mais . . .

—Mais quoi? Vous êtes le garçon le plus stupide que je connaisse. Avez-vous jamais rencontré une jeune fille qui ait plus de charme? Et puis, allez-vous renoncer à votre maison, à vos voitures, à vos voyages . . . ? Regardez le bâtiment qu'on construit là-bas. C'est à son père. Et son père? Vous savez comment il a commencé? En épousant la fille de son patron.

—Son père est vraiment parti de rien, tandis que vous Jean-Pierre, vous avez au moins une famille derrière vous, a ajouté la comtesse. Je suis sûre que les parents de Joyce seront très contents de vous avoir pour gendre. Vous avez après tout un nom vieux de mille ans et d'excellents diplômes.

—Mais Joyce . . .

—A propos, puisqu'on parle de Joyce, a continué la comtesse, vous ne trouvez pas qu'elle a beaucoup changé dernièrement? Elle est devenue si mince et si chic! Avez-vous remarqué sa nouvelle coiffure? Imaginez-vous, Jean-Pierre, qu'elle ne se maquille[1] que les jours où vous venez la voir. Hier, avant que vous arriviez, elle a passé des heures à sa toilette.

Jean-Pierre était furieux et essayait maladroitement de le cacher. Son regard se posait, désemparé, tantôt sur le nez busqué[2] aux narines larges du comte, tantôt sur sa bouche aux lèvres minces, tantôt sur son menton carré, arrogant et têtu.

—Vous voulez que j'épouse la fille d'un milliardaire. Pourquoi pas la fille du Président de la République? Quelle perspective réjouissante de me voir un jour chauve et ventripotent[3] entretenu par une femme déçue.

—Mon pauvre Jean-Pierre, nous n'allons pas discuter davantage. Je vous laisse encore quelques semaines. Pendant ce temps je veux que vous sortiez avec Joyce régulièrement. Dépensez autant que vous voulez. Allez dîner dans les meilleurs restaurants; amusez-vous dans les boîtes de nuit les plus renommées. Sachez cependant que d'ici un mois il faut que Joyce soit votre femme, sinon n'attendez plus un sou de moi.

Jean-Pierre s'est levé et sans dire un mot a quitté la pièce en refermant la porte avec bruit. Le comte avait l'air déconcerté et la comtesse avait la même

---

[1] **se maquiller** = se peindre le visage
[2] **nez busqué** = qui a une courbure convexe
[3] **ventripotent** = qui a un gros ventre

expression de perplexité sur le visage. Peut-être avaient-ils poussé le jeu un peu trop loin.

QUESTIONNAIRE   Répondez aux questions suivantes:

1. La comtesse de M. ne ressemble pas à une vedette de cinéma et pourtant on dit qu'elle est belle. Pourquoi?
2. Y a-t-il quelque chose qui produit une impression désagréable quand on la regarde?
3. Est-elle seule dans le cabinet de travail?
4. Décrivez Jean-Pierre.
5. Il ne ressemble pas physiquement au comte. Pourquoi a-t-il donc avec lui ce « vague air de ressemblance »?
6. Faites le portrait du comte.
7. On le compare à une forteresse. Pourquoi?
8. De quelle humeur est-il ce jour-là?
9. Pourquoi veut-il que Jean-Pierre épouse Joyce?
10. Le comte montre à Jean-Pierre un bâtiment qu'on est en train de construire. A qui appartient ce bâtiment?
11. Que dit le comte au sujet du père de Joyce?
12. La comtesse est sûre que les parents de Joyce seront contents d'avoir Jean-Pierre pour gendre. Pourquoi?
13. Elle trouve que Joyce a beaucoup changé. Comment la jeune fille est-elle maintenant?
14. Pourquoi est-ce que Jean-Pierre n'a pas l'air content?
15. Il ne veut pas épouser Joyce. Pourquoi?
16. Comment agiriez-vous si vous étiez à sa place?
17. Qu'est-ce que le comte veut que Jean-Pierre fasse?
18. Quelle est la réaction de Jean-Pierre?
19. Est-ce qu'il s'en va de bonne humeur?

SITUATION 9

Faites le portrait de . . .

Joyce est assise dans le salon à côté de la petite Isabelle qui écrit. Jean-Pierre entre furieux:

—C'est encore toi Isabelle qui as caché mes lunettes de soleil? Va vite les chercher ou je me fâcherai. (Isabelle ne bouge pas.) Oh, quelle vilaine petite fille! (Il sort).

—Mademoiselle, vous êtes toujours de bonne humeur, si douce, si modeste, si aimable, dit Isabelle. Malheureusement, il y a aussi des gens qui ont un mauvais caractère et qui se fâchent pour rien; je les trouve insupportables. . . . Mais, n'en parlons plus. Si on jouait? Je connais un jeu où il faut deviner. Je ferai le portrait de quelqu'un que vous connaissez et vous allez essayer de deviner de qui je parle. . . .

En vous servant des mots et expressions suggérés, faites le portrait d'un personnage réel ou littéraire (Hamlet, Don Juan, Oliver Twist, Tom Sawyer) sans le nommer. Les autres étudiants poseront des questions jusqu'à ce que quelqu'un devine le nom du personnage.[1]

Mots et expressions suggérés

*Les gens **parfaits** sont*:

bons, vertueux, charitables, honnêtes, justes, sages, délicats, sensibles, généreux, bien élevés, courtois, galants, respectueux, aimables, gentils, reconnaissants, simples, modestes, patients, tolérants, intelligents, résolus, courageux, énergiques, fidèles, francs, sincères.

Ils ont:

(un)bon caractère, de bonnes habitudes, de l'esprit, le sens de l'humour

*Ceux qui ont des **défauts** sont parfois*:

méchants, vicieux, féroces, malhonnêtes, injustes, fous, inhumains, égoïstes, mal élevés, grossiers, brutaux, dédaigneux, effrontés, violents, ingrats, vaniteux, orgueilleux, impatients, intolérants, bêtes, mous, lâches, paresseux, infidèles, menteurs, hypocrites

Ils ont parfois:

(un)mauvais caractère, de mauvaises habitudes.

Ils manquent:

d'esprit, d'humour

---

[1] Ce jeu où les participants doivent reconnaître une personne d'après une description s'appelle *Jeu des portraits*.

REVISION DE GRAMMAIRE

Le subjonctif (deuxième partie)

I. Le subjonctif après certaines conjonctions de subordination

On emploie le subjonctif après les conjonctions de subordination suivantes:

afin que	de crainte que	malgré que
à moins que	de peur que	pourvu que
avant que	en attendant que	quoique
bien que	jusqu'à ce que	sans que
pour que		

Rentre **avant qu'**il (ne) **pleuve.**
Bien qu' (**quoiqu'**) il **se sente** soutenu par tous ses amis, il hésite
encore à agir. (= malgré le soutien de tous ses amis).
Il est resté chez lui **pour qu'** (**afin qu'**) on ne le **fasse** pas travailler.
Ils se sont mariés **sans que** nous le **sachions.**
J'attendrai **jusqu'à ce que** vous **arriviez.**
Elle fera le ménage **pourvu que** vous l'**aidiez.**
En attendant qu'il **s'en aille,** jouons aux cartes.

Les conjonctions de subordination **parce que, depuis que, pendant que**
et **après que** ne sont pas suivies du subjonctif parce qu'il est question de
quelque chose de certain:

Il est heureux **parce qu'**il **a reçu** une bonne note.
Elle ne nous téléphone pas **depuis qu'**elle **s'est mariée.**
La fête commencera **après que** nous **serons arrivés.**
Pendant que j'y **pense,** n'oubliez pas notre réunion de mercredi.

Lorsque le sujet d'une proposition introduite par une préposition est le
même que celui de la proposition principale, on emploie souvent l'infinitif au
lieu du subjonctif:

Il est resté chez lui **pour** (**afin de**) ne pas **travailler.**
Ils se sont mariés **sans dire** un mot à personne.
Consulte-moi **avant d'agir.**

Notez que les conjonctions de subordination **bien que, quoique, pourvu que, de sorte que** et **jusqu'à ce que** sont toujours suivies du subjonctif, même quand la phrase n'a qu'un sujet:

Je ne comprends rien, **bien que** je **fasse** attention.
Elle achètera cette voiture **quoiqu'**elle n'**ait** pas d'argent.
Pourvu qu'ils ne **fassent** pas trop de bruit, les enfants peuvent jouer dans la pièce à côté.

EXERCICES

A. Combinez les deux phrases en employant **bien que** devant la deuxième phrase.

EXEMPLE: Ils vont partir. Il pleut à verse.
Ils vont partir bien qu'il pleuve à verse.

1. Nous allons à la réception. Nous sommes fatigués. 2. Je la trouve charmante. Elle manque de manières. 3. Ce professeur n'est pas méchant. Il a l'air féroce. 4. Vous êtes gentil. Vous êtes parfois impatient. 5. Tu es gros. Tu fais des exercices tous les matins. 6. Elle fait des fautes. Elle est intelligente.

B. Combinez les deux phrases en employant **jusqu'à ce que** devant la deuxième phrase. Notez que le verbe de la deuxième phrase sera au subjonctif présent.

EXEMPLE: Ils attendront. Nous arriverons.
Ils attendront jusqu'à ce que nous arrivions.

1. Elle portera cette robe de laine. Il fait chaud. 2. Je ne vous donnerai pas un sou. Vous épouserez cette jeune fille. 3. Nous resterons ici. Vous partirez. 4. Je ne partirai pas. Je sais la vérité. 5. Tu resteras au lit. Tu te sentiras mieux. 6. Mettez ce chapeau. Vous allez chez le coiffeur.

II. Le subjonctif dans les propositions subordonnées introduites par un pronom relatif

On emploie le subjonctif dans une proposition subordonnée introduite par un pronom relatif (**qui, que, dont**) quand la proposition principale comporte une restriction, une éventualité ou une exclusion.

1. La proposition principale exprime une *restriction*. Dans ce cas, l'antécédent est modifié:

a. par les adjectifs **le seul (la seule), l'unique, le premier (la première), le dernier (la dernière), peu** et **ne . . . que:**

Son mari était **le seul** qui **puisse** le voir.
Il y a **peu** de gens qui **soient** honnêtes.
Il **n'**y a **que** lui qui **sache** la réponse.

b. Par un superlatif:

C'est la personne **la plus aimable** que je **connaisse.**
C'est **le meilleur livre** qu'il **ait écrit.**

REMARQUE: Le subjonctif est souvent *facultatif* quand la proposition principale exprime une restriction. On emploie l'indicatif quand la phrase exprime quelque chose dont on est certain.

Comparez:

C'est (peut-être) l'unique livre qu'il **ait écrit.**
Mais: C'est l'unique livre qu'il **a écrit.** (J'en suis sûr.)

2. La proposition principale exprime une *éventualité*. L'antécédent est alors indéfini et le verbe de la proposition principale est souvent à l'interrogatif ou bien exprime une intention, un désir ou une possibilité. (**je cherche, on demande**)

Comparez:

Connaissez-vous un professeur qui **puisse** enseigner l'italien?

Je connais un professeur qui **peut** enseigner l'italien.

Avez-vous une maison à vendre qui **ait** un jardin?

Nous avons une maison à vendre qui **a** un jardin.

Je cherche une secrétaire[1] qui **sache** taper à la machine.

J'ai finalement **trouvé** une secrétaire qui **sait** taper à la machine.

On demande une jeune fille qui **veuille** s'occuper de deux petits enfants.

Nous avons engagé une jeune fille qui **veut** s'occuper des enfants.

3. La proposition principale exprime une *exclusion*. L'antécédent et le verbe de la proposition principale sont alors au *négatif*:

Il n'y a **personne** qui **veuille** le faire.
Il n'y a **pas un** étudiant qui **puisse** répondre aux questions.
Elle n'a **jamais rien** écrit qui **vaille** la peine d'être lu.
Il n'y a **aucun** poème dans ce recueil qui **vaille** la peine d'être traduit.

---

[1] Quand l'antécédent est indéfini, on emploie souvent **quelqu'un: Connaissez-vous quelqu'un qui sache taper à la machine?**

EXERCICES   A. Remplacez **une chose** par **la seule chose** et faites les changements nécessaires.

    EXEMPLE: C'est une chose que je ne peux pas faire.
                C'est la seule chose que je ne puisse pas faire.

1. C'est une chose qui est difficile à expliquer. 2. C'est une chose que je
ne connais pas. 3. C'est une chose qui vous fait plaisir. 4. C'est une
chose que nous savons. 5. C'est une chose qu'on ne dit pas aux femmes.
6. C'est une chose dont ils sont fiers.

B. Combinez les deux phrases en employant **qui** ou **que** et faites les
changements nécessaires.

    EXEMPLE: Cet appartement est le plus spacieux de tous. Il est à louer.
                Cet appartement est le plus spacieux qui soit à louer.

   1. Cette avenue est la plus large de toutes. Elle est à Paris.
   2. C'est le meilleur vin de tous. Vous pouvez l'acheter en ville.
   3. Ce sont les meilleures chaussures de toutes. Nous les avons.
   4. Cette jeune fille est la plus modeste de toutes. Je la connais.

C. Remplacez **quelqu'un** par **personne** et **quelque chose** par **rien** et faites
les changements nécessaires.

    EXEMPLE: Il y a quelqu'un qui veut le faire.
                Il n'y a personne qui veuille le faire.
                Ou bien:
                Il y a quelque chose qui vous fait plaisir.
                Il n'y a rien qui vous fasse plaisir.

1. Il y a quelque chose que nous ne savons pas. 2. Je connais quelqu'un
qui réussit aux examens sans étudier. 3. Elle voit quelque chose qui est
bon marché. 4. Il y a quelqu'un qui peut répondre aux questions.
5. Il y a quelque chose qui est plus difficile. 6. Nous avons rencontré
quelqu'un qui a plus d'argent que nous. 7. Ils ont trouvé quelque chose
dont vous avez besoin. 8. Je connais quelqu'un qui va à Paris tous
les ans. 9. Vous avez fait quelque chose qu'elle ne comprend pas.
10. Nous voyons quelqu'un qui vend des billets.

III. Le subjonctif après les expressions indéfinies qui marquent l'opposition ou la concession

On emploie le subjonctif après les expressions suivantes qui marquent l'opposition ou la concession:

qui que	quoi que
où que	quelque . . . que
quel . . . que	quelle . . . que
quels . . . que	quelles . . . que

Qui que vous **soyez,** je ne peux pas vous laisser entrer. (= Vous pouvez être n'importe qui: de toute façon, je ne peux pas vous laisser entrer.)

Quoi qu'il **fasse,** on lui donnera tort. (= Il pourra faire n'importe quoi . . .)

Où qu'elle **aille,** les gens la reconnaîtront. (= Elle peut aller n'importe où . . .)

Quelque riche **qu**'elle **soit,** je ne l'épouserai pas. (= *however rich she may be*)

Quelle que soit sa réponse, je partirai. (= *whatever his response may be*)

Quelque placé devant un adjectif (**quelque riche**) est un adverbe; c'est donc un mot *invariable.* **Quel que** est un adjectif, c'est-à-dire mot *variable* (**quels . . . que, quelle . . . que, quelles . . . que**) suivi toujours par le verbe **être** (le subjonctif du verbe **être**).

EXERCICE

Ecrivez le verbe entre parenthèses à la forme appropriée (indicatif ou subjonctif).

1. Nous irons à la plage quoiqu'il ne (faire) pas beau. 2. Ils partiront dès que leurs examens (être) finis. 3. Laissez votre adresse afin qu'on (pouvoir) vous écrire. 4. Elle travaille tous les jours bien qu'elle (ne pas être) en très bonne santé. 5. Il lit son journal pendant que sa femme (faire) la vaisselle. 6. Nous avons engagé une jeune fille qui (savoir) faire la cuisine. 7. Il n'y a personne qui (connaître) l'italien parmi vous? 8. Il est possible qu'il (vouloir) le faire. 9. Espérons qu'il n' (être) pas malade. 10. Peut-être est-ce le meilleur roman qu'il (avoir) écrit.

Jeannette et le loup

Jeannette se disait: « C'est triste quand on est seul dans la forêt. On ne peut ni jouer, ni danser . . . Ah! Si je pouvais trouver quelqu'un pour me tenir compagnie . . . ! »

C'est alors qu'apparut le loup. Il avait passé toute la matinée à se laver le museau et les dents et à nettoyer sa fourrure. Il était si beau que les autres animaux n'arrivaient pas à le reconnaître.

—Bonjour, dit le loup. Quelle chouette journée. Comment t'appelles-tu? Tu es si belle!

—Bonjour. Je m'appelle Jeannette, répondit-elle poliment. Oui, il fait beau, mais froid tout de même. Qui es-tu? Tu es bien joli!

—Je suis le loup.

—Le loup? Alors va-t-en. Ma mère m'a parlé de toi. Tu as, paraît-il, une très mauvaise réputation.

—Oh! Je vois qu'elle t'a dit du mal de moi. Et toi, tu crois toujours tout ce qu'on te dit, hein? . . . Ah, quand on n'a pas son opinion à soi, on écoute les autres. Et, pourtant, Dieu m'est témoin, je ne suis pas méchant pour un sou. Viens jouer avec moi. Je suis seul au monde . . .

—Je ne peux pas jouer avec toi, dit Jeannette. Tu as l'air doux, mais je ne m'y fie pas. Rappelle-toi l'agneau de nos voisins; l'agneau ne t'avait rien fait et, pourtant, tu l'as dévoré.

—Oui, c'est vrai. Je l'ai mangé. J'en ai mangé plusieurs, mais je me demande où est le mal. Tu n'en manges pas toi?

—Si, on vient justement, d'en manger, maman et moi. Nous aimons le gigot, nous. Il y en a dans cette corbeille; c'est pour grand-mère qui adore le gigot elle aussi.

—Vous êtes alors, elles et toi, aussi coupables que moi. Même plus, puisque je suis, vois-tu, depuis un an déjà, végétarien. J'ai décidé de ne plus être méchant . . . L'autre jour, je m'en vais chez moi et je trouve le plus adorable agneau qui gambadait dans mon jardin potager. Il s'était égaré dans la forêt . . . alors, je l'ai ramené à la ferme . . . Viens t'asseoir à côté de moi, dans l'herbe, et je te raconterai des histoires, de belles histoires . . .

—Tu en connais plusieurs?

—Si j'en connais! Tu ne trouveras pas dans toute la forêt meilleur conteur que moi. Passe tes bras autour de mon cou. Tu as besoin de te réchauffer.

—Qu'en sais-tu?

—Tu te plaignais du froid il y a un instant. Ecoute-moi et viens te réchauffer.

—Dis-donc, loup, pendant que j'y pense. Et le petit Chaperon Rouge? Toi qui connais tant d'histoires, tu ne me feras pas croire que tu n'en a jamais entendu parler. Vas-y . . . parles-en un peu du petit Chaperon Rouge, veux-tu?

— L'histoire du petit Chaperon Rouge! Mais c'est une histoire complètement idiote. Ce sont eux, les hommes, qui l'ont inventée pour faire peur aux petites filles. Allons, soyons sérieux. Moi, avant de devenir végétarien, j'étais connaisseur raffiné en ce qui concerne la nourriture; fin gourmet, quoi! Qu'est-ce qu'on aurait pensé de moi si je m'étais chargé l'estomac d'une vieille femme juste avant de déjeuner d'une petite fille bien dodue et bien tendre? Penses-y un peu. . . . Oh, Jeannette, si tu savais comme ma vie est triste et monotone. Je suis malheureux comme les pierres. Les hommes me chassent, les animaux me fuient . . . Mais toi, tu es différente; tu peux charmer ma solitude par ta présence . . . ta voix m'enchante comme une musique. Et puis, regarde. Tu vois, là bas, entre les branches, le soleil? Eh bien, tes cheveux ont sa couleur. Quand tu seras partie, le soleil me fera souvenir de toi et je me sentirai si bon, si loyal . . . Mais toi, tu ne veux pas de mon amitié.

Jeannette regardait le loup qui n'arrivait pas à contenir ses sanglots. Prise de pitié et de remords, elle a laissé tomber sa corbeille et sans même se baisser pour la ramasser, s'est précipitée dans ses bras. Elle s'était déjà blottie contre lui et le caressait doucement. Puis elle a passé ses bras autour de son cou et ils se sont mis à danser. Le loup chantait avec une belle voix de baryton tous les airs langoureux, tous les refrains à la mode. Il n'avait jamais tant dansé de sa vie.

—Je n'aurais jamais cru, moi, que c'était si amusant de danser, disait-il. C'est dommage que tu doives aller chez ta grand-mère. Je vais t'y accompagner. . . . Présente-moi à elle. Elle habite toute seule dans une grande maison? . . . Comme ça serait agréable si l'on pouvait s'y rencontrer tous les jours! Mais les grands-mères, je les connais. Elles se font toutes des idées sur moi. Jamais elles ne comprendront qu'un loup peut être honnête homme.

—Loup, tu as un cœur d'or. Je ne crois plus une seconde que tu aies mangé le petit Chaperon Rouge et sa grand-mère. C'est bien toi que l'on accuse, évidemment, mais tu n'es point coupable, j'en suis sûre.

—Oh! C'est gentil de ta part d'avoir une confiance totale en moi. Oui, je suis innocent, mais va demander à ton père, à ta mère. . . . Ni lui ni elle ne le croiront jamais. C'est triste quand on y pense!

—Ne t'en fais pas, mon loup. Embrasse-moi et . . . allons-nous promener dans les bois. . . .

—*Pendant que le loup n'y est pas.* Elle est drôle cette chanson, je la connais, moi. Le loup n'était plus triste. Il riait de bon cœur, gueule ouverte, à s'en décrocher la mâchoire.

—Ah! Comme tu as de grandes dents. . . .

Jeannette n'avait pas encore eu le temps de finir la phrase, qu'elle était déjà dévorée.

Le loup qui n'avait plus une faim de loup, regrettait de s'être montré si gourmand et éprouvait le besoin de se justifier: « Elle a payé pour les péchés de ses semblables—ceux qui ont inventé l'histoire du loup et l'agneau, du petit Chaperon Rouge et le reste. . . . Passe encore d'avoir dit que j'ai mangé la petite. Mais dire que moi, j'ai dévoré la grand-mère, voilà ce que je ne leur pardonnerai jamais. »

QUESTIONNAIRE

1. Pourquoi est-ce que Jeannette souhaite pouvoir trouver quelqu'un pour lui tenir compagnie?
2. Décrivez le loup. Pourquoi est-il plus beau ce matin-là que d'habitude?
3. Dans le dialogue qui s'engage entre Jeannette et le loup, qu'est-ce qui nous montre que celui-ci est un fin psychologue?
4. Pourquoi Jeannette ne se fie-t-elle pas au loup?
5. Le loup dit à Jeannette qu'elle mange elle aussi de l'agneau et qu'elle est aussi coupable que lui. Est-ce que son argument est convaincant?
6. Le loup dit qu'il est végétarien et qu'il a ramené l'agneau égaré à la ferme. Pensez-vous qu'il dise la vérité?
7. Qu'y a-t-il de typiquement enfantin dans la question de Jeannette: « Et le petit Chaperon Rouge? . . . Vas-y . . . parles-en un peu du petit Chaperon Rouge . . . »?

8. Qu'est-ce que l'histoire du petit Chaperon Rouge a en commun avec la situation de Jeannette?
9. Pourquoi est-ce que le loup trouve l'histoire du petit Chaperon Rouge complètement idiote?
10. Le loup est-il sincère quand il dit à Jeannette que sa vie est triste et qu'elle seule pourrait charmer sa solitude?
11. Le loup a-t-il un talent de séducteur?
12. Qu'est-ce qui cause les sanglots du loup?
13. Qu'est-ce qui décide finalement Jeannette à se précipiter dans les bras du loup?
14. Qu'est-ce qui indique que le loup est un compagnon amusant et agréable?
15. Quel effet le loup cherche-t-il à produire sur Jeannette en lui disant qu'il est innocent?
16. Comment Jeannette montre-t-elle sa sympathie au loup?
17. Comment le loup montre-t-il son vrai caractère?
18. Le loup « regrettait de s'être montré si gourmand ». Est-ce qu'il se repent véritablement cette fois-ci?
19. Comment le loup se justifie-t-il?
20. Quelle est la moralité de cette histoire (s'il y en a une)?

DISCUSSION/ COMPOSITION

1. Décrivez la visite d'une jeune fille chez Don Juan, psychiatre: la consultation, le traitement, etc. Faites leur portrait physique et mental.
2. Ecrivez une courte composition sur un des proverbes suivants:

> **L'habit ne fait pas le moine.** (= Ce n'est pas sur l'extérieur qu'il faut juger les gens.)
> **Il n'est pire eau que l'eau qui dort.** (= Ce sont souvent les personnes d'apparence inoffensive dont il faut le plus se méfier.)
> **La faim chasse le loup hors du bois.** (= La nécessité contraint les hommes à faire des choses qui ne sont pas de leur goût.)

REVISION DE GRAMMAIRE

Le pronom personnel tonique, accentué ou disjoint

FORMES

Les formes du pronom personnel tonique, accentué ou disjoint sont:

moi	nous
toi	vous
lui, elle, soi	eux, elles

REMARQUE:

Soi est un pronom qui renvoie à un sujet indéterminé (**on, chacun, personne, il faut, il vaut mieux,** etc.):

On ne pense qu'à **soi.**
Il faut rester maître de **soi.**
Il vaut mieux l'avoir avec **soi** que contre **soi.**
Quand **on** n'a pas son opinion à **soi,** on écoute les autres.

Renforcement du pronom personnel tonique

1. On peut renforcer le pronom personnel tonique en lui ajoutant **même:**

   Lui-même n'avait plus confiance en sa parole.
   Elle est maîtresse d'**elle-même.**
   Il faut s'aider **soi-même** avant d'appeler les autres. (*sujet indéterminé*)
   C'est un autre **moi-même** (= il peut me remplacer en toute circonstance).

2. Parfois on renforce le pronom personnel tonique en lui ajoutant **seul** ou **aussi:**

   Elle **seule** est capable de le faire obéir.
   A lui **seul** il a fait autant de travail que ses cinq camarades réunis.
   Lui **aussi** est absent aujourd'hui.
   A eux **aussi** vous l'avez dit.

EMPLOIS

On appelle parfois le pronom personnel tonique *pronom disjoint* parce qu'il est placé hors du groupe verbal, avant ou après, selon la phrase. On l'emploie:

1. Pour renforcer un sujet ou un objet:

> Jean, **lui,** a vu ce film.
> **Toi,** tu feras mieux d'aller te coucher.
> **Moi,** je suis plus grand que vous.
> **Lui,** nous le connaissons. *Ou:* Nous le connaissons, **lui.**
> **Moi,** ça m'est égal. *Ou:* Ça m'est égal, **moi.**
> Je n'aurais jamais cru, **moi,** que c'était si amusant de danser.

2. Pour exprimer une opposition ou une distinction:

> Nous allons en Europe cet été: **moi** à Paris, **lui** à Genève.
> **Eux** comprenaient vaguement, **lui** plus nettement.

3. Dans les phrases où il y a ellipse du verbe, surtout dans les réponses:

> Qui a apporté ces fleurs? —**Moi.**
> Qui a encore oublié sa composition? —**Lui** et **elle,** naturellement!

4. Quand le pronom est coordonné à un nom ou à un autre pronom ayant la même fonction que lui:

> Vous êtes alors, **elles** et **toi,** aussi coupables que moi.
> Monsieur Mercier et **vous,** vous êtes invités chez elle.
> Nous les avons saluées, **elles** et leur mère.
> **Vous** et **lui,** vous êtes les seuls à échouer à l'examen.
> Est-ce que j'envoie cette lettre à **elle** ou à **lui?**
> On vient justement d'en manger, maman et **moi.**

5. Après **ne . . . que** (= **seulement**) ou **ne . . . ni . . . ni:**

> On **ne** parle **que** de **lui.**
> Nous **n'**inviterons **qu'eux.**
> Je **n'**ai aperçu **ni lui** ni sa femme.
> On **ne** les a retrouvés **ni eux** ni leur bateau.
> **Ni elle ni moi,** nous **ne** pouvons y aller.
> **Ni lui ni elle ne** le croiront jamais.

6. Avec **c'est . . . qui** et **c'est . . . que** (pour la 3e personne du pluriel on emploie **ce sont . . . qui** et **ce sont . . . que**):

> **C'est lui qui** a écrit le poème et **c'est moi qui** l'ai traduit en anglais.
> Je croyais que **c'était vous qui** aviez pris mon stylo, mais **c'était elle qui** l'avait pris.
> **C'est toi que** je voulais voir, pas ton frère.
> **C'est** à **toi que** je parle, pas à elle.
> **C'est** bien **toi que** l'on accuse, mais tu n'es point coupable.
> **Ce sont eux qui** ont obtenu une augmentation de salaire et **ce sont elles qui** travaillent le plus.
> **Ce sont eux,** les hommes, **qui** l'ont inventée pour faire peur aux petites filles.

7. Après **que** dans les phrases comparatives:

> Elle est **plus** agée **que lui.**
> Il court **aussi** vite **qu'eux.**
> Vous parlez français **aussi** bien **qu'elles.**
> Tu es **plus** ambitieux **que moi.**
> Tu ne trouveras pas **meilleur** conteur **que moi.**

8. Après une *préposition*:

> Elle est partie **avec eux, sans lui.**
> Le chien s'était assis **auprès d'elle.**
> Il est arrivé **après nous** mais **avant eux.**
> Avez-vous voté **contre lui?**
> Avez-vous jamais entendu parler **de lui?**
> Nous pensons souvent **à toi.**
> Qu'est-ce qu'on aurait pensé **de moi?**

9. Avec les formes verbales telles que **penser à quelqu'un, tenir à quelqu'un,**[1] **se fier à quelqu'un,** etc.:

> Pensez-vous à vos parents? —Oui, je **pense à eux** souvent.
> Guillaume tient à Jacqueline. Il **tient** beaucoup **à elle.**
> Vous fiez-vous à ce médecin? —Non, je ne **me fie** pas **à lui.**

Mais s'il s'agit de *choses* (**penser à quelque chose, tenir à quelque chose,** etc.), on emploie **y.**[2]

10. Avec les formes verbales telles que **parler de quelqu'un, avoir besoin de quelqu'un, se souvenir de quelqu'un** et **s'occuper de quelqu'un:**

> Parle-t-elle souvent de son fiancé? —Oui, elle **parle** tout le temps **de lui.**
> Je vais partir, à moins que vous n'**ayez besoin de moi.**
> **Se souvenait**-il **de moi?** —Non, il n'arrivait pas à **se souvenir de vous.**
> S'occupe-t-elle des malades? —Oui, elle **s'occupe d'eux.**

Mais s'il s'agit de *choses* (**parler de quelque chose, avoir besoin de quelque chose, se souvenir de quelque chose,** etc.), on emploie **en.**[3]

---

[1] **tenir à une personne, à une chose** = y être attaché par des sentiments d'affection, de reconnaissance
[2] Voir chapitre 8-b, *Révision de grammaire.*
[3] Voir chapitre 8-b, *Révision de grammaire.*

REMARQUES:

- On remplace généralement **dans, sur** et **sous** + *pronom de chose* par **y:**

  Je suis entré **dans mon bureau** et j'**y** ai laissé mes livres.
  Elle a cherché **sous le lit** et elle **y** a trouvé sa bague.

- Quand nous avons des pronoms sujets à la 1ère et à la 2e personnes ou à la 1ère et à la 3e personnes, le verbe est à la 1ère personne du pluriel précédé de **nous:**

  Toi et **moi, nous sommes** toujours en retard.
  Elle, lui et **moi, nous irons** faire du ski pendant les vacances de Noël.
  Eux et **moi, nous suivons** les mêmes cours.
  Mes amis (**eux**) et **moi, nous jouons** aux cartes tous les dimanches.

  Quand nous avons des pronoms sujets à la 2e et à la 3e personnes, le verbe est à la 2e personne du pluriel, généralement précédé de **vous:**

  Ta femme (**elle**) et **toi, vous avez** les mêmes goûts.
  Vous et **eux, vous viendrez** dans mon bureau après la classe.

  Quand les pronoms sujets sont à la 3e personne, **ils** ou **elles** ne précèdent pas le verbe:

  Lui et **elle travaillent** ensemble.

Place du pronom personnel

Les règles qui gouvernent la place d'un pronom personnel sujet sont déjà expliquées dans le chapitre précédent.

Lorsqu'il y a *deux* pronoms devant le verbe, on les place toujours dans l'ordre suivant:

me te se nous vous se	devant	le la les	devant	lui leur	devant	y	devant	en

Exemples:

J'espère qu'il vous montrera sa maison. —Oui, il **nous la** montrera.
Avez-vous parlé de votre projet à vos collègues? —Oui, je **leur en** ai parlé.
Est-ce qu'elle s'ennuie dans le Texas? —Non, elle ne **s'y** ennuie pas.
Avez-vous demandé à Denise de venir? —Oui, je **le lui** ai demandé.

Cet ordre s'applique aussi à l'impératif négatif:

> Votre voiture, ne **la lui** prêtez pas!
> Ces photos, ne **les leur** montrez pas, je vous prie.
> De son livre . . . ne **m'en** parlez pas.

Mais avec un impératif *affirmatif*, les pronoms se placent *après* le verbe:

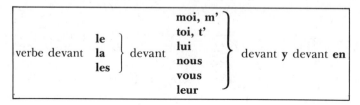

Exemples:

> Votre voiture, prêtez-**la-lui.**
> Ces photos, montrez-**les-leur,** je vous prie.
> De son livre . . . parlez **m'en.**
> Ils veulent aller au cinéma? Accompagnons-**les-y.**
> Ces fleurs? Achetez-**les-leur.**
> Des fleurs? Achetez-**leur-en.**

REMARQUES:

- On place toujours **y** et **en** après les autres pronoms.

- A l'impératif affirmatif, sauf devant **y** et **en, moi** remplace **me** et **toi** remplace **te:**

> J'ai besoin de mes notes; rendez-**les-moi!**
> Il est déjà huit heures; lève-**toi!**
> *Mais:* S'il y a de belles pommes, achetez-**m'en** deux livres.
> De cette affaire, occupe-**t'en,** je te prie.

- L'impératif, au singulier, omet le **s** après **e** et **a.** Cependant, on conserve le **s** devant les pronoms **y** et **en:**

> Va chercher le journal; va**s**-y tout de suite.
> Ouvre les bouteilles de champagne; ouvre**s**-en une dizaine.
> Vas-y . . . parle**s**-en un peu du petit Chaperon Rouge, veux-tu?

EXERCICES   A. Mettez à la forme négative en remplaçant les mots en italiques par un pronom.

> EXEMPLE: Donnez-moi *ce livre.*
> **Ne me le donnez pas.**

1. Parlez-moi *de vos études à l'université.*   2. Mettez-les *sur la table.*
3. Présentez-moi *vos collègues.*   4. Dites-nous *la réponse.*   5. Posez-leur
des questions.

B. Mettez à la forme affirmative en remplaçant les mots en italiques par
un pronom.

> EXEMPLE: Ne m'envoyez pas *cette lettre* au bureau.
> **Envoyez-la-moi au bureau.**

1. Ne me dis pas *ton nom.*   2. N'en parlez pas *à votre frère.*   3. Ne
l'accompagnons pas *à Los Angeles.*   4. Ne lui livrez pas *ces disques.*   5. Ne
nous posez pas beaucoup *de questions.*

C. Ecrivez les phrases suivantes en remplaçant les mots en italiques par les
pronoms qui conviennent.

1. On donne *des médicaments aux malades.*   2. Nous enverrons *des fleurs à
sa femme.*   3. Mon frère offrira *une bague à sa fiancée.*   4. Le professeur
donne-t-il *des devoirs aux étudiants.*   5. Aimez-vous écrire *des lettres à vos
amis?* 6. J'ai rendez-vous *avec mes amis devant le musée d'Art Moderne.*
7. Nous avons trouvé *l'argent dans cette boîte.*   8. Il a déposé *l'argent à la
banque.*

D. Employez le pronom tonique (accentué) correct pour le sens de la
phrase.

1. _____ , tu crois toujours tout ce qu'on te dit.   2. Je connais plusieurs
histoires. Tu ne trouveras pas meilleur conteur que _____ .   3. Ma
grand-mère adore le gigot _____ aussi.   4. Nous ne serons pas chez
_____ ce soir.   5. Nicole n'est pas toujours d'accord avec son mari; elle
se dispute avec _____ .   6. Vous et lui, _____ êtes les seuls qui comprennent.   7. On ne pense qu'à _____ .   8. Les parents de Monique
sont assez riches, cependant les parents de Catherine sont plus riches
qu'_____ .   9. Ma chère Annette, nous pensons souvent à _____ .
10. Ni lui ni moi, _____ ne pouvons y aller.   11. Zola a écrit beaucoup
de romans, mais Balzac en a écrit plus que _____ .   12. Ce sont _____ ,
les hommes, qui ont inventé cette histoire.

chapitre 10

a

Le musée d'Art Moderne

Joyce et Jean-Pierre croisaient des visiteurs ébahis, des adolescents pensifs.
. . . Dans une des salles, un jeune peintre copiait patiemment *La Sainte Face*
de Rouault;° dans une autre, le guide expliquait à un petit groupe le sujet
de *La Bohémienne endormie.*° Deux petites filles bousculaient leurs parents
devant *La Muse* de Picasso:°

—Regarde, maman. Tu ne trouves pas qu'elle ressemble à tante
Mathilde? J'aime beaucoup ce tableau.

—Je suis certaine que tu peux en faire autant . . . même mieux, n'est-ce
pas ma petite Thérèse?

—Je me demande ce que ces paysans viennent chercher ici, dit Jean-
Pierre. On voit que c'est la première fois qu'ils visitent le musée d'Art
Moderne. Ils ne jurent que par le barbouillage de leur fille.

Il avait pris Joyce par la main pour lui faire voir les chefs-d'œuvre de la
génération impressionniste.° Elle regardait les interminables rangées de
paysages, de natures mortes et de jeunes filles aux visages délicats. S'arrêtant
ici et là, les yeux emplis des images et de l'or des cadres, elle suivait son guide
à travers les salles aux parquets luisants. Jean-Pierre se hâtait d'arriver à la
peinture abstraite. Enfin ils y étaient:

—Regardez-moi ce tableau. Pas mal, hein? Regardez un peu ces lignes, cet éclat brutal de la lumière . . . je ne parle même pas du mouvement.

Joyce ne comprenait pas l'enthousiasme de Jean-Pierre devant ces masses informes qui pouvaient aussi bien représenter une ville ensevelie sous la neige, une femme dans une baignoire ou un pot de fleurs.

—Ah! Regardez ces tons, cet équilibre! Il riait en lui montrant un tableau: « Là! Mais non, c'est *Le lapin agile* d'Utrillo° que vous regardez. Là, à gauche. »

Deux mannequins en robe du soir posaient pour un photographe devant un losange de bronze duquel sortait une main osseuse.

—Tenez Joyce. Voici un sculpteur qui a réussi à exprimer par un seul petit détail toute l'angoisse contemporaine. Je trouve ça d'un réalisme inouï.

—Moi, je préfère le réalisme de Michel-Ange, dit Joyce timidement. J'aimerais tant pouvoir partager votre admiration pour ce losange mais je ne peux pas. C'est ma faute sans doute. Je n'arrive jamais à comprendre, à savoir ce que cela signifie.

—Et pourquoi voulez-vous savoir si cela signifie quelque chose? Si vous ne cherchez pas à comprendre, vous serez en extase, comme moi, devant cette sculpture.

Jean-Pierre avançait lentement, en s'arrêtant longuement devant ses toiles préférées. Tout à coup il s'est précipité vers le coin le moins éclairé de la salle et s'est arrêté, perplexe, devant le portrait d'une jeune femme.

Les bras gracieusement croisés autour de ses genoux, la femme était assise sur un fauteuil vert-épinard. Sa tête portée par un long cou et qui s'élançait tout droit hors de ses épaules, était peinte simultanément de face et de profil. Pourtant, malgré l'ambiguïté des formes, le portrait n'offrait rien de choquant. Le visage était blanc et attirait toute la lumière du tableau, peint partout ailleurs de couleurs sombres. Les yeux bruns paraissaient avoir tiré à eux toute la vie qui manquait aux traits vagues et incertains. Le regard caressant et insistant de la femme rendait son silence pathétique.

Jean-Pierre était frappé par la ressemblance entre la jeune femme et Joyce. Il éprouvait tout à coup une grande allégresse mêlée d'une angoisse légère—un sentiment semblable à celui qu'éprouve l'étudiant sortant de son dernier examen.

—Joyce, ce portrait c'est vous! cela ne fait aucun doute. Et ce regard . . . dites-moi qu'il vient de vous. Vos yeux en ce moment ont un éclat que je n'avais encore jamais vu.

Les yeux de Joyce étaient fixés sur Jean-Pierre. Elle sentait ce qui se préparait et son regard, dur en ce moment, essayait de le repousser, mais elle ne l'a pas arrêté. Se précipitant sur elle, il avait plaqué ses lèvres contre les siennes. Une vois lointaine criait: « On va fermer . . . on ferme. » Joyce s'est dégagée et a regardé sa montre:

—Je suis terriblement en retard. Je devais rentrer il y a une demi-heure! Elle avait un sourire moqueur:

—Oui, je vois maintenant pourquoi vous avez un faible pour les musées. Je ne l'aurais jamais cru . . . Quel manque de respect pour les œuvres d'art et pour les gens! Ça ne donne jamais rien de bon, cette façon d'aborder la peinture! A votre place je me méfierais. . . .

La foule se dirigeait lentement vers la sortie. Tous les visages étaient marqués d'un air satisfait. Joyce souriait toujours, d'un sourire gêné comme en ont parfois les gens après avoir entendu des plaisanteries de mauvais goût.

NOTES

Rouault, Georges: peintre français, (1871–1958). Il est surtout connu pour ses peintures religieuses.

La Bohémienne endormie: tableau célèbre de Rousseau (1844–1910).

Picasso, Pablo: peintre espagnol (1881–1973). Il a participé à toutes les aventures de la peinture française pendant plus d'un demi-siècle. Dans son œuvre, pas de règles, pas de conventions, pas de préjugés.

La génération impressionniste: née entre 1830 et 1841—Pissarro (1830), Manet (1832), Degas (1834), Cézanne et Sisley (1839), Monet (1840), Renoir et Morisot (1841). Ces jeunes novateurs se rencontrèrent à Paris vers 1860. Grâce à eux, une vision nouvelle est née, qui ne résultait pas d'une théorie mais d'une observation de la nature, celle des reflets du soleil sur les berges de la Seine.

Utrillo, Maurice: peintre français, né à Paris (1883–1955). Il est à classer parmi ceux qu'on appelle les peintres naïfs ou les peintres populaires de la réalité.

QUESTIONNAIRE   Répondez aux questions suivantes:

1. Dans une des salles du musée, un jeune peintre copie un tableau. Quel est le nom de ce tableau?
2. Expliquez ce que c'est qu'une *muse*.
3. Que savez-vous de Rouault?
4. Qui est Picasso?
5. Jean-Pierre traite de paysans les parents des deux petites filles. Pourquoi?
6. Quelle est la réaction de la mère de Thérèse devant *La Muse* de Picasso?
7. Quelle est votre réaction devant les toiles de Picasso?
8. Nommez trois peintres de la génération impressionniste.
9. On dit que grâce aux peintres impressionnistes, une vision nouvelle est née. De quoi résulte cette nouvelle vision?
10. Quelle est la différence entre un paysage et une nature morte?

11. Décrivez la sculpture devant laquelle posent les deux mannequins.
12. D'après Jean-Pierre, qu'est-ce que le sculpteur a très bien réussi à exprimer dans son ouvrage?
13. D'après vous, l'art doit-il signifier quelque chose?
14. Devant quel tableau est-ce que Jean-Pierre s'arrête perplexe?
15. Pourquoi est-il perplexe?
16. Décrivez le tableau.
17. Jean-Pierre a embrassé Joyce. Quelle est la réaction de celle-ci?
18. Croyez-vous que Jean-Pierre soit amoureux de Joyce?

SITUATION 10

Jeu des portraits

Joyce est avec Isabelle qui dessine.

—Regardez, mademoiselle. J'ai fait le portrait d'un jeune homme que je viens de rencontrer. Je promenais le chien quand je l'ai vu sauter pardessus le mur au fond du jardin. Il s'est approché de moi et m'a demandé si vous habitiez toujours avec nous. Je lui ai dit que oui et il est parti aussitôt sans même me dire son nom.

—Comment était-il?

—Il était très beau garçon—grand, blond, bronzé, sportif . . . Le connaissez-vous?

—Je crois que oui.

—Alors dites-moi, mademoiselle. Trouvez-vous que le portrait lui ressemble?

—Faites voir. Pas trop. Recommencez la ligne du nez et du menton. C'est mieux. Non, un instant: comme ça. C'est tout à fait lui maintenant.

En utilisant les mots suggérés, faites le portrait d'une célébrité sans la nommer. Les autres étudiants poseront des questions sur les particularités de son physique jusqu'à ce qu'on devine de qui vous parlez.

Mots suggérés

Le visage. On a:
• l'air: agréable, aimable, sympathique, vif, réjoui, calme, triste
• une peau: fine, satinée, rugueuse, ridée
• le teint: frais, basané, pâle, terreux

Mots suggérés

- des yeux: bleus, pers,[1] gris, noirs
- des cheveux: longs, courts, raides, bouclés, blonds, bruns, roux, châtains[2] (Quand on n'a pas de cheveux on est **chauve.**)
- un nez: long, court, droit, busqué, pointu, en trompette, retroussé

La taille. On est:
- grand, élancé, énorme, gros, fort, robuste
- petit, trapu, menu, maigre, délicat, mince, chétif
- de taille moyenne, bien proportionné

Une femme est souvent:
- jolie ou belle, chic ou élégante, mince, un peu forte, bien faite[3]

Un homme est souvent:
- beau, bien habillé, élancé, gros, bien bâti[3]

REVISION DE GRAMMAIRE

Le subjonctif (troisième partie)

I.   Généralités

Nous avons étudié jusqu'à maintenant le présent du subjonctif qu'on emploie quand le verbe de la proposition principale est au présent, au passé et au futur:

Je suis (j'étais, je serai) content que vous **soyez** à Paris.
Il faut (il fallait, il faudra) que les étudiants **fassent** des recherches.

---

[1] **des yeux pers** = d'une couleur intermédiaire entre le vert et le bleu
[2] **des cheveux châtains** = qui sont de la couleur brune de la châtaigne (La châtaigne est le fruit d'un grand arbre—le châtaignier.)
[3] **bien bâti, bien faite** = **bien proportionné(e)**

Cependant, le subjonctif se compose de deux temps qui ont chacun un aspect simple et un aspect composé. L'ensemble constitue donc quatre séries de formes:

	présent du subjonctif	*imparfait du subjonctif*
Aspect simple:	. . . qu'il finisse	. . . qu'il finît
	. . . qu'il ait	. . . qu'il eût
	. . . qu'il soit	. . . qu'il fût
	. . . qu'il parte	. . . qu'il partît
	. . . qu'il aille	. . . qu'il allât
	passé du subjonctif	*plus-que-parfait du subjonctif*
Aspect composé:	. . . qu'il ait fini	. . . qu'il eût fini
	. . . qu'il ait eu	. . . qu'il eût eu
	. . . qu'il ait été	. . . qu'il eût été
	. . . qu'il soit parti	. . . qu'il fût parti
	. . . qu'il soit allé	. . . qu'il fût allé

II. L'imparfait du subjonctif

L'imparfait du subjonctif dérive du passé simple:

Passé simple:

j'aimai	je finis	j'eus	je fus
il aima	il finit	il eut	il fut

Imparfait du subjonctif:

(. . . que) j'aim**asse**	je fin**isse**	j'**eusse**	je f**usse**
(. . . que) tu aim**asses**	tu fin**isses**	tu **eusses**	tu f**usses**
(. . . qu') il aim**ât**	il fin**ît**	il **eût**	il f**ût**
(. . . que) nous aim**assions**	nous fin**issions**	nous **eussions**	nous f**ussions**
(. . . que) vous aim**assiez**	vous fin**issiez**	vous **eussiez**	vous f**ussiez**
(. . . qu') ils aim**assent**	ils fin**issent**	ils **eussent**	ils f**ussent**

Note: Il ne faut pas confondre la 3e personne du singulier du passé simple avec la même personne de l'imparfait du subjonctif qui prend un accent circonflexe.

III. L'aspect composé du mode subjonctif

1. Le passé du subjonctif

Le passé du subjonctif est formé du *présent* du subjonctif de l'auxiliaire **avoir** ou **être** et le *participe passé* du verbe conjugué:

Je suis heureux qu'il **ait fini.**
Elle est contente qu'il **soit parti.**

2. Le plus-que-parfait du subjonctif

Le plus-que-parfait du subjonctif est formé de l'*imparfait* du subjonctif de l'auxiliaire **avoir** ou **être** et le *participe passé* du verbe conjugué:

Il travailla jusqu'à ce qu'il **eût atteint** son but.
Elle craignait qu'il **fût tombé** sur le pavé glissant.

IV. Emplois des temps du subjonctif

En français moderne on n'emploie plus l'imparfait et le plus-que-parfait du subjonctif dans la langue parlée. Ces temps sont en train de disparaître même de la langue écrite. Dans l'usage courant on remplace l'imparfait du subjonctif par le présent du subjonctif et le plus-que-parfait du subjonctif par le passé du subjonctif. Cependant, l'imparfait et le plus-que-parfait du subjonctif s'emploient encore dans le style hautement littéraire.

Style hautement littéraire

Dans le style hautement littéraire le subjonctif s'emploie de la façon suivante:

Il faut (il faudra) que le comte **soit** riche pour habiter dans cette belle maison.

Le fait raconté dans la proposition subordonnée est *simultané* ou *postérieur* au présent ou au futur de la proposition principale.

Il faut (il faudra) que le comte **ait été** riche pour habiter dans cette belle maison.

Le fait raconté dans la proposition subordonnée est *antérieur* au présent ou au futur de la proposition principale.

Il fallait (il a fallu, il fallut) que le comte **fût** riche pour habiter dans cette belle maison.

Le fait raconté dans la proposition subordonnée est *simultané* ou *postérieur* au passé de la proposition principale.

Il fallait (il a fallu, il fallut) que le comte **eût été** riche pour habiter dans cette belle maison.

Le fait raconté dans la proposition subordonnée est *antérieur* au passé de la proposition principale.

Notez l'emploi du subjonctif dans les phrases suivantes. (a = temps présent et futur; b = temps passé):

a. Je **suis content** qu'il **fasse** beau (en ce moment).
Je **doute** qu'il **fasse** beau (demain).
Je **serai content** qu'il **fasse** beau (demain).
Je **suis content** qu'il **ait fait** beau (hier).

b. J'**étais content** qu'il **fît** beau (hier, ce jour-là).
Je **doutais** qu'il **fît** beau (le lendemain).
J'**étais content** qu'il **eût fait** beau (la veille).

Style hautement littéraire

Verbe de la proposition principale	*Verbe de la proposition subordonnée*	
	Antérieur au temps de la proposition principale	Simultané ou postérieur au temps de la proposition principale
au présent ou futur	passé du subjonctif	présent du subjonctif
au passé	plus-que-parfait du subjonctif	imparfait du subjonctif

L'usage courant

Dans l'usage courant le subjonctif s'emploie de la façon suivante:

Il **faut** (il **faudra**, il **fallait**, il **a fallu** . . .) que le comte **soit** (**ait été**) riche pour habiter dans cette belle maison.

Si le fait raconté dans la proposition subordonnée est *simultané* ou *postérieur* au temps de la proposition principale, on emploie le présent du subjonctif. Si ce fait est *antérieur* au temps de la proposition principale, on emploie le passé du subjonctif.

Notez l'emploi du subjonctif dans les phrases suivantes (a = temps présent et futur; b = temps passé):

a. Je **suis content** qu'il **fasse** beau (en ce moment).
Je **doute** qu'il **fasse** beau (demain).
Je **serai content** qu'il **fasse** beau (demain).
Je **suis content** qu'il **ait fait** beau (hier).

b. Je **doutais** qu'il **fasse** beau (le lendemain).
J'**étais content** qu'il **fasse** beau (hier, ce jour-là).
J'**étais content** qu'il **ait fait** beau (la veille).

L'Usage courant

Verbe de la proposition principale à n'importe quel temps	*Verbe de la proposition subordonnée*	
	Antérieur au temps de la proposition principale	Simultané ou postérieur au temps de la proposition principale
	passé du subjonctif	présent du subjonctif

REMARQUES:

• Notez qu'il n'y a pas de subjonctif futur. Si le fait raconté dans la proposition subordonnée est *postérieur* au temps de la proposition principale le mode indicatif emploie le futur (ou le conditionnel quand le verbe de la proposition principale est au passé), mais le mode subjonctif (l'usage courant) emploie le *présent*.

Comparez:

Je **crois** qu'il **viendra** nous voir. (*futur*)
Je **croyais** qu'il **viendrait** nous voir. (*conditionnel*)
Mais: Je **ne crois pas** (je ne croyais pas) qu'il **vienne** nous voir.
(*subjonctif présent*)

• Dans le *discours indirect* (quand on rapporte des paroles qui ont été dites), l'indicatif présent devient imparfait et le passé composé devient plus-que-parfait. Cependant, le subjonctif présent et le subjonctif passé ne changent pas de temps.

Comparez:

	Discours direct	*Discours indirect*
Indicatif:	Il a dit: « Je **crois** qu'elle **a eu** un accident. »	Il a dit qu'il **croyait** qu'elle **avait eu** un accident.
Subjonctif:	Il a dit: « Je **ne crois pas** qu'elle **ait eu** un accident. »	Il a dit qu'il **ne croyait pas** qu'elle **ait eu** un accident.

EXERCICES

A. Commencez chaque phrase par: **Mes parents sont heureux que . . .**

EXEMPLE: Nous avons réussi à notre examen.
Mes parents sont heureux que nous ayons réussi à notre examen.

1. Ma sœur s'est mariée.   2. Tu as pu venir pour le mariage.   3. Ils ne sont pas partis.   4. On est allé en Europe l'été dernier.   5. Nous avons bien travaillé.

B. Combinez les deux phrases en commençant par la seconde et faites les changements nécessaires.

> EXEMPLE: Elle a eu un accident de voiture. C'est dommage.
> **Il est dommage qu'elle ait eu un accident de voiture.**

1. Ils sont partis en voyage. C'est possible.   2. Mon frère a déjà fait son service militaire. C'est bon.   3. Tu ne l'as jamais rencontré. C'est regrettable.   4. Nous avons manqué l'avion. C'est dommage.

C. Combinez les deux phrases en commençant par la seconde et faites les changements nécessaires.

> EXEMPLE: Il a épousé la fille d'un milliardaire. Je le crois.
> **Je crois qu'il a épousé la fille d'un milliardaire.**
> *Ou bien*:
> Il a épousé la fille d'un milliardaire. Je ne le crois pas.
> **Je ne crois pas qu'il ait épousé la fille d'un milliardaire.**

1. Elle a échoué à son examen. Je le pense.   2. Nous avons tous reçu des prix. Le professeur l'a dit.   3. Tu as fait plus de fautes que moi? Je ne le crois pas.   4. Ils se sont bien amusés. Le croyez-vous?

D. Combinez les deux phrases en employant **avant que** devant la deuxième phrase.

> EXEMPLE: Nous sommes partis. Joyce est rentrée.
> **Nous sommes partis avant que Joyce soit rentrée.**

1. Cette étudiante quitte souvent la classe. La cloche a sonné.
2. Invitons les Smith à déjeuner. Ils partent pour le Mexique.
3. Tu nous téléphones toujours. Nous avons fini de déjeuner.
4. On leur apporte toujours le dessert. Ils en ont commandé.
5. Essayez de le voir. Il est parti.
6. Il a publié son roman. Tu as terminé le tien.

E. Remplacez l'imparfait du subjonctif par le présent du subjonctif et le plus-que-parfait du subjonctif par le passé du subjonctif.

EXEMPLE: Je ne croyais pas qu'elle fût malade.
Je ne croyais pas qu'elle soit malade.
Ou bien:
Nous regrettions qu'il n'eût pas reçu la lettre.
Nous regrettions qu'il n'ait pas reçu la lettre.

1. Je souhaitais qu'elle vînt.   2. Elle continuait à travailler quoiqu'elle fût fatiguée.   3. Nous cherchions quelqu'un qui pût vous aider.   4. Je regrettais que vous ne fussiez pas venu.   5. Je ne croyais pas qu'Isabelle eût vu Jack dans le jardin.

Comment visiter une exposition de peintures

Elle. Le monsieur que vous voyez là-bas est le peintre. La famille dont il descend est connue, vous savez. . . . C'est une belle exposition, n'est-ce pas? Les critiques en disent beaucoup de bien.

Lui. Bah!

Elle. Les tableaux ne vous plaisent pas?

Lui. Si.

Elle. Alors, pourquoi dites-vous: « Bah! »?

Lui. C'est un mot que j'ai appris du peintre. . . .

Elle. Alors, vous le connaissez, vous aussi?

Lui. Si je le connais! Il avait du côté maternel une cousine dont un oncle paternel avait épousé en secondes noces la nièce du beau-frère de ma femme—une jeune fille très intelligente, dont il s'était épris pendant un voyage en Californie et de laquelle il a eu des jumeaux, dont l'un est mort dans un accident de voiture, tandis que l'autre a épousé, il y a un an, la belle sœur d'un professeur de mathématiques dont la mère adoptive avait une sœur qui jouait du violon et qui était très bonne cuisinière, propre, divorcée, dont le premier mari, général pendant la guerre, en qui le peuple avait placé tout son espoir, lui même divorcé quatre fois de suite, a rencontré sa deuxième femme en Australie, d'où elle venait. . . .

Elle. J'ai déjà rencontré cette deuxième femme et je me suis toujours demandée à quoi elle s'intéresse. Elle a un frère, n'est-ce pas, dont la femme parle anglais avec un accent espagnol.

Lui. Bah! Je regrette, ce n'est pas la même. Mais je sais de qui vous parlez.

Elle. Le monsieur avec lequel j'ai déjeuné aujourd'hui, et avec la fille duquel je joue au bridge, enseigne dans une université suédoise. Il m'a dit que les recherches scientifiques, parmi lesquelles les recherches biologiques sont particulièrement importantes, ne sont plus subventionnées par l'Etat. . . .

Lui. En effet . . . mais je ne vois pas le rapport.

Elle. Il n'y en a pas, monsieur, mais enfin, il faut bien parler de quelque chose, autrement il n'y aurait pas de conversation possible!

Lui. Bien sûr, bien sûr! D'autant que quelque chose, c'est tout de même mieux que rien!

Elle. Qu'est-ce qui est mieux que rien?

Lui. J'ai dit que quelque chose, c'est tout de même mieux que rien!

Elle. Je suis tout à fait de votre avis.

Lui. Dites-moi, madame, à propos, et par association d'idées, avez-vous parlé au peintre?

Elle. Je lui ai posé une question, mais il ne m'a pas répondu, ce dont je m'étonne.

Lui. Bah! Il n'a pas répondu à ma question non plus. Il est mal élevé, c'est tout. Je n'ai pas besoin de vous dire, madame, que nous vivons dans une époque curieuse!

Elle. Alors, si vous n'avez pas besoin de le dire, pourquoi le dites-vous? Et puis, je ne comprends pas de quoi vous vous plaignez. Ce peintre nous prend peut-être pour des imbéciles, en quoi il a tort. Mais après tout, il peut avoir une opinion, c'est son droit. Nous sommes citoyens d'un pays démocratique. . . .

Lui. Vous avez raison, madame. . . . mais n'allez pas me reprocher plus tard de ne pas vous avoir dit ce qu'il était inutile que je vous dise! . . . .

Elle. Dites-moi, monsieur, à propos, et par association d'idées, êtes-vous marié?

Lui. Oui, madame, je suis marié et j'ai une fille de vingt-deux ans qui a épousé un pâtissier dont le père avait un demi-frère qui faisait la meilleure tarte à la citrouille. Il avait pris pour femme une infirmière rousse dont le cousin, pâtissier lui aussi, faisait la meilleure tarte à la citrouille. . . .

Elle. Quoi? Que dites-vous? Je n'ai pas très bien compris. Quand on arrive à la citrouille, on s'embrouille. Vous avez dit d'abord que c'était la demi-frère du père de votre genre qui faisait la meilleure tarte à la citrouille, et puis, vous avez dit que c'était le cousin de sa femme. . . . Comment expliquez-vous ça?

Lui. Je n'explique rien. C'est comme ça, et c'est à prendre ou à laisser.

Elle. Bon, bon. . . . A propos, toujours par association d'idées, les pommes que j'ai achetées et que j'ai payées 10 francs le kilo, n'étaient pas mûres.

Lui. Qu'est-ce qui n'était pas mûr?

Elle. Les pommes que j'ai achetées . . .

Lui. Bah! Vous n'êtes pas obligée de les manger. Donnez-les à votre concierge.

Elle. C'est vrai! Je n'y ai pas pensé du tout. A quoi est-ce que je pense! Je peux les porter aussi à ma cousine qui est à l'hôpital. . . . Mais, nous avons complètement oublié de regarder les tableaux. Vous ne trouvez pas qu'ils sont extraordinaires? Lequel de ces paysages préférez-vous?

Lui. Hem . . .

Elle. Qu'avez-vous dit?

Lui. Hem . . .

Elle. Ils ne vous plaisent pas?

Lui. Si.

Elle. Alors pourquoi dites-vous « Hem . . . »?

Lui. Parce que je suis fatigué de dire « Bah! »

Elle. Eh bien! monsieur, je trouve votre conversation très stimulante, et je souhaite vivement qu'une prochaine occasion nous permette de la reprendre!

Lui. Moi aussi, madame. Prenons tout de suite un prochain rendez-vous.

Elle. Qu'est-ce que vous dites?

Lui. J'ai dit qu'il faut prendre un prochain rendez-vous.

Elle. D'accord . . . alors . . . voyons, quand voulez-vous?

Lui. Quand ça vous arrange, madame.

Elle. Parfait. . . . Alors, je vous verrai à la prochaine exposition.

Lui. J'y serai, madame. Au revoir.

Elle. Au revoir, monsieur, et à bientôt.

QUESTIONNAIRE

1. Où se passe cette scène?
2. Pouvez-vous résumer la conversation entre Elle et Lui?
3. Trouvez-vous le dialogue comique? Si oui, pouvez-vous en donner quelques exemples précis?
4. Y a-t-il une contradiction entre la première remarque de Lui et sa deuxième remarque? Y a-t-il d'autres contradictions?
5. Citez les éléments inattendus ou absurdes dans le long monologue de Lui.
6. Quelle est la réaction d'Elle à ce long monologue? Et la vôtre?

7. Signalez les clichés, les généralisations et les paradoxes, et discutez-les.
8. Donnez des exemples de répétitions (de mots ou de phrases). Quels effets produisent-elles sur le lecteur?
9. Quelle sorte de langage Elle et Lui emploient-ils?
10. Dans la vie quotidienne, entend-on souvent ce genre de langage? Pouvez-vous en fournir des exemples?
11. Y a-t-il des différences de caractère entre Lui et Elle? Lesquelles? En quoi se ressemblent-ils?
12. Remarquez-vous une absence de logique entre certaines phrases et à l'intérieur de certaines phrases? Si oui, donnez-en quelques exemples.

DISCUSSION/ COMPOSITION

1. Employez votre imagination et décrivez (avec beaucoup de pronoms relatifs et interrogatifs) la prochaine rencontre entre Elle et Lui.
2. Faites le portrait de Lui: combien mesure-t-il? Est-il brun ou blond? Comment a-t-il le nez? La bouche? Les dents? A-t-il une moustache ou une barbe? Comment est-il habillé? A-t-il des manières ridicules?

REVISION DE GRAMMAIRE

I. Le pronom relatif

Le pronom relatif sert à joindre à un nom ou à un pronom qu'il représente, une phrase dite *relative* parce qu'elle explique ou détermine ce nom ou ce pronom:

> Je peux les porter à **ma cousine qui** est à l'hôpital.
> **Les pommes que** j'ai achetées n'étaient pas mûres.
> **Celles que** j'ai achetées n'étaient pas mûres.

Le nom (**ma cousine, les pommes**) ou le pronom (**celles**) représenté par le pronom relatif s'appelle l'*antécédent*. Il faut toujours accorder le verbe de la phrase relative avec la personne de l'antécédent:

> **Toi** qui **es** si intelligent, tu trouveras la solution.
> Ce n'est pas **moi** qui **ai fait** cela.
> C'est **ma femme et moi** qui **sommes arrivés** les derniers.

FORMES Le pronom relatif a des formes *simples* et des formes *composées*.

1. Les formes simples **qui, que, quoi** et **dont** sont invariables en genre et en nombre.

2. Les formes composées **lequel, laquelle, lesquels** et **lesquelles** peuvent se combiner avec les prépositions **de** ou **à** pour donner:

duquel	de laquelle	desquels	desquelles
auquel	à laquelle	auxquels	auxquelles

Tableau des pronoms relatifs

Quand l'antécédent est:	
sujet:	**qui**
	ce qui (*indéterminé*)
complément d'objet direct:	**que**
	ce que (*indéterminé*)
complément précédé de **de:**	**dont, de qui**
	duquel, de laquelle, etc.
	ce dont, (ce) de quoi
	(*indéterminé*)
complément précédé de **à:**	**à qui**
	auquel, à laquelle, etc.
	(ce) à quoi (*indéterminé*)
complément précédé d'une autre préposition (**sans, pour, par,** *etc.*):	prép. + **lequel, laquelle,** etc.
	(ce) + prép. + **quoi** (*indéterminé*)

Le pronom relatif **qui**

1. **Qui** sujet peut s'appliquer à des personnes ou des choses:

   Je connais **des gens qui** vont à Nice tous les ans.
   Il a remonté **la pendule qui** était arrêtée.
   La dame qui vient de sortir est une amie de ma sœur.
   Il y aura **un spectacle** nouveau **qui** vous amusera.

2. **Qui** complément est toujours introduit par une préposition et s'applique à des personnes *seulement*:

   La personne de qui (de laquelle, dont) je vous ai parlé doit venir cet après-midi.
   J'ai vu **son fils de qui (duquel, dont)** il est si fier.
   Connaissez vous **le monsieur avec qui (lequel)** elle parlait?

Nous sommes invités chez **les patrons pour qui (lesquels)** il travaille.
La jeune fille à qui (laquelle) vous avez demandé de venir est charmante.

Notez qu'on peut généralement remplacer **qui** par **lequel, laquelle,** etc., et **de qui** par **dont.** Cependant, après **sans, entre** et **parmi,** on emploie généralement **lequel, laquelle,** etc.:

Voici **mes amis sans lesquels** la vie serait triste.
Plusieurs **employés parmi lesquels** était le directeur, se dirigeaient vers la sortie.
Les deux **hommes entre lesquels** se trouvait la jeune fille portaient des masques.

Lorsque l'antécédent est une chose, **lequel** s'emploie obligatoirement avec une préposition autre que **de:**

J'admire **la patience avec laquelle** il accomplit toute chose.
C'est un **point auquel** vous n'avez pas pensé.
Voici des **solutions** possibles **entre lesquelles** nous devrions choisir la plus simple.
Voici le tableau des **pronoms relatifs parmi lesquels** il faut ranger le mot **où.**
Cette **recherche sur laquelle** nous fondons de grands espoirs.
Mais:
Ce **garçon sur qui (lequel)** nous fondons de grands espoirs.

Le pronom relatif *que*

Que représente des personnes ou des choses:

Les maisons que tu aperçois sont celles de mon village.
Les enfants que vous voyez jouer devant la maison sont ceux du voisin.
Est-ce **lui que** vous attendez?
Voici **le collier qu'**elle pensait avoir perdu.

Le pronom relatif *dont*

Dont, équivalent d'un complément introduit par **de,** représente des personnes ou des choses. On peut, généralement, remplacer **dont** par **de qui, duquel, de laquelle,** etc., mais **dont** est préférable:

Voici **le monsieur dont (de qui, duquel)** elle vous a parlé. (= parler **de** quelqu'un, **de** quelque chose)
Voici **le magasin dont (duquel)** elle vous a parlé.
Connaissez-vous **cette actrice dont (de qui, de laquelle)** les films connaissent un si grand succès?
La maladie dont (de laquelle) il souffre est purement imaginaire.

Mais il faut remplacer **dont** par **de qui, duquel, de laquelle,** etc., si le pronom est complément d'un nom précédé d'une préposition:

> La forêt **dans l'épaisseur de laquelle** je m'enfonçais s'étendait très loin.
> Son fils **à l'avenir duquel** (**de qui**) il pense sans cesse, est très paresseux.
> Il fréquente toujours les gens intelligents, **au nombre desquels** (**de qui**) il se compte.
> Voici le monsieur **avec la femme de qui** (**duquel**) vous jouez au bridge.

On emploie cependant **où** s'il s'agit d'un complément de lieu:

> Il était assis devant la fenêtre **du salon d'où** l'on voit la mer.
> Voilà la terrasse **du restaurant d'où** l'on découvre la vallée.

Ce avec l'antécédent indéterminé

Ce qui, ce que, ce dont et (**ce**) + préposition + **que,** renvoient à une phrase entière, à une idée, non pas à un nom:

Sujet:	Notre chien a treize ans, **ce qui** est un âge avancé pour les chiens.
Complément d'objet:	Elle est arrivée en retard, **ce que** chez elle, je trouve extraordinaire.
	Il a ri, **ce qu**'il ne fait jamais.
Complément de **de:**	Ils disent du mal de moi, **ce dont** je ne me soucie guère.
	Les pronoms personnels? C'est **ce dont** vous avez parlé la semaine dernière.
Complément d'une autre préposition	Il dit qu'il neigera demain, **ce à quoi** je n'avais pas songé.
que de:	Vous ne me l'avez pas dit, **ce en quoi** vous êtes fautif.

REMARQUES:

- **Quoi** peut être employé sans **ce** ou sans antécédent.

(1) Sans **ce:**

Prêtez-moi deux dollars, **sans quoi** je ne pourrai payer le taxi.
Il a pris la parole le premier, **après quoi** il a laissé les autres présenter leurs objections.

(2) Sans antécédent:

Il n'y a pas **de quoi** rire (= il n'y a pas de raison pour rire).
Elle a **de quoi** vivre (= elle a les ressources nécessaires pour vivre).
« Je vous remercie. — Il n'y a pas **de quoi**. » (formule de politesse = cela n'en vaut pas la peine).

● On peut généralement remplacer le pronom relatif précédé de **dans** par **où** lorsque l'antécédent est une chose:

Le village **où** (**dans lequel**) nous passons nos vacances est à 100 kilomètres d'ici.
La rue **où** (**dans laquelle**) il habite a de très belles maisons.
Le propriétaire du restaurant **où** (**dans lequel**) nous avons dîné hier soir est Français.

● Employez **où** pour remplacer une expression de temps comme **pendant lequel, au cours duquel,** etc.:

Le jour **où** (**au cours duquel**) nous sommes partis, elle était malade.
C'est à l'époque **où** (**pendant laquelle**) les femmes n'avaient pas le droit de voter.

EXERCICES

A. Remplacez les tirets par les pronoms relatifs indéterminés qui conviennent (**ce que, ce qui, ce dont, ce à quoi, ce en quoi** etc.).

EXEMPLE: Elle est arrivée en retard, _____ elle ne fait jamais.
Elle est arrivée en retard, ce qu'elle ne fait jamais.

1. Il n'a pas répondu à ma question, _____ je m'étonne.
2. N'allez pas me reprocher plus tard de ne pas vous avoir dit _____ il était inutile que je vous dise!
3. _____ te plaît ne me conviens pas du tout.
4. Elle lui a dit qu'ils auraient un examen le lendemain, _____ il n'avait pas songé.
5. Vous ne vous êtes pas excusé, _____ vous êtes fautif.
6. _____ tu désires la réalisation n'est pas pour demain.
7. Il sourit, _____ il ne fait presque jamais.
8. Elle a quarante-cinq ans, _____ est un âge critique pour les femmes.

B. Faites une phrase avec chacun des pronoms suivants:

1. auquel   2. après quoi   3. de quoi   4. où
5. ce dont   6. desquelles   7. de qui   8. ce que

C. Commencez chaque phrase par **Il demande . . .** et faites les changements nécessaires.

1. Qu'est-ce qui a causé cet accident?   2. Qu'est-ce qu'ils veulent acheter?   3. Que font-ils en ce moment?   4. Qu'est-ce qui a provoqué cette grève?   5. Qu'est-ce que c'est?

II.   L'adjectif interrogatif

Les formes de l'adjectif interrogatif sont **quel, quelle, quels** et **quelles.**

L'adjectif interrogatif est utilisé dans l'interrogation ou l'exclamation directe ou indirecte et s'accorde avec le nom auquel il se rapporte:

> **Quel film** as-tu vu cette semaine?
> **Quels pays** avez vous visités?
> **Quelles chansons** préférez-vous?
> **Quelle** excellente **idée!**
> **Quels** beaux **yeux!**
> Je ne sais plus **quel jour** il m'a téléphoné.
> Nous nous demandons **quelles questions** il nous posera à l'examen.

L'adjectif interrogatif est souvent suivi du verbe **être** et d'un substantif dont il est l'attribut:

> **Quel est** ce fameux **secret** qu'il ne veut révéler à personne?
> **Quelle a été la cause** de cet accident de voiture?

EXERCICE   Ecrivez la forme correcte de l'adjectif interrogatif.

1. _____ jour sommes-nous aujourd'hui?   2. De _____ couleurs sont les tulipes?   3. Dans _____ pays parle-t-on français?   4. _____ heure est-il?   5. _____ exercice faisons-nous?   6. _____ est la réponse correcte?

III.   Le pronom interrogatif

Les pronoms interrogatifs présentent des formes simples **qui? que? quoi?** et des formes composées **lequel? auquel? duquel?**

Formes simples

1. **Qui** est employé pour les personnes. Il est toujours masculin singulier et peut être *sujet* ou *complément* (avec ou sans inversion du sujet).

Qui *sujet*:	**Qui** a téléphoné?
	Qui êtes-vous?
Qui *complément*:	**Qui** as-tu rencontré?
	A **qui** voulez-vous parler?
	Elle a téléphoné à **qui?**
	Vous avez rencontré **qui?**

On peut remplacer **qui** sujet par **qui est-ce qui.**

> **Qui est-ce qui** (**qui**) a pris mes notes?
> **Qui est-ce qui** (**qui**) a des cigarettes?

Il ne faut pas confondre **qui est-ce qui** (sujet d'une personne) avec **qu'est-ce qui** (sujet d'une chose):

> **Qu'est-ce qui** se passe?
> **Qu'est-ce qui** est arrivé?
> **Qu'est-ce qui** est préférable?

2. **Que** s'emploie pour un nom de chose ou pour une phrase. On peut remplacer **que** par **qu'est-ce que:**

Qu'y a-t-il?	*ou*	**Qu'est-ce qu'**il y a?
Que te faut-il?	*ou*	**Qu'est-ce qu'**il te faut?
Que fera-t-elle?	*ou*	**Qu'est-ce qu'**elle fera?
Qu'en dit-il?	*ou*	**Qu'est-ce qu'**il en dit?

3. **Quoi** s'emploie pour un nom de chose avec une préposition, un verbe ou un infinitif:

> **De quoi** se nourrit-il?
> **En quoi** puis-je vous être utile?
> **Vers quoi** nous mène une telle politique?
> J'ai acheté quelque chose: **devinez quoi?**
> Nous n'avons plus un sou. **Quoi faire?**

REMARQUE: Dans l'interrogation indirecte, **qu'est-ce qui** devient **ce qui; que** et **qu'est-ce que** deviennent **ce que:**

> **Qu'est-ce qui** se passe?
> Je ne sais pas **ce qui** se passe.

> **Qu'est-ce qui** est arrivé?
> Je me demande **ce qui** est arrivé.

> **Que** veux-tu? **Qu'est-ce que** tu veux?
> Je ne sais pas **ce que** tu veux.

> **Qu'**en pensez-vous? **Qu'est-ce que** vous en pensez?
> Nous nous demandons **ce que** vous en pensez.

Formes composées

Les formes composées du pronom interrogatif **lequel?, auquel?** et **duquel?** sont les mêmes que les formes composées du pronom relatif:

> De toutes ces cravates, **laquelle** préférez-vous?
> J'hésite entre ces deux tableaux; **lequel** dois-je acheter?
> Vous ne savez pas **auquel** des employés je dois m'adresser?

EXERCICES

A. Formez une question en remplaçant les mots en italiques par des pronoms interrogatifs.

> EXEMPLE: *Renée* est à la maison.
> **Qui est à la maison?**

1. Elle a acheté *une machine à écrire.*
2. Elle pense *à ses examens.*
3. Cette politique nous mène vers *une crise économique.*
4. De tous ces articles, je lirai *celui-ci* en premier.
5. Ils ont besoin d'*argent.*

B. Remplacez les tirets par l'adjectif ou le pronom qui convient.

1. A _____ envoyez vous ces fleurs? —A Geneviève.
2. _____ villes avez-vous visitées?
3. _____ de ces étudiants a-t-il donné un A?
4. _____ en dites-vous?
5. _____ jolie robe!

C. Remplacez les tirets par le pronom ou la locution relative qui convient (**qui, ce qui, que, ce que, dont, ce dont, quoi, où, lequel,** etc.)

1. Est-ce lui _____ vous cherchez? 2. C'est une aventure _____ nous nous souvenons très bien. 3. Nous étions dans le parc du château _____ l'on voit le lac. 4. Il m'a dit que les banques seront fermées demain, _____ je n'avais pas pensé. 5. Nous venons de rencontrer les candidats entre _____ nous devrons choisir. 6. Plusieurs jeunes filles parmi _____ était sa fiancée se dirigeaient vers la piscine. 7. L'homme sur l'aide de _____ je comptais est parti. 8. _____ tu me dis ne me surprend pas du tout. 9. Il n'y a pas de _____ rire. 10. Elle est en retard, _____ ne me surprend guère. 11. J'ai rencontré sa fille aînée _____ il m'avait tant parlé. 12. C'est un procédé très simple _____ nous n'avons pas pensé. 13. L'agent de police lui a demandé _____ il avait vu. 14. Les amis pour _____ nous avons organisé cette fête ne sont pas encore arrivés. 15. La maladie _____ elle souffre est assez grave.

D. Remplacez, si possible, **de qui, duquel, de laquelle,** etc., par **dont.**

1. On vend le livre duquel je vous ai parlé à la librairie de l'université.
2. Il va épouser une jeune fille de qui le père est avocat. 3. Voici la dame avec le fils de laquelle vous jouez au tennis. 4. L'arbre à l'ombre duquel il se repose est un sapin. 5. La maladie de laquelle il souffre l'oblige à rester couché.

E. Remplacez les tirets par **quel** ou **lequel, auquel, duquel,** etc.

EXEMPLE: _____ pays avez vous visités?
Quels pays avez-vous visités?

De toutes ces robes, _____ préférez-vous?
De toutes ces robes, laquelle préférez-vous?

1. Je ne sais plus _____ jour je lui ai téléphoné.
2. J'hésite entre ces cravates: _____ convient le mieux?
3. De _____ côté allez-vous?
4. Savez-vous _____ des professeurs elle doit s'adresser?
5. Dieu sait _____ bêtise il aura encore été faire!
6. _____ de ces dictionnaires s'est-elle servie?
7. _____ films préférez-vous?
8. Sa fille est très intelligente. — _____? —Celle qui habite en Californie.
9. La dame avec _____ j'ai dîné hier soir, et avec le frère _____ je joue au golf, enseigne dans une université catholique.
10. _____ de ces tableaux préférez-vous?
11. _____ de ces professeurs a-t-il envoyé des exemplaires de son dernier roman?
12. _____ est le sens de cette phrase? — _____? —Celle que vous venez de lire.

F. Faites une phrase avec chacun des interrogatifs suivants:

1. quelles?   2. qui est-ce qui?   3. lequel?   4. auquel?
5. à qui?   6. lesquelles?   7. qu'est-ce que?   8. de quoi?

chapitre 11

a

Rêve et réalité

Jack Stacy est à Paris depuis un mois. Il étudie le français et pour gagner sa vie il écrit des feuilletons° pour un journal de New York. Dans ces courts récits, comme dans sa vie quotidienne, le rêve et la réalité sont étroitement mêlés. Le voilà qui rêve à son volant: il s'imagine être un détective privé à la recherche d'une jeune fille kidnappée. Vous avez déjà sans doute deviné qu'elle s'appelle Joyce et que le détective privé—Jack—finira par arrêter les malfaiteurs. Les aspirations secrètes de Jack sont étouffées ce jour-là par le bavardage de Mireille.

. . . Le détective 00¾ examinait en hâte son courrier. Il déchirait les enveloppes l'une après l'autre et les jetait par terre. Tout à coup, le contenu d'une dépêche lui fit perdre l'équilibre. Elle venait du préfet de police de Paris et disait que Joyce Smith, la seule héritière de l'une des plus considérables fortunes des Etats-Unis avait été enlevée pendant une réception au Palais de l'Elysée. Sa disparition constituait un événement politique de première importance. La chose avait eu lieu en plein jour, sous les yeux du Président et de tout le corps diplomatique.

L'enlèvement restait un mystère puisque la police était là, derrière chaque porte, sous chaque fenêtre. . . .

Le détective communiqua par téléphone ses plans à son secrétaire; puis il s'enveloppa d'une cape noire et sortit. Le secrétaire l'attendait déjà dans l'hélicoptère. La voix du détective était coupante comme une lame de rasoir:

—Nous allons pénétrer dans le Palais de l'Elysée. Atterrissez sur la pelouse du côté de l'avenue de Marigny.

—C'est impossible! La Garde républicaine° nous arrêtera, si vous voulez mon avis.

—Je ne vous demande pas votre avis. Partons! . . .

C'est une voiture d'occasion? Pas possible, s'écria Mireille. Au téléphone vous m'aviez parlé d'une vieille guimbarde. Eh bien, vous devez vous y connaître en voitures[1] car vous avez mis la main sur quelque chose de bien. Elle a été conduite avec beaucoup de soin; l'intérieur est impeccable. Quant au fonctionnement du moteur, je ne m'y connais pas, mais on n'entend pas le moindre cliquetis.° Voyons ce que dit le compteur . . . 48636 kilomètres. Ce n'est pas excessif. Mais vous savez, on a pu le truquer.[2] Les pneus sont-ils bien réparés maintenant? Et les phares, les a-t-on bien réglés? Etes-vous habitué à conduire une quatre-chevaux?°

—Comment? dit Jack Stacy surpris. Il n'avait pas compris ce que Mireille lui demandait.

C'était la fille d'un libraire du Boulevard Saint-Germain. Il l'avait rencontrée dans la librairie, le lendemain de son arrivée à Paris. Elle l'avait aidé à trouver un livre et depuis ce jour la petite boutique était devenue pour lui un endroit de prédilection. Il entrait, passait vite devant le comptoir et allait tout droit vers l'étagère du fond pour se plonger dans la lecture d'un roman. Elle venait parfois se placer silencieusement à côté de lui et commençait à feuilleter au hasard: « Et cet écrivain, le connaissez-vous? Avez-vous lu son dernier roman policier? Qu'est-ce que vous en pensez? » Un clin d'œil ou un geste suffisait; ils se comprenaient si bien. Elle repartait aussitôt: « Votre nouvelle dites-vous sera publiée! félicitations! »

—Jack, vous ne tenez pas votre droite.[3] Nous ne sommes pas en Angleterre, vous savez!

—Excusez-moi, Mireille. Je suis un incorrigible chauffard, dit Jack Stacy. Il arrêta la voiture devant la librairie Dionne.

—Venez nous voir dans le courant de la semaine. On vient de recevoir des bouquins qui vont sans doute vous intéresser, dit Mireille avant de descendre.

---

[1] **se connaître en . . . (s'y connaître)** = avoir de la compétence dans un domaine: Laissez-moi examiner le moteur, je **m'y connais** (je **me [m'y] connais**) en moteurs.

[2] **truquer** = tromper, changer en falsifiant: **truquer** un compteur (en modifier le chiffre).

[3] **tenir sa droite** = circuler (conduire) en suivant régulièrement le côté de la route qu'on a à sa droite

—Alors, vous avancez? cria un automobiliste impatient. Jack remit sa voiture en marche et roula sans but pendant quelque temps.

. . . La femme de chambre sortit de la maison en courant, une dépêche à la main:

—Ça vient d'arriver, dit-elle au détective au moment où l'hélicoptère allait décoller.

—Ah, donnez vite. Tiens, c'est curieux; un vieux comte appartenant à l'une des premières familles d'Europe est soupçonné d'avoir participé à plusieurs rapts et risque d'être arrêté. Dépêchons-nous.

Le détective 00¾ ordonna à la femme de chambre de s'envelopper dans sa cape et de lui passer sa robe et son tablier. Sous ce déguisement il pénétra dans la somptueuse demeure du comte. Il examina toutes les pièces, excepté une qui était fermée à clef. Mais derrière le portrait de la comtesse se trouvait une porte secrète qui donnait directement sur une pièce assez vaste, au milieu de laquelle, sur une table d'opération, gisait une jeune fille. Son visage avait la couleur des cadavres, mais ses yeux, ses beaux yeux bleus paraissaient avoir tiré à eux toute la vie qui manquait à ses traits figés.

La clef tourna dans la serrure. Le comte entra, accompagné de son épouse. Celle-ci lui passa une blouse blanche et ajusta sur son visage un masque de gaze pendant qu'il enfilait ses gants de caoutchouc . . .

—Tiens! Vous étiez là? Je ne vous ai pas vu entrer dans la librairie, dit Mireille. Pourquoi vous cachez-vous derrière le comptoir? Tiens! Mais vous vous êtes endormi!

—J'ai trouvé la clef du mystère . . . j'ai trouvé la clef du mystère . . . murmurait Jack d'un air vague.

—Comment? Qu'est-ce que vous dites?

Jack ressemblait en ce moment à un homme qu'un assassin tient sous sa menace et qui s'efforce de ne rien montrer à son ami, inconscient du danger:

—Rien. Je n'ai rien dit.

NOTES

Un feuilleton: article de littérature ou de science publié régulièrement dans un journal.

La Garde républicaine: garde d'honneur du Président de la République.

Cliquetis: ensemble des bruits secs produits par de menus chocs.

Une quatre-chevaux (une 4 CV): voiture qui a une puissance de quatre-vingts chevaux-vapeur.

QUESTIONNAIRE   Répondez aux questions suivantes:

1. Depuis combien de temps est-ce que Jack Stacy est à Paris?
2. Qu'est-ce qu'il fait à Paris?
3. Qu'est-ce qu'il s'imagine être pendant qu'il conduit sa voiture?
4. Qui est-ce qui l'empêche de rêver ce jour-là?
5. Qu'apprend le détective 00¾ par la première dépêche?
6. De qui vient cette dépêche?
7. Quand et où est-ce que l'enlèvement de la jeune héritière a eu lieu?
8. Quels ordres le détective privé donne-t-il à son secrétaire?
9. Celui-ci juge qu'il ne serait pas prudent d'atterrir dans le jardin du Palais de l'Elysée. Pourquoi?
10. Comment Mireille trouve-t-elle la nouvelle voiture de Jack?
11. Elle lui demande s'il est habitué à conduire une quatre-chevaux. Pourquoi?
12. Pourquoi lui demande-t-elle de tenir sa droite?
13. Est-ce que Jack fait attention à ce que Mireille raconte?
14. Qui est Mireille?
15. Comment Jack et Mireille se sont-ils rencontrés?
16. Pourquoi Mireille demande-t-elle à Jack de venir la voir dans le courant de la semaine?
17. « Ça vient d'arriver, dit la femme de chambre au détective. . . . » Qu'est-ce que celui-ci apprend par cette nouvelle dépêche?
18. Qu'ordonne-t-il à la femme de chambre?
19. Une fois chez le comte, que voit-il au milieu d'une vaste pièce?
20. Où Jack s'est-il endormi?
21. Qu'est-ce qu'il murmure d'un air vague?
22. Pourquoi est-ce que Mireille ne comprend pas ce que Jack dit?

SITUATION 11

Voiture d'occasion

—C'est une voiture d'occasion? Pas possible, s'écria Mireille. A ce prix, autant dire qu'on vous l'a offerte. Elle a l'air impeccable; quelques menus chocs, mais on en voit à peine les marques. Chez qui l'avez-vous achetée? Quel est le nom du marchand? J'irai le voir un de ces jours. . . .

1. Vous êtes marchand de voitures d'occasion. Mireille veut acheter une vieille *Ford.* Vous essayez de la lui vendre en lui faisant l'éloge du moteur, de la carrosserie,[1] des freins, des pneus, etc.: « Presque neufs . . . regardez! La roue de secours n'a pas encore été utilisée. . . . Un trésor comme celui-ci ne restera pas longtemps ici . . . ».

2. Vous êtes marchand de voitures d'occasion. Mireille essaie de vous vendre sa vieille *Ford.* Vous ne voyez que les défauts: « Vous n'avez pas eu d'accident? Les pneus . . . pas fameux. . . . Appuyez sur l'accélérateur. . . . il y a un bruit curieux . . . l'intérieur est négligé . . . il faudra recouvrir les sièges . . . il faudra la repeindre . . . ».

Mots et expressions suggérés

l'automobile (la voiture, l'auto):

la limousine, la voiture de sport, la voiture de course, le taxi, le camion, la guimbarde

les parties de l'automobile:

le frein, le volant, la transmission, le moteur, le carburateur, les bougies, la boîte de vitesse, les pneus, le siège, le coffre à bagages

une voiture neuve (ou presque neuve) est: impeccable, prête à prendre la route . . .

l'intérieur est de toute beauté, propre
le moteur marche bien, on n'entend pas le moindre cliquetis
les pneus sont parfaits car on a à peine roulé avec

une vieille voiture (une guimbarde) ou une voiture d'occasion est souvent:

en mauvais état; elle a eu de gros ou de menus chocs, une panne; elle dévore l'huile, fume trop

l'intérieur est négligé, le tissu des sièges est usé, abîmé
le moteur chauffe
le carburateur est bouché
les bougies sont encrassées
les pneus sont défectueux; on roule parfois presque sur les toiles
les phares ne sont pas bien réglés
le compteur est parfois truqué

---

[1] **La carrosserie** est la caisse d'une voiture.

REVISION DE GRAMMAIRE

I. Les verbes transitifs et intransitifs

Les verbes *transitifs* sont ceux qui expriment une action sortant du sujet et passant sur un objet. Les verbes *intransitifs* sont ceux qui expriment une action limitée au sujet et ne passant sur aucun objet.

> Le détective privé **a quitté la maison** avec son secrétaire.
> Le détective privé **est parti** avec son secrétaire.

Dans la première phrase, le verbe **quitter** est un verbe *transitif* parce qu'il a un complément d'objet (**la maison**). Dans la deuxième phrase, le verbe **partir** est un verbe *intransitif* parce qu'il n'a pas de complément d'objet.

Les verbes transitifs peuvent être directs ou indirects. Les verbes **quitter, connaître** et **rencontrer** sont des verbes transitifs directs parce qu'ils ont un complément d'objet direct (sans **à** ou **de**):

> Connaissez-vous cet écrivain?
> Nous avons rencontré son frère.

Les verbes **penser, rêver** et **parler** sont des verbes transitifs indirects parce qu'ils ont un complément d'objet indirect (avec **à** ou **de**):

> Que pensez-vous **de** cet écrivain?
> Jack rêve **à** Joyce pendant qu'il conduit.
> Elle parle **à** Jean-Pierre **de** ses vacances aux Etats Unis.

II. La forme passive

La forme passive indique que le sujet *subit* l'action.

1. Un verbe est à la forme passive lorsque la conjugaison du verbe **être** est suivie du participe passé du verbe conjugué. Le participe passé s'accorde en genre et en nombre avec le sujet, comme un adjectif. Notez la conjugaison passive d'un verbe dans le tableau suivant.

La conjugaison passive

Le verbe **être aimé**

Indicatif

Temps simples :

présent	*imparfait*
je suis aimé	j'étais aimé
nous sommes aimés	nous étions aimés

futur	*conditionnel présent*
je serai aimé	je serais aimé
nous serons aimés	nous serions aimés

passé défini
je fus aimé
nous fûmes aimés

Temps composés :

passé indéfini	*plus-que-parfait*
j'ai été aimé	j'avais été aimé
nous avons été aimés	nous avions été aimés

futur antérieur	*conditionnel passé*
j'aurai été aimé	j'aurais été aimé
nous aurons été aimés	nous aurions été aimés

passé antérieur
j'eus été aimé
nous eûmes été aimés

Subjonctif

Temps simples :

présent du subjonctif	*imparfait du subjonctif*
. . . que je sois aimé	. . . que je fusse aimé
. . . que nous soyons aimés	. . . que nous fussions aimés

Temps composés :

passé du subjonctif	*plus-que-parfait du subjonctif*
. . . que j'aie été aimé	. . . que j'eusse été aimé
. . . que nous ayons été aimés	. . . que nous eussions été aimés

Impératif : sois aimé! soyons aimés! soyez aimés!

Infinitif : être aimé

Participe présent : étant aimé

Participe passé : ayant été aimé

---

2. En général, il n'y a que les verbes transitifs directs qui puissent prendre la forme passive:

Forme active:

Christophe Colomb découvrit (a découvert) l'Amérique.
(sujet) (verbe transitif direct) (complément d'objet direct)

Forme passive:

L'Amérique fut découverte (a été découverte) par Christophe
(sujet) (verbe transitif passif) **Colomb.**
 (complément d'agent)

Vous avez sans doute remarqué que le sens de la phrase ne change pas; c'est la forme qui change. Le complément d'objet direct du verbe transitif (**l'Amérique**) devient le sujet du verbe transitif passif et subit l'action. Le sujet du verbe transitif actif (**Christophe Colomb**) devient l'agent du passif.

REMARQUE: La préposition **par** précède le complément d'agent quand il s'agit d'une *action*. La préposition **de** précède le complément d'agent quand il s'agit d'une *description* ou bien d'une *situation statique*:

Le musée d'Art Moderne **est visité par** beaucoup de touristes. (*action*)
Notre division **était entourée** de tous côtés **par** les ennemis. (*action*)
L'église **est entourée de** maisons pittoresques. (*description ou situation statique*)
Monique **est aimée de** (**par**) ses parents. (*situation statique ou action*)
La terre **est couverte de** feuilles mortes. (*description*)
Ce manuel **est composé de** quatorze chapitres. (*description*)
Ce devoir **est rempli de** fautes. (*description*)

3. Il ne faut pas confondre les formes passives avec les formes actives de certains verbes intransitifs conjugués avec **être.** Les verbes **aller, venir, tomber** et **arriver** ne sont jamais passifs.

Comparez:

Forme active: Elle **est arrivée** par New York.
Forme passive: Elle **est arrêtée** par la police.

4. La forme passive s'emploie beaucoup plus en anglais qu'en français. Quand l'agent n'est pas mentionné, les Français préfèrent employer soit un verbe transitif actif qui a **on** comme sujet, soit une forme pronominale:

Forme passive	Forme active	Forme pronominale
Ce disque est vendu partout.	On vend ce disque partout.	Ce disque se vend partout.
C'est fait couramment.	On fait cela couramment.	Cela se fait couramment.
L'allemand est parlé ici.	On parle allemand ici.	L'allemand se parle ici.

REMARQUES:

- On emploie de préférence la forme active avec le sujet **on** ou bien la forme pronominale lorsqu'il s'agit d'une habitude. De ces deux formes, c'est la forme pronominale qui est la plus idiomatique:

  Embrasser une jeune fille dans un musée? Mais ça ne **se fait** pas. L'imparfait du subjonctif ne **s'emploie** plus dans la langue parlée.

- La forme active avec le sujet **on** et la forme pronominale ne peuvent se substituer au passif qu'à la troisième personne.

EXERCICES

A. Remplacez la forme active par la forme passive.

EXEMPLE: Christophe Colomb a découvert l'Amérique en 1492.
L'Amérique a été découverte par Christophe Colomb en 1492.

1. Les Normands ont envahi l'Angleterre en 1066.
2. Léonard de Vinci a peint *La Joconde* en 1505.
3. Les rois de France ont bâti ce château magnifique.
4. Mon frère a conduit ma cousine à l'hôpital.
5. Jean-Pierre a embrassé Joyce.
6. Beaucoup de touristes visitent le musée d'Art Moderne.

B. Remplacez la forme passive par la forme active.

EXEMPLE: Ils auraient été surpris par la neige.
La neige les aurait surpris.

1. J'ai été insulté par cet employé. 2. Ces maisons seront vendues par les héritiers. 3. Le premier ministre avait été critiqué par les députés. 4. Nous sommes surpris par votre indifférence. 5. Le phonographe fut inventé par Edison. 6. Cette robe a été faite par Dior.

III.   La forme impersonnelle

1. Le sujet d'un verbe impersonnel ne représente ni une personne, ni un animal, ni une chose définie. C'est le cas de beaucoup de verbes qui expriment un phénomène atmosphérique:

   il pleut, il neige, il gèle
   il fait chaud, il fait beau, il fait frais, il fait du vent

2. Les verbes impersonnels se conjuguent à la 3e personne du singulier seulement. Vous connaissez les verbes essentiellement impersonnels: **il neige, il faut,** etc. Mais souvent les verbes sont *accidentellement* impersonnels. Un verbe accidentellement impersonnel se présente en tête de la phrase précédé du faux sujet **il.** Le vrai sujet suit le verbe qui reste invariable:

   Il n'arriva **rien.** (= Rien n'arriva.)
   (faux sujet)   *(vrai sujet)*
   Il s'est passé **bien des choses** depuis votre départ.
   (= Bien des choses se sont passées depuis votre départ.)

   Il venait chaque jour **des milliers d'étudiants** dans cette salle.
   (= Des milliers d'étudiants venaient chaque jour dans cette salle.)

   On peut construire de cette façon des verbes actifs transitifs (**venir, arriver**), des verbes pronominaux (**se produire, se présenter**) et des verbes passifs (**être dit, être permis, être défendu**).

3. Les formes impersonnelles des verbes **avoir** et **être** expriment souvent la présence, la durée ou le moment:

La présence:	**Il y a** une vingtaine d'étudiants dans cette classe.
La durée:	**Il y a** une demi-heure qu'elle attend.
Le moment:	**Il est** cinq heures moins le quart.

4. La forme impersonnelle du verbe **être** annonce souvent le vrai sujet. Si ce sujet a déjà été exprimé, on emploie **ce** + **être.**

   Comparez:

   Il est dommage que Marie soit malade.
   Marie est malade. **C'est dommage.**

   Il est nécessaire que vous preniez des notes.
   Vous prenez des notes. **C'est nécessaire.**

   Il est préférable qu'elle conduise lentement.
   Elle conduit lentement. **C'est préférable.**

   Il n'est pas facile d'apprendre à parler japonais.
   Apprendre à parler japonais, **ce n'est pas facile.**

IV.   Les verbes *faire* et *rendre*

1. Le verbe **rendre** + nom (ou pronom) + adjectif se traduit par *to make*.
   Le verbe **rendre** + nom de chose se traduit par *to return*.

   > Jean-Claude a fait tant de fautes qu'il **a rendu le professeur** très **mécontent.**
   > Je vous **ai rendu vos notes,** n'est-ce pas?

2. Le verbe **faire** suivi d'un infinitif se traduit en anglais par une forme passive quand l'infinitif a un sens passif:

   > Ils **font bâtir** une maison. (*They are having a house built.*)
   > Elle **a fait faire** une robe. (*She had a dress made.*)

   Dans ces phrases, l'action est faite pour le sujet par une autre personne.

3. Le verbe **faire** s'emploie aussi à la forme pronominale:

   > Ils **se font construire** une nouvelle maison.
   > Il sait **se faire obéir.**

EXERCICES

A. Remplacez la forme pronominale par le verbe précédé de **on.**

EXEMPLE: Ce livre se vend partout.
On vend ce livre partout.

1. Est-ce que le français se parle dans votre pays?
2. En France, le pain se mange sans beurre.
3. Chez nous, le champagne se boit avec le dessert.
4. Le « New York Times » se vend à Paris.
5. L'imparfait du subjonctif ne s'emploie pas souvent.
6. Vous n'avez pas dormi la nuit dernière et ça se voit.

B. Remplacez la forme personnelle par la forme impersonnelle.

EXEMPLE: Bien des choses se sont passées depuis les élections.
Il s'est passé bien des choses depuis les élections.

1. Des gens curieux se pressaient devant le tableau.
2. Fumer en classe n'est pas permis.
3. Rien ne se passe dans cette ville.
4. De nombreux étudiants venaient chaque jour pour admirer la statue.
5. Atterrir sur la pelouse du château est interdit.

C. Commencez chaque phrase par **Il est . . .** et faites les changements nécessaires.

> EXEMPLE: Vous avez eu un accident. C'est dommage.
> **Il est dommage que vous ayez eu un accident.**

1. Voyager sans argent quand on est jeune, c'est amusant.
2. Mon moteur s'est arrêté. C'est dommage.
3. Apprendre à parler italien, est-ce difficile?
4. L'intérieur de cette voiture est négligé. C'est dommage.
5. Répondre à toutes les questions, c'est difficile.

D. Changez la phrase en employant **faire** suivi d'un infinitif et le mot entre parenthèses comme sujet.

> EXEMPLE: Les étudiants ont corrigé les fautes (le professeur)
> **Le professeur a fait corriger les fautes par les étudiants.**

1. Le mécanicien a changé les pneus de la voiture (je).
2. Dans quelques minutes, les spectateurs entreront dans la grande salle (on).
3. Le professeur lira le poème (nous).
4. Les spectateurs ont ri (ce film).
5. Sa secrétaire traduira l'article (il).
6. Mon petit frère a dormi (ce remède).
7. Des fleurs ont poussé dans ces pots (Marie).
8. On jouait les comédies de Molière à Versailles (Louis XIV).

E. Faites deux phrases avec chacun des verbes suivants:

1. rendre + nom (ou pronom) + adjectif
2. rendre + nom de chose
3. faire (ou se faire) + infinitif

Cauchemar ou réalité?

—Je vais prendre la voiture du comte, dit le détective 00¾ à son sosie Jack. Quelle belle voiture! Et quelle agréable surprise: il a laissé la porte ouverte . . . les clefs sont à l'intérieur. Le siège arrière est énorme. Mademoiselle Smith y sera confortablement couchée. Il faut l'amener à l'hôpital tout de suite. Elle fait des gestes inconscients. . . . Il me semble qu'elle veut dire quelque chose. . . . Elle demande ce que c'est qu'une piqûre intraveineuse. . . .

—A propos, qu'est-ce que c'est qu'une piqûre intraveineuse?

—C'est une injection médicamenteuse faite à l'intérieur d'une veine. Le comte lui a sans doute fait une piqûre. J'ai trouvé à côté de la table d'opération deux ampoules: l'une est mortelle, mais l'autre est inoffensive. Espérons que tout ira pour le mieux. . . . Mais, regarde tous ces gens qui sortent de la maison . . . et ils sont tous armés. Quelqu'un nous observe du toit de la maison. Partons vite. On n'a pas de temps à perdre.

—Cette voiture n'a pas la même boîte de vitesse que la tienne. Il vaut peut-être mieux que je conduise moi-même.

—Non, Jack. J'ai envie de l'essayer. . . . Il y a cinq kilomètres qui nous séparent de l'hôpital. Quel serait le chemin le plus court? Si l'on prenait celui en lacet qui monte jusqu'au sommet de la côte? Il descend sans doute vers la vallée où se trouve l'hôpital. Quel est ton avis?

—Je trouve qu'en prenant ce raccourci, nous arriverons plus vite.

—Voyons . . . il faut passer le levier à travers une grille pour changer de vitesse. Ce n'est pas facile du tout. Quelle drôle de voiture! Et puis, je crois qu'il ne reste presque plus d'essence. Heureusement, nous arriverons bientôt au sommet de la côte . . . ça y est . . . nous y sommes. . . . Je vais couper le contact et nous allons rouler sans moteur.

—Il y a quelque chose qui ne va pas; nous descendons beaucoup trop vite.

—C'est que . . . je voulais actionner les deux freins, mais ils m'ont lâché l'un après l'autre.

—Qu'est-ce qu'un frein? . . . Jack, tu comprends tout; tu penses à tout . . . Tu es venu me chercher; un autre n'aurait pas eu le courage de faire ce que tu as fait. . . . On reconnaît l'arbre à ses fruits . . . Tout est bien qui finit bien . . . Oui, je t'aime . . . On oublie bien vite les défauts de la personne qu'on aime. . . . Quels médicaments m'avez-vous donnés? . . . Ils sont tous partis . . . Jack, fais tout ce que tu veux, mais ne me quitte pas, je t'en supplie . . . Jack . . . est-ce que tu m'écoutes ou bien tu rêves de nouveau. . . .

—Mlle. Smith a recommencé à divaguer . . . Elle t'aime, Jack. Tu dois être content. . . .

—Joyce, quel plaisir de t'entendre parler . . . Joyce! Joyce! m'entends-tu? Joyce!!! . . . . On dirait qu'elle a cessé de respirer. Il faut se dépêcher!

—Se dépêcher? Nous dévalons la côte à toute allure. Cette voiture n'a pas de freins! Je dois virer à droite et à cette vitesse nous allons probablement culbuter dans la rivière qui longe le chemin. Jack, tu ferais mieux de sauter . . . J'ai peur que nous ne sortions pas vivants de ce virage . . . .

—Je dois rester avec Joyce. Toi, si tu veux, saute. Je vais tenir le volant si tu veux sauter.

—Non, Jack, je reste avec toi. Ce chemin est plein de trous, mais les phares éclairent bien et j'arrive à les éviter. . . . Je me demande si les roues et la carosserie tiendront le coup. Imagines-toi si quelqu'un arrivait en sens contraire . . . la route est tellement étroite. . . . Ah! Nous avons pris impeccablement ce virage mais . . . en voilà un autre; celui-là, je n'arriverai pas à le prendre. . . . Le volant ne m'obéit plus . . . nous nous envolons . . . .

Quand Jack a repris conscience, il se trouvait dans la boue, au bord de la rivière. Il était incapable de remuer, mais ses sens étaient alertes. Il a vu l'épave de la voiture, une ambulance et deux hommes habillés en blanc qui parlaient avec Joyce:

—Vous vous en êtes tirée sans une égratinure. Quelle chance! disait l'un.

—Le détective 00¾ a dû mourir instantanément, disait l'autre. Est-ce lui qui conduisait?

—Oui, il me semble que c'était lui, mais je ne suis pas sûre. Et Jack. Vous ne l'avez pas vu? Où est Jack?

—Je suis ici, Joyce! criait Jack, mais personne ne l'entendait. Pourtant, quelques minutes après, un homme se tenait debout devant lui. Jack l'avait pris d'abord pour l'un des hommes en blanc, mais en regardant attentivement, il avait reconnu le détective 00¾. Une blessure à la face l'avait complètement défiguré.

—Ha! C'est toi, Jack! Ça va?

—Oui, ça va. Quel affreux accident! Quel désastre! Tu ne souffres pas trop, j'espère.

—Non, pas du tout . . . .

—Mais, dis donc! Tu es mort! L'un des hommes là-bas disait tout à l'heure que tu étais mort!

Le détective 00¾ a posé une main sur l'épaule de Jack. Il lui témoignait, par son sourire, de l'affection et de la sympathie.

—Ah, je suis mort, c'est vrai. Mais . . . toi aussi, Jack. Toi aussi.

QUESTIONNAIRE
1. Cette histoire est liée à une autre. Laquelle?
2. Quels sont les personnages que vous connaissez déjà?
3. Que veut dire le mot sosie?
4. Qu'est-ce qui indique qu'il s'agit d'un cauchemar?
5. Quelle différence y a-t-il entre un rêve et un cauchemar?
6. Décrivez la voiture du comte. En quoi est-elle différente des autres voitures?
7. Pour descendre la côte, les deux sosies sont obligés de rouler sans moteur. Pourquoi?
8. Comment sait-on que Joyce est en train de divaguer?
9. Comment interprétez-vous le rêve de Jack?
10. Qu'est-ce qui indique que Jack est amoureux de Joyce?
11. Jack dit au détective 00¾ qu'il faut se dépêcher. Pourquoi?
12. Le détective 00¾ lui répond qu'il ne peut pas aller plus vite. Il ne peut pas ralentir non plus. Pourquoi?
13. Quelle est la cause de l'accident?
14. Décrivez la scène après l'accident.
15. Joyce demande où est Jack. Celui-ci l'entend mais elle ne l'entend pas. Pourquoi?
16. Quelle est l'ironie cauchemardesque du dialogue final?
17. Relevez dans ce récit tous les éléments cauchemardesques.
18. Quelles sont les actions qui auraient pu se passer en réalité?

**DISCUSSION /
COMPOSITION**

1. Ecrivez une courte composition sur la place que tiennent les rêves dans le monde moderne.
2. Racontez un de vos rêves ou bien, décrivez un événement qui n'a pas d'explication logique.
3. Décrivez la voiture que vous voudriez avoir. Comparez-la à la vôtre (si vous en avez une).

AUTOMOBILE

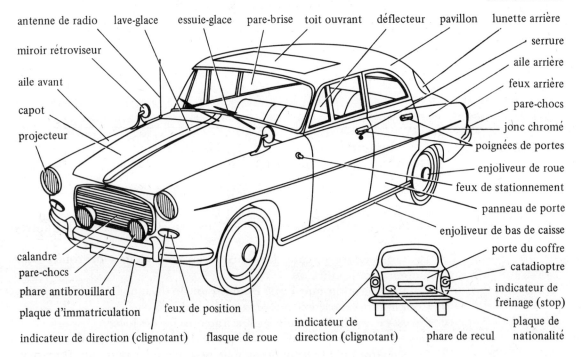

antenne de radio   lave-glace   essuie-glace   pare-brise   toit ouvrant   déflecteur   pavillon   lunette arrière

miroir rétroviseur

aile avant

capot

projecteur

serrure

aile arrière

feux arrière

pare-chocs

jonc chromé

poignées de portes

enjoliveur de roue

feux de stationnement

panneau de porte

enjoliveur de bas de caisse

porte du coffre

catadioptre

indicateur de freinage (stop)

plaque de nationalité

calandre
pare-chocs

phare antibrouillard

plaque d'immatriculation

indicateur de direction (clignotant)   feux de position   flasque de roue

indicateur de direction (clignotant)   phare de recul

RÉVISION DE GRAMMAIRE

Les pronoms indéfinis

FORMES

1. Les pronoms indéfinis ont souvent la même forme que les adjectifs indéfinis. Comparez:

Adjectifs indéfinis	*Pronoms indéfinis*
aucun, aucune, aucuns, aucunes	aucun, aucune[1]
autre, autres	autre, autres
certain, certaine, certains, certaines	certains, certaines[2]
nul, nulle, nuls, nulles	nul[3]
pas un, pas une	pas un, pas une
plusieurs	plusieurs

[1] souvent avec un complément
[2] toujours pluriel
[3] presque toujours sujet masculin singulier

Exemples:

Adjectifs indéfinis

Je n'ai **aucune** information à ce sujet.

Ils ont encore trois **autres** enfants.

D'un **certain** point de vue, il a raison.

Nous n'avons **nul** besoin de votre aide.

Elle n'a **nulle** envie de travailler sous ses ordres.

Pas une voiture sur la route pendant une heure!

Je pourrais vous citer **plusieurs** exemples.

Pronoms indéfinis

Aucun d'entre vous n'a compris cette règle.

Tu as mangé une pomme, en veux-tu une **autre?**

Chez **certains** (= il y a des gens chez qui . . .) la méfiance est maladive.

Certains d'entre vous m'ont mal compris.

Nul n'est censé ignorer le règlement.

Nul n'est prophète en son pays.

Il n'en est **pas un** qui ne sache conjuguer les verbes.

J'en ai vu **plusieurs** qui copiaient sur leur voisin.

Ils se sont mis à **plusieurs** pour écrire ce manuel.

2. Aux adjectifs indéfinis **chaque, quelque, quelques, tout, toute, tous** et **toutes**[1] correspondent les pronoms indéfinis **chacun, chacune, quelqu'un, quelques-uns, quelques-unes, quelque chose, tout, tous** et **toutes.**

a. **Chacun, chacune** s'emploie souvent avec un complément:

Chacun d'entre vous a été reçu à l'examen.
Remettez ces chaises **chacune** à sa place (ou à leur place).
Ce n'est peut-être pas vrai, mais **chacun** le dit.

b. **Quelqu'un, quelque chose** (toujours masculin singulier) indiquent une personne ou une chose d'une manière vague. Ces deux pronoms indéfinis peuvent être:

(1) employés seuls ou suivis d'une phrase relative:

Quelqu'un vous demande au téléphone. (= on)
Si **quelqu'un** venait, vous lui direz que je serai de retour à trois heures.
Y a-t-il **quelqu'un** qui veuille le faire? (*avec une négation*: Il **n**'y a **personne** qui veuille le faire).

Vous vouliez **quelque chose?** (*avec une négation*: Vous **ne** vouliez **rien?**)
Il espère **quelque chose** qui puisse le sortir d'embarras.
Vous prendrez bien **quelque chose?** (= invitation à boire)

(2) suivis de **de** et d'un adjectif masculin:

C'est **quelqu'un d'honnête** et **d'intelligent.** (= c'est une personne)

Il se passe **quelque chose d'extraordinaire, d'étonnant.** (= c'est une chose)

c. **Quelques-uns** et **quelques-unes** indiquent un nombre indéterminé mais limité de personnes:

Quelques-uns d'entre eux ignoraient l'existence de ce problème. (= un certain nombre)
Quelques-unes de ces histoires sont très drôles. (= certaines de ces histoires)

d. **Tout, tous** et **toutes** désignent l'ensemble des choses, s'opposant à **rien,** ou l'ensemble des personnes (**tout le monde**), s'opposant à **personne.**

---

[1] Voir Chapitre 7-b, *Révision de grammaire.*

(1) **Tout** entre dans de nombreuses locutions:

> **En tout.** (= au total)
> **C'est tout.** (= il n'y a rien d'autre; il n'y a rien à ajouter)
> **Ce n'est pas tout.** (= il faut encore considérer ceci . . .)
> Elle est gentille **comme tout.** (= très gentille)

(2) **Tous** et **toutes** désignent la totalité des personnes ou des choses:

> J'ai invité mes camarades: **tous** sont venus.
> Connaissez-vous ces femmes? Oui, je les connais **toutes.**
> On ne peut pas dire cela à **tous.** (= à tout le monde)
> Chacun pour soi et Dieu pour **tous.**
> Laisse ces crayons à leur place: je me sers de **tous.**
> Ils sont **tous** partis.

REMARQUES:

- **Tous** pronom se prononce *tus*; **tous** adjectif se prononce *tu*.

- **Tout, tous, toutes** complément d'objet est généralement placé, dans les temps composés, entre le verbe auxiliaire et le participe passé:

> Ils ont **tout** essayé pour le persuader de rester.
> Elle a **tout** raconté à ses parents.

- Le singulier (**tout**) seulement peut s'employer comme complément d'objet sans un autre pronom complément d'objet:

> Il sait **tout.** (*compl. d'objet direct*)
> Nous avons pensé **à tout.** (*compl. d'objet indirect*)
> Jack, tu comprends **tout** . . . .
>
> *Mais*: Avez-vous invité vos camarades de classe? Oui, je **les** ai **tous** invités.
> A-t-il donné de bonnes notes à ces étudiantes? Oui, il **leur** a donné à **toutes** de bonnes notes.

3. Les pronoms indéfinis **n'importe qui, n'importe quoi, n'importe lequel** et **n'importe quel,** indiquent une personne ou une chose indéfinie:

> **N'importe qui** pourrait le faire.
> **N'importe quoi** plutôt que de manger encore des pommes de terre.
> Ils veulent gagner leur indépendance à **n'importe quel** prix.

REMARQUE: Les locutions adverbiales **n'importe où, n'importe comment** et **n'importe quand** indiquent un lieu, une manière ou un moment indéfini:

> Nous partirons **n'importe où,** mais nous nous en irons.
> Elle travaille **n'importe comment.** (= sans méthode)
> Venez **n'importe quand,** je suis chez moi tous les soirs à partir de sept heures.

4. Les pronoms indéfinis **l'un(e) . . . l'autre** et **les un(e)s . . . les autres** marquent l'opposition entre les personnes ou les choses qu'ils désignent:

> Les deux boxeurs montent sur le ring: **l'un** est Cubain, **l'autre** Mexicain. (= *the one . . . the other*)
> Ni **l'un** ni **l'autre** ne viendra.
> C'est **l'un** ou **l'autre.** (= Décide-toi, il n'y a que deux solutions.)
> C'est **tout l'un** ou **tout l'autre** (= Il (elle) va d'un excès à l'excès opposé.)
> **L'un** vaut **l'autre.** (= Ces deux personnes ne valent pas mieux l'une que l'autre.)
> Les fruits étaient tous gâtés: **les uns** étaient pourris, **les autres** avaient été piqués par les oiseaux.
> Les deux freins m'ont lâché **l'un** après **l'autre.**
> Aimez-vous **les uns les autres.** (= *one another*)

REMARQUES:

- L'expression **un jour ou l'autre** veut dire « à une époque indéterminée dans l'avenir »:

  > **Un jour ou l'autre,** vous gagnerez à la loterie.

- **Les autres** indique l'ensemble ou le groupe de personnes que l'on oppose à soi-même ou à un individu:

  > Ce que **les autres** disent de moi m'est complètement indifférent. (= ce que les gens disent . . .)
  > Elle se moque souvent **des autres.**
  > Il n'a pas peur de moi, mais il a peur **des autres.**

Le pronom indéfini *on*

Le pronom indéfini **on** s'emploie:

1. Pour désigner une personne non précisée:

> **On** a frappé à la porte. (= quelqu'un a frappé . . .)
> **On** dirait bien que c'est lui.
> **On** oublie bien vite les défauts de la personne qu'on aime.

2. Pour supprimer la désignation explicite de l'auteur d'une action (il correspond alors au passif sans complément d'agent):

> **On** a fermé les portes. (= Les portes ont été fermées)
> **On** a encore augmenté les prix. (= Les prix ont été encore augmentés)

3. Pour désigner des personnes éloignées dans le temps ou dans l'espace, excluant celui qui parle et celui à qui il parle:

> Autrefois, **on** vivait mieux.
> Au Japon, **on** porte souvent des kimonos.

4. Avec un verbe au présent, **on** peut désigner n'importe quelle personne, y compris celui qui parle (cet emploi est fréquent dans les proverbes):

> **On ne fait pas** d'omelette sans casser d'œufs. (= On n'arrive pas à un résultat sans peine ni sacrifices.)
> **On reconnaît** l'arbre à ses fruits. (= C'est à ses actes qu'on connaît la valeur d'un homme.)
> Comme **on fait** son lit, **on se couche.** (= Il faut s'attendre en bien ou en mal à ce qu'on s'est préparé à soi-même par sa conduite.)

5. Dans la langue parlée, **on** remplace souvent la 2e ou la 3e personne du singulier ou du pluriel, avec diverses intonations (familiarité, sympathie, sarcasme, mépris, etc.):

> Alors, **on** ne parle plus français dans la classe de français?
> Alors, **on** n'est plus fâché maintenant?
> Elles n'ont même pas remercié ces gens: **on est** trop **fières** pour ça!

Notez que quand **on** est nettement déterminé, l'accord se fait avec l'antécédent de **on,** mais le verbe reste toujours à la 3e personne du singulier.

REMARQUES:

- **On** ne peut s'employer que comme sujet; il est remplacé comme complément par des équivalents comme **quelqu'un** (*sing.*), **des gens** (*pluriel*), etc.:

Sujet	*Complément*
On a demandé de vos nouvelles.	J'ai rencontré **quelqu'un** qui m'a demandé de vos nouvelles.
	J'ai rencontré **des gens** qui m'ont demandé de vos nouvelles.

- **On** ne peut être séparé du verbe que par les pronoms personnels **le, la, les, nous, vous, lui, leur, en, y,** etc.:

  On vous demande au téléphone.
  On m'a remis ces clefs pour vous.
  On lui a donné une bourse.

- La forme **l'on** se rencontre dans la langue écrite, plus particulièrement quand le mot qui précède se termine par une voyelle:

  Si **l'on** savait le plaisir que j'ai à la rencontrer!
  Elle avait cet air que **l'on** prend quand on va à un enterrement.[1]
  Si **l'on** prenait le chemin qui monte jusqu'au sommet de la côte?

EXERCICES

A. Posez les questions qui correspondent aux réponses suivantes.

EXEMPLE: Je n'ai rien acheté.
  Avez-vous acheté quelque chose?

  Personne n'a vu ce film.
  Quelqu'un a-t-il vu ce film?

1. Il n'y avait personne qui veuille le faire.
2. Elle n'a rien vu d'extraordinaire.
3. Personne n'a téléphoné en votre absence.
4. Il n'a rien dit d'amusant.
5. Non, merci. Je ne prendrai rien.

B. Remplacez le verbe pronominal par **on** et faites les changements nécessaires.

EXEMPLE: Ces livres se trouvent à la bibliothèque.
  On trouve ces livres à la bibliothèque.

1. Ces produits se vendent facilement.
2. Le verbe s'accorde toujours avec le sujet.
3. Les pronoms indéfinis **certains** et **plusieurs** ne s'emploient pas au singulier.
4. Les poèmes de Victor Hugo se lisent facilement.
5. Dans les temps composés, le verbe **être** se conjugue avec le verbe **avoir.**
6. Ces livres se vendent-ils en France?

---

[1] **enterrement,** *n.m.* = **funérailles**

C. Changez les phrases suivantes en employant **on.**

   1. Les gens oublient bien vite **les** défauts de la personne qu'ils aiment.
   2. Quand le maître veut noyer **son** chien, il l'accuse de la rage.
   3. Les gens n'achètent pas de **diamants** quand ils ne sont pas riches.
   4. Comme vous êtes élégante **aujourd'hui**! Vous avez mis votre belle robe.
   5. En Californie, beaucoup de **gens** font du surfing.
   6. Nous n'allons pas à l'université **quand** nous sommes malades.

D. Remplacez les tirets par **tout, toute, tous, toutes** (adjectif ou pronom).

   1. _____ les Parisiens qui s'intéressent à la peinture moderne sont allés les voir.
   2. C'est parce qu'ils n'ont pas _____ compris.
   3. Mais _____ la presse parisienne en a parlé.
   4. _____ mes amis voulaient **voir** l'exposition parce qu'ils aiment _____ la peinture moderne.
   5. On a montré _____ les peintures de Dubuffet dans le Grand Palais.

E. Remplacez les mots en italiques par **chaque, chacun** ou **chacune** et faites les changements nécessaires.

1. Ils sont *tous* partis. 2. *Tout* homme est sujet à l'erreur. 3. On ne peut pas dire cela à *toutes les* jeunes **filles**. 4. *Tous* ses étudiants vont au laboratoire et *tous* parlent français correctement. 5. Il courait dans *toutes les* directions.

chapitre 12

a

La conversation

—Allô! est-ce que Joyce est à la maison? . . . Voulez-vous lui dire que je voudrais lui parler . . . D'accord, je reste à l'appareil . . . Ah! bonjour Joyce. Ici Jean-Pierre. J'espère que je ne vous dérange pas . . . Voulez-vous qu'on aille . . .

—Non, merci Jean-Pierre. Je ne devrais même pas vous parler . . . Non, ce n'est pas ça. Pourquoi avez-vous abandonné vos leçons d'anglais? Il y a une éternité que je ne vous ai pas vu; depuis notre visite au musée d'Art Moderne . . . vous étiez très occupé . . . Ah! je m'en doutais . . . alors, tant pis pour vous. Quand vous serez à New York, malheureux de ne pas pouvoir parler avec les gens, vous vous rattraperez avec les petits oiseaux de Central Park.

—Ça ne me déplairait point. J'ai tellement l'habitude de parler aux moineaux du Bois de Boulogne. . . . Franchement, Joyce, je ne vois pas très bien comment je pourrais devenir brillant causeur en anglais, puisque j'ai tant de difficultés à converser avec ceux qui parlent ma langue maternelle. Je n'essaie même plus de participer à une conversation de salon . . . ce n'est pas que je ne trouve rien à dire; au contraire, j'ai trop de choses à dire, mais je ne sais jamais comment ordonner mes idées.

—Attendez un instant, Jean-Pierre. Il faut que je demande à vos cousins de ne pas faire tant de bruit . . . c'est fait, je vous écoute.

—Où en étions-nous? Ah, oui. L'autre jour, mon patron qui est au courant de tout, savait que je m'intéresse depuis quelque temps à la philosophie et tenait à ce que j'explique à un de ses amis les différentes formes d'existentialisme. Je croyais bien connaître le sujet et me sentais de taille à discuter avec le philosophe le plus compétent. Et puis, la femme du patron s'est approchée, menaçante, et m'a posé quelques questions; alors, au lieu de raisonner sur l'absurde (. . . voyons . . . est-ce le monde qui est absurde ou bien l'homme?) je me suis mis à raconter des absurdités. Mes arguments ne tenaient pas debout. Je faisais même passer les théories de Sartre° pour celles de Camus.° Finalement, j'ai été obligé d'abandonner les existentialistes et de parler de la pluie et du beau temps.[1]

—Ecoutez, Jean-Pierre. Il existe une technique de la conversation et vous pouvez l'apprendre. Il y a un an seulement, j'étais comme vous, mais je suis arrivée à rompre la glace, avec l'aide de mon professeur de français. Il m'a appris, dans son cours, à éviter les sujets banals, les sujets pédants, les sujets qui nous obligent à faire étalage de nos mérites . . . J'ai enrichi mon vocabulaire . . . j'ai étudié mes gestes . . . j'ai appris à ne pas rougir en prononçant le mot *voluptueux* . . . bref, au bout de deux mois, j'arrivais à parler de choses et d'autres,[2] comme mon professeur de français. C'est grâce à son cours que je dispose maintenant d'une grande variété de sujets de conversation. . . .

—Alors, vous avez appris tout cela comme ça, sans livres?

—Nous avions un livre; un livre assez curieux d'ailleurs; il s'agissait des aventures invraisemblables d'une jeune Américaine. Elle arrive à Paris, dé-cidée à y passer au moins un an, mais elle ne possède que la somme modeste de trois cent nouveaux francs.

—On ne va pas loin à Paris avec trois cent nouveaux francs.

—En effet. Et pourtant, la fortune lui sourit. La fille d'un richissime inventeur américain est à Paris. Tous les journaux louent sa beauté et les vertus de son père. Celui-ci, malgré son immense fortune, croit que sa fille unique doit, comme lui, apprendre la valeur de l'argent par le travail. Les deux jeunes filles se ressemblent et portent le même nom. De là une suite de malentendus. On prend la jeune fille pauvre pour la riche héritière; on la suit, on lui offre un emploi, on lui présente un jeune homme séduisant . . . Allô, allô!

Vous êtes toujours à l'appareil? J'ai quelque chose à vous proposer. Vous venez à la réception de votre tante demain soir, n'est-ce pas? Venez une heure plus tôt et je vous donnerai quelques conseils—personnels—pour la conversation générale. Supposons, par exemple, que votre tante vous laisse seul avec une jeune Norvégienne timide. Il faudra bien que vous preniez l'initiative. Ou bien, supposons que vous tombiez sur des historiens qui

---

[1] **parler de la pluie et du beau temps** = s'entretenir de choses banales, ou sans importance
[2] **parler de choses et d'autres** = converser sur des sujets divers

discutent à propos de la date d'un certain événement. Je vous montrerai comment leur tenir tête.[1]

—D'accord pour demain soir, je vous verrai avant la réception.

—Alors à demain soir.

NOTES

Sartre, Jean-Paul: philosophe et écrivain français, né à Paris en 1905. Théoricien de l'existentialisme, il a développé ses thèses dans des romans (*la Nausée, les Chemins de la liberté*), des pièces de théâtre (*Huis clos, les Mains sales*) et des essais.

Camus, Albert: écrivain français, né à Mondovi (Algérie), en 1913; auteur d'essais (*le Mythe de Sisyphe*), de romans (*l'Etranger, la Peste, la Chute*), et de pièces de théâtre (*Caligula*). Il est mort en 1960 dans un accident d'automobile.

QUESTIONNAIRE   Répondez aux questions suivantes:

1. Pourquoi est-ce que Joyce est de mauvaise humeur?
2. Quand est-ce qu'elle a vu Jean-Pierre pour la dernière fois?
3. Pourquoi pense-t-elle qu'à New York, Jean-Pierre sera seul et malheureux?
4. Jean-Pierre a-t-il l'air de s'inquiéter?
5. Pourquoi est-ce qu'il a abandonné l'espoir de devenir brillant causeur?
6. Pour quelle raison évite-t-il les conversations?
7. A quoi s'intéresse Jean-Pierre depuis quelque temps?
8. Que voulait son patron?
9. Est-ce que Jean-Pierre connaît les philosophes existentialistes?
10. Pourquoi est-ce que subitement toutes ses idées s'envolent?
11. Que fait-il au lieu de raisonner sur l'absurde?
12. De quoi est-il finalement obligé de parler?
13. Que savez-vous de Sartre?
14. Nommez deux romans de Camus.
15. Croyez-vous que la conversation puisse s'enseigner?
16. Qu'est-ce qui a aidé Joyce à « rompre la glace »?
17. Quels sujets faut-il éviter dans une conversation?
18. « Nous avions un livre; un livre assez curieux . . . » De quoi s'agit-il dans ce livre?
19. Qu'est-ce qui cause une suite de malentendus?
20. Que propose Joyce à Jean-Pierre?
21. Quel est votre sujet de conversation favori?

---
[1] **tenir tête à quelqu'un** = s'opposer à sa volonté, lui résister

SITUATION 12

Dialogues et Situations

Le lendemain, Jean-Pierre arrive chez sa tante en courant. Il croise Joyce dans l'escalier et sourit un peu gêné:
—Tiens, c'est bien vous! ça va?
—Pas mal, merci. Et vous? où courez-vous comme ça?
—Mais . . . c'est à vous qu'il faut le demander. Ne m'aviez-vous pas donné rendez-vous une heure avant la réception? Il rit et ajoute timidement: j'ai failli ne pas venir. Hier, au téléphone, vous avez tant loué votre professeur, que vous avez fini par me donner un complexe d'infériorité.
—Comme vous êtes drôles, vous, les hommes! Puis-je alors vous entretenir du livre qu'on employait dans mon cours de français? Je vous ai déjà dit qu'il s'agissait d'une jeune fille. . . .

Imaginez que Joyce avait utilisé dans son cours de français le livre que vous utilisez dans le vôtre. Elle ne se souvient plus très bien de l'histoire et vous demande de raconter à Jean-Pierre comment le récit se développe. Essayez en même temps de répondre aux questions qui suivent; choisissez parmi les réponses suggérées celles qui expriment le mieux votre pensée.

Questions	Réponses suggérées
Comment trouvez-vous . . . ? (Que pensez-vous de . . . ?):	
1. le récit	• exprime l'univers du romancier, concentre l'action en une crise, peint une situation amusante, invraisemblable, pathétique
2. Joyce	• a l'air intelligente, sensible, vivante, froide, frivole
3. l'auteur	• a des talents mais ne sait pas raconter une histoire, a l'esprit de finesse, d'analyse, crée des situations amusantes, simplifie trop, a le pouvoir de faire vivre les personnages
4. le style	• est précieux, familier, simple, fleuri, pompeux, poétique, direct, presque parlé, rempli de longueurs

5. le dialogue	• est rapide, animé, naturel, spontané, trivial, artificiel, déclamatoire
6. la langue	• me paraît commune, littéraire, technique, concrète, abstraite, riche, pauvre
7. les descriptions	• ont un intérêt par rapport à l'action, sont peu vraisemblables, créent une atmosphère qui renforce l'action

REVISION DE GRAMMAIRE

Le discours direct et indirect

On emploie souvent les verbes comme **dire, demander** et **raconter** pour rapporter les paroles d'une ou de plusieurs personnes. Pour cette raison nous les appellerons des *verbes de conversation.* Autres verbes de conversation sont:

affirmer	ajouter	annoncer
avouer	confier	constater
crier	déclarer	expliquer
insister	répliquer	répondre
suggérer	téléphoner	

Changements de temps ou de mode

1. Si le verbe de conversation qui introduit la phrase est au présent ou au futur, aucun changement de temps n'a lieu dans la transposition du discours direct au discours indirect:

Discours direct	*Discours indirect*
Joyce **dit:** « **Je dispose** d'une grande variété de sujets de conversation. »	Joyce **dit qu'elle dispose** d'une grande variété de sujets de conversation.
Jean-Pierre **répondra:** « **Je n'essaie** plus de participer à une conversation de salon. »	Jean-Pierre **répondra qu'il n'essaie** plus de participer à une conversation de salon.

Notez que dans le discours indirect, la phrase n'est plus indépendante: elle est subordonnée, c'est-à-dire qu'elle dépend d'un verbe principal.

2. Si le verbe de conversation qui introduit la phrase est au passé, les changements suivants ont lieu dans la transposition du discours direct au discours indirect:

Discours direct	*Discours indirect*
Elle **a dit:** « **Il existe** une technique de la conversation. »	Elle **a dit qu'il existait** une technique de la conversation.
Joyce **a ajouté:** « **Vous avez abandonné** vos leçons. »	Joyce **a ajouté qu'il avait abandonné** ses leçons.
Jean-Pierre **a répondu:** « **Je me rattraperai** avec les oiseaux de Central Park. »	Jean-Pierre **a répondu qu'il se rattraperait** avec les oiseaux de Central Park.
Il **a ajouté:** « **J'étais** malade hier. »	Il **a ajouté qu'il était** malade hier (la veille).

Quand le verbe de conversation est au passé:

le présent	devient	*imparfait*
le passé composé	devient	*plus-que-parfait*
le futur	devient	*conditionnel*
l'imparfait	reste	*imparfait*

REMARQUE: Avec les verbes **commencer, finir** et **continuer,** il faut ajouter **en disant que, en ajoutant que, en avouant que,** etc.:

Elle **a commencé en disant qu'**il existait une technique de la conversation.

Il **a fini en ajoutant qu'**il ne voyait pas comment il pourrait devenir brillant causeur.

EXERCICES

A. Commencez chaque phrase par **Il a dit que . . .** et employez le verbe à l'imparfait.

EXEMPLE: Il existe une technique de la conversation.
Il a dit qu'il existait une technique de la conversation.

1. Il reste à la maison. 2. Il faut apprendre l'anglais. 3. Elle a l'habitude de parler aux étrangers. 4. Son patron s'intéresse à la philosophie. 5. Sa fille doit travailler. 6. Sa photo est dans tous les journaux. 7. Vous partez en vacances. 8. Les deux jeunes filles se ressemblent.

B. Commencez chaque phrase par **Nous avons dit que . . .** et employez le verbe au plus-que-parfait.

EXEMPLE: Vous avez beaucoup étudié pour cet examen.
Nous avons dit que vous aviez beaucoup étudié pour cet examen.

1. Elle a enrichi son vocabulaire. 2. Vous avez appris à ne pas rougir. 3. Elle est arrivée à l'instant. 4. Il n'a pas étudié sa leçon. 5. Sa femme s'est approchée de lui. 6. Elle lui a posé quelques questions. 7. Vous avez passé deux ans à Paris. 8. Nous n'avons pas terminé notre discours.

Changements à l'interrogatif

Quand on rapporte une question, les changements suivants ont lieu:

est-ce que	devient	**si**
que / **qu'est-ce que**	deviennent	**ce que**
qu'est-ce qui	devient	**ce qui**

Discours direct

Jean-Pierre demande: « **Est-ce que** Joyce est à la maison? »

Le professeur nous demande: « **Que** savez-vous de Sartre? »

Le professeur a demandé: « **Qu'est-ce que** les journaux racontent? »

Elle a demandé: « **Qu'est-ce qui** ne va pas aujourd'hui? »

Discours indirect

Jean-Pierre demande **si** Joyce est à la maison.

Le professeur nous demande **ce que** nous savons de Sartre.

Le professeur nous a demandé **ce que** les journaux racontaient.

Elle a demandé **ce qui** n'allait pas aujourd'hui (ce jour-là).

EXERCICES

A. Commencez chaque phrase par **Il a demandé si . . .** et faites les changements nécessaires.

EXEMPLE: Est-ce qu'il est toujours à l'appareil?
Il a demandé s'il était toujours à l'appareil.

1. Parle-t-elle français? 2. Est-ce qu'il peut répondre à mes questions? 3. Avons-nous le temps de terminer la leçon? 4. Jean-Pierre sera-t-il capable de leur tenir tête? 5. Est-ce qu'on doit passer les prendre en voiture?

B. Commencez chaque phrase par **J'ai demandé ce que . . .** et faites les changements nécessaires.

> EXEMPLE: Qu'est-ce que sa tante fait en ce moment?
> **J'ai demandé ce que sa tante faisait en ce moment.**

1. Que faites-vous dans le jardin?   2. Qu'est-ce que nous dirons si on nous demande d'expliquer les théories existentialistes? 3. Qu'apprendront-ils dans ce cours?   4. Qu'est-ce qu'il faut apporter? 5. Qu'est-ce que c'est?

Changements à l'impératif

Quand on rapporte un ordre, on emploie l'infinitif précédé de **de** à la place de l'impératif:

Discours direct		*Discours indirect*	
Vous dites:	} « **Attendez** un	*Vous dites*:	} **d'attendre** un
Vous avez dit:	instant. »	*Vous avez dit*:	instant.

A la forme négative, **ne pas** est devant l'infinitif:

> Le professeur répète: « **Ne** traduisez **pas.** »
> Le professeur a répété: « **Ne** traduisez **pas.** »

> Le professeur répète de **ne pas** traduire.
> Le professeur a répété de **ne pas** traduire.

EXERCICE   Commencez chaque phrase par **Je lui ai dit de . . .** et employez le verbe à l'infinitif.

> EXEMPLE: Attendez un instant!
> **Je lui ai dit d'attendre un instant.**

1. Restez à l'appareil!   2. Ne faites pas tant de bruit!   3. Donnez-leur quelques conseils pour la conversation générale.   4. Ne racontez pas d'absurdités.   5. Evitez les sujets banals.

Expressions de temps

Les expressions de temps suivantes changent quand on rapporte quelque chose au passé. Notez la différence entre le discours direct et le discours indirect:

Discours direct	*Discours indirect au passé*
aujourd'hui	ce jour-là
hier	la veille
demain	le lendemain
ce matin	ce matin-là

cet après-midi	cet après-midi-là
ce soir	ce soir-là
ce jour	ce jour-là
cette semaine	cette semaine-là
ce mois	ce mois-là
en ce moment (maintenant)	à ce moment-là

Les expressions de temps s'emploient de la façon suivante:

Discours direct	*Discours indirect au passé*
Est-elle malade **aujourd'hui?**	Il a demandé si elle était malade **ce jour-là.**
Nous irons au cinéma **ce soir.**	Il a dit qu'ils iraient au cinéma **ce soir-là.**
Je suis très occupé **en ce moment.**	Il a insisté qu'il était très occupé **à ce moment-là.**

Voici un dialogue au discours direct, puis au discours indirect passé qui illustre les règles précédentes:

Discours direct:

Joyce. Jean-Pierre, pourquoi avez-vous abandonné vos leçons d'anglais? Il y a une éternité que je ne vous ai pas vu. Quand vous serez à New York, malheureux de ne pas pouvoir parler avec les gens, vous vous rattraperez avec les petits oiseaux de Central Park.

Jean-Pierre. Ça ne me déplaira point. J'ai l'habitude de parler avec les moineaux du Bois de Boulogne. Franchement, Joyce, je ne vois pas comment je pourrai devenir brillant causeur en anglais, puisque j'ai tant de difficultés à converser avec ceux qui parlent ma langue maternelle.

Joyce. Il existe une technique de la conversation et vous pouvez l'apprendre. J'étais autrefois comme vous, mais je suis arrivée à rompre la glace, avec l'aide de mon professeur de français.

Discours indirect au passé:

Joyce a demandé à Jean-Pierre pourquoi il avait abandonné ses leçons d'anglais. Elle a ajouté qu'il y avait une éternité qu'elle ne l'avait pas vu. Puis, elle lui a dit que quand il serait à New York, malheureux de ne pouvoir parler avec les gens, il se rattraperait avec les petits oiseaux de Central Park.

Jean-Pierre a répondu que ça ne lui déplairait point et qu'il avait l'habitude de parler avec les moineaux du Bois de Boulogne. Il a continué en disant qu'il ne voyait pas comment il pourrait devenir brillant causeur en anglais, puisqu'il avait tant de difficultés à converser avec ceux qui parlaient sa langue maternelle.

Joyce a répliqué qu'il existait une technique de la conversation et qu'il pouvait l'apprendre. Elle a avoué qu'elle était autrefois comme lui, mais qu'elle était arrivée à rompre la glace avec l'aide de son professeur de français.

b

L'homme au béret basque et les deux locataires

L'homme coiffé d'un béret basque chantait « Ouvre la porte, Richard . . . ». Il s'arrêta devant la porte cochère d'un immeuble, posa sa petite valise de cuir par terre et regarda les fenêtres sombres dont l'une, au troisième étage (celle de gauche), était ouverte. Une femme aux cheveux blancs s'y tenait penchée, juste assez pour l'apercevoir.

—Qui demandez-vous? cria la dame en se voyant découverte. M. Richard est chez son frère. Il rentrera dans une heure.

—Ah bon. Vous êtes Madame Richard, n'est-ce pas?

—Comment dites-vous? Elle regardait l'homme au béret basque d'un air méfiant.

—Vous êtes Madame Richard?

Elle répondit cette fois comme si elle avait compris depuis longtemps.

—Eh bien, oui! Que lui voulez-vous à Madame Richard. Si c'est pour réparer la machine à laver, j'aime mieux vous dire que vous arrivez trop tard: nous nous en sommes débarrassés.

—Non, madame, ce n'est pas de ça qu'il s'agit. Je voudrais vous demander quelque chose.

—Je n'ai pas le temps de rester à parler! Nous quittons Paris tôt demain matin. Je suis en train de faire mes valises.

—Ecoutez, Madame Richard, je n'ai qu'un petit renseignement à vous demander. Pourriez-vous me dire où se trouve la maison de Gertrude Stein?

—Je ne comprends rien à ce que vous racontez. C'est pour la machine à laver, hein? Nous vous avons attendu pendant quinze jours, monsieur!

—Non madame, je viens d'arriver de Londres. . . . Je pensais que vous alliez pouvoir me dire où est située la maison de Gertrude Stein.

—Ah! C'est l'agence de voyage qui vous envoie! Eh bien, nous avions l'intention d'aller en Egypte cet été, mais quelqu'un de bien informé nous a dit qu'il y faisait trop chaud en août; alors nous allons peut-être y aller au printemps. . . .

—Ecoutez, madame, vous faites erreur; ce n'est pas une agence de voyage qui m'envoie. . . .

—Est-il vrai que pour voir les pyramides élevées par les Pharaons dans la Vallée du Nil, il faut voyager à pied ou à dos de chameau? Franchement, nous préférons voyager en voiture, ou en avion.

—Je vous ai dit, madame, que ce n'est pas l'agence de voyage qui m'envoie. Je voulais tout simplement vous demander. . . .

—Vous n'avez pas besoin de crier si fort, vous savez. Je ne suis pas sourde!

—Peut-on savoir ce que vous avez à crier? demanda un monsieur à barbe noire, se penchant à une fenêtre du deuxième étage.

—Nous crions parce que ce monsieur est dans la rue et que moi, je me trouve au troisième étage, dit la dame aux cheveux blancs d'un air moqueur qui avait quelque chose de provoquant. Si nous parlions à voix basse, nous ne comprendrions rien.

—Mais que voulez-vous, monsieur, cria l'homme à la barbe noire. Vous êtes sans clef?

—Oui, je suis sans clef.

—Et la porte cochère est fermée?

—Oui, elle est fermée.

—Alors je vais mettre la clef dans une enveloppe et je vous la lancerai.

—Pour quoi faire? demanda en criant l'homme au béret basque.

—Mais pour ouvrir la porte cochère, bien sûr! Avez-vous l'habitude d'entrer par la fenêtre?

—Ça va, ça va . . . . Si vous voulez que j'entre par la porte cochère, jetez-moi la clef.

—Mais vous n'habitez pas ici?

—Moi? Non. J'habite à Londres.

—Ah, bon. Je vous prenais pour quelqu'un d'ici . . . . Eh alors, pourquoi voulez-vous la clef?

—Et avec quoi voulez-vous que je vous ouvre la porte cochère? Je ne peux pas l'ouvrir tout de même avec mon épingle de cravate ou avec ma lime à ongles!

—Mais je ne veux pas que vous m'ouvriez la porte cochère, cria le monsieur à la barbe noire. Je croyais que vous habitiez ici: je vous ai entendu chanter, puis bavarder avec la dame du troisième . . . .

—Est-ce que tous ceux qui habitent cette maison ont l'habitude de chanter . . . ?

—En somme, qu'est-ce que vous voulez? Et pourquoi criez-vous comme des sourds? hurla la dame aux cheveux blancs.

—Demandez au locataire du deuxième étage ce qu'il veut, dit l'homme au béret basque. Moi, je n'ai pas encore compris: d'abord, il voulait me jeter la clef pour ouvrir la porte cochère, ensuite il a changé d'avis; il ne voulait plus que je lui ouvre la porte cochère, puis il m'a dit que puisque je chantais je devais habiter cette maison. Que pensez-vous de tout cela? Moi, je n'y comprends rien. Est-ce que c'est un asile d'aliénés? Vous, madame, est-ce que vous chantez quand vous êtes sans clef?

—Comment dites-vous?

—Est-ce que vous chantez, madame, quand vous êtes sans clef? De toute façon, ça m'est égal; vous pouvez chanter tant que vous voulez, dit l'homme au béret basque en reprenant son chemin.

QUESTIONNAIRE
1. Vous connaissez déjà l'homme au béret basque d'un des chapitres précédents. Lequel?
2. La femme aux cheveux blancs pense que l'homme coiffé d'un béret basque appelle son mari. Pourquoi?
3. Qu'est-ce qui indique que Madame Richard est un peu sourde?
4. Pour qui prend-elle l'homme au béret basque?
5. Pourquoi n'a-t-elle pas le temps de rester à parler?
6. L'homme au béret basque demande un renseignement à la femme. Lequel?
7. La femme aux cheveux blancs n'a pas compris. Qu'est-ce qu'elle lui répond?
8. Quel renseignement lui demande-t-elle à son tour?
9. Faites un résumé du dialogue entre l'homme à la barbe noire et l'homme au béret basque.
10. L'homme à la barbe noire veut jeter la clef. Pourquoi?
11. L'homme au béret basque demande à la dame du troisième si elle chante quand elle est sans clef. Pourquoi?
12. Pourquoi est-ce que le dialogue est à la fois logique et illogique? Donnez-en quelques exemples.

13. Qu'est-ce qui pourrait expliquer l'hostilité des personnages?
14. Connaissez-vous d'autres histoires dans lesquelles le manque de communication est représenté de cette manière?
15. Discutez les éléments comiques fondés sur le manque de communication ou de logique.

DISCUSSION / COMPOSITION

1. Inventez une autre fin pour cette histoire, et justifiez-la.
2. Racontez, en forme de dialogue, une histoire bizarre, tragique ou comique, réelle ou imaginaire, logique ou illogique, selon votre préférence. Il faut, naturellement, employer beaucoup de prépositions.

REVISION DE GRAMMAIRE

La préposition

La préposition est un mot invariable qui relie un élément par tel ou tel rapport, à un autre élément de la phrase:

Ils habitent **à** Paris. (*rapport de lieu*)
Nous travaillons **depuis** ce matin. (*rapport de temps*)
La voiture **de** mon frère est rouge. (*rapport d'appartenance*)
Il a copié le manuscrit **à** la main. (*rapport de moyen*)

Certaines prépositions ont abandonné leur valeur précise pour devenir de simples outils syntaxiques; ainsi **de** dans:

J'ai besoin **d'**argent.
On l'a traité **de** menteur.
Je n'ai rien vu **d'**intéressant.

Les prépositions qui présentent le plus de difficultés pour les étudiants de langue anglaise sont: **à, avant, après, chez, dans, de, depuis, en, pendant** et **pour.**

Les prépositions *à* et *de*

Les prépositions **à** et **de** s'emploient de façons diverses:

	à	de
Lieu	Indique le lieu où l'on est et où l'on va, le point d'arrivée: Ce monument ce trouve **à** Rouen. Nous sommes allés **à** Toulouse. Ils sont arrivés **à** l'aéroport.	Indique le lieu d'où l'on vient, le point de départ ou l'origine: Nous venons **de** la campagne. Il est originaire **de** Bordeaux. Il est né **de** parents pauvres. (*origine*)
Temps	Indique le moment précis ou la durée: Il sera de retour **à** 3 heures. Cette chambre se loue **à** la semaine, **au** mois, **à** l'année.	Indique le point de départ, plus rarement le moment ou la durée: Les vacances d'été vont **de** juin à septembre. Nous viendrons **de** bonne heure. Il a reçu un contrat **de** trois ans.
Appartenance	Emploi limité au verbe **être:** Ces disques **sont à** Michel. C'**est** un ami **à** elle. Ce livre **est à** moi.	Emploi général avec un nom complément du nom: La maison **de** mes parents est vieille. C'est le livre **de** Jean. C'est le bureau **du** professeur Cox.
Attribution ou provenance	Emploi général: J'ai prêté dix dollars **à** ma sœur. Il a emprunté de l'argent **à** la banque.	Emploi limité à la provenance: Nous avons reçu une lettre **de** Françoise. Elle n'a rien reçu **de** lui.
Complément d'un verbe	verbe + **à** + nom: Il obéit **à** ses parents. Elle n'a pas manqué **à** sa parole. Il rêve **aux** prochaines vacances.	verbe + **de** + nom ou pronom: Il se sert **de** son dictionnaire. Elle manque **de** savoir-faire. Je ne parle pas **d'**elle. verbe + **de** + infinitif: Je lui demande **de** rester. Elle craint **de** le rencontrer.
Moyen	Emplois limités aux moyens de locomotion qu'on enfourche: Il y va **à** bicyclette, **à** motocyclette. Ils se promènent **à** pied, **à** cheval. *Mais*: **en** auto, **en** avion (*ou* **par** avion), **par** le train.	Emplois limités à ceux de la préposition **avec**: Il a frappé **de** la main. Elle m'a fait signe **de** la tête. Il est parti **de** rien.

	à	*de*
Cause, agent		Emplois limités à ceux de la préposition **par:** Ils ont pleuré **de** joie. Elle meurt **de** faim. J'ai rougi **de** honte. Il était surpris **de** cette nouvelle. Paul est aimé **de** ses parents.
Caractérisation	**à** remplace souvent **avec** quand le deuxième nom est une partie distinctive du premier: Une machine **à** vapeur L'homme **au** béret basque La dame **aux** cheveux blancs Un gâteau **au** chocolat	**de** + nom indique souvent la matière dont est fait un objet ou bien introduit un nom qui qualifie un autre nom: Une robe **de** nylon Une table **de** bois Une statue **de** marbre Une maison **de** campagne Une agence **de** voyage
Destination	**à** + nom ou infinitif indique l'usage auquel un objet est destiné: Une tasse **à** thé Une vase **à** fleurs Une brosse **à** dents Une machine **à** écrire	Emploi très limité: A quelle heure passe le train **de** Paris (celui qui va à Paris ou vient de Paris).

REMARQUES:

- Dans beaucoup de phrases, on emploie *in* en anglais, **à** en français:

  Ils parlent **à** voix basse (*in a low voice*).
  Les soldats marchent **au** pas (*in step*).
  Elle se fait bronzer **au** soleil (*in the sun*).

- Dans une phrase adverbiale de manière, on emploie **de** + *article indéfini + nom.* Quand il n'y a pas d'article indéfini, on emploie **avec:**

  Ils parlent **d'**une voix monotone.
  Elle nous regardait **d'**un air méfiant.
  Mais: Ils avançaient **avec** prudence.
  Il nous parlait **avec** hésitation.

- Pour indiquer la période de la vie d'un peuple ou d'un individu, l'anglais emploie *in*, le français **de:**

  Du temps de Louis XV, l'esprit cosmopolite gagne du terrain.
  Du temps de ma jeunesse (= quand j'étais jeune), j'écrivais des sonnets.

Les prépositions *avant* et *après*

Les prépositions **avant** et **après** indiquent l'antériorité ou la postériorité dans le temps ou dans l'espace, la priorité ou la subordination, etc.:

avant	*après*
Antériorité dans le temps:	*Postériorité dans le temps:*
Nous sommes arrivés **avant** lui. Ne vous décidez pas tout de suite: réfléchissez **avant.**	Un an **après** son départ, on l'avait complètement oublié. Vous êtes arrivé bien **après** moi.
Antériorité dans l'espace:	*Postériorité dans l'espace:*
Sa maison est juste **avant** l'église. N'allez pas jusqu'à la banque; arrêtez-vous **avant.**	L'église est juste **après** sa maison. Allez jusqu'à l'angle de la rue, **après** vous tournerez à gauche.
Priorité de rang:	*Infériorité de rang:*
Il place son intérêt **avant** celui des autres.	L'amusement passe **après** le travail.
avant de + *infinitif*: (le sujet de l'infinitif est le même que celui de la principale):	**après** + *infinitif passé*: (le sujet de l'infinitif est le même que celui de la principale):
Venez nous voir **avant de partir.** Ils se sont arrêtés pour prendre un verre **avant de rentrer.**	**Après avoir souri,** il l'embrassa. Je suis sorti **après avoir terminé** mon travail.
avant que + *subjonctif*: avec ou sans **ne** (le sujet de la subordonnée est différent de celui de la principale):	**après que** + *indicatif ou subjonctif*: (le sujet de la subordonnée est différent de celui de la principale):
Tais-toi, **avant qu'**elle (ne) se fâche.	Bien des années **après qu'**il fut mort, on reconstruisit le château.

La préposition *chez*

La préposition **chez** signifie *dans la maison*, *dans le pays ou la civilisation*, *dans le magasin*, *dans l'oeuvre littéraire* ou *artistique* de quelqu'un:

Les enfants sont **chez** le voisin (dans la maison ou l'appartement).
Ma femme est allée **chez** le coiffeur.
Chez les Perses, on rendait un culte au feu.
Le mot *superbe* revient souvent **chez** Racine (= dans ses tragédies).

Les prépositions *dans* et *en*

Les prépositions **dans** et **en** s'emploient de la manière suivante:

	dans (*toujours accompagné d'un déterminant*)	*en* (*généralement non suivi de l'article*)
Lieu	Il y a une pâtisserie **dans** la rue voisine. Il est difficile de garer sa voiture **dans** New York (*noms de villes*). J'ai trouvé cette expression **dans** *Phèdre* de Racine. J'ai lu **dans** le journal la nouvelle de cet accident. Il a voyagé **dans** toute la Californie du Sud (*noms de pays modifiés par un adjectif*).	Nous allons **en** France (*noms de pays féminins*) Il est né **en** Uruguay (*noms de pays masculins commençant par une voyelle*). Elle a passé ses vacances **en** Californie (*noms d'états fém., de provinces*). Ses parents habitent **en** Sicile (*noms d'îles*). Etes-vous jamais allé **en** Afrique? (*noms de continents*). Il a bien des projets **en** tête.
Temps	Nous partons **dans** deux jours. Elle viendra **dans** un mois. Il était très fort **dans** le temps. (= autrefois) **Dans** les siècles passés, les gens voyageaient rarement.	L'accident à eu lieu **en** mon absence. **En** été, les légumes sont meilleur marché. Il terminera sa thèse **en** avril. **En** dix ans, le pays a été transformé. Nous avons visité trois pays **en** cinq jours. Il est né **en** 1942.
Manière d'être	Elle vit **dans** le luxe. Il baigne **dans** la joie.	Il est **en** très bonne santé. Elle est partie **en** voyage.
Objet indirect d'un verbe ou d'un substantif	Le Président a confiance **dans** la Nation.	Nous croyons **en** Dieu. Ayez confiance **en** moi.
Matière ou composant		Je lui ai offert une bague **en** or. As-tu acheté la veste **en** cuir? (= *made of leather*; veste **de** cuir = *a leather jacket*) C'est une pièce **en** cinq actes.

Les prépositions depuis, dès et pendant

1. **Depuis** indique le point de départ à partir duquel une chose dure et insiste sur cette durée:

> Il pleut **depuis** huit jours.
> Nous attendons **depuis** midi.
> **Depuis** le XIXe siècle, la vie urbaine a beaucoup changé.
> **Depuis** le jour où nous nous sommes rencontrés, il est survenu bien des événements.
> Ils se connaissent **depuis** dix ans.
> **Depuis** combien de temps est-elle absente?

2. **Dès** indique et souligne le point de départ à partir duquel une chose a commencé:

> Il s'est mis à neiger **dès** le premier décembre.
> Elle est venue nous voir **dès** son retour.
> **Dès** le milieu du XIXe siècle, l'industrie avait transformé les conditions de la vie.
> **Dès** son enfance, il manifestait une grande intelligence.

3. La préposition **pendant** + le passé composé indique la simultanéité continue au passé:

> Nous **avons eu** congé **pendant** quatre jours.
> Il **a été** malade **pendant** le week-end.

Pendant que + l'imparfait, le présent ou le futur de l'indicatif indique la simultanéité en reliant deux propositions qui ont lieu en même temps:

> **Pendant que** je regardais à la fenêtre, une voiture qui voulait stationner provoqua un embouteillage.
> **Pendant que** tu es ici, aide-moi à corriger ces examens.

La préposition pour

1. **Pour** avec un nom indiquant le temps marque le terme d'un délai ou la durée:

> Je vous le promets **pour le mois prochain**.
> Ce devoir est-il **pour demain** ou **pour après-demain**?
> Elle est partie **pour toujours**.
> Ils s'en vont à l'étranger **pour trois semaines**.

2. **Pour** avec un nom de lieu indique la direction vers:

> Ils sont partis **pour le Mexique.**
> Le train **pour Paris** va entrer en gare.
> **Pour où** partez-vous?
> Il a pris l'avion **pour San Francisco.**

3. **Pour** avec un pronom ou nom d'être animé indique:

   a. la personne qui est intéressée directement:

   > Ce n'est pas un film **pour enfants.**
   > Le procès est perdu **pour elle.**
   > Ces cigarettes sont mauvaises **pour vous.**

   b. le point de vue:

   > **Pour moi,** la situation est dangereuse (= à mes yeux).
   > Ce n'est pas un secret **pour personne** qu'il quitte l'université.
   > Elle est tout **pour lui.**

4. **Pour** avec un nom ou un pronom indique une réciprocité, un échange, un rapport de comparaison:

> Elle a payé **pour moi.**
> Il a parlé **pour lui** (= à sa place).
> Il est assez intelligent **pour son âge.**
> Il fait assez chaud **pour la saison.**

5. Dans quelques locutions, **pour** indique la concession ou l'opposition:

> Ne t'en fais pas **pour** si peu (de chose).
> **Pour** un étranger, il parle très bien français.

6. On emploie **pour** lorsque l'infinitif et le verbe dont il dépend ont le même sujet:

> Va chercher un clou **pour accrocher** ce tableau.
> Je t'emprunte ce livre **pour le lire.**

7. On emploie **pour que** et le subjonctif lorsque le verbe de la proposition subordonnée et celui de la proposition dont elle dépend, ont des sujets différents:

> Il fait tout ce qu'il peut **pour que** sa femme **soit** contente.
> Elle a envoyé un télégramme **pour que** nous ne nous **dérangions** pas en vain.

EXERCICES

A. Complétez les phrases suivantes par **dans** ou **en** selon le sens.

1. Ils partiront pour le Canada _____ trois jours.
2. Ceux qui croient trop _____ eux-mêmes sont parfois cruellement déçus.
3. _____ combien de temps reviendrez-vous?
4. Ils vivent _____ province.
5. Ses parents sont très âgés mais _____ très bonne santé.
6. Il était très gai _____ le temps.

B. Complétez les phrases suivantes par **depuis** ou **pendant** selon le sens.

1. Ce matin j'ai joué au tennis _____ deux heures.
2. Nous habitons cette ville _____ quatre ans.
3. Ils se connaissent _____ quinze ans.
4. Qu'as-tu donc fait _____ tout ce temps?
5. On ne l'a pas vu _____ plusieurs jours.
6. _____ qu'elle le connaît, elle n'a cessé de l'admirer.

C. Complétez les phrases suivantes par **de, à** ou **en.**

1. Cette chambre se loue _____ la semaine. 2. Nous sommes allés _____ San Francisco _____ voiture. 3. Ce jeune homme manque _____ finesse. 4. Ils ont acheté des verres _____ vin. 5. Elle a acheté plusieurs paires _____ bas _____ nylon. 6. Il parlait _____ une voix monotone.

D. Complétez les phrases suivantes par **depuis, dès, pendant** ou **pour** selon le sens.

1. Il a été blessé et _____ il ne se sert plus de sa main. 2. Elle l'a reconnu _____ l'entrée. 3. Ce sera fait _____ vendredi. 4. _____ que j'y pense, n'oublie pas notre réunion de mercredi. 5. Il s'est mis à pleuvoir _____ le 15 février. 6. Ils sont partis _____ toujours.

E. Remplacez les tirets par la préposition qui s'impose.

1. _____ les Esquimaux, la pêche[1] est une activité vitale.
2. Elle a su ma maladie, mais elle n'est pas venue me voir ni _____ ni _____ .
3. _____ printemps il y a peu de fruits, mais _____ été et _____ automne, les fruits sont abondants.

---

[1] **la pêche** = *fishing*

4. Il est parti _____ Montréal _____ minuit et il est arrivé _____ Paris _____ six heures _____ matin.

5. Le café sera fermé _____ réparation _____ deux mois.

6. Elle fait tout ce qu'elle peut _____ son chat _____ son absence.

7. Est-il vrai que _____ voir les pyramides _____ la vallée _____ Nil, il faut voyager _____ pied ou _____ dos _____ chameau?

8. Ah! C'est l'agence _____ voyage qui vous envoie! Eh bien, nous avons l'intention _____ aller _____ Brésil, _____ Argentine, _____ Uraguay, _____ Bolivie et _____ Mexique.

9. « Vous voulez que je mette la clé _____ une enveloppe? » « _____ quoi faire? demanda _____ criant l'homme _____ béret basque. »

10. _____ Afrique, _____ sa ville natale, les hommes vont _____ café et les femmes les attendent _____ la maison.

chapitre 13

a

Conversation mondaine

La soirée organisée par le comte et la comtesse de M. était un fiasco complet. La course au beau sujet de conversation—ni trop original, ni trop banal— avait été épuisante. Depuis le début de la soirée on ne racontait que des banalités. La comtesse avait une fois encore évoqué en détail son accident de voiture qui datait de cinq ans. (Etait-elle sortie pour rencontrer une amie? Non . . . Elle allait chez le dentiste . . . Et non . . . Elle sortait, en effet, pour rencontrer une amie au Café de la Paix . . .) Finalement on s'était rabattu sur le football:°

—Est-ce que vous jouez au football? avait demandé un des invités à Jean-Pierre.

—Non, je n'ai jamais essayé. Je préfère aux sports d'équipe les sports individuels mais j'assiste parfois aux matches de football.

—Vous auriez beaucoup aimé cela, j'en suis certain. Rien ne vaut ce sport où l'on court à toutes jambes à travers le terrain; un joueur envoie le ballon vers le but adverse, un autre essaie de l'arrêter . . . Mais ce que j'aime surtout c'est qu'on se sente si libre, tout en jouant pour son équipe et non dans l'espoir de briller personnellement. N'est-ce pas, Monsieur le Comte, que votre neveu devrait commencer à jouer au football? Je me chargerai de lui apprendre les règles du jeu, si vous venez nous voir cet été. Notre maison de campagne est près d'un village qui a une excellente équipe . . .

Le comte regardait, immobile, avec un air d'indulgence admirative:

—C'est très gentil de votre part de nous inviter. Nous viendrions volontiers pour quelques jours. Pourquoi pas . . . Et moi? Croyez-vous que je devrais, moi aussi, commencer à jouer au football? Ça me ferait du bien et mon médecin qui me recommande l'exercice en plein air serait fort content . . . Et ce sport opposant deux équipes de quinze joueurs, comment l'appelez-vous? C'est un sport qui ressemble beaucoup au football mais le nom en est bien bizarre. Comment dites-vous? Hein? Il suivait des yeux Joyce qui riait de l'entendre prononcer le mot *rugby*.

Le cercle des hommes s'était resserré autour d'un monsieur de haute taille et d'allure sévère. Ses paroles semblaient soigneusement pesées et pleines d'assurance:

—Mais c'est clair comme le jour; le pétrole° est la clef de voûte° de la défense de l'Ouest. Je ne serais pas du tout surpris si le prochain conflit mondial se déroulait tout entier en Arabie.

Après quelques instants de silence, la comtesse, craignant le départ des invités, avait demandé à Jean-Pierre de raconter une anecdote. L'autre jour il l'avait fait rire aux larmes avec une de ses histoires de fous.

« Il faut que je profite de l'occasion pour montrer à Joyce que je peux, moi aussi, être brillant causeur, » pensait Jean-Pierre. Il n'avait plus peur. La présence de Joyce l'encourageait. Il s'était mis à raconter l'anecdote favorite de sa tante, et semblait être à son aise, quand le maître d'hôtel lui avait fait un signe: on l'appelait au téléphone, juste au moment où il faisait pénétrer le fou chez le psychiatre.

Quand Jean-Pierre revint dans le salon, les invités se levaient pour partir. Il se sentait soulagé car il avait perdu le fil de son histoire.

—Je parie, Joyce, que votre professeur de français ne vous a pas enseigné l'art de reprendre une anecdote interrompue au beau milieu.

Ils étaient seuls maintenant. Un moment d'hésitation, puis:

—Joyce, je suis navré . . . je dois abandonner mes leçons d'anglais. Je vous ai déjà parlé de Mireille, n'est-ce pas? « *My girl friend* », comme on dit chez vous; eh bien, depuis que j'apprends l'anglais, elle s'emporte contre moi pour une bagatelle. Je lui ai parlé de vous et elle est sans doute un peu jalouse.

—Alors vous abandonneriez le projet d'épouser l'unique héritière d'une des plus grandes fortunes des Etats-Unis? . . . Si, je sais . . . j'étais dans la pièce à côté et j'ai tout entendu . . . Oui, j'ai décidé de rester quand même; vous savez que pour échapper au piège, la meilleure chose est de le surveiller de près. Mais dites-moi! et votre oncle, et votre chère tante . . . les laisseriez-vous mourir dans la misère?

—Oh, ne vous en faites pas! Avec la fortune qu'ils ont, ils ne sont pas à plaindre. J'aimerais bien avoir le quart de ce qu'il leur restera quand ils seront ruinés. Ma chère tante! J'aurais voulu la voir, comme les sorcières des contes de fées, voler par-dessus les toits, chevauchant un balai. Mais nous ne sommes pas, hélas, dans un conte de fées. J'ai peine à maîtriser ma colère. Et vous, Joyce, vous avez compris notre jeu dès le début et vous avez décidé de jouer en retour la comédie pour vous moquer de nous, pour nous faire marcher . . . mais ça ne prend pas avec moi.

—Mais, Jean-Pierre, êtes-vous sérieux? Je n'ai pas pour un sou de malice; et puis, vous êtes la dernière personne au monde dont j'essayerais de me moquer; vous n'avez pas conscience de votre valeur; ce que j'aime surtout en vous, c'est cette sincérité, cette honnêteté. Vous dominez toutes les situations et personne ne réussirait à vous faire marcher.

NOTES

Le football: le football en France oppose deux équipes de onze joueurs qui frappent le ballon avec les pieds, le corps (sauf les mains) ou la tête. Surveillé par un arbitre, le match dure quatre-vingt-dix minutes, réparties en deux mi-temps de quarante-cinq minutes.

Le pétrole: huile minérale utilisée comme source d'énergie qui existe dans le sol, surtout aux Etats-Unis, dans le Moyen-Orient et en URSS.

Clef de voûte: pierre centrale d'une voûte qui maintient toutes les autres; point essentiel sur lequel repose un système, une théorie.

QUESTIONNAIRE

Répondez aux questions suivantes:

1. La soirée organisée par le comte et la comtesse de M. est-elle réussie?
2. Pourquoi la course au beau sujet de conversation est-elle épuisante?
3. Sur quoi se rabat-on finalement?
4. Est-ce que Jean-Pierre préfère les sports d'équipe aux sports individuels?
5. Pourquoi l'invité aime-t-il tellement jouer au football?
6. Qu'est-ce que celui-ci demande au comte?
7. Quels sont les sports qui opposent deux équipes de onze joueurs?
8. Le comte dit que jouer au football lui fera du bien; pourquoi?
9. Qu'est-ce qui fait rire Joyce?
10. D'après un invité le pétrole est la clef de voûte de la défense de l'Ouest. Etes-vous d'accord avec lui?
11. Où pense-t-il que le prochain conflit mondial aura lieu?
12. Que demande la comtesse à Jean-Pierre?
13. Celui-ci accepte-t-il de parler? Pourquoi?
14. Qui est-ce qui l'encourage?

15. Pourquoi est-il obligé de se lever?
16. A quel moment lui fait-on un signe?
17. Que font les invités quand Jean-Pierre revient dans le salon?
18. Pourquoi se sent-il soulagé?
19. Qu'est-ce que le professeur de français n'a pas enseigné à Joyce?
20. Pourquoi est-ce que Jean-Pierre doit abandonner ses leçons d'anglais?
21. A quoi Joyce fait-elle allusion quand elle dit à Jean-Pierre: « Alors vous abandonneriez le projet d'épouser l'unique héritière d'une des plus grandes fortunes des Etats-Unis? »
22. Est-ce que Joyce est restée chez le comte pour se moquer de Jean-Pierre?
23. Pensez-vous qu'elle soit amoureuse de lui?

SITUATION 13

Le football

Dans le salon vert, Jean-Pierre est assis dans un fauteuil et regarde la télévision. Joyce pose sur la table deux verres remplis d'un mélange de cognac et d'eau gazeuse où flottent quelques glaçons, puis va s'asseoir à côté de lui.

—Quel programme présente-t-on à la télévision? lui demande-t-elle.

—Un vieux film américain. Je ne saurais vous dire le nom du film car j'ai manqué le début. L'équipe de football de Yale joue contre l'équipe d'une université rivale. C'est la mi-temps. Voyez l'équipe de Yale qui arrive.

Jean-Pierre aimerait bien connaître les règles du football américain et il pose toutes sortes de questions à Joyce. Il est surpris de voir que chaque équipe a ses cris et ses « chefs de cris » . . . .

Imaginez que vous suivez le match à la télévision avec Jean-Pierre qui vous pose toutes sortes de questions: « Est-ce la même chose que le rugby? » « Pourquoi le terrain est-il divisé en bandes? » . . . Essayez de lui expliquer en bon français, en vous servant des mots suggérés, les règles du jeu:

	Mots suggérés
1. Esquissez le décor.	• le ballon, le but, le goal, la bande, les quatre tentatives, les joueurs, l'arbitre,[1] la mi-temps, le tableau d'affichage[2] • jouer au football,[3] jouer la partie, suivre la partie, gagner (perdre) la partie, porter le ballon, marquer un but, franchir une bande • le stade, le terrain de football, les drapeaux, les uniformes, les spectateurs enthousiastes, les fanatiques, les reporters sportifs
2. Evoquez le bruit et l'animation; seriez-vous capable de lui communiquer votre enthousiasme et le fol enthousiasme des spectateurs rassemblés dans le stade?	• les cris, les hurlements: « Allez Yale! » « Vas-y Jimm » . . . les chefs de cris, la musique, les chants, les haut-parleurs

REVISION DE GRAMMAIRE

I. Le conditionnel

Le conditionnel a deux formes—une forme simple (le présent du conditionnel) et une forme composée (le passé du conditionnel).

Le présent du conditionnel

1. Le présent du conditionnel a les mêmes terminaisons que l'imparfait: **-ais, -ais, -ait, -ions, -iez, -aient.**

2. La plupart des verbes conservent l'infinitif en entier:

   je parlerais   je finirais

---

[1] **l'arbitre** = personne chargée de veiller à la régularité d'épreuves sportives
[2] **le tableau d'affichage** = on y inscrit le score du match
[3] Pour un sport ou un jeu (*game*) on emploie la préposition **au: jouer au tennis, au golf, aux cartes. . . .**

3. Les verbes en **-re** perdent le **e** final de l'infinitif:

  je perdrais   j'attendrais

4. Le présent du conditionnel ressemble beaucoup au futur. Les irrégular-
  ités du futur se retrouvent au présent du conditionnel. Comparez:

	Futur	*Conditionnel*
acheter	j'achèterai	j'achèterais
aller	j'irai	j'irais
s'asseoir	je m'assiérai,	je m'assiérais,
	je m'assoirai	je m'assoirais
avoir	j'aurai	j'aurais
courir	je courrai	je courrais
cueillir	je cueillerai	je cueillerais
devoir	je devrai	je devrais
employer	j'emploierai	j'emploierais
envoyer	j'enverrai	j'enverrais
être	je serai	je serais
faire	je ferai	je ferais
falloir	il faudra	il faudrait
jeter	je jetterai	je jetterais
mourir	je mourrai	je mourrais
pouvoir	je pourrai	je pourrais
rappeler	je rappellerai	je rappellerais
recevoir	je recevrai	je recevrais
savoir	je saurai	je saurais
tenir	je tiendrai	je tiendrais
valoir	il vaudra	il vaudrait
venir	je viendrai	je viendrais
voir	je verrai	je verrais
vouloir	je voudrai	je voudrais

Le passé du conditionnel

Le passé du conditionnel est formé du présent du conditionnel de l'auxiliaire
avoir ou **être** et du participe passé du verbe conjugué. Le passé du conditionnel ressemble beaucoup au futur antérieur. Comparez:

Futur antérieur: je **serai allé(e)**, j'**aurai été**
Passé du conditionnel: je **serais allé(e)**, j'**aurais été**

EMPLOIS

1. Quand on emploie le conditionnel, on dit les choses d'une façon moins
  brutale:

  Je **voudrais** (j'aurais voulu) apprendre à jouer au golf.
  Votre femme **devrait** commencer à jouer au golf.

2. Le conditionnel est le futur du passé; comparez les phrases suivantes:

Le comte **dit** qu'il **ira** en
Ecosse.

Jean-Pierre **dit** qu'il
abandonnera ses leçons
d'anglais.

Le comte **a dit** qu'il **irait** en
Ecosse.

Jean-Pierre **a dit** qu'il
abandonnerait ses leçons
d'anglais.

3. On emploie le conditionnel après l'expression **au cas où:**

Au cas où j'aurais un empêchement, je **passerais** un coup de
téléphone.

Au cas où tu irais au bois de Boulogne, tu ne **regretterais** pas cette
promenade.

EXERCICES

A. Employez le verbe de chaque phrase au présent du conditionnel.

EXEMPLE: Jean-Pierre regarde la télévision.
Jean-Pierre regarderait la télévision.

1. Joyce lui offre un verre d'eau gazeuse. 2. Voulez-vous lui expliquer les
règles de ce jeu? 3. Nous devons commencer à jouer au football. 4. Je
veux bien vous accompagner. 5. Les joueurs de Yale gagneront la
partie. 6. Nous ne sommes pas surpris de voir tant de spectateurs.

B. Remplacez le verbe de chaque phrase par le passé du conditionnel.

EXEMPLE: Jean-Pierre regarderait la télévision.
Jean-Pierre aurait regardé la télévision.

1. Nous viendrions volontiers vous voir. 2. Irait-elle s'asseoir à côté de
lui? 3. Seriez-vous capable de suivre la partie? 4. Jean-Pierre regarderait un vieux film américain. 5. Nous ne serions pas surpris de voir
tant de spectateurs. 6. Je voudrais bien vous accompagner.

C. Essayez de dire la même chose d'une manière moins brutale, en faisant
tous les changements nécessaires.

EXEMPLE: Veux-tu raconter une anecdote?
Voudriez-vous raconter une anecdote?

1. Peux-tu m'expliquer les règles de ce jeu? 2. Ta femme doit commencer à jouer au golf. 3. Tu dois me le dire tout de suite. 4. Dans
vingt ans tu seras trop vieux pour jouer au tennis. 5. As-tu le temps de
lire ce livre?

D. Remplacez le présent par le passé composé et le futur par le présent du conditionnel.

> EXEMPLE: Jean-Pierre dit qu'il abandonnera ses leçons d'anglais.
> **Jean-Pierre a dit qu'il abandonnerait ses leçons d'anglais.**

1. Ils affirment qu'il sera obligé d'abandonner ce projet. 2. Dites-vous qu'elle restera chez eux quand-même? 3. Je vous promets qu'il travaillera mieux. 4. Il ne dit pas que ses parents seront ruinés. 5. Il lui répond que nous ne pourrons pas y aller.

II. La condition avec *si*

Pour exprimer en français une condition, on emploie souvent **si:**

> 1. **S'**il **fait** beau demain, nous **ferons** du ski.
> 2. **S'**il **faisait** beau demain,
>   **S'**il **faisait** beau aujourd'hui, } nous **ferions** du ski.
> 3. **S'**il **avait fait** beau la semaine dernière, nous **aurions fait** du ski.

Ces trois phrases obéissent à certaines règles précises:

1. première phrase: **si** + présent . . . futur. (La condition est *réalisable.* Nous irons probablement faire du ski.)

2. deuxième phrase: **si** + imparfait . . . présent du conditionnel. (La condition est irréalisable dans le présent ou réalisable dans l'avenir.)

3. troisième phrase: **si** + plus-que-parfait . . . passé du conditionnel. (La condition n'a pas pu se réaliser dans le passé. Il n'a pas fait beau la semaine dernière; nous ne sommes pas allés faire du ski.)

Voici trois autres exemples:

> 1. **Si** vous **allez** voir mon ami, vous **serez** bien reçu.
> 2. **Si** vous **alliez** voir mon ami, vous **seriez** bien reçu.
> 3. **Si** vous **étiez allé** voir mon ami, vous **auriez été** bien reçu.

Dans ces trois phrases, **si** ne peut jamais être suivi par le futur ou le conditionnel. Le futur et le conditionnel se trouvent dans la proposition principale (*main clause*).

Quand le verbe qui suit **si** est au passé, il est souvent à l'imparfait, ou au plus-que-parfait.

> EXCEPTIONS: Les règles qu'on a appliquées aux trois phrases ne sont plus valables:

- Lorsque **si** a le sens de **quand, lorsque, toutes les fois que, au cas où** ou **à condition que:**

Si je **joue** au golf, je me **sens** libre. (= Quand je joue au golf, je me sens libre.)

S'il se **trompait, on corrigeait** ses erreurs. (= toutes les fois qu'il se trompait)

Si vous **admettez** cette opinion, vous **avez** raison. (= au cas où vous admettez)

Si vous **continuez** à bien travailler, vous **avez** des chances de reussir. (= à condition que vous continuez à bien travailler)

● Lorsque **si** est un mot interrogatif:

On verra **s'**il **pensera** à rapporter les livres.

Elle veut savoir **si** vous **êtes** capable de traduire ces quelques lignes d'italien.

Il nous demande **si** nous **sommes** fatigués.

Notez que **si** devant **il, ils,** perd sa voyelle: **S'il fait beau . . .**

C'est le seul cas en français où le **i** tombe pour éviter un hiatus.

EXERCICES

A. Changez la condition réalisable par la condition moins réalisable. C'est à dire, remplacez le présent par l'imparfait et le futur par le conditionnel présent.

EXEMPLE: Si vous allez voir nos amis, vous serez bien reçu.
Si vous alliez voir nos amis, vous seriez bien reçu.

1. Si j'ai mille dollars, j'irai en France.
2. Si ses parents nous invitent, nous viendrons volontiers.
3. Si j'ai le temps, je commencerai à jouer au tennis.
4. Si vous faites de longues promenades, votre médecin sera content.
5. Si Joyce n'est pas là, Jean-Pierre aura peur.
6. Si nous avons cette maison, nous serons contents.
7. Il les fera rire aux larmes, s'il finit cette anecdote.

B. Complétez les phrases suivantes.

1. Si je vous avais vu ce matin . . . 2. Si nous étions partis un peu plus tôt . . . 3. Mon professeur aurait été très fâché si . . . 4. Si j'avais mille dollars en ce moment . . . 5. Elle serait très contente si . . . 6. Si tu étais venu avec moi l'autre jour . . . 7. Si elle n'avait pas acheté cette auto . . . 8. Ils pourraient sortir après le dîner si . . . 9. Il faudrait qu'elle étudie si . . . 10. Si j'étais à Paris . . . 11. Au cas où tu serais libre . . . 12. Au cas où vous sortiriez . . .

Conversation dans un jardin public

—Bonjour petit chien. Comme tu es beau! Comment t'appelles-tu?

—Désirée, répondit le caniche en s'inclinant. Mais on m'appelle Dési. Et vous, comment vous appelez-vous?

—Je regrette, mais je ne puis te dire mon nom, qui évoque tout de suite le merveilleux monde de la richesse. Mes vêtements, empruntés à ma femme de chambre, m'assurent l'ingognito. . . .

—Que vous devez être heureuse!

—La plupart de mes amis pensent que je suis heureuse, Dési, et seraient tout étonnés d'apprendre que je suis lasse de l'inutile éclat de ma vie, lasse de voyager, lasse de converser avec des marionnettes qui se croient des hommes et des femmes.

—Moi, j'avais toujours considéré l'argent comme une chose fort estimable. Si mon maître en avait autant que vous, il m'achèterait des biftecks et des saucissons tous les jours. Voulez-vous faire sa connaissance? Il a tant d'esprit! Il vous appellera « ma petite poulette . . . . »

—Ecoute, Dési, je veux bien faire la connaissance de ton maître, mais je ne lui permettrai jamais de m'appeler sa petite poulette!

—Je vous prie, mademoiselle, d'accepter mes excuses. Peut-être me suis-je mal exprimée. J'ai un petit ami, un basset qui m'aime éperdument et qui me suit partout. Il m'appelle son chou, son petit lapin et j'adore ça. Je ne connais personne qui puisse converser aussi habilement que lui. . . .

—Quittons ce sujet, Dési. Parle-moi plutôt de ton maître. Où habite-il? Qu'est-ce qu'il faisait autrefois, qu'est-ce qu'il fait maintenant? J'ai tellement envie de me rapprocher des gens ordinaires. Hélas! Le sort a voulu que je naisse dans un milieu où les chagrins du peuple ne parviennent pas.

—Mon maître travaille pour une compagnie d'assurance. Il a si bien réussi comme vendeur et il a tellement augmenté le chiffre d'affaires, qu'on vient de le nommer directeur. Autrefois, il était instituteur dans une école pour jeunes filles, mais il a quitté son emploi parce que, parmi les fonctionnaires, ce sont les instituteurs que l'on paye le moins. Ah, mademoiselle! Vous avez de la chance d'être riche! J'aime beaucoup les gens du monde et je lis avidement tout ce qu'on dit d'eux. Parfois je peux imaginer comment ils vivent, jusqu'aux moindres détails. . . .

—Moi, au contraire, je ne les aime pas. Ce soir, ma mère donne un grand bal en mon honneur et toute la haute société y sera. Ça m'ennuie beaucoup, mais il faudra tout de même que j'y assiste.

—Si vous n'avez pas envie d'y aller, moi j'irais bien. Je danse assez mal, mais je peux très bien faire la conversation.

—Quelle excellente idée! Comment n'y ai-je pas pensé plus tôt! Tu n'as qu'à aller à ma place!

—D'accord, mais on ne se ressemble pas assez, autrement, j'irais bien.

—Ecoute, Dési: dans les lumières du soir on ne voit pas très bien; si tu es un peu déguisée, dans la foule on ne te remarquera pas. Et . . . il y aura tant de bonnes choses à manger. Hier, j'ai vu arriver à la maison un camion entièrement rempli de charcuteries et de biftecks.

—Et vous vous plaignez! Moi je mange une fois par jour, et l'on me donne le plus souvent les restes du dîner. Franchement, quand j'y pense . . . .

—Tu acceptes alors?

—C'est fait. Mais à une condition: vous me prêterez pour quelque temps ce beau collier que vous portez.

—Quel collier? Oh, mon Dieu! J'ai emprunté les vêtements de ma femme de chambre et j'ai oublié d'enlever mon collier d'émeraudes! Je te le donne, puisqu'il te plaît. J'ai quelque[1] quinze ou vingt colliers à la maison . . .

—Je vous remercie infiniment, mademoiselle, de toutes vos bontés à mon égard.

---

[1] L'adjectif **quelque** peut jouer le rôle d'adverbe: **J'ai quelque quinze ou vingt colliers** (= . . . *some fifteen or twenty necklaces*).

—Il n'y a pas de quoi, Dési. Prenons vite un taxi. Nous avons pas mal de choses à faire: il faut que tu prennes un bain, que tu te coiffes, que tu t'habilles . . . . Demain, je te ramènerai chez toi de bonne heure.

—D'accord, partons . . . Je suis sûre que mon maître me cherchera pendant longtemps . . . Demain, il sera d'une humeur de chien, mais tant pis. Il me posera toutes sortes de questions: « Où as-tu passé la nuit? Qui t'a donné ce collier . . . tu n'as pas honte? » J'espère qu'il ne me battera pas.

—Comment! Tu permets qu'on te traite comme ça? Quelle chienne de vie!

QUESTIONNAIRE

1. Quels sont les mots qui, dans les premières lignes, donnent le ton irréel au récit?
2. Qu'est-ce qu'un *caniche*?
3. En quoi la jeune fille est-elle snob?
4. Elle dit qu'elle n'est pas heureuse. Pourquoi?
5. Qu'y a-t-il de très « humain » dans les paroles du caniche quand il apprend que la jeune fille est lasse de « l'inutile éclat » de sa vie?
6. Quels sont les désavantages de la vie que mène la jeune fille?
7. Pourquoi s'intéresse-t-elle à la vie que mène le maître de Dési? Que sait-on de lui?
8. Comment la jeune fille arrive-t-elle à persuader Dési d'aller au bal à sa place?
9. En quoi la vie de Dési diffère-t-elle de celle de la jeune fille?
10. « Prenons vite un taxi », dit la jeune fille. Pourquoi faut-il se dépêcher?
11. Dési pense déjà au lendemain. Quelle sera la réaction de son maître? Quelles sortes de questions lui posera-t-il?
12. Quel genre de personne le caniche représente-t-il?
13. Quels sont les avantages et les désavantages de la vie que mène Dési?
14. Quels sont les éléments « irréels » dans ce récit?
15. Y a-t-il, dans ce récit, des événements qui auraient pu se passer en réalité?

DISCUSSION / COMPOSITION

1. Ecrivez une composition en forme de dialogue sur le sujet suivant: *Le bonheur est-il possible en ce monde?*
2. Trouvez un parallèle humain pour Dési. Faites son portrait (physique et mental), en donnant des exemples concrets de son attitude ou de sa conduite dans diverses circonstances.

REVISION DE GRAMMAIRE

L'adverbe

L'adverbe est un mot invariable qui modifie le sens du verbe, de l'adjectif ou d'un autre adverbe. On distingue donc les *adverbes de manière* (**bien, mal, lentement, doucement,** etc.), de *lieu* (**ici, là, dehors, où, partout,** etc.), de *temps* (**hier, aujourd'hui, tôt, tard, toujours,** etc.) et de *quantité* (**beaucoup, trop, très, assez, peu,** etc.):

Ils avancent **lentement.** (*manière*)
Il court **vite.** (*manière*)
Partout se manifestent des signes de reprise économique. (*lieu*)
Le libraire du quartier n'a pas ce livre. Allons **ailleurs.** (*lieu*)
Hier, il faisait encore beau. (*temps*)
Demain je dois me lever assez tôt. (*temps*)
Nous avons **beaucoup** travaillé. (*quantité*)
Il n'y a pas **trop** de place dans ma chambre. (*quantité*)

REMARQUE: Une locution adverbiale est une réunion de mots équivalents à un adverbe:

au-delà	à l'ordinaire
à côté	mot à mot
à la fois	en vain
en effet	tout de suite
tout à fait	de suite
en général	

FORMES

1. On forme la plupart des adverbes en ajoutant le suffixe **-ment** au féminin singulier de l'adjectif:

grande, grande**ment**	vive, vive**ment**
douce, douce**ment**	sotte, sotte**ment**
première, première**ment**	discrète, discrète**ment**
longue, longue**ment**	heureuse, heureuse**ment**
Mais: gentille gentiment;	brève brièvement

2. Certains adverbes ajoutent **-ément** au lieu de **-ement:**

aveugle, aveugl**ément**	confuse, confus**ément**
énorme, énorm**ément**	immense, immens**ément**
obscure, obscur**ément**	précise, précis**ément**
profonde, profond**ément**	commune, commun**ément**

3. Les adjectifs terminés au masculin singulier par **-ai, -é, -i, -u,** ajoutent directement le suffixe **-ment:**

> vrai, vrai**ment**   aisé, aisé**ment**
> poli, poli**ment**   éperdu, éperdu**ment**
> *Mais*: impuni, impun**ément**

4. Aux adjectifs en **-ant** et **-ent** correspondent les adverbes terminés en **-amment** et **-emment:**

> puissant, puiss**amment**   patient, pati**emment**
> courant, cour**amment**   violent, viol**emment**
> *Mais*: lent, lent**ement**   présent, présent**ement**

5. Beaucoup d'adjectifs n'ont pas d'adverbes en **-ment: content, fâché, concis, mobile, tremblant,** etc. Au lieu de l'adverbe, on emploie alors **d'un air, d'une manière,** etc. et l'adjectif:

> Elle a répondu à toutes les questions **d'une manière concise.**
> Ils nous regardaient tous **d'un air fâché.**

6. Beaucoup d'adverbes anglais se traduisent en français par des locutions adverbiales:

> *admiringly*   avec admiration
> *reproachfully*   d'un air de reproche
> *unremittingly*   sans relâche
> *urgently*   d'urgence
> *inadvertently*   par inadvertance
> *unceremoniously*   sans cérémonie

La comparaison de l'adverbe

La plupart des adverbes ont, comme les adjectifs, des degrés de signification. En effet, la comparaison des adverbes se fait de la même manière que la comparaison des adjectifs.[1] Ainsi on peut dire: **aussi vite** ou **si vite**[2] (*comparatif d'égalité*), **plus vite** ou **moins vite** (*comparatif de supériorité et d'infériorité*), et **le plus vite** ou **le moins vite** (*superlatifs de supériorité et d'infériorité*).

> Elle travaille **aussi vite** que vous.
> Ne marchez pas **si vite.**
> Il court **plus vite** que ses camarades.
> Parlez **moins vite,** je vous prie.
> Je serai de retour **le plus vite** possible.

---

[1] Voir chapitre 5-b, *Révision de Grammaire.*
[2] On emploie **si** dans les phrases négatives.

REMARQUE: Le comparatif progressif s'exprime en français par **de plus en plus** et **de moins en moins**:

Il a **de plus en plus** de raisons de se méfier. (= *He has more and more reasons . . . .*)

On était **de moins en moins** sûr qu'il puisse guérir. (*We were less and less sure . . . .*)

Comparaisons irrégulières

Les adverbes **beaucoup, bien, mal** et **peu** se comparent quelquefois de façon irrégulière:

		Formes régulières	*Formes irrégulières*
beaucoup	*comp.* *superl.*		**plus, davantage** **le plus**
bien	*comp.* *superl.*	**aussi bien, moins bien** **très bien (fort bien), le moins bien**	**mieux** **le mieux**
mal	*comp.* *superl.*	**plus mal, moins mal, aussi mal** **très mal (fort mal, bien mal), le plus mal, le moins mal**	**pis** **le pis**
peu	*comp.* *superl.*	**aussi peu** **très peu (fort peu, bien peu)**	**moins** **le moins**

Michel étudie **beaucoup;** Marc étudie **plus** que lui, mais c'est Richard qui étudie **le plus.**

Elle écrit **mal** et son frère écrit **aussi mal** qu'elle.

Hier il n'allait pas **bien,** mais ce matin ça va **mieux.**

C'est cette façon de vivre qui me convient **le mieux.**

Il travaille **peu.**

Moins la pièce est éclairée, et **plus** vous vous faites mal aux yeux.

Elle écrit à son frère **le moins** souvent possible.

Le moins que l'on puisse dire, c'est qu'il n'a pas raison.

EMPLOIS   Les adverbes irréguliers s'emploient de la façon suivante:

1. **Peu** est susceptible d'être modifié par **très, bien, assez, trop** et **si** au contraire de **beaucoup:**

Il gagne **trop peu (bien peu, assez peu, si peu, très peu).**
Mais: Il gagne **beaucoup.**

2. **Davantage** est synonyme de **plus:**

Il faut travailler **davantage.**
Ce paquet pèse **davantage** que les autres.

Mais **davantage** signifie aussi quelquefois **plus longtemps:**

Je ne m'attarderai pas **davantage** sur cette question (= plus longtemps).
« Gardes, obéissez sans tarder **davantage.** » (Racine, *Britannicus*)

Davantage ne peut pas modifier un adjectif ni un adverbe. Il faut dire:

Il est **plus** intelligent.
Elle travaille **plus** vite.

3. **Pis** et **le pis** se trouvent seulement dans des expressions ou des locutions adverbiales de la langue soignée:

a. **aller de mal en pis** = de plus en plus mal

b. **faire pis** = faire plus mal

c. **au pis aller** = en supposant une situation plus mauvaise

d. **tant pis** (contr.: **tant mieux**) indique la résignation devant un événement contraire

Depuis quelque temps, les affaires vont **de mal en pis.**
Il **a fait pis** que cela.
Au pis aller, nous serons arrivés à minuit.
J'ai perdu, **tant pis.**
La pollution est un problème très grave, et **le pis** est qu'on ne sait pas comment le résoudre.

4. Il ne faut pas confondre les adjectifs **bon, meilleur** et **mauvais** avec les adverbes **bien, mieux** et **mal.**[1]

---

[1] Voir chapitre 5-b.

La place de l'adverbe

1. La place de l'adverbe dépend souvent de raisons de style—équilibre, harmonie, intonation—ou du degré d'importance que l'on veut lui donner. C'est surtout le cas des adverbes de temps et de lieu:

   Demain, nous irons faire du ski.
   Nous irons faire du ski **demain.**
   Nous irons **demain** faire du ski.

   Ici, il y a une faute d'orthographe.
   Il y a **ici** une faute d'orthographe.
   Il y a une faute d'orthographe **ici.**

2. En général, si le verbe est à un temps simple, l'adverbe qui le modifie se place après lui:

   Vous faites **encore** des fautes.
   Il arrive **toujours** en retard.
   Je danse **assez mal,** mais je peux **très bien** faire la conversation.

3. Si le verbe est à un temps composé, on place généralement l'adverbe entre l'auxiliaire et le participe passé:

   Cet été, j'ai **beaucoup** travaillé.
   Nous n'avons pas **encore** vu ce film.
   Il a **si bien** réussi comme vendeur. . . .
   Il a **tellement** augmenté le chiffre d'affaires. . . .

   Mais, on place l'adverbe de temps et de lieu après le participe passé:

   Nous nous sommes levés **tôt** et nous nous sommes couchés **assez tard.**
   Il est parti **hier matin** et il est arrivé **aujourd'hui.**
   J'ai cherché **partout** mais je n'ai rien trouvé **nulle part.**
   Elle a ouvert la boîte et elle n'a rien trouvé **dedans.**
   Ils sont restés **dehors** toute la nuit.

   EXCEPTION: Les adverbes de temps **déjà, toujours, souvent** et **jamais** se placent généralement après l'auxiliaire:

   Il était **déjà** parti quand je suis arrivé.
   Ils sont **souvent** sortis ensemble.
   Ils n'ont **jamais** été aussi attentifs.
   Elle l'avait **toujours** détesté.

4. On place l'adverbe avant l'adjectif ou l'adverbe qu'il modifie:

   Elle est **plus intelligente** que vous ne croyez.
   . . . et l'on me donne **le plus souvent** les restes du dîner.

STRUCTURES

1. Les adverbes **à peine, peut-être** et **du moins,** en tête de la phrase, entraînent l'inversion du sujet et du verbe:

   Il a **peut-être** oublié le rendez-vous.
   Peut-être a-t-il oublié le rendez-vous.

   Vous étiez **à peine** parti qu'il arrivait.
   A peine étiez-vous parti qu'il arrivait.

   La paix n'est pas menacée; c'est **du moins** le sentiment des milieux bien informés.
   La paix n'est pas menacée; **du moins est-ce** le sentiment des milieux bien informés.

2. **De suite** signifie *sans interruption* ou *l'un après l'autre*:

   J'ai étudié pendant six heures **de suite.**
   La Russie a été gouvernée par cinq femmes **de suite.**

   Tout de suite signifie *sans délai, immédiatement*:

   Partez **tout de suite.**
   Il a **tout de suite** répondu à ma lettre.

3. Les adverbes de quantité—**beaucoup, peu, assez, trop, autant, tant, combien,** etc.—exigent la préposition **de** quand ils qualifient un nom.[1]

   Comme il a **peu d'amis,** il dispose de **beaucoup de temps** pour écrire.
   Nous avons **assez de meubles** mais pas **trop de place** dans l'appartement.

4. L'adverbe **bien,** devant un adjectif, un participe ou un adverbe, prend une valeur de superlatif atténué, et devant un verbe, une valeur intensive:

   Je suis **bien content** de vous voir en bonne santé. (= **très** content, **fort** content)
   Il est **bien entendu** que vous m'avertirez dès qu'il sera nécessaire.
   C'est **bien mieux** comme cela. (= **beaucoup** mieux)
   Il est **bien plus heureux** maintenant. (= **beaucoup** plus heureux)

   Bien des, suivi d'un nom pluriel, est synonyme de **beaucoup de** ou **une grande quantité de:**

   Nous avons **bien des ennuis** en ce moment.
   Bien des manuels n'ont pas la valeur de celui-ci.

---

[1] Voir chapitre 1-b, *Omission de l'article défini.*

EXERCICES   A. Remplacez les tirets par **mieux, meilleur** ou **pis,** selon le cas.

1. D'habitude, il travaille _____ que cela.
2. Depuis quelque temps, les choses vont de mal en _____ .
3. On fera le _____ qu'on pourra.
4. Vous feriez _____ de vous taire.
5. Le dîner aujourd'hui a été bien _____ qu'hier.

B. Remplacez les tirets par **plus, davantage,** ou **le plus,** selon le cas.

1. Relisez cet ouvrage _____ souvent.
2. Expliquez _____ clairement que vous pourrez.
3. Je ne m'attarderai pas _____ sur cette question.
4. Cours _____ vite que tu pourras.
5. Elle comprend _____ vite que lui.

C. Donnez l'adverbe qui correspond aux adjectifs suivants:

1. léger   2. malheureux   3. sec   4. franc   5. gentil   6. énorme
7. nul   8. nouveau   9. net   10. jaloux   11. secret   12. pire
13. doux   14. courageux   15. précis   16. prudent   17. courant
18. lent   19. vif   20. éperdu   21. suffisant   22. fréquent

D. Ecrivez les phrases suivantes en plaçant correctement les adverbes et en faisant, s'il le faut, les changements nécessaires.

1. Elle répète la même chose. (toujours)
2. Il fait des fautes. (beaucoup)
3. Vous ne prononcez pas la voyelle **u.** (bien)
4. Ils ont des ennuis ces jours-ci. (assez)
5. Je n'ai pas dormi. (bien)
6. Nous avons mangé hier soir. (trop)
7. Ils sont allés chez ma sœur. (peut-être)
8. Vous avez joué pendant toute la journée. (dehors)

E. Traduisez les expressions entre parenthèses.

1. Il a (*more and more*) de raisons d'être mécontent.
2. Aujourd'hui j'ai (*little*) temps à vous consacrer et demain j'en aurai (*still less*).
3. Il faut (*urgently*) le prévenir.
4. Elle est (*as*) belle que sa sœur, mais elle n'est pas (*as*) snob.
5. J'ai (*so many*) livres et (*so little*) place dans cet appartement.
6. Si tu avais travaillé (*as much*) que ton frère, tu aurais (*probably*) écrit (*as many*) livres.
7. (*Sooner or later*), les femmes seront (*as well*) payées que les hommes.
8. Si vous travaillez (*conscientiously*), vous ferez (*much better*).
9. On ne peut pas faire (*more*) pour lui.
10. Dans la rue, on voit (*few*) voitures et (*even fewer*) de piétons.

chapitre 14

a

Au cinéma

Jack Stacy faisait la queue devant un cinéma de l'avenue des Champs-Elysées. Il ne connaissait ni le réalisateur ni les vedettes, mais son envie de ne pas passer la soirée dans sa petite chambre d'hôtel le poussait à voir le film quand même.

Les gens, rangés en file le long du trottoir, étaient pressés les uns contre les autres comme les livres d'une bibliothèque. Devant Jack, un homme en uniforme lisait le journal. Un monsieur tenait le bras d'une femme blonde; elle avait l'air mécontent et tapotait nerveusement de ses ongles effilés un dictionnaire bilingue:

—Tu vois, je t'ai bien dit que c'est l'heure de l'affluence; un début de mois et un samedi par-dessus le marché.¹ Les gens ont la bourse bien garnie;² Est-ce que tu as l'heure? La séance a sans doute déjà commencé et nous allons manquer les actualités.° Enfin, pourvu qu'on voie le grand film. . . .

—Ne t'inquiète pas, ma chérie, nous n'allons pas manquer le grand film. Qu'est-ce qu'on prend, orchestre ou balcon? C'est le même prix partout.

---

¹ **par-dessus le marché** = en outre, en plus de ce qui a été convenu
² **avoir la bourse bien garnie** = avoir beaucoup d'argent

—Il fait plus frais en bas, mais il se peut que la salle soit climatisée. Dis donc, il commence à pleuvoir; nous serons trempés jusqu'aux os . . . .[1] Le ciné-club du Palais de Chaillot° présente un film nouvelle vague.° Jacqueline l'a vu; il paraît que c'est un film sensationnel.

—Oh, tu sais, les goûts de Jacqueline sont très différents des miens. Moi, j'aime les films américains: les westerns, les comédies musicales, les films policiers. . . .

La pluie tombait si fort qu'on voyait à peine l'Arc de Triomphe. Devant la grande porte vitrée, deux cinéphiles° parlaient d'un film de Godard.° Jack allume une cigarette, mais la pluie l'éteint et il la jette sur le trottoir. « C'est combien? Voilà. » Il montre son billet au contrôleur et pénètre dans la salle à demi éclairée. L'ouvreuse le conduit à une place libre. Une musique langoureuse se fait entendre. La lumière des grands lustres s'éteint doucement et les premières images apparaissent.

—Est-ce vous, Jack? Pas possible! Je croyais que vous n'aimiez pas les films d'atmosphère.° Papa est assis à côté de moi. Papa, vous connaissez Jack, n'est-ce pas? Il ne m'entend pas. Il a l'esprit occupé par la lecture des sous-titres; nous aurions dû choisir un film doublé.

—Mireille, j'ai essayé toute l'après-midi de vous atteindre. Devinez qui j'ai rencontré aujourd'hui. Non . . . non plus . . . vous n'y êtes pas du tout. Vous donnez votre langue au chat?[2]

—Oui, dites-le moi! vous me faites languir.

—Eh bien, j'ai rencontré Joyce! Joyce Smith! Mon amie dont je vous ai parlé. Imaginez-vous que je pensais justement à elle. Je me disais « C'est fini; ça n'a été qu'une aventure; je ne la reverrai peut-être plus jamais . . . » quand je l'ai vue sortir d'une librairie du Quartier latin. D'abord, je ne me suis pas montré; je l'ai suivie dans la foule; elle avait l'air pressée et nerveuse. Je me suis rapproché d'elle en me demandant si elle allait à un rendez-vous; j'avais la tête tournée vers elle, je ne pouvais la quitter du regard. Enfin elle m'a vu, s'est arrêtée, a poussé un cri, a laissé tomber ses livres et sans même se baisser pour les ramasser s'est précipitée dans mes bras.

—Ah, le veinard![3]

—Elle était toute surprise de m'entendre parler français. Le souvenir désagréable de notre dernière rencontre s'était effacé; j'étais plus amoureux d'elle que jamais. Ah, Mireille, si vous saviez comme je suis content de l'avoir enfin retrouvée. Elle est en congé et nous irons dimanche à la campagne s'il fait beau . . . .

—Silence! Allez vous expliquer dehors! aboie un spectateur.

Sur l'écran apparaît un hôtel entouré de pelouses soignées, de parterres de fleurs exotiques et de grands palmiers. Des estivants en tenue de plage se font bronzer au soleil, autour d'une piscine. Quelques jeunes gens s'écla-

---

[1] **trempé jusqu'aux os** = se dit d'une personne dont les vêtements sont transpercés par la pluie
[2] **donner sa langue au chat** = renoncer finalement à deviner ce que quelqu'un vous cache malicieusement
[3] **le veinard, la veinarde** = qui a de la chance

boussent bruyamment en jouant, dans l'eau, avec un gros ballon de caoutchouc. Une femme svelte,[1] coiffée d'un large chapeau de paille et la taille bien prise[2] dans un tailleur blanc, est confortablement installée sous un parasol.

Un petit homme, plutôt âgé, s'arrête devant elle, découvrant deux rangées de dents inégales et ternes: « Excusez-moi, est-ce que je peux m'asseoir ici? » La femme lui rend son sourire: « Certainement, je vous en prie. »

—Jack, je suis tellement contente pour vous. Je meurs d'envie de faire la connaissance de Joyce. Appelez-moi ce soir, après le film. Jean-Pierre connaît bien la banlieue parisienne. Si tout le monde est d'accord, on pourra aller déjeuner ensemble dimanche, dans quelque auberge au bord de la Seine; ça sera amusant.

—Silence! Ah, ces femmes, quand elles se mettent à parler!

Un jeune homme tout ruisselant d'eau apparaît sur l'écran. Il a une serviette-éponge roulée à la main. Il la déroule et sort un paquet de cigarettes.

—Permettez-moi de vous donner du feu, dit le petit homme, avançant son briquet. . . .

NOTES

Les actualités: courte bande cinématographique présentant les principaux événements de la semaine ou du mois. Les actualités passent, en général, avant le grand film.

Le Palais de Chaillot: un bâtiment qui abrite des musées et des théâtres, situé place du Trocadéro, en face de la Tour Eiffel.

La nouvelle vague: l'avant-garde du cinéma.

Le cinéphile: amateur de cinéma (*movie fan*).

Godard, Jean-Luc: réalisateur français qui a lancé les films nouvelle vague.

Un film d'atmosphère: film dans lequel on dépeint les circonstances morales et le milieu dans lequel se déroule l'action.

QUESTIONNAIRE

Répondez aux questions suivantes:

1. Que fait Jack Stacy devant le cinéma?
2. Il ne connaît pas le réalisateur ni les vedettes; pourtant, il ira voir le film quand même. Pourquoi?
3. Pourquoi y a-t-il tant de gens ce soir-là?

[1] **svelte** = se dit d'une personne mince, légère et élégante tout à la fois
[2] **taille bien prise** = qui a de justes proportions, avec une idée de minceur

4. La femme blonde n'a pas l'air contente. Pourquoi?
5. Qu'est-ce que le monsieur lui demande?
6. Le ciné-club du Palais de Chaillot joue un film nouvelle vague. (a) Où est situé le Palais de Chaillot? (b) Expliquez ce que c'est qu'un ciné-club. (c) Expliquez le terme *nouvelle vague*.
7. De quoi les deux cinéphiles parlent-ils?
8. Expliquez ce que c'est qu'un cinéphile.
9. A qui est-ce que Jack montre son billet?
10. Qui est-ce qui le conduit à une place libre?
11. Qui est assis à côté de Jack?
12. Expliquez ce que c'est qu'un film d'atmosphère.
13. Mireille parle à son père, mais celui-ci ne l'entend pas. Pourquoi?
14. Pourquoi est-ce que Jack est tellement content ce soir-là?
15. Racontez comment Jack et Joyce se sont finalement retrouvés.
16. Est-ce que Jack est toujours amoureux de Joyce?
17. Où est-ce que Joyce et Jack iront dimanche s'il fait beau?
18. Décrivez ce que Jack voit apparaître sur l'écran.
19. Faites le portrait de la femme installée sous le parasol et de l'homme qui lui demande la permission de s'asseoir.
20. Pourquoi est-ce que Mireille veut que Jack l'appelle après le film?
21. Qui est-ce qui connaît bien la banlieue parisienne?

SITUATION 14

Les cinéphiles

Devant la grande porte vitrée du cinéma, deux cinéphiles parlaient d'un film de Godard:

—Ce n'était pas mal, mais les vedettes n'étaient pas remarquables. Il y avait pourtant certaines scènes qui m'ont beaucoup plu.

—Oh, vous savez, moi, ce ne sont pas les vedettes[1] de cinéma qui m'intéressent: ce sont les réalisateurs.[2] J'ai beaucoup aimé le film parce que Godard avait réussi à marier[3] ses personnages et ses thèmes au décor. Le cadre stylisé n'était qu'une prolongation picturale des acteurs.

---

[1] **une vedette** = acteur ou actrice célèbre
[2] **le réalisateur** = metteur en scène de cinéma qui dirige les acteurs et les techniciens
[3] **marier ses personnages au décor** = associer ses personnages au décor

—Oui, en effet . . . . Il me semble que Godard présente mieux que les autres réalisateurs contemporains l'extraordinaire mystère de la matière et des êtres.

En utilisant les mots que vous avez appris pendant l'année ainsi que les mots et expressions suggérés, essayez de répondre aux questions suivantes:

Questions	Mots et expressions suggérés
1. Pourquoi allez-vous au cinéma? Pensez-vous que le cinéma soit un art ou bien un divertissement tout simplement?	• J'y vais pour: m'instruire, me distraire, me tenir au courant
2. Quel genre de films aimez-vous?	• J'aime surtout: les films d'aventures, d'amour, d'atmosphère, les films policiers, nouvelle vague, les westerns, les comédies musicales, les documentaires,[1] les actualités, les dessins animés[2]
3. Racontez un film que vous avez vu récemment. Où est-ce que l'histoire avait lieu? De quoi s'agissait-il dans ce film?	• Dans ce film, il s'agissait: d'un meurtre, d'une fraude, d'une longue enquête; d'un événement (ou d'un personnage) historique, d'un voyage fantastique, de la recherche d'un document disparu, d'un enfant kidnappé, d'une jeune femme (un jeune homme) qui, au commencement . . . et qui finit par . . .
4. « Permettez-moi de vous donner du feu » dit le petit homme, avançant son briquet. . . . Pouvez-vous développer le dernier paragraphe du chapitre sous forme de dialogue opposant un malfaiteur et un brave garçon?	
5. Qu'est-ce qui vous intéresse surtout au cinéma?	• le réalisateur, les vedettes, l'intrigue,[3] le jeu, le dialogue, les images, les décors, les costumes, le montage,[4] la musique

[1] **un documentaire** = film établi d'après des documents pris dans la réalité: En France, avant le grand film, on passe souvent un documentaire.

[2] **un dessin animé** = film composé d'une suite de dessins, donnant, à la projection, l'illusion du mouvement (= *animated cartoon*)

[3] **l'intrigue** = suite d'incidents qui forme l'action ou le déroulement d'une pièce de théâtre, d'un roman ou d'un film

[4] **le montage** = l'assemblage des diverses séquences d'un film en une bande définitive

Questions	Mots et expressions suggérés
6. Quelle est votre vedette favorite? Pourquoi?	• Parmi les vedettes, j'aime surtout . . . à cause de: son physique agréable, son visage expressif, sa belle voix, sa sensibilité, sa douceur, sa grâce, son jeu nuancé, son talent varié qui lui permet d'agir comme le personnage qu'elle (il) représente
7. Pensez-vous que le cinéma ait tué l'art dramatique?	
8. Connaissez-vous des romans adaptés au cinéma? Lesquels? Avez-vous mieux aimé le roman ou bien le film?	
9. Qu'est-ce qu'on joue cette semaine? Apportez un journal en classe pour pouvoir discuter la page des spectacles.	

Révision de grammaire

1. Le futur immédiat et le futur simple (*chapitre 1*)
2. L'imparfait et le passé composé (*chapitre 3*)
3. Les verbes pronominaux (*chapitre 6*)
4. Le subjonctif (*chapitres 8, 9 et 10*)
5. Le passif (*chapitre 11*)

Une promenade à la campagne

Il fait chaud dans la voiture. Jack Stacy baisse la vitre. Il s'est rasé avec soin ce matin mais il a les traits tirés et le regard éteint. Il n'a pas encore réussi à se réveiller complètement malgré le café filtre; pourtant, il regarde l'heure à sa montre; il est déjà neuf heures dix. C'est sans doute la fatigue accumulée depuis des mois qui l'envahit maintenant.

La voiture longe les trottoirs encore déserts, passe devant le Palais-Bourbon,° les grilles du jardin des Tuileries, l'église de la Madeleine,° l'Opéra° devant lequel la place est encore vide. . . .

Ça va mieux maintenant. Joyce est assise à côté de lui et sa présence le réconforte:

—Vous souvenez-vous, Jack, quand vous m'avez fait danser pour la première fois? Je dansais si mal, mais vous avez réussi à faire disparaître cette timidité qui me paralysait; je faisais un grand effort pour ne pas rougir, mais je sentais la chaleur qui me montait aux joues. Mes amies ont vu mon embarras et m'ont taquinée pendant toute la soirée.

Joyce déboutonne son imperméable, puis décroise et enlève son écharpe de soie, la plie négligemment et l'enfouit dans son grand sac à main où se trouvent déjà le guide touristique de la banlieue parisienne et un journal.

Les monuments, les larges avenues, les grands bâtiments ont disparu; on voit çà et là de vieux immeubles aux façades lépreuses, des maisonnettes surmontées d'antennes de télévision et entourées de petits jardins. Le désordre du paysage s'accentue; le chemin est boueux et creusé d'ornières. A l'horizon, des taches vertes annoncent déjà la campagne.

—Je m'en souviens, Joyce, comme si c'était hier. Je vous ai revue le surlendemain et nous avons fait une promenade en voiture. Ah, j'étais si amoureux mais je ne disais rien; je ne vous regardais même pas parce que je n'osais pas croire que vous aviez pour moi plus que de l'amitié et je voulais me garantir d'une grande déception.

Entre une cabane en planches et une petite rivière bordée de saules, un motocycliste débouche, vire à gauche, puis est caché par un grand camion vert que Jack dépasse bientôt, tandis qu'au loin apparaît le clocher d'une église et un pont sur lequel s'engage un train. Des saules et des peupliers se balancent doucement des deux côtés du chemin; on ne voit personne dans les champs; les paysans doivent être à l'église puisque c'est dimanche.

—Auvers-sur-Oise, c'est bien là que nous devons rencontrer Mireille et Jean-Pierre, n'est-ce pas? Nous n'avons pas besoin de nous dépêcher, Jack, puisqu'ils n'y seront pas avant midi. Voulez-vous que je cherche dans le guide? Voyons . . . Auvers . . . Auvers-sur-Oise . . . . « Trente kilomètres de Paris. Eglise gothique du XIIᵉ siècle. Patrie de l'impressionnisme. Vers 1850 Daubigny° s'y installa et son atelier fut le lieu de rendez-vous des peintres impressionnistes. Aujourd'hui, l'atelier de Daubigny, devenu un petit musée, contient plusieurs tableaux des bords de la Seine et de l'Oise. »

—Je connais quelqu'un qui a toujours à sa disposition, pour les repas entre amis, une collection d'historiettes. Il racontait l'autre soir l'anecdote suivante: Par un jour d'été, une paysanne regardait Daubigny peindre dans un champ de blé: « Tiens, dit-elle, vous mélangez le rouge avec le jaune pour représenter le blé? Moi, je ne le vois que jaune. » « Clignez des yeux[1] a répondu le peintre et vous verrez du blé jaune, du blé orange, du blé rose, du blé vert et même du blé rouge. »

Joyce et Jack traversent maintenant un petit bourg tout entier reflété dans l'Oise. Tout est calme et doux. Plus de fatigue. Jack s'abandonne à une sensation délicieuse de détente—une sensation pareille à celle qu'on éprouve sur la plage, quand on se laisse caresser par les vagues. Une bouffée d'air frais balaie tous les mauvais souvenirs. Ils sont ensemble, confiants, le regard tourné vers l'avenir . . . .

—Là, Jack, regardez cette maison au bord de la rivière. C'est peut-être un vieux moulin qu'on a transformé; cela me fait penser à la ferme que nous

---

[1] **cligner des yeux** = les fermer à demi sous l'effet d'une lumière vive, du vent, de la fumée . . . ou parfois pour mieux distinguer les objets

avons vue l'été dernier dans le Vermont. Vous rappelez-vous cette ferme délabrée où nous sommes entrés pour casser la croûte?[1] Il y avait une grande cour carrée, pavée de vieilles briques et un ruisseau. Vous ne vous rappelez pas? . . . Si . . . près d'un lac . . . nous sommes allés nous baigner et puis . . . . Mais vous êtes fou, Jack! Faites attention à la route! Voilà un autocar qui vient; on nous voit; de quoi avons-nous l'air? . . .

—Joyce, ma petite Joyce, je suis follement amoureux de vous! . . . Nous avons l'air de deux amoureux.

Jack vire à droite et s'enfonce dans la campagne, séduit par un chemin sinueux camouflé derrière des arbres.

—Et cette histoire que vous écrivez, Jack, de quoi s'agit-il?

—Oh, c'est difficile à expliquer en quelques mots . . . . Le neveu d'un comte français qui n'est pas un vrai comte, fait la cour à une jeune fille, héritière d'une des plus grandes fortunes des Etats-Unis . . . . Mais vers la fin on découvre qu'elle n'est pas, hélas, la vraie héritière.

—Mais, je n'y comprends rien, Jack! C'est une histoire sans queue ni tête:[2] un faux comte, une fausse héritière . . . Mais, qui est-ce qui a intérêt à faire durer cette confusion jusqu'à la dernière page?

—Eh bien, c'est un certain professeur qui essaie de persuader ses étudiants à s'exprimer en français.

NOTES

Le Palais-Bourbon: situé à Paris, sur la rive gauche de la Seine, en face de la place de la Concorde. Construit en 1722 par l'architecte italien Girardini, le Palais-Bourbon est occupé maintenant par l'Assemblée Nationale.

L'église de la Madeleine: construite de 1764 à 1842. C'est une réplique d'un temple grec.

L'Opéra: construit de 1862 à 1874 par l'architecte Charles Garnier.

Daubigny, Charles-François: paysagiste français, né à Paris (1817–1878).

QUESTIONNAIRE   Répondez aux questions suivantes:

1. Pourquoi est-ce que Jack Stacy a les traits tirés et le regard éteint?
2. Plus tard, il se sentira mieux. Pourquoi?
3. Où est situé le Palais-Bourbon?
4. De quoi l'église de la Madeleine est-elle une réplique?

---

[1] **casser la croûte** = prendre un repas (*expression familière*)
[2] **sans queue ni tête** = désordonné, incohérent

5. Quand est-ce que l'Opéra a été construit?
6. Qu'est-ce que Joyce demande à Jack?
7. Pourquoi ses amies l'ont-elles taquinée pendant la soirée?
8. Jack dit qu'il était très amoureux de Joyce mais qu'il n'osait pas la regarder. Pourquoi?
9. Qu'est-ce qui indique que Joyce et Jack ont quitté le centre de Paris?
10. Qu'est-ce qui annonce la campagne?
11. Pourquoi est-ce qu'on ne voit personne dans les champs?
12. Joyce et Jack sont en route vers Auvers-sur-Oise. Qui doivent-ils rencontrer là-bas?
13. Pourquoi n'ont-ils pas besoin de se dépêcher?
14. Que savez-vous d'Auvers-sur-Oise?
15. Racontez l'anecdote de la paysanne qui regardait le peintre Daubigny travailler.
16. A quoi ressemble la maison au bord de la rivière?
17. Pourquoi est-ce que Joyce traite Jack de fou et lui demande de faire attention à la route?
18. Expliquez, en quelques mots, l'histoire que Jack écrit.
19. Y a-t-il une ressemblance entre l'histoire de Jack et l'histoire racontée dans ce manuel?
20. « C'est une histoire sans queue ni tête », dit Joyce; elle n'y comprend rien. Qui est-ce qui a intérêt à faire durer cette confusion?

Etudiants et professeurs à la recherche d'une histoire

Pour cette dernière leçon nous allons remplacer la situation par des questions auxquelles vous allez essayer de répondre en vous servant des mots et expressions que vous avez appris pendant l'année.

1. Quelle est l'intrigue de l'histoire que vous venez de terminer? Quel en est le dénouement?

2. Que pensez-vous des personnages principaux? Sont-ils réels et vivants? Avez-vous trouvé l'héroïne (Joyce) sympathique? Croyez-vous qu'elle finira par épouser Jack? Y a-t-il des personnages antipathiques? Nommez-les.

3. D'après vous, quels sont les défauts et les mérites respectifs du livre? L'avez-vous lu attentivement? Saviez-vous avant la fin comment il se terminerait?

4. Quel est votre chapitre préféré? Justifiez votre préférence. Si vous étiez l'auteur comment auriez-vous terminé le dernier chapitre?

5. Joyce et Jack doivent rencontrer Mireille et Jean-Pierre à Auvers-sur-Oise pour le déjeuner. Pouvez-vous imaginer leur conversation?

6. Des histoires individuelles qui se trouvent dans ce livre, laquelle avez-vous aimée le plus? Expliquez pourquoi.

Révision de grammaire

Révision générale

Conjugaisons régulières

Les verbes en *-er*, *-ir* et *-re*

	verbes en **-er**	verbes en **-ir**	verbes en **-re**
INFINITIF	**donner**	**finir**	**vendre**
PARTICIPE PRÉSENT	**donnant**	**finissant**	**vendant**
PARTICIPE PASSÉ	**donné**	**fini**	**vendu**

INDICATIF			
	Présent		
	je donne	je finis	je vends
	tu donnes	tu finis	tu vends
	il donne	il finit	il vend
	nous donnons	nous finissons	nous vendons
	vous donnez	vous finissez	vous vendez
	ils donnent	ils finissent	ils vendent
	Impératif		
	donne	finis	vends
	donnons	finissons	vendons
	donnez	finissez	vendez

Imparfait

je donnais	je finissais	je vendais
tu donnais	tu finissais	tu vendais
il donnait	il finissait	il vendait
nous donnions	nous finissions	nous vendions
vous donniez	vous finissiez	vous vendiez
ils donnaient	ils finissaient	ils vendaient

Futur

je donnerai	je finirai	je vendrai
tu donneras	tu finiras	tu vendras
il donnera	il finira	il vendra
nous donnerons	nous finirons	nous vendrons
vous donnerez	vous finirez	vous vendrez
ils donneront	ils finiront	ils vendront

Futur antérieur

j'aurai donné	j'aurai fini	j'aurai vendu
tu auras donné	tu auras fini	tu auras vendu
il aura donné	il aura fini	il aura vendu
nous aurons donné	nous aurons fini	nous aurons vendu
vous aurez donné	vous aurez fini	vous aurez vendu
ils auront donné	ils auront fini	ils auront vendu

Conditionnel présent

je donnerais	je finirais	je vendrais
tu donnerais	tu finirais	tu vendrais
il donnerait	il finirait	il vendrait
nous donnerions	nous finirions	nous vendrions
vous donneriez	vous finiriez	vous vendriez
ils donneraient	ils finiraient	ils vendraient

Conditionnel passé

j'aurais donné	j'aurais fini	j'aurais vendu
tu aurais donné	tu aurais fini	tu aurais vendu
il aurait donné	il aurait fini	il aurait vendu
nous aurions donné	nous aurions fini	nous aurions vendu
vous auriez donné	vous auriez fini	vous auriez vendu
ils auraient donné	ils auraient fini	ils auraient vendu

Passé simple

je donnai	je finis	je vendis
tu donnas	tu finis	tu vendis
il donna	il finit	il vendit
nous donnâmes	nous finîmes	nous vendîmes
vous donnâtes	vous finîtes	vous vendîtes
ils donnèrent	ils finirent	ils vendirent

Passé composé

j'ai donné	j'ai fini	j'ai vendu
tu as donné	tu as fini	tu as vendu
il a donné	il a fini	il a vendu
nous avons donné	nous avons fini	nous avons vendu
vous avez donné	vous avez fini	vous avez vendu
ils ont donné	ils ont fini	ils ont vendu

Plus-que-parfait

j'avais donné	j'avais fini	j'avais vendu
tu avais donné	tu avais fini	tu avais vendu
il avait donné	il avait fini	il avait vendu
nous avions donné	nous avions fini	nous avions vendu
vous aviez donné	vous aviez fini	vous aviez vendu
ils avaient donné	ils avaient fini	ils avaient vendu

SUBJONCTIF

Présent

que je donne	que je finisse	que je vende
que tu donnes	que tu finisses	que tu vendes
qu'il donne	qu'il finisse	qu'il vende
que nous donnions	que nous finissions	que nous vendions
que vous donniez	que vous finissiez	que vous vendiez
qu'ils donnent	qu'ils finissent	qu'ils vendent

Passé

que j'aie donné	que j'aie fini	que j'aie vendu
que tu aies donné	que tu aies fini	que tu aies vendu
qu'il ait donné	qu'il ait fini	qu'il ait vendu
que nous ayons donné	que nous ayons fini	que nous ayons vendu
que vous ayez donné	que vous ayez fini	que vous ayez vendu
qu'ils aient donné	qu'ils aient fini	qu'ils aient vendu

Les auxiliaires *avoir* et *être*

INFINITIF	avoir	être

PARTICIPE PRÉSENT	ayant	étant

PARTICIPE PASSÉ	eu	été

INDICATIF

Présent

j'ai	nous avons	je suis	nous sommes
tu as	vous avez	tu es	vous êtes
il a	ils ont	il est	ils sont

Impératif

aie		sois	
ayons		soyons	
ayez		soyez	

Imparfait

j'avais	nous avions	j'étais	nous étions
tu avais	vous aviez	tu étais	vous étiez
il avait	ils avaient	il était	ils étaient

Futur

j'aurai	nous aurons	je serai	nous serons
tu auras	vous aurez	tu seras	vous serez
il aura	ils auront	il sera	ils seront

Futur antérieur

j'aurai eu, etc.	j'aurai été, etc.

Conditionnel présent

j'aurais	nous aurions	je serais	nous serions
tu aurais	vous auriez	tu serais	vous seriez
il aurait	ils auraient	il serait	ils seraient

Conditionnel passé

j'aurais eu, etc.	j'aurais été, etc.

304

Passé simple

j'eus	nous eûmes	je fus	nous fûmes
tu eus	vous eûtes	tu fus	vous fûtes
il eut	ils eurent	il fut	ils furent

Passé composé

j'ai eu	nous avons eu	j'ai été	nous avons été
tu as eu	vous avez eu	tu as été	vous avez été
il a eu	ils ont eu	il a été	ils ont été

Plus-que-parfait

j'avais eu, etc.   j'avais été, etc.

SUBJONCTIF

Présent

que j'aie	que nous ayons	que je sois	que nous soyons
que tu aies	que vous ayez	que tu sois	que vous soyez
qu'il ait	qu'ils aient	qu'il soit	qu'ils soient

Passé

que j'aie eu, etc.   que j'aie été, etc.

appendice b

Conjugaisons irrégulières

INFINITIF	PARTICIPES	IND. PRÉS.		IMPARFAIT	PASSÉ SIMPLE
aller	allant	je	vais	allais	allai
to go; fit	allé	tu	vas	allais	allas
		il	va	allait	alla
		nous	allons	allions	allâmes
		vous	allez	alliez	allâtes
		ils	vont	allaient	allèrent

Comme **aller: s'en aller** *to go away, leave.*

INFINITIF	PARTICIPES	IND. PRÉS.		IMPARFAIT	PASSÉ SIMPLE
asseoir (s')	asseyant	je	m' assieds	asseyais	assis
to sit (down)	assis	tu	t' assieds	asseyais	assis
		il	s' assied	asseyait	assit
		nous	nous asseyons	asseyions	assîmes
		vous	vous asseyez	asseyiez	assîtes
		ils	s' asseyent	asseyaient	assirent

INFINITIF	PARTICIPES	IND. PRÉS.		IMPARFAIT	PASSÉ SIMPLE
avoir	ayant	j'	ai	avais	eus
to have	eu	tu	as	avais	eus
		il	a	avait	eut
		nous	avons	avions	eûmes
		vous	avez	aviez	eûtes
		ils	ont	avaient	eurent

INFINITIF	PARTICIPES	IND. PRÉS.		IMPARFAIT	PASSÉ SIMPLE
battre	battant	je	bats	battais	battis
to beat	battu	tu	bats	battais	battis
		il	bat	battait	battit
		nous	battons	battions	battîmes

Comme **battre: combattre** *to fight.*

INFINITIF	PARTICIPES	IND. PRÉS.		IMPARFAIT	PASSÉ SIMPLE
boire	buvant	je	bois	buvais	bus
to drink	bu	il	boit	buvait	but
		nous	buvons	buvions	bûmes
		ils	boivent	buvaient	burent

PASSÉ COMPOSÉ		FUTUR	IMPÉRATIF	SUBJ. PRÉS.	IMPARF. DU SUBJ.
suis	allé	irai		aille	allasse
es	allé	iras	va	ailles	allasses
est	allé	ira		aille	allât
sommes	allés	irons	allons	allions	allassions
êtes	allés	irez	allez	alliez	allassiez
sont	allés	iront		aillent	allassent
suis	assis	assiérai		asseye	assisse
es	assis	assiéras	assieds-toi	asseyes	
est	assis	assiéra		asseye	assît
sommes	assis	assiérons	asseyons-nous	asseyions	
êtes	assis	assiérez	asseyez-vous	asseyiez	
sont	assis	assiéront		asseyent	assissent
ai	eu	aurai		aie	eusse
as	eu	auras	aie	aies	eusses
a	eu	aura		ait	eût
avons	eu	aurons	ayons	ayons	eussions
avez	eu	aurez	ayez	ayez	eussiez
ont	eu	auront		aient	eussent
ai	battu	battrai		batte	battisse
as	battu	battras	bats	battes	battisses
a	battu	battra		batte	battît
avons	battu	battrons	battons	battions	
			battez		
ai	bu	boirai		boive	busse
a	bu	boira	bois	boive	bût
avons	bu	boirons	buvons	buvions	
ont	bu	boiront	buvez	boivent	

INFINITIF	PARTICIPES	IND. PRÉS.	IMPARFAIT	PASSÉ SIMPLE
conclure	concluant	je conclus	concluais	conclus
to conclude	conclu,	il conclut	concluait	conclut
	f. conclue	nous concluons	concluions	conclûmes
		ils concluent	concluaient	conclurent

Comme **conclure: exclure** *to exclude*; **inclure** *to include*.

conduire	conduisant	je conduis	conduisais	conduisis
to conduct, drive,	conduit	il conduit	conduisait	conduisit
lead		nous conduisons	conduisions	conduisîmes
		ils conduisent	conduisaient	conduisirent

Comme **conduire: construire** *to build, construct*; **détruire** *to destroy*; **instruire** *to instruct, teach, inform*; **produire** *to produce*; **traduire** *to translate*; **cuire** *to cook*.

connaître	connaissant	je connais	connaissais	connus
to know, be	connu	il connaît	connaissait	connut
acquainted with		nous connaissons	connaissions	connûmes

Comme **connaître; reconnaître** *to recognize*; **paraître, apparaître** *to appear*; **disparaître** *to disappear*.

conquérir	conquérant	je conquiers	conquérais	conquis
to conquer	conquis	il conquiert	conquérait	conquit
		nous conquérons	conquérions	conquîmes
		ils conquièrent	conquéraient	conquirent

Comme **conquérir: acquérir** *to acquire*.

courir	courant	je cours	courais	courus
to run	couru	il court	courait	courut
		nous courons	courions	courûmes

Comme **courir: accourir** *to come running*; **parcourir** *to travel over (through), glance through*; **secourir** *to help, bring help to*.

couvrir	couvrant	je couvre	couvrais	couvris
to cover	couvert	il couvre	couvrait	couvrit
		nous couvrons	couvrions	couvrîmes

Comme **couvrir: découvrir** *to discover, uncover*; **recouvrir** *to cover again (up)*; **offrir** *to offer*; **ouvrir** *to open*; **souffrir** *to suffer*.

craindre	craignant	je crains	craignais	craignis
to fear	craint	tu crains	craignais	craignis
		il craint	craignait	craignit
		nous craignons	craignions	craignîmes
		vous craignez	craigniez	craignîtes
		ils craignent	craignaient	craignirent

Comme **craindre: plaindre** *to pity*; **peindre** *to paint*; **atteindre** *to reach*; **éteindre** *to put out, extinguish*; **joindre** *to join*; **rejoindre** *to rejoin, join, catch up with*.

PASSÉ COMPOSÉ		FUTUR	IMPÉRATIF	SUBJ. PRÉS.	IMPARF. DU SUBJ.
ai	conclu	conclurai		conclue	conclusse
a	conclu	conclura	conclus	conclue	conclût
avons	conclu	conclurons	concluons	concluions	
ont	conclu	concluront	concluez	concluent	
ai	conduit	conduirai		conduise	conduisisse
a	conduit	conduira	conduis	conduise	conduisît
avons	conduit	conduirons	conduisons	conduisions	
ont	conduit	conduiront	conduisez	conduisent	
ai	connu	connaîtrai		connaisse	connusse
a	connu	connaîtra	connais	connaisse	connût
avons	connu	connaîtrons	connaissons	connaissions	
			connaissez		
ai	conquis	conquerrai		conquière	conquisse
a	conquis	conquerra	conquiers	conquière	conquît
avons	conquis	conquerrons	conquérons	conquiérions	
ont	conquis	conquerront	conquérez	conquièrent	
ai	couru	courrai		coure	courusse
a	couru	courra	cours	coure	courût
avons	couru	courrons	courons	courions	
			courez		
ai	couvert	couvrirai		couvre	couvrisse
a	couvert	couvrira	couvre	couvre	couvrît
avons	couvert	couvrirons	couvrons	couvrions	
			couvrez		
ai	craint	craindrai		craigne	craignisse
as	craint	craindras	crains	craignes	craignisses
a	craint	craindra		craigne	craignît
avons	craint	craindrons	craignons	craignions	craignissions
avez	craint	craindrez	craignez	craigniez	
ont	craint	craindront		craignent	

INFINITIF	PARTICIPES	IND. PRÉS.		IMPARFAIT	PASSÉ SIMPLE
croire	croyant	je	crois	croyais	crus
to believe	cru	il	croit	croyait	crut
		nous	croyons	croyions	crûmes
		ils	croient	croyaient	crurent
cueillir	cueillant	je	cueille	cueillais	cueillis
to pick, gather	cueilli	il	cueille	cueillait	cueillit
(*flowers, fruit*)		nous	cueillons	cueillions	cueillîmes

Comme **cueillir: accueillir** *to welcome*; **recueillir** *to collect, gather; shelter, take in.*

cuire	cuisant	je	cuis	cuisais	cuisis
to cook	cuit, *f.* cuite				
devoir	devant	je	dois	devais	dus
must, ought to,	dû,[1] *f.* due	tu	dois	devais	dus
have to, be		il	doit	devait	dut
obliged to; owe		nous	devons	devions	dûmes
		vous	devez	deviez	dûtes
		ils	doivent	devaient	durent
dire	disant	je	dis	disais	dis
to say, tell	dit	tu	dis	disais	dis
		il	dit	disait	dit
		nous	disons	disions	dîmes
		vous	dites	disiez	dîtes
		ils	disent	disaient	dirent
dormir	dormant	je	dors	dormais	dormis
to sleep	dormi	il	dort	dormait	dormit
		nous	dormons	dormions	dormîmes

Comme **dormir: s'endormir** *to fall asleep.*

écrire	écrivant	j'	écris	écrivais	écrivis
to write	écrit	il	écrit	écrivait	écrivit
		nous	écrivons	écrivions	écrivîmes

Comme **écrire: décrire** *to describe*; **inscrire** *to write down, inscribe*; **prescrire** *to prescribe, lay down* (rule); **souscrire** *to subscribe.*

envoyer	envoyant	j'	envoie	envoyais	envoyai
to send	envoyé	il	envoie	envoyait	envoya
		nous	envoyons	envoyions	envoyâmes
		ils	envoient	envoyaient	envoyèrent

Comme **envoyer: renvoyer** *to send back; dismiss, fire.*

[1]Suivi de **e, s** pas d'accent circonflexe. L'accent circonflexe s'emploie avec **croître** pour le distinguer de **croire.**

PASSÉ COMPOSÉ		FUTUR	IMPÉRATIF	SUBJ. PRÉS.	IMPARF. DU SUBJ.
ai	cru	croirai		croie	crusse
a	cru	croira	crois	croie	crût
avons	cru	croirons	croyons	croyions	
ont	cru	croiront	croyez	croient	
ai	cueilli	cueillerai		cueille	cueillisse
a	cueilli	cueillera	cueille	cueille	cueillît
avons	cueilli	cueillerons	cueillons	cueillions	
			cueillez		
ai	cuit	cuirai	cuis	cuise	cuisisse
ai	dû	devrai		doive	dusse
as	dû	devras	dois (*owe*)	doives	dusses
a	dû	devra		doive	dût
avons	dû	devrons	devons	devions	dussions
avez	dû	devrez	devez	deviez	dussiez
ont	dû	devront		doivent	dussent
ai	dit	dirai		dise	disse
as	dit	diras	dis	dises	disses
a	dit	dira		dise	dît
avons	dit	dirons	disons	disions	dissions
avez	dit	direz	dites	disiez	dissiez
ont	dit	diront		disent	dissent
ai	dormi	dormirai		dorme	dormisse
a	dormi	dormira	dors	dorme	dormît
avons	dormi	dormirons	dormons	dormions	
			dormez		
ai	écrit	écrirai		écrive	écrivisse
a	écrit	écrira	écris	écrive	écrivît
avons	écrit	écrirons	écrivons	écrivions	
			écrivez		
ai	envoyé	enverrai		envoie	envoyasse
a	envoyé	enverra	envoie	envoie	envoyât
avons	envoyé	enverrons	envoyons	envoyions	
ont	envoyé	enverront	envoyez	envoient	

INFINITIF	PARTICIPES	IND. PRÉS.		IMPARFAIT	PASSÉ SIMPLE
être	étant	je	suis	étais	fus
to be	été	tu	es	étais	fus
		il	est	était	fut
		nous	sommes	étions	fûmes
		vous	êtes	étiez	fûtes
		ils	sont	étaient	furent
faillir	faillant			je	faillis
to fail	failli			nous	faillîmes
faire	faisant	je	fais	faisais	fis
to do, make	fait	tu	fais	faisais	fis
		il	fait	faisait	fit
		nous	faisons	faisions	fîmes
		vous	faites	faisiez	fîtes
		ils	font	faisaient	firent

Comme **faire: défaire** *to undo*; **refaire** *to do again*; **satisfaire** *to satisfy*.

INFINITIF	PARTICIPES	IND. PRÉS.		IMPARFAIT	PASSÉ SIMPLE
falloir	fallu	il	faut	fallait	fallut
(impers.) to be necessary					
fuir	fuyant	je	fuis	fuyais	fuis
to run away,	fui	il	fuit	fuyait	fuit
flee; leak		nous	fuyons	fuyions	fuîmes
		ils	fuient	fuyaient	fuirent

Comme **fuir: s'enfuir** *to escape*.

INFINITIF	PARTICIPES	IND. PRÉS.		IMPARFAIT	PASSÉ SIMPLE
haïr	haïssant	je	hais	haïssais	haïs
to hate	haï	il	hait	haïssait	haït
		nous	haïssons	haïssions	haïmes
		ils	haïssent	haïssaient	haïrent
lire	lisant	je	lis	lisais	lus
to read	lu	il	lit	lisait	lut
		nous	lisons	lisions	lûmes

Comme **lire: relire** *to read again (over), reread*; **élire** *to elect*; **réélire** *to re-elect*.

INFINITIF	PARTICIPES	IND. PRÉS.		IMPARFAIT	PASSÉ SIMPLE
mentir	mentant	je	mens	mentais	mentis
to lie, tell lies	menti	il	ment	mentait	mentit
		nous	mentons	mentions	mentîmes

Comme **mentir: se repentir** *to repent*.

PASSÉ COMPOSÉ		FUTUR	IMPÉRATIF	SUBJ. PRÉS.	IMPARF. DU SUBJ.
ai	été	serai		sois	fusse
as	été	seras	sois	sois	fusses
a	été	sera		soit	fût
avons	été	serons	soyons	soyons	fussions
avez	été	serez	soyez	soyez	fussiez
ont	été	seront		soient	fussent
ai	failli				
avons	failli				
ai	fait	ferai		fasse	fisse
as	fait	feras	fais	fasses	fisses
a	fait	fera		fasse	fît
avons	fait	ferons	faisons	fassions	fissions
avez	fait	ferez	faites	fassiez	fissiez
ont	fait	feront		fassent	fissent
a	fallu	faudra		faille	fallût
ai	fui	fuirai		fuie	fuisse
a	fui	fuira	fuis	fuie	fût
avons	fui	fuirons	fuyons	fuyions	
ont	fui	fuiront	fuyez	fuient	
ai	haï	haïrai		haïsse	haïsse
a	haï	haïra	hais	haïsse	haït
avons	haï	haïrons	haïssons	haïssions	
ont	haï	haïront	haïssez	haïssent	
ai	lu	lirai		lise	lusse
a	lu	lira	lis	lise	lût
avons	lu	lirons	lisons	lisions	
			lisez		
ai	menti	mentirai		mente	mentisse
a	menti	mentira	mens	mente	mentît
avons	menti	mentirons	mentons	mentions	
			mentez		

INFINITIF	PARTICIPES	IND. PRÉS.		IMPARFAIT	PASSÉ SIMPLE
mettre	mettant	je	mets	mettais	mis
to put, set	mis, *f.* mise	tu	mets	mettais	mis
		il	met	mettait	mit
		nous	mettons	mettions	mîmes
		vous	mettez	mettiez	mîtes
		ils	mettent	mettaient	mirent

Comme **mettre: se mettre à** *to start to*; **remettre** *to put again, put back, put off, deliver*; **permettre** *to permit*; **promettre** *to promise*; **admettre** *to admit*; **commettre** *to commit*; **soumettre** *to submit, subdue*; **se soumettre** *to submit*; **transmettre** *to transmit*; **compromettre** *to jeopardize, implicate*.

INFINITIF	PARTICIPES	IND. PRÉS.		IMPARFAIT	PASSÉ SIMPLE
mourir	mourant	je	meurs	mourais	mourus
to die	mort	il	meurt	mourait	mourut
		nous	mourons	mourions	mourûmes
		ils	meurent	mouraient	moururent

INFINITIF	PARTICIPES	IND. PRÉS.		IMPARFAIT	PASSÉ SIMPLE
naître	naissant	je	nais	naissais	naquis
to be born	né	il	nait	naissait	naquit
		nous	naissons	naissions	naquîmes

Comme **naître: renaître** *i. to be born again, come to life again, revive.*

INFINITIF	PARTICIPES	IND. PRÉS.		IMPARFAIT	PASSÉ SIMPLE
offrir	offrant	j'	offre	offrais	offris
to offer (voyez	offert				
couvrir)					

INFINITIF	PARTICIPES	IND. PRÉS.		IMPARFAIT	PASSÉ SIMPLE
ouvrir	ouvrant	j'	ouvre	ouvrais	ouvris
to open (voyez	ouvert	il	ouvre	ouvrait	ouvrit
couvrir)		nous	ouvrons	ouvrions	ouvrîmes

Comme **ouvrir: rouvrir** *to open again*; **entr'ouvrir** *to open a little.*

INFINITIF	PARTICIPES	IND. PRÉS.		IMPARFAIT	PASSÉ SIMPLE
paraître	paraissant	je	parais	paraissais	parus
to appear (voyez	paru				
connaître)					

INFINITIF	PARTICIPES	IND. PRÉS.		IMPARFAIT	PASSÉ SIMPLE
partir	partant	je	pars	partais	partis
to leave, start	parti	il	part	partait	partit
(set) out		nous	partons	partions	partîmes

Comme **partir: repartir** *to start out again, go back.*

INFINITIF	PARTICIPES	IND. PRÉS.		IMPARFAIT	PASSÉ SIMPLE
peindre	peignant	je	peins	peignais	peignis
to paint (voyez	peint				
craindre)					

PASSÉ COMPOSÉ		FUTUR	IMPÉRATIF	SUBJ. PRÉS.	IMPARF. DU SUBJ.
ai	mis	mettrai		mette	misse
as	mis	mettras	mets	mettes	misses
a	mis	mettra		mette	mît
avons	mis	mettrons	mettons	mettions	missions
avez	mis	mettrez	mettez	mettiez	missiez
ont	mis	mettront		mettent	missent
suis	mort	mourrai		meure	mourusse
est	mort	mourra	meurs	meure	mourût
sommes	morts	mourrons	mourons	mourions	
sont	morts	mourront	mourez	meurent	
suis	né	naîtrai		naisse	naquisse
est	né	naîtra	nais	naisse	naquît
sommes	nés	naîtrons	naissons	naissions	
			naissez		
ai	offert	offrirai	offre	offre	offrisse
ai	ouvert	ouvrirai		ouvre	ouvrisse
a	ouvert	ouvrira	ouvre	ouvre	ouvrît
avons	ouvert	ouvrirons	ouvrons	ouvrions	
			ouvrez		
ai	paru	paraîtrai	parais	paraisse	parusse
suis	parti	partirai		parte	partisse
est	parti	partira	pars	parte	partît
sommes	partis	partirons	partons	partions	
			partez		
ai	peint	peindrai	peins	peigne	peignisse

INFINITIF	PARTICIPES	IND. PRÉS.	IMPARFAIT	PASSÉ SIMPLE
plaire *to please*	plaisant plu	je plais il plaît nous plaisons	plaisais plaisait plaisions	plus plut plûmes

Comme **plaire: déplaire à** *to fail to please, make a bad impression on.*

INFINITIF	PARTICIPES	IND. PRÉS.	IMPARFAIT	PASSÉ SIMPLE
pleuvoir *to rain*	pleuvant plu	il pleut	pleuvait	plut

INFINITIF	PARTICIPES	IND. PRÉS.	IMPARFAIT	PASSÉ SIMPLE
pouvoir *to be able, can*	pouvant pu	je peux (puis) tu peux il peut nous pouvons vous pouvez ils peuvent	pouvais pouvais pouvait pouvions pouviez pouvaient	pus pus put pûmes pûtes purent

INFINITIF	PARTICIPES	IND. PRÉS.	IMPARFAIT	PASSÉ SIMPLE
prendre *to take*	prenant pris	je prends tu prends il prend nous prenons vous prenez ils prennent	prenais prenais prenait prenions preniez prenaient	pris pris prit prîmes prîtes prirent

Comme **prendre: apprendre** *to learn, teach;* **comprendre** *to understand, comprise;* **entreprendre** *to undertake;* **reprendre** *to take back (again), recapture;* **surprendre** *to surprise, take by surprise.*

INFINITIF	PARTICIPES	IND. PRÉS.	IMPARFAIT	PASSÉ SIMPLE
recevoir *to receive*	recevant reçu	je reçois tu reçois il reçoit nous recevons vous recevez ils reçoivent	recevais recevais recevait recevions receviez recevaient	reçus reçus reçut reçûmes reçûtes reçurent

Comme **recevoir: apercevoir** *to catch sight of;* **percevoir** *to perceive, collect;* **concevoir** *to conceive;* **décevoir** *to deceive.*

INFINITIF	PARTICIPES	IND. PRÉS.	IMPARFAIT	PASSÉ SIMPLE
rire *to laugh*	riant ri	je ris il rit nous rions ils rient	riais riait riions riaient	ris rit rîmes rirent

Comme **rire: sourire** *to smile.*

INFINITIF	PARTICIPES	IND. PRÉS.	IMPARFAIT	PASSÉ SIMPLE
savoir *to know; can, be able to*	sachant su	je sais il sait nous savons	savais savait savions	sus sut sûmes

PASSÉ COMPOSÉ		FUTUR	IMPÉRATIF	SUBJ. PRÉS.	IMPARF. DU SUBJ.
ai	plu	plairai		plaise	plusse
a	plu	plaira	plais	plaise	plût
avons	plu	plairons	plaisons	plaisions	
			plaisez		
a	plu	pleuvra		pleuve	plût
ai	pu	pourrai		puisse	pusse
as	pu	pourras	(sois capable de)	puisses	pusses
a	pu	pourra		puisse	pût
avons	pu	pourrons	(soyons capables de)	puissions	pussions
avez	pu	pourrez	(soyez capables de)	puissiez	pussiez
ont	pu	pourront		puissent	pussent
ai	pris	prendrai		prenne	prisse
as	pris	prendras	prends	prennes	
a	pris	prendra		prenne	prît
avons	pris	prendrons	prenons	prenions	
avez	pris	prendrez	prenez	preniez	
ont	pris	prendront		prennent	
ai	reçu	recevrai		reçoive	reçusse
as	reçu	recevras	reçois	reçoives	
a	reçu	recevra		reçoive	reçût
avons	reçu	recevrons	recevons	recevions	
avez	reçu	recevrez	recevez	receviez	
ont	reçu	recevront		reçoivent	
ai	ri	rirai		rie	risse
a	ri	rira	ris	rie	rît
avons	ri	rirons	rions	riions	
ont	ri	riront	riez	rient	
ai	su	saurai		sache	susse
a	su	saura	sache	sache	sût
avons	su	saurons	sachons	sachions	
			sachez		

INFINITIF	PARTICIPES	IND. PRÉS.		IMPARFAIT	PASSÉ SIMPLE
sentir	sentant	je	sens	sentais	sentis
to feel, smell	senti	il	sent	sentait	sentit
		nous	sentons	sentions	sentîmes

Comme **sentir: consentir** *to consent.*

servir	servant	je	sers	servais	servis
to serve, be used,	servi	il	sert	servait	servit
be useful		nous	servons	servions	servîmes

Comme **servir: se servir de** *to use.*

sortir	sortant	je	sors	sortais	sortis
i. to go (come) out,	sorti	il	sort	sortait	sortit
take (bring,		nous	sortons	sortions	sortîmes
carry) out					

souffrir	souffrant	je	souffre	souffrais	souffris
to suffer	souffert	il	souffre	souffrait	souffrit
		nous	souffrons	souffrions	souffrîmes

suffire	suffisant	je	suffis	suffisais	suffis
to be sufficient	suffi	il	suffit	suffisait	suffit
		nous	suffisons	suffisions	suffîmes

suivre	suivant	je	suis	suivais	suivis
to follow	suivi	il	suit	suivait	suivit
		nous	suivons	suivions	suivîmes

Comme **suivre: poursuivre** *to pursue.*

taire (se)	taisant	je	me	tais	taisais	tus
to be (keep)	tu	il	se	tait	taisait	tut
silent (quiet)		nous	nous	taisons	taisions	tûmes

tenir	tenant	je	tiens	tenais	tins
to hold	tenu	tu	tiens	tenais	tins
		il	tient	tenait	tint
		nous	tenons	tenions	tînmes
		vous	tenez	teniez	tîntes
		ils	tiennent	tenaient	tinrent

Comme **tenir: appartenir** *to belong;* **contenir** *to contain;* **obtenir** *to get, obtain;* **retenir** *to hold (keep) back, retain;* **soutenir** *to support.*

PASSÉ COMPOSÉ		FUTUR	IMPÉRATIF	SUBJ. PRÉS.	IMPARF. DU SUBJ.
ai	senti	sentirai		sente	sentisse
a	senti	sentira	sens	sente	sentît
avons	senti	sentirons	sentons	sentions	
			sentez		
ai	servi	servirai		serve	servisse
a	servi	servira	sers	serve	servît
avons	servi	servirons	servons	servions	
			servez		
suis	sorti	sortirai		sorte	sortisse
est	sorti	sortira	sors	sorte	sortît
sommes	sortis	sortirons	sortons	sortions	
			sortez		
ai	souffert	souffrirai		souffre	souffrisse
a	souffert	souffrira	souffre	souffre	souffrît
avons	souffert	souffrirons	souffrons	souffrions	
			souffrez		
ai	suffi	suffirai		suffise	suffisse
a	suffi	suffira	suffis	suffise	suffît
avons	suffi	suffirons	suffisons	suffisions	
			suffisez		
ai	suivi	suivrai		suive	suivisse
a	suivi	suivra	suis	suive	suivît
avons	suivi	suivrons	suivons	suivions	
			suivez		
suis	tu	tairai		taise	tusse
est	tu	taira	tais-toi	taise	tût
sommes	tus	tairons	taisons-nous	taisions	
			taisez-vous		
ai	tenu	tiendrai		tienne	tinsse
as	tenu	tiendras	tiens	tiennes	tinsses
a	tenu	tiendra		tienne	tînt
avons	tenu	tiendrons	tenons	tenions	tinssions
avez	tenu	tiendrez	tenez	teniez	tinssiez
ont	tenu	tiendront		tiennent	tinssent

INFINITIF	PARTICIPES	IND. PRÉS.		IMPARFAIT	PASSÉ SIMPLE
vaincre	vainquant	je	vaincs	vainquais	vainquis
to vanquish,	vaincu	il	vainc	vainquait	vainquit
overcome		nous	vainquons	vainquions	vainquîmes

Comme **vaincre: convaincre** *to convince.*

INFINITIF	PARTICIPES	IND. PRÉS.		IMPARFAIT	PASSÉ SIMPLE
valoir	valant	je	vaux	valais	valus
to be worth, be	valu	il	vaut	valait	valut
equivalent to		nous	valons	valions	valûmes
		ils	valent	valaient	valurent

venir	venant	je	viens	venais	vins
to come	venu	il	vient	venait	vint
		nous	venons	venions	vînmes
		ils	viennent	venaient	vinrent

Comme **venir: devenir** *to become*; **revenir** *to come back*; **se souvenir** *to remember*; **convenir** *to suit, be suitable, agree*; **prévenir** *to warn, notify*; **provenir de** *to come (proceed) from.*

vivre	vivant	je	vis	vivais	vécus
to live	vécu	il	vit	vivait	vécut
		nous	vivons	vivions	vécûmes

Comme **vivre: revivre** *to live again, revive*; **survivre** *to survive.*

voir	voyant	je	vois	voyais	vis
to see	vu	il	voit	voyait	vit
		nous	voyons	voyions	vîmes
		ils	voient	voyaient	virent

Comme **voir: entrevoir** *to catch sight (a glimpse) of*; **pourvoir**[1] *to provide*; **prévoir**[2] *to foresee.*

vouloir	voulant	je	veux	voulais	voulus
to wish, want,	voulu	tu	veux	voulais	voulus
desire, will		il	veut	voulait	voulut
		nous	voulons	voulions	voulûmes
		vous	voulez	vouliez	voulûtes
		ils	veulent	voulaient	voulurent

[1]Mais **je pourvus, je pourvoirai(s).**
[2]Exceptions: **je prévoirai, prévoirais.**

	PASSÉ COMPOSÉ	FUTUR	IMPÉRATIF	SUBJ. PRÉS.	IMPARF. DU SUBJ.
ai	vaincu	vaincrai		vainque	vainquisse
a	vaincu	vaincra	vaincs	vainque	vainquît
avons	vaincu	vaincrons	vainquons	vainquions	
			vainquez		
ai	valu	vaudrai		vaille	valusse
a	valu	vaudra	vaux	vaille	valût
avons	valu	vaudrons	valons	valions	
ont	valu	vaudront	valez	vaillent	
suis	venu	viendrai		vienne	vinsse
est	venu	viendra	viens	vienne	vînt
sommes	venus	viendrons	venons	venions	
sont	venus	viendront	venez	viennent	
ai	vécu	vivrai		vive	vécusse
a	vécu	vivra	vis	vive	vécût
avons	vécu	vivrons	vivons	vivions	
			vivez		
ai	vu	verrai		voie	visse
a	vu	verra	vois	voie	vît
avons	vu	verrons	voyons	voyions	
ont	vu	verront	voyez	voient	
ai	voulu	voudrai		veuille	voulusse
as	voulu	voudras	veuille[1]	veuilles	
a	voulu	voudra		veuille	voulût
avons	voulu	voudrons	veuillons	voulions	
avez	voulu	voudrez	veuillez	vouliez	
ont	voulu	voudront		veuillent	

[1]Utilisez **veux** (ou **aie la volonté de**), **voulons, voulez,** pour signifier *exert your will.*

appendice c

Quelques changements d'orthographe

1. Verbes en **-cer**
   Le **c** change en **ç** devant **a** et **o**

commencer

PART. PRÉS.	IND. PRÉS.	IMPARFAIT	PASSÉ SIMPLE
commençant	commence	commençais	commençai
	commences	commençais	commenças
	commence	commençait	commença
	commençons	commencions	commençâmes
	commencez	commenciez	commençâtes
	commencent	commençaient	commencèrent

2. Verbes en **-ger**
   On ajoute un **e** après le **g** devant **a** et **o**

manger

PART. PRÉS.	IND. PRÉS.	IMPARFAIT	PASSÉ SIMPLE
mangeant	mange	mangeais	mangeai
	manges	mangeais	mangeas
	mange	mangeait	mangea
	mangeons	mangions	mangeâmes
	mangez	mangiez	mangeâtes
	mangent	mangeaient	mangèrent

3. Les verbes en **e** + consonne + **er,** comme par exemple **mener, se lever, se promener,** etc., prennent un accent grave devant une terminaison muette.

		lever	
IND. PRÉS.	FUTUR	CONDITIONNEL	SUBJ. PRÉS.
lève	lèverai	lèverais	lève
lèves	lèveras	lèverais	lèves
lève	lèvera	lèverait	lève
levons	lèverons	lèverions	levions
levez	lèverez	lèveriez	leviez
lèvent	lèveront	lèveraient	lèvent

4. Les verbes en **é** + consonne + **er,** comme **exagérer, céder, compléter, préférer,** etc., changent l'accent aigu en accent grave devant une terminaison muette:

	préférer		
IND. PRÉS.		SUBJ. PRÉS.	
préfère	préférons	préfère	préférions
préfères	préférez	préfères	préfériez
préfère	préfèrent	préfère	préfèrent

5. Les verbes en **-eler** et en **-eter** doublent généralement le **l** ou le **t** devant une terminaison muette:

		appeler	
IND. PRÉS.	FUTUR	CONDITIONNEL	SUBJ. PRÉS.
appelle	appellerai	appellerais	appelle
appelles	appelleras	appellerais	appelles
appelle	appellera	appellerait	appelle
appelons	appellerons	appellerions	appelions
appelez	appellerez	appelleriez	appeliez
appellent	appelleront	appelleraient	appellent

		jeter	
jette, etc.	jetterai, etc.	jetterais, etc.	jette, etc.

EXCEPTION: **Acheter** et **geler,** *to freeze,* prennent un accent grave, comme **lever,** devant une terminaison muette: **j'achète, j'achèterai,** etc.

6. Les verbes en **-oyer** et en **-uyer** changent généralement le **y** en **i** devant une terminaison muette:

employer

IND. PRÉS.	FUTUR	CONDITIONNEL	SUBJ. PRÉS.
emploie	emploierai	emploierais	emploie
emploies	emploieras	emploierais	emploies
emploie	emploiera	emploierait	emploie
employons	emploierons	emploierions	employions
employez	emploierez	emploieriez	employiez
emploient	emploieront	emploieraient	emploient

REMARQUE: Les verbes **balayer, payer, frayer** peuvent garder le **y** devant une terminaison muette: **je paie** ou **je paye.**

lexique

A l'exclusion des 1300 mots du **Français Fondamental (Ier Degré)** et de certains mots apparentés à l'anglais, le Lexique contient tous les mots de ce manuel. Les définitions sont à la fois précises et détaillées, et répondent au souci de distinguer les diverses nuances de sens au lieu de définir par de simples synonymes.

ATTENTION: Les définitions n'indiquent pas tous les sens possibles. Pour le mot replacé dans une structure donnée de **Dialogues et Situations** elles sont valables; mais si on veut appliquer le vocabulaire à d'autres situations ou à d'autres textes, il faudra consulter un bon dictionnaire français.

La plupart des définitions ont été illustrées d'exemples qui justifient l'emploi du mot ou en précisent le sens; ces exemples sont le plus souvent empruntés à la langue parlée, afin de marquer les relations qui peuvent exister entre la langue écrite et la langue parlée.

Nous nous sommes efforcés d'indiquer pour certains termes les divers « niveaux de langue », suivant les rubriques connues: « familier », « populaire », « argot ». Des synonymes ont été ajoutés aux mots principaux, afin de permettre aux étudiants de varier leur expression.

Abbréviations

adj.	—adjectif		*intr.*	—intransitif
adv.	—adverbe		*invar.*	—invariable
ang.	—anglais		*loc.*	—locution
art.	—article		*m.*	—masculin
auxil.	—auxiliaire		*n.*	—nom
compl.	—complément		*péjor.*	—péjoratif
conj.	—conjonction		*pl.*	—pluriel
contr.	—contraire		*pop.*	—populaire
f.	—féminin		*pr.*	—pronominal
fam.	—familier, familièrement		*prép.*	—préposition
impers.	—impersonnel		*sing.*	—singulier
ind.	—indirect		*subj.*	—subjonctif
indic.	—indicatif		*syn.*	—synonyme
infin.	—infinitif		*tr.*	—transitif
interj.	—interjection		*v.*	—verbe

Note: **h*—L'astérisque (signe typographique en forme d'étoile) devant un mot indique que l'**h** initial est aspiré, c'est-à-dire, empêche les liaisons.

a

abandonner   *v. tr.*   1. *Abandonner un lieu,* s'en retirer d'une manière définitive: *Il abandonne Paris pour se fixer en province* (syn.: **quitter, s'en aller de**).   2. *Abandonner quelque chose,* cesser de s'en occuper: *Il abandonne ses projets* (syn.: **renoncer à**). — **s'abandonner** *v. pr.* *S'abandonner à un sentiment, à une sensation . . . ,* se laisser dominer par eux: *Il s'abandonne à cette sensation délicieuse de détente.*

abattre (s')   *v. pr. S'abattre sur,* tomber sur quelque chose ou sur quelqu'un: *La pluie s'abbattait sur les promeneurs.*

abîmer   *v. tr. L'humidité a abîmé nos meubles* (syn.: **endommager, gâcher**).

abordable   *adj.*: *Des chaussures d'un prix abordable. Des légumes abordables* (dont le prix est accessible à tous).

aborder   *v. tr. Aborder quelque chose,* commencer à l'entreprendre (syn.: **affronter**).

aboyer   *v. intr.*   1. (sujet nom désignant un chien): *Chaque fois que je sors dans le jardin, le chien aboie.*   2. (sujet nom de personne) fam. Crier: *Ce n'est pas la peine d'aboyer comme ça: j'ai compris!*

abri   *n.m.* Lieu où l'on peut se mettre à couvert de la pluie, du soleil (syn.: **refuge**).

abricot   *n.m.* Fruit jaune-orangé de l'abricotier.

abriter (s')   *v. tr.* (souvent au passif et au pr.): *Je me suis abrité sous un arbre pendant la pluie* (syn.: **protéger**). *Cette maison abrite plusieurs familles* (= leur sert d'habitation).

absorber (s')   *v. pr.* Etre occupé entièrement: *Il s'absorbe dans la lecture de son roman policier.*

abstrait, e   *adj. La bonté, la haine et la fraternité sont des idées abstraites* (contr.: **concret**).

absurde   *adj.* et *n.* Ce qui est contraire à la logique, à la raison: *La vie est souvent absurde.* — **absurdité** *n.f.* (syn.: **stupidité, sottise**).

accélérateur   *n.m.* Mécanisme qui permet d'accélérer un moteur d'automobile: *Il a poussé l'accélérateur à fond.*

accentuer (s')   *v. pr.* (sujet nom de chose). Devenir plus fort, plus intense: *La chaleur s'accentue* (contr.: **diminuer**).

accompagner   *v. tr. Accompagner quelqu'un,* être présent auprès de lui: *Pouvez-vous m'accompagner au théâtre?* (syn.: **venir avec, escorter**).

accompli, e   *adj.* Qui a été entièrement achevé: *Une action accomplie.*

accord   *n.m.* Rapport établi entre plusieurs mots: *Il y a accord en nombre entre le verbe et le sujet.* — **d'accord,** expression traduisant la conformité totale de sentiments: *D'accord pour demain, j'y serai à l'heure.* — **accorder** *v. tr.* **Accorder des choses,** les mettre en harmonie. — **s'accorder** *v. pr.* Etre accordé: *Le participe passé conjugué avec le verbe « être » s'accorde en genre et en nombre avec le sujet.*

accueil   *n.m.* Réception faite à quelqu'un: *Il a reçu à son retour un accueil chaleureux.*

accueillir   *v. tr.* (sujet nom de personne). *Accueillir quelqu'un,* le recevoir bien ou mal (accompagné en général d'un adv. ou d'un compl. de manière): *Elle a été accueillie avec chaleur* (syn.: **recevoir**).

acquérir   *v. tr.* Devenir propriétaire d'un bien: *Acquérir une maison* (syn.: **acheter**).

actionner   *v. tr. Actionner quelque chose,* le mettre en mouvement.

actualités   *n.f. pl.* Courte bande cinématographique réunissant les principaux événements de la semaine ou du mois: *Les actualités passent avant le grand film.*

adapter   *v. tr. Adapter un roman au cinéma,* arranger de manière à en faire le sujet d'un film.

addition   *n.f.* Note des dépenses faites au café, au restaurant, à l'hôtel: *Demander l'addition au garçon. Est-ce que l'addition comprend le service* (= le pourboire)?

adieu   *interj.* Formule de salut employée quand on quitte quelqu'un pour un temps assez long ou définitivement: *Adieu donc! puisque vous partez définitivement de Belgique*; — *dire adieu à quelqu'un*, prendre congé de cette personne.

admiratif, ive   *adj.* Qui manifeste un sentiment d'admiration: *La conclusion du discours était accompagnée d'un murmure admiratif.*

adroit, e   *adj.* (avant ou, plus souvent, après le nom). Se dit de quelqu'un qui fait preuve d'habileté physique ou intellectuelle: *Il est très adroit de ses mains* (syn.: **habile**). — **maladroit, e** *adj.* et *n.* Contr. de **adroit.** — **maladroitement** *adv.* (syn.: **gauchement**).

adversaire   *n.* Personne opposée à une autre sur le plan politique, idéologique, dans un combat ou dans un jeu: *Il l'emporta facilement sur tous ses adversaires dans cette course.*

adverse   *adj.* (sans compl.). Opposé à quelqu'un, à un groupe de personnes: *Les forces adverses sont restées sur leurs positions* (syn.: **hostile**; contr.: **ami**).

affairé, e   *adj.* Se dit de quelqu'un qui a ou paraît avoir beaucoup d'occupations, d'activités: *Cette jeune fille a toujours l'air affairé.*

1. affaires   *n.f. pl.* Vêtements, objets divers: *Elle pose ses affaires chaque soir sur une chaise. Vous perdez toujours vos affaires.*

2. affaires   *n.f. pl.* Activité d'ordre commercial, industriel ou financier: *Les affaires ne vont pas.*

affichage   *n.m. Tableau d'affichage*, on y inscrit le score du match.

affiche   *n.f.* Feuille imprimée, appliquée sur le mur d'une rue, d'un édifice . . . pour annoncer quelque chose aux passants ou au public.

affirmer   *v. tr. Affirmer une chose*, **affirmer que** (et indic.), soutenir fermement qu'une chose est vraie: *Il affirme que vous êtes responsable de l'erreur commise* (syn.: **prétendre, assurer**).

affluence   *n.f.* Grand nombre de personnes se rassemblant en un même lieu (sans compl.): *Aux heures d'affluence, il attend parfois l'autobus une heure.*

affreux, euse   *adj.* (avant ou après le nom). Dont la laideur physique ou morale provoque la répulsion (syn.: **monstrueux**).

afin de   *loc. prép.*, **afin que** *loc. conj.* Indique l'intention dans laquelle on fait une chose. On emploie **afin de** + *infin.* lorsque l'infin. a le même sujet que le verbe dont il dépend; on emploie **afin que** + *subj.* lorsque la phrase subordonnée et la proposition dont elle dépend ont des sujets différents; **afin de, afin que** appartiennent surtout à la langue écrite (syn. usuel: **pour** et **pour que**).

agacer   *v. tr. Agacer quelqu'un*, lui causer une légère irritation: *Cet étudiant ne cesse pas d'agacer ses camarades* (syn.: **taquiner**, fam.: **embêter**).

âge   *n.m.* La force de l'âge (= la maturité). *Il paraît être dans la force de l'âge.*

âgé, e   *adj. Etre âgé*, être vieux: *Des places assises sont réservées aux gens âgés* (= aux vieillards).

agent   *n.m.* Fonctionnaire de police d'une grande ville (syn.: **gardien de la paix**, pop.: **flic**): *L'agent arrêta l'automobiliste qui avait brûlé un feu rouge.*

agile   *adj.* Se dit de quelqu'un qui a de la rapidité dans les mouvements: *Un enfant agile comme un singe* (syn.: **vif**).

1. agir   *v. intr.* (sujet nom d'être animé). Faire quelque chose: *Ne restez pas inerte, agissez* (ang.: *to act*).

2. agir (s')   *v. pr.* (seulement impers.) 1. **Il s'agit de** (suivi d'un nom), il est question de: *Dans ce roman, il s'agit d'une jeune fille américaine qui. . . . De quoi s'agit-il?* 2. **Il s'agit de** (et infin.), il est nécessaire: *Il s'agit de s'entendre: vous acceptez, oui ou non?* (syn.: **il faut**).

agneau   *n.m.* (ang.: *lamb*).

ail   *n.m.* (ang.: *garlic*).

ailleurs   *adv.* En un autre lieu que celui où l'on est ou dont il est question: *Le libraire du quartier n'a pas les œuvres complètes de Balzac; allons ailleurs.*

ailleurs (d')   Indique que la phrase dans laquelle cette locution se trouve a une valeur d'opposition, de concession (syn.: **de plus**): *Elle sait chanter, et d'ailleurs, elle connaît plusieurs chansons françaises.*

aimable   *adj.* Se dit d'une personne qui cherche à plaire: *Ce jeune homme est aimable avec tout le monde* (syn.: **poli, courtois, gentil**).

aîné, e   *adj.* et *n.* Né le premier (parmi les enfants d'une famille) ou le plus âgé (parmi les membres d'un groupe): *Son frère aîné vient de se marier. Ecoutez vos aînés: ils ont plus d'expérience.*

air   *n.m.*   1. Aspect extérieur d'une personne, son allure, les traits de son visage: *Parler d'un air décidé* (syn.: **manière, façon**). *Ne prends pas cet air triste* (= cette mine, cette allure triste).   2. Suite de notes accompagnant des paroles destinées à être chantées: *Il siffle un air à la mode* (syn.: **chanson**).

aise   *n.f.* **à l'aise,** sans éprouver de gêne ni de contrainte (suivant un verbe): *Vous serez plus à l'aise dans ce grand fauteuil.*

aisé (e)   *adj.* (syn.: **facile;** contr.: **pénible, difficile**).

ajuster   *v. tr.* *Ajuster une chose à une autre,* l'adapter avec soin et exactement: *La couturière ajuste une robe à la taille de sa cliente.*

algèbre   *n.f.* Science du calcul des grandeurs représentées par des lettres. *L'arithmétique, l'algèbre et la géométrie forment les mathématiques.*

alimentation   *n.f.* (syn.: **nourriture;** ang.: *food*).

allégresse   *n.f.* Joie très vive, accompagnée de manifestations extérieures.

aller   *v. intr.* (sujet nom de chose) **Aller à** (quelqu'un) + *adv.*, être en accord, en harmonie: *Cette robe lui va à merveille!* — **allons!, allez!, allons donc!, allez donc!,** *interj.* qui marquent l'incertitude ou l'impatience.

allier (s')   *v. pr.* Etre en accord: *Ces deux couleurs s'allient très bien ensemble* (syn.: **s'accorder, s'harmoniser**).

allô!   *interj.* servant d'appel, précédant la conversation téléphonique: *Allô! qui est à l'appareil?*

allure   *n.f.* (avec un qualificatif) Manière de marcher, de se conduire, de se présenter (syn.: **air**).

allusion   *n.f.* Mot, phrase, par lesquels on évoque l'idée de quelqu'un, de quelque chose sans en parler de manière précise: *Il a cru découvrir dans ces paroles vagues une allusion personnelle à sa situation difficile.*

amabilité   *n.f.* Marque de politesse (syn.: **courtoisie, gentillesse;** contr.: **grossièreté**).

amande   *n.f.* (ang.: *almond*).

ambiance   *n.f.*   1. Atmosphère qui existe autour d'une personne: *Dès le début de la soirée elle eut l'impression que l'ambiance était mauvaise, que les invités étaient mal disposés.*   2. Humeur gaie: *Il y avait chez les Duflaux une ambiance folle!*

ameublement   *n.m.* Ensemble des meubles qui garnissent une maison, un appartement ou une pièce (syn.: **les meubles**).

amoureux, euse   *adj.* et *n.* Qui éprouve de l'amour pour quelqu'un; qui est passionné pour quelque chose: *Il est follement amoureux d'une jeune fille italienne* (syn.: **épris**).

ampoule   *n.f.* Petit tube de verre contenant un médicament liquide; ce contenu lui-même: *Verser le contenu d'une ampoule dans un verre.*

amuser (s')   *v. pr.* Etre gai, prendre du plaisir: *Elle s'est beaucoup amusée à cette soirée.*

ananas   *n.m.* (ang.: *pineapple*).

ancêtres   *n.m. pl.* L'ensemble de ceux de qui l'on descend ou, plus vaguement, de ceux qui ont vécu avant nous. *Ses ancêtres sont originaires de la Provence.*

angle *n.m. Ce restaurant se trouve à l'angle de la rue*, là où la rue fait un angle avec une autre (syn.: **coin**).

angoisse *n.f.* Sentiment de grande inquiétude qui s'accompagne d'un malaise physique (syn.: **peur, anxiété;** contr.: **tranquillité**).

animer *v. tr. Animer quelque chose*, lui donner de la vie, du mouvement, de la vivacité. — **s'animer** *v. pr.* Prendre vie: *Les rues parisiennes commencent à s'animer vers cinq heures de l'après-midi.* — **animation** *n.f.* Mouvement, activité: *L'animation des rues le samedi soir.*

anniversaire *n.m.* Retour annuel d'un jour marqué par quelque événement, et en particulier du jour de la naissance: *C'est l'anniversaire de mon frère.*

annonce *n.f.* Ce qu'on communique au public par la radio ou par l'insertion dans un journal: *Les petites annonces des journaux contiennent de nombreuses demandes d'emploi.*

annoncer *v. tr. Annoncer quelque chose*, le faire savoir: *Je vais vous annoncer une bonne nouvelle* (syn.: **apprendre**).

antenne *n.f.* Conducteur métallique qui permet d'émettre ou de recevoir des ondes électromagnétiques: *Notre antenne de télévision est installée sur le toit.*

antipathique *adj. Un visage antipathique* (syn.: **désagréable;** contr.: **sympathique, aimable**).

apéritif *n.m.* Boisson alcoolisée que l'on prend avant le repas, sous prétexte de stimuler l'appétit: *Prendre, boire un apéritif* (souvent remplacé par le nom de la marque: *Commander un Martini, un Dubonnet*).

apparaître *v. intr.* (auxil. **être**). Se montrer d'une manière inattendue: *Un avion apparut brusquement au-dessus des montagnes* (syn.: **survenir;** contr.: **disparaître**).

appareil *n.m.* (sans adj.) Téléphone: *Qui est à l'appareil?*; avion: *Un appareil de transport s'est écrasé à l'atterrissage.*

apparence *n.f.* Aspect extérieur qui répond plus ou moins à la réalité: *La maison a une apparence misérable.*

appartenir *v. tr. ind.* (**à**) 1. (sujet nom de chose). Etre la propriété de quelqu'un: *Ce livre vous appartient-il?* (= est-il à vous?) 2. (sujet nom de personne ou de chose). Faire partie de: *Il appartient à une vieille famille normande.*

appendice *n.m.* Ensemble de remarques qui ont été mis à la fin d'un livre comme complément.

appliquer (s') *v. pr.* (sujet nom de personne). *S'appliquer à quelque chose, à faire quelque chose*, y porter beaucoup de soin, d'attention: *Il s'applique à son travail.*

approcher (s') *v. pr.* (suivi de **de**). Venir près de quelqu'un ou de quelque chose: *Elle s'est approchée de lui sans crainte* (syn.: **aller**).

approfondir *v. tr.* Examiner à fond: *Approfondir une science, une chose qui nous intéresse.*

appuyer *v. tr. Appuyer une chose sur . . .* , la faire peser avec plus ou moins de force sur quelque chose: *Appuyez sur la sonnette. Appuie ton épaule contre la mienne.*

arbitre *n.m.* Celui qui est choisi pour veiller à la régularité d'épreuves sportives: *L'arbitre a dû expulser un joueur du terrain. L'arbitre siffle une faute.*

argenterie *n.f.* Vaisselle en argent.

armoire *n.f.* Grand meuble en bois ou en métal fermé de portes et servant à ranger les objets domestiques, en particulier le linge. Les armoires sont souvent munies d'une glace.

arpenter *v. tr. fam.* Parcourir à grands pas: *Il arpenta longtemps le quai de la gare en attendant l'arrivée du train.*

arracher *v. tr. Arracher quelque chose*, enlever avec effort ce qui tient à quelque chose: *Arracher une dent* (syn.: **extraire**).

arranger (s') *v. pr.* (sujet nom de chose). Finir bien: *Cela s'arrangera* (= cela ira mieux).

1. arrêter *v. tr. Arrêter quelqu'un, quelque chose*, les empêcher d'avancer.

2. arrêter *v. tr. Arrêter quelqu'un*, le faire et le retenir prisonnier: *La police a arrêté le malfaiteur.*

1. arriver   *v. intr.* (avec l'auxil. **être**). 1. Se produire, avoir lieu: *Il lui est arrivé une aventure extraordinaire.* 2. Réussir: *Elle est arrivée à la convaincre.*

2. arriver   *v. intr.* (avec l'auxil. **être**). 1. Parvenir au lieu de destination: *Arriver à New York.* 2. *Arriver à quelque chose, à faire quelque chose,* réussir à obtenir, y parvenir: *Elle est arrivée à le convaincre. Elle n'arrive pas à décider* (= elle ne peut pas décider).

arrogant, e   *adj.* Qui manifeste un orgueil blessant à l'égard des autres (syn.: **fier**).

arrondissement   *n.m.* Subdivision administrative des grandes villes: *Paris est divisé en vingt arrondissements.*

art   *n.m. L'art de* (et infin.), la manière habile de faire quelque chose: *Il a l'art de disparaître au moment où l'on a besoin de lui.*

article   *n.m.* Objet destiné à être vendu dans les magasins: *Les articles de cuir, de lainage.*

ascenseur   *n.m.* Appareil installé dans un bâtiment et permettant de transporter des personnes dans une cabine qui se déplace verticalement: *Montons par l'ascenseur.*

asile   *n.m.* Lieu où une personne trouve protection contre les dangers, le besoin ou la fatigue: *Je lui ai offert ma maison comme asile* (syn.: **abri, refuge**).

asile d'aliénés   ou simplement **asile** *n.m.* Lieu où sont hospitalisés les malades mentaux (syn.: **hôpital psychiatrique**).

asperge   *n.f.* (ang.: *asparagus*).

aspiration   *n.f.* (syn.: **désir, souhait**).

assassin   *n.m.* Celui qui tue avec préméditation un être humain: *La police a arrêté l'assassin* (syn.: **meurtrier, criminel**).

assaut   *n.m.* Attaque vive, à plusieurs: *Donner l'assaut à une forteresse* (= l'attaquer).

assembler   *v. tr. Assembler des choses,* les mettre ensemble quand elles sont isolés, afin de former un tout en les combinant. — **assemblage** *n.m.* Réunion de plusieurs choses.

assez   **en avoir assez** (ang.: *to have enough*).

assistance   *n.f.* Ensemble des personnes présentes à une réunion, à une cérémonie: *L'assistance semblait captivée par le conférencier.*

assister   *v. tr. ind. Assister à quelque chose,* être présent comme spectateur, témoin de quelque chose: *Il a assisté dimanche soir à un match de football. Assister à une conférence.*

assortiment   *n.m.* (ang.: *assortment*).

assouplir (s')   *v. pr.* Devenir plus souple, moins rigide: *A l'usage le cuir s'assouplit.*

assurance   *n.f.* 1. *Les compagnies d'assurances. Une police d'assurance. Une assurance d'automobile.* 2. *Parler avec assurance* (syn.: **aisance**).

1. assurer   *v. tr. Assurer une chose,* faire en sorte qu'elle ne s'arrête pas: *Il a assuré une rente à ses enfants* (syn.: **garantir**).

2. assurer   *v. tr.* Faire garantir un objet ou une personne contre certains risques, moyennant le paiement d'une somme convenue: *Sa voiture n'était pas assurée. Je suis assuré contre l'incendie.*

atelier   *n.m.* Lieu où travaille un artiste peintre.

atmosphère   *n.m. Film d'atmosphère,* film dans lequel on dépeint les circonstances morales et le milieu dans lequel se déroule l'action.

à toute allure   (= très vite, à toute vitesse): *Il a lu son courrier à toute allure.*

attaquer   *v. tr. Attaquer une personne, une chose,* entreprendre une action violente contre cette personne pour la vaincre, ou contre cette chose pour la faire disparaître: *La petite troupe fut attaquée par l'ennemi.* — **inattaquable** *adj.* Qu'on ne peut pas attaquer.

attarder (s')   *v. pr.* Se mettre en retard; demeurer quelque part au-delà du temps habituel: *Il s'est attardé au café à discuter avec des amis.*

atteindre   *v. tr. Atteindre quelqu'un,* entrer en rapport avec lui: *Il n'a pas réussi à l'atteindre par téléphone avant son départ.*

attendrir   *v. tr. Attendrir quelqu'un*, provoquer son émotion.

attente   *n.f.* Action de rester jusqu'à l'arrivée de quelqu'un ou de quelque chose: *La salle d'attente d'une gare* (= où les voyageurs peuvent rester en attendant le train).

atterrir   *v. intr.* (sujet nom désignant un avion, un pilote). Se poser à terre: *L'avion atterrit sur la piste à l'heure exacte.*

attirer   *v. tr. Attirer quelque chose*, le tirer vers soi, vers le lieu où l'on se trouve.

auberge   *n.f.* 1. Petit hôtel et restaurant de campagne: *S'arrêter pour déjeuner dans quelque auberge au bord de la route.* 2. Restaurant d'allure rustique, mais dont l'intérieur est élégant.

au-delà   *loc. adv. Vous voyez la banque; l'épicerie est un peu au-delà* (syn.: **plus loin**).

augmenter   *v. tr. Augmenter une chose*, la rendre plus grande, plus importante, en accroître la quantité, le prix. — *v. intr.* Devenir plus grand: *La population a augmenté fortement depuis la dernière guerre.*

aussitôt   *adv.* (syn.: **tout de suite, à l'instant**). — **aussitôt que** *loc. conj.* (syn.: **dès l'instant où**).

austère   *adj.* 1. Se dit d'une personne qui a de la sévérité dans ses principes moraux: *Mener une vie austère.* 2. Se dit d'une chose d'où est exclu tout ornement, toute douceur.

autant   *adv.* 1. Indique l'égalité entre deux quantités: *Il a fait autant de fautes d'orthographe que vous.* 2. Exprime une comparaison et l'égalité entre deux actions: *S'il a fait cela, je peux en faire autant.*

auteur   *n.m.* (sans compl.) Ecrivain: *Publier les œuvres des grands auteurs.*

automobiliste   *n.* Personne qui conduit une automobile.

autoroute   *n.f.* Route très large aménagée pour recevoir une circulation automobile intense et continue: *L'autoroute de l'Ouest permet de sortir de Paris en direction de Chartres.*

autour   *prép.* Indique l'espace environnant. *La Terre tourne autour du soleil.*

au travers (de)   *prép.* et *adv.* (peut le plus souvent se substituer à **à travers**): *Au travers (à travers) de la vitre, Joyce voit un bistrot* (ang.: *across, through*).

autrement   *adv.* (ang.: *otherwise*).

avancer   *v. tr. Avancer quelque chose, quelqu'un*, le faire progresser: *Avancer son travail. Vous n'en seriez pas plus avancé* (= cela ne vous donnerait aucun avantage). — **s'avancer** *v. pr.* Aller en avant: *La comtesse s'est avancée vers Joyce* (syn.: **marcher, approcher**).

avantage   *n.m.* Ce qui apporte un profit matériel ou moral: *L'avantage du métier d'enseignant est la longueur des vacances.*

avare   *adj.* et *n.* Se dit de quelqu'un qui aime à accumuler l'argent sans en faire usage.

avenir   *n.m.* Le temps futur: *Il faut songer à l'avenir.*

aventure   *n.f.* Ce qui arrive à quelqu'un d'imprévu, d'extraordinaire, de nouveau: *C'est une drôle d'aventure* (syn.: **histoire, affaire**). *Un roman, un film d'aventures* (= où l'action mouvementée est faite d'événements extraordinaires). *Avoir une aventure sentimentale*, ou, simplement, *une aventure* (= une liaison passagère).

avide   *adj.* **Avide de** et *inf.*, qui désire passionnément: *Il est avide de connaître le monde.* — **avidement** *adv.*: *Lire avidement une lettre.*

avis   *n.m. Quel est votre avis sur la question?* (syn.: **opinion**).

avocat, e   *n.* Personne dont la profession est de défendre des accusés devant la justice et de donner des consultations juridiques: *Un avocat plaide, défend son client.*

b

baba   *n.m.* Gâteau fait d'une pâte au beurre et aux œufs et arrosé de rhum.

bagages   *n.m. plur.* Ensemble des malles, des valises ou des sacs qu'on emporte en voyage et qui contiennent des objets et des vêtements: *Les bagages sont sur le quai; aidez-moi à les porter jusqu'à la station de taxis.*

bagatelle   *n.f.*   1. Chose, objet de peu de valeur ou de peu d'importance.   2. Affaire sans importance: *Ils se sont disputés pour une bagatelle.*

bague   *n.f.* Anneau que l'on porte au doigt muni souvent d'une pierre précieuse (ang.: *ring*).

bah   *interj.* Marque le début d'une phrase exclamative dont les intonations expriment en général le désappointement ou l'indifférence: *Bah! ce n'est pas vrai.*

baigner (se)   *v. pr.* Tremper son corps dans l'eau (syn.: **prendre un bain**): *Pendant les vacances nous nous baignons chaque jour dans le lac.*

baignoire   *n.f.* Récipient dans lequel on prend des bains.

bain de soleil   *n.m.* Exposition du corps au soleil afin de le faire brunir: *On lui a recommandé, pour soigner ses rhumatismes, de prendre des bains de soleil.*

balancer   *v. tr.* Mouvoir tantôt d'un côté, tantôt de l'autre: *Le vent balance les arbres.* — *v. intr.* ou **se balancer** *v. pr.* (sujet nom d'objet). Aller d'un côté et de l'autre d'un point fixe: *Pendant le tremblement de terre, le lustre balançait* ou *se balançait dangereusement* (syn.: **osciller**).

balayer   *v. tr.* Enlever les ordures, la poussière . . . avec un balai (*with a broom*): *Les concierges doivent balayer la neige qui est devant la porte d'entrée des bâtiments.*

balcon   *n.m.* Dans les salles de théâtre, de cinéma . . . galerie au-dessus de l'orchestre.

banal, e, als   *adj.* Employé par tous ou connu de tout le monde, et qui ne présente aucune originalité particulière (contr.: **original**). — **banalité** *n.f. La banalité de leur conversation finit par m'endormir* (syn.: **platitude**).

bande   *n.f.* Ce qui est étroit, long et mince: *Une bande de terre permettait de circuler entre les deux lacs. Passer une bande comique* (syn.: **film**).

banlieue   *n.f.* Ensemble des agglomérations situées autour d'un centre urbain: *La banlieue parisienne s'étend très loin autour de la capitale.*

banquette   *n.f.* Siège qui occupe toute la longueur d'un compartiment de chemin de fer: *Mettez votre livre sur la banquette du compartiment pour réserver la place.*

barbouillage   *n.m.* Mauvaise peinture: *Il appelle « peintures » ces affreux barbouillages.*

baroque   *n.m.* et *adj.* Style architectural, pictural, littéraire dont les formes précieuses et contournées s'opposent à celles de la Renaissance, à partir du XVIe siècle.

barreau   *n.m.* Petite pièce de métal allongée qui sert de fermeture: *La fenêtre de la prison est fermée par des barreaux de fer.*

barrer   *v. tr. Barrer une rue, un chemin, une porte*, les fermer de manière que le passage soit interdit: *Une voiture lui a barré le chemin.*

baryton   *n.m.* Voix d'homme intermédiaire entre le ténor et la basse.

basané, e   *adj.* Se dit de la peau brunie par le soleil (syn.: **bronzé**).

bâtiment   *n.m.* Ce qui a été construit pour servir à l'habitation (syn.: **édifice, maison**).

bâtir   *v. tr. Bâtir une maison, un pont*, etc. (syn.: **construire**).

battre   *v. tr. Battre quelqu'un, quelque chose*, lui donner des coups: *Cet enfant est brutal, il bat ses camarades.* — *Battre le fer pendant qu'il est chaud*, poursuivre activement un travail.

bavard, e   *adj.* et *n.* Se dit de quelqu'un qui parle beaucoup, ou qui est incapable de se retenir de parler: *Il est bavard en classe et n'écoute jamais le professeur* (contr.: **silencieux**). — **bavarder** *v. intr.* Parler beaucoup et familièrement avec quelqu'un: *Il bavardait avec la concierge* (syn.: **causer**). — **bavardage** *n.m.* Action de bavarder: *Ce bavardage incessant autour de moi me fatigue.*

bavarois, e   *adj.* (ang.: *bavarian*).

beau   *adj. S'arrêter au beau milieu de la route* (= au milieu de).

beau-frère	*n.m.* — **belle-sœur** *n.f.* Relativement à un des époux, le frère ou la soeur de l'autre: *Ses deux beaux-frères étaient plus jeunes que lui.*
beauté	*n.f.* Caractère de ce qui est beau: *La beauté d'un visage* (syn.: **charme;** contr.: **laideur**).
Beaux-Arts	*n.m. plur.* peinture, sculpture, architecture, etc.
belle-mère	*n.f.* (ang.: *mother-in-law*).
bénéfice	*n.m.* Profit réalisé par la vente d'un produit.
béret	*n.m.* Chapeau plat et rond que portent les hommes (notamment dans le sud-ouest de la France), les marins et les enfants.
berge	*n.f.* Chemin ou terrain qui borde une rivière, un canal.
biais	*n.m. De biais, en biais,* d'une manière oblique par rapport à la direction principale: *Elle traversa rapidement la rue de (en) biais* (syn.: **obliquement**).
bibelot	*n.m.* Petit objet rare ou précieux, qui sert à garnir les étagères, les cheminées.
bibliothèque	*n.f.* Meuble, salle ou bâtiment à recevoir une collection de livres.
bien	*n.m.* Ce qui procure un avantage, un plaisir: *Le grand air me fera du bien* (= me fortifiera).
bien entendu	naturellement: « *Tu viens avec nous? — Bien entendu!* » (syn.: **bien sûr, évidemment**).
bien sûr	*adv.* (ang.: *of course*).
bifteck	*n.m.* Tranche de bœuf cuite sur le gril ou à la poêle. *Servir un bifteck aux pommes* (= avec des pommes de terre frites). *Voulez-vous que votre bifteck soit saignant* (très peu cuit), *à point* (moyennement cuit) *ou bien cuit?*
billet	*n.m. Prendre un billet de chemin de fer* (syn. usuel: **ticket**).
billet de banque **ou billet**	*n.m.* Monnaie en papier: *Un billet de 100 francs.*
bistrot	*n.m.* Petit café de quartier ou *fam.* restaurant modeste: *Hier soir nous sommes allés prendre un verre au bistrot d'en face.*
bizarre	*adj.* Se dit de quelqu'un, de quelque chose qui s'écarte de l'usage commun, de ce qui est considéré comme normal (syn.: **étonnant, étrange**).
blessure	*n.f.* (ang.: *wound*).
blottir (se)	*v. pr.* Se replier sur soi-même afin de tenir le moins de place possible: *L'enfant se blottit sur les genoux de sa mère.*
blouse	*n.f.* 1. Vêtement léger que l'on met par-dessus le costume de ville pour travailler: *La blouse du chirurgien.* 2. Partie haute du vêtement féminin, qui recouvre le buste.
bœuf	*n.m.* (ang.: *beef*) 1. *bœuf bourguignon,* bœuf cuit avec des oignons et du vin rouge. 2. Définition d'un étudiant: *Le bœuf est l'ami platonique de la vache* (ang.: *ox*).
bohémien, enne	*n.* et *adj.* Nomade ou vagabond qui vit de petits métiers artisanaux.
bois	*n.m.* (ang.: *forest*).
boiserie	*n.f.* Ouvrage en bois dont on couvre parfois les mûrs intérieurs d'une maison.
boîte de nuit	*n.f.* Cabaret ouvert la nuit, qui présente parfois des spectacles de music-hall.
bond	*n.m.* Action de s'élever brusquement de terre: *Elle a fait un bond de côté* (syn.: **saut**).
bonhomme, bonshommes	*n.m.* Terme fam. qui désigne une personne quelconque (souvent accompagné d'un adj. qui fixe son âge): *Un vieux bonhomme* (= un vieillard).
bonne	*n.f.* Domestique assurant l'ensemble des travaux du ménage dans une famille. On dit aussi *une bonne à tout faire.*
1. bord	*n.m.* Partie qui forme l'extrémité d'une surface, d'un objet . . . : *Se promener au bord de la rivière. Ne remplis pas le verre jusqu'au bord.* — **border** *v. tr.* (sujet nom de chose) *Border quelque chose,* en occuper la partie qui forme l'extrémité de sa surface: *Des arbres bordent la route qui mène vers le château.*
2. bord	*n.m. Monter à bord* (d'un bateau), embarquer; *à bord* (= sur le bateau).

bordelais, e   *n.* Personne qui habite à Bordeaux.

botte   *n.f.* Chaussure qui enferme le pied et la jambe et monte quelquefois jusqu'à la cuisse: *Il a mis ses bottes pour aller à la chasse.*

boucher   *v. tr. Boucher une ouverture, un passage*, les fermer: *La bouteille est bien bouchée. Le carburateur est bouché* (syn.: **obstruer**).

bouchon   *n.m.* Pièce enfoncée dans le goulot d'une bouteille: *Faire sauter le bouchon d'une bouteille de champagne.*

boucler   *v. tr.* Le verbe s'emploie surtout au participe passé: *La tête bouclée d'un enfant* (= couverte de boucles; ang.: *curls*).

boucles d'oreilles   *n.f. pl.* Bijoux que les femmes s'attachent aux oreilles.

boue   *n.f.* Mélange de terre et d'eau, formant une couche épaisse sur le sol: *Avoir de la boue sur son pantalon.* — **boueux, euse** *adj.* Plein de boue: *Un chemin boueux mène à la ferme.*

bouffée   *n.f.* Souffle qui vient subitement: *Une bouffée d'air frais, de fumée.* . . .

bouger   *v. intr.* Faire un mouvement, se déplacer légèrement: *Surtout ne bougez pas quand on vous photographie.*

bougie   *n.f.* Appareil produisant l'étincelle qui allume un moteur: *Changer une bougie usée. L'allumage se fait mal: les bougies doivent être encrassées.*

bouleau   *n.m. pop.* Travail (dans tous les sens du mot): *Avoir un bon boulot* (syn.: **métier**).

bouquin   *n.m. fam.* Livre: *Le bureau de mon professeur est couvert de bouquins.*

bourg   *n.m.* Gros village ou petite ville qui est le centre commercial de la région environnante.

bourgogne   *n.m.* Vin récolté en Bourgogne.

1. bourse   *n.f.* Petit sac où l'on met les pièces de monnaie (mot devenu rare; syn. usuel: **porte-monnaie**). — *avoir la bourse bien garnie*, avoir beaucoup d'argent.

2. bourse   *n.f.* Pension accordée par l'Etat à un étudiant (ang.: *scholarship*).

bousculer   *v. tr. Bousculer quelque chose, quelqu'un*, le pousser vivement: *La petite fille, en courant, l'a bousculé et lui a fait perdre son équilibre* (syn.: **heurter**).

boutons de manchettes   *n.m. pl. Les boutons de manchettes rapprochent les deux bords des poignets de chemise.*

bracelet   *n.m.* Anneau servant d'ornement et encerclant le poignet ou le bras.

1. brave   *adj.* (placé avant le nom) et *n.m.* Se dit d'une personne loyale et honnête: *Une brave fille* (syn.: **honnête**). *Elle a épousé un brave garçon.*

2. brave   *adj.* (placé après le nom) et *n.m.* Se dit d'une personne qui ne craint pas le danger.

bref, brève   *adj.* De courte durée (temps): *Son exposé a été bref mais précis* (syn.: **concis;** contr.: **long**). — **bref, en bref** *adv.* En un mot, en peu de mots (syn.: **en résumé**).

brillant, e   *adj.: Un brillant candidat* (= qui réussit très bien). *Un brillant causeur* (syn.: **intéressant**). *Il a prononcé un discours brillant* (syn.: **remarquable**).

briller   *v. intr.* 1. (sujet nom de chose) Emettre de la lumière: *Le soleil brille de son plus vif éclat.* 2. (sujet nom de personne) Se manifester d'une manière éclatante par une qualité, par un trait caractéristique: *Il brille dans le monde par son talent de conteur.*

briquet   *n.m.* Petit appareil qui donne du feu et sert à allumer une cigarette: *Le briquet a un petit réservoir d'essence ou de gaz.*

broche   *n.f.* Bijou que les femmes attachent sur une robe: *Elle a mis sur sa robe une broche de saphirs.*

bronzer   *v. tr.* Donner une couleur brune, comparable à celle du bronze (se dit surtout du teint et en général au passif; syn.: **brunir**). — **bronzé, e** *adj.: Avoir la peau bronzée après une semaine de vacances à la mer.*

brouiller   *v. tr. Brouiller des personnes*, les mettre en désaccord, créer entre elles la désunion: *Cet incident a brouillé Joyce avec son professeur de français* (syn.: **séparer**).

brouillon   *n.m.* Premier état d'un écrit, que l'on corrige plus tard et qui est destiné à être copié: *Il a fait plusieurs brouillons de la lettre qu'il lui a envoyée.*

brûler   *v. tr. Brûler le feu rouge* (= ne pas s'arrêter au feu rouge). *2. Brûler quelque chose*, le détruire ou l'endommager par le feu: *Le feu a brûlé entièrement la maison.*

brutal, e, aux   *adj.* et *n.* Se dit d'une personne grossière et violente (syn.: **dur, méchant;** contr.: **doux, humain**).

bruyamment   *adv.* Avec bruit.

bruyant, e   *adj.* Se dit d'une personne ou d'une chose qui fait beaucoup de bruit: *Il y a des enfants très bruyants qui ne cessent de courir dans l'appartement.*

busqué, e   *adj. Nez busqué*, qui présente une courbure convexe accentuée (syn.: **nez aquilin**).

1. but   *n.m.* Limite que l'on veut atteindre: *Un petit lac à un kilomètre du village était le but de notre promenade.*

2. but   *n.m.* 1. Dans les sports d'équipes, endroit où l'on doit envoyer le ballon pour marquer un avantage: *Le gardien de but* (le goal) *est le joueur qui, au football tel qu'on le joue en France, est placé devant les buts et qui peut toucher le ballon avec les mains.* 2. Point marqué par une équipe: *Marquer un but. Rentrer un but* (= envoyer le ballon à l'intérieur des limites fixées comme étant celles du but). *A la mi-temps, le score était de quatre buts à deux pour notre équipe.*

C

cabane   *n.f.* Petit logement, le plus souvent en bois, où l'on élève des animaux et qui peut, à la rigueur, servir d'habitation: *Il loge dans une cabane en planches qu'il a montée sur son terrain.*

cabine   *n.f.* Chambre à bord d'un bateau: *Le passager que vous cherchez n'est pas dans sa cabine.*

cabinet   *n.m.* Dans certaines professions, pièce où les clients sont reçus en particulier: *Après une heure d'attente dans le salon, il entra dans le cabinet de l'avocat.* — **cabinets** *n.m. pl.* Pièce réservée aux besoins naturels: *Aller aux cabinets* (syn.: **water closet, w.-c., toilettes**).

cadavre   *n.m.* Corps d'un être humain ou d'un animal mort: *Des passants ont découvert le cadavre trois jours après le crime.*

1. cadre   *n.m.* Bordure rigide qu'on place autour d'un tableau, d'une photographie, d'un miroir: *On fait des cadres en bois, en bronze, en cuir. . . .*

2. cadre   *n.m.* Ce qui entoure un objet, une personne: *Voilà une maison admirablement meublée: j'aimerais bien vivre dans ce cadre* (syn.: **décor**).

café   *n.m.* Etablissement où l'on peut consommer des boissons: *Nous irons prendre un verre à la terrasse d'un café* (syn.: **bar;** fam.: **bistrot**).

caisse   *n.f.* Boîte métallique où l'on recueille de l'argent.

caler   *v. tr. Caler un moteur*, provoquer son arrêt en lui demandant un trop grand effort: *Mon frère a été refusé au permis de conduire pour avoir calé son moteur.*

calme   *adj.* Se dit de ce qui est sans agitation, sans animation.

camoufler   *v. tr.* masquer, cacher.

canapé   *n.m.* Long siège à dossier où plusieurs personnes peuvent s'asseoir.

cancre   *n.m. péjor.* Elève très paresseux, dont on ne peut rien tirer (contr.: **fort en thème**).

caniche   *n.m.* (ang.: *poodle*).

canon   *n.m.* Arme à feu non portative: *Un canon anti-aérien.*

canotier   *n.m.* Chapeau rigide de paille à fond plat.

caoutchouc	*n.m.* Substance élastique que l'on tire du latex de certains arbres: *Les enfants jouent avec un ballon de caoutchouc. Le caoutchouc du pneu est coupé, mais non la toile.*
cape	*n.f.* Manteau ample et sans manches.
caractère	*n.m.* 1. Ensemble des traits psychologiques et moraux d'une personne: *Cet enfant a un caractère difficile.* 2. Lettre d'imprimerie: *Une inscription en caractères gothiques.*
carburateur	*n.m.* Pièce de l'automobile où se fait le mélange d'air et d'essence.
caresser	*v. tr.: En passant, elle a caressé la joue du bébé.* — **caressant, e** *adj.* Se dit de la voix, du regard . . . qui cause une impression douce comme une caresse, qui exprime la tendresse (syn.: **tendre**).
carrefour	*n.m.* Lieu où se croisent plusieurs rues ou plusieurs routes: *Au premier carrefour, vous tournerez à gauche* (syn.: **croisement**).
carrer (se)	*v. pr.* Se mettre à l'aise; se donner un air important.
carrière	*n.f.* Profession à laquelle on consacre sa vie; (emploi limité à quelques métiers: enseignement, armée, politique, journalisme . . .): *Il a fait carrière dans la marine.*
carrosserie	*n.f.* La caisse d'une voiture: *L'accrochage a été léger: seule la carrosserie a été un peu endommagée.*
cas	*n.m.* Ce qui arrive (syn.: **incident, événement, circonstance**).
casquette	*n.f.* Chapeau plat et muni d'une visière (ang.: *cap*).
casser (se)	*v. pr.* Causer une fracture à un os d'un membre: *Il s'est cassé un poignet en tombant* (syn.: **fracturer**).
cauchemar	*n.m.* Rêve pénible, dans lequel on éprouve des sensations d'angoisse: *La fièvre provoque parfois des cauchemars.*
1. causer	*v. tr. Causer quelque chose*, en être la cause: *Voici le jeune homme qui a causé l'accident.*
2. causer	*v. tr. ind.* ou *intr. Causer de quelque chose* (avec quelqu'un), échanger familièrement des paroles (avec lui): *On a décidé de ne pas causer de politique* (ou *causer politique*) (syn.: **parler, discuter**). — **causeur, euse** *n.* Personne qui cause agréablement: *Le comte, brillant causeur, racontait un de ses voyages en Afrique.*
céder	*v. tr.* Laisser à quelqu'un: *L'enfant cède sa place à une personne âgée.* Abandonner la résistance. *Céder à la force.*
célébrité	*n.f.* Personnage célèbre: *Toutes les célébrités de la biologie étaient réunis à ce congrès.*
cendres	*n.f. pl.* Restes mortels auxquels on réserve des honneurs: *Les cendres de Napoléon furent solennellement ramenées en France.*
cependant	*adv.* Marque une forte opposition à ce qui vient d'être dit: *Elle n'a pas d'argent, et cependant elle voyage tout le temps* (syn.: **néanmoins, pourtant**).
1. cercle	*n.m.* Ligne courbe dont tous les points sont à la même distance d'un point fixe, qui est le centre.
2. cercle	*n.m.* 1. Groupement de personnes assemblées en rond: *Un cercle de curieux s'est formé autour du noyé.* 2. Groupement de personnes dont le lien est constitué par des activités ou par des distractions communes.
certain, e	*adj. indéfini* (avant le nom) *Un certain* (suivi d'un nom commun), invite à considérer spécialement une chose ou une personne parmi d'autres avec lesquelles elle tend à se confondre: *Elle est venue nous voir avec un certain ami à elle.*
certes	*adv.* Exprime ou renforce une affirmation (syn.: **évidemment, bien sûr, sans doute**).
cesser	*.v. tr. Cesser une chose*, y mettre fin: *Les ouvriers ont cessé le travail à six heures* (syn.: **arrêter**; fam.: **stopper**).
chagrin	*n.m.* Souffrance morale (syn.: **peine, douleur, tristesse**).
chair	*n.f.* 1. Substance qui constitue les muscles de l'homme et des animaux. 2. Le corps par opposition à l'âme: *Il préfère les plaisirs de l'esprit, sans mépriser toutefois ceux de la chair.*

chaleur	*n.f.* Qualité de ce qui est chaud: *Cet été, la chaleur est accablante.*
chambrer	*v. tr. Chambrer une bouteille de vin*, la sortir de la cave et la garder pendant quelque temps dans la pièce où elle sera consommée pour qu'elle en prenne la température.
chameau	*n.m.* (ang.: *camel*).
champignon	*n.m. En été, nous allons dans le bois à la recherche des champignons* (ang.: *mushroom*).
chance	*n.f.* Ensemble de circonstances heureuses: *Vous avez de la chance d'être en vacances.* — **chanceux, euse** *adj.* et *n.* Se dit d'une personne qui a de la chance: *Ils sont plus chanceux que moi, puisqu'ils trouvent toujours une chambre d'hôtel qui leur convient.*
chandail	*n.m.* Tricot, généralement de laine, qui couvre le buste et que l'on passe par-dessus la tête (syn.: **pull-over**).
chapitre	*n.m.* Partie d'un livre dont elle constitue une division régulière: *Ce roman comprend quatorze chapitres.*
charcutier, ère	*n.* Personne qui vend de la viande de porc: *Dans la boutique d'un charcutier, on trouve du jambon, de la saucisse, des pâtés variés, etc.* — **charcuterie** *n.f.* 1. Boutique de charcutier. 2. Préparation culinaire à base de viande de porc.
1. charger	*v. tr. Charger quelqu'un, quelque chose*, mettre sur eux un fardeau: *Je vais charger la voiture, puis nous partirons* (= y mettre les bagages).
2. charger (se)	*v. pr.* (**de**) Prendre sur soi la responsabilité de quelque chose ou de quelqu'un: *Je me chargerai des enfants pendant ton absence* (syn.: **s'occuper**).
Charlot	Charlie Chaplin.
charme	*n.m.* Douceur gracieuse qui séduit chez une personne: *Cette jeune fille a un charme qui fait oublier qu'elle n'est pas belle.*
chasser	*v. tr. Chasser un animal, un ennemi*, chercher à le tuer ou à le capturer: *Le tigre chasse souvent la nuit.*
châtain	*adj.* Se dit de la chevelure ou de la barbe (ou de la personne qui les porte) qui est d'une couleur approchant de celle de la châtaigne (brun clair): *Elle a des cheveux châtains. Il est plutôt châtain que roux.*
château	*n.m.* Grande et belle maison, généralement entourée d'un parc, construite jadis pour servir de résidence à un roi ou un seigneur (syn.: **palais**).
chateaubriand	*n.m. Chateaubriand garni*, filet de bœuf grillé, garni de pommes de terre et de légumes.
chauffard	*n.m.* Chauffeur inexpérimenté, imprudent et dangereux.
chauffer	*v. tr. Chauffer quelque chose*, le rendre chaud. — *v. intr.* Devenir chaud: *Le moteur chauffe.*
chausser	*v. tr. Chausser des souliers*, les mettre à ses pieds.
chauve	*adj.* et *n.* Sans cheveux: *Tête chauve.*
chef	*n.m.* 1. Personne qui commande, qui dirige: *Le chef de l'Etat* (= qui en a la direction suprême). 2. Celui qui dirige la cuisine d'un restaurant. 3. **En chef,** en qualité de chef suprême: *En 1944, le général Eisenhower commandait en chef les troupes alliées.*
chef-d'œuvre	*n.m.* Ouvrage exécuté avec un art qui touche à la perfection: *Le musée du Louvre renferme plusieurs chefs-d'œuvre.*
chemin	*n.m.* 1. Voie de communication aménagée pour aller d'un point à un autre, en général à la campagne. (**Route** est le terme usuel pour désigner les voies de communication entre les villes; la **rue** est une voie urbaine.) 2. Espace à parcourir sans référence à un type particulier de voie de communication: *Nous nous étions perdus, nous avons dû demander notre chemin* (syn.: **itinéraire, route, direction**).
chétif, ive	*adj.* Se dit d'une personne faible qui n'est pas en bonne santé.
chevaucher	*v. intr.* et *tr.* Aller à cheval (syn.: **monter**).
chic	*n.m. fam.* Ce qui est élégant, distingué ou gracieux: *Elle n'est pas jolie mais elle a du chic* (syn.: **élégance**). — **chic** *adj.* (invar. en genre; avant ou après le nom). *fam.* Se dit des

personnes ou des choses qui ont de l'élégance, de la distinction: *Elle est très chic avec ce manteau de fourrure.*

chien *n.m. Etre d'une humeur de chien* (= être de très mauvaise humeur). *Vie de chien, métier de chien, temps de chien* (ou *chienne de vie, chien de métier, chien de temps*), existence, métier, temps très pénibles, très désagréables.

chimie *n.f.* (ang.: *chemistry*).

choc *n.m.* Contact brusque, plus ou moins violent, entre deux ou plusieurs objets (ou personnes): *Il faut porter ces assiettes avec précaution; le moindre choc pourrait les briser.*

choix *n.m.* Action de choisir: *La cliente a arrêté son choix sur une robe de soie.*

choquer *v. tr. Choquer quelqu'un,* lui causer une contrariété (syn.: **blesser, scandaliser**). — **choquant, e** *adj.* Ce qui choque: *Un mot choquant.*

chou, choux *n.m.* 1. (ang.: *cabbage*) 2. Terme d'affection: *Mon petit chou, mon pauvre chou. . . .*

chou à la crème *n.m.* Pâtisserie soufflée et légère (ang.: *cream puff*).

chouette *n.f.* Oiseau nocturne: *Le cri de la chouette est sinistre dans cette nuit noire.* — **chouette** *adj. pop.* Beau, agréable: *Il fait un chouette temps! C'est chouette: on a deux jours de congé.*

chronique *n.f.* Article de journal: *Chronique sportive, théâtrale etc.* — **chroniqueur** *n.m.* Rédacteur d'une chronique: *Tous les chroniqueurs littéraires ont souligné l'originalité de cet ouvrage.*

cimetière *n.m.* Terrain où l'on enterre les morts.

ciné-club *n.m.* Association organisant des séances de présentation, de projection et parfois de discussion de films ayant un intérêt particulier dans l'histoire du cinéma: *Beaucoup de bons films des quinze dernières années ne peuvent plus être vus que dans les ciné-clubs.*

cinéphile *n.m.* Amateur de cinéma (ang.: *movie fan*).

circuler *v. intr.* Se déplacer selon un trajet défini: *Les autos circulent trop vite sur l'autoroute.*

cire *n.f.* Matière jaune qu'on utilise pour l'entretien des meubles et des planchers (ang.: *wax*). — **cirer** *v. tr. Cirer quelque chose,* le frotter de cire: *Cirer un parquet. Cirer des chaussures.*

citadin, e *n.* Personne qui habite la ville: *Au début de juillet, on assiste à un exode des citadins vers la campagne.* — *adj.* Relatif à la ville: *La vie citadine est plus agitée que la vie rurale* (syn.: **urbain**).

cité *n.f.* syn. de **ville;** sert aussi à désigner une ville ancienne: *Rome est une des plus célèbres cités du monde.*

citoyen, enne *n.* (ang.: *citizen*).

citrouille *n.f.* (ang.: *pumpkin*).

claquer *v. intr.* Produire un bruit sec: *Le vent a claqué la porte. Le drapeau claque au vent.*

classe *n.f.* Se dit d'une personne ou d'une chose qui se distingue par son mérite, sa qualité (seulement dans *avoir de la classe, de grande classe*): *C'est un écrivain de grande classe* (syn.: **talent**).

1. clef ou **clé** *n.f.* Pièce métallique qu'on introduit dans une serrure pour l'actionner: *La clef d'une porte, d'une valise.*

2. clef ou **clé** *n.f.* Renseignement qu'il faut connaître pour comprendre le sens d'une allusion, pour résoudre une difficulté: *Je crois avoir trouvé la clef du mystère* (= le moyen de l'expliquer). — **clef de voûte,** pierre centrale d'une voûte qui maintient toutes les autres; point essentiel sur lequel repose un système, une théorie.

client, e *n. Ce restaurant a doublé le nombre de ses clients* (syn.: **acheteur**). — **clientèle** *n.f.* Ensemble des clients d'un établissement: *Ce magasin a une clientèle fidèle.*

cligner *v. tr.* et *intr. Cligner des yeux,* ou *cligner les yeux,* les fermer à demi sous l'effet d'une lumière vive, du vent, de la fumée . . . ou parfois pour mieux distinguer les objets: *Le passage de cette pièce sombre au grand soleil m'a fait cligner des (les) yeux.*

climatiser *v. tr. Une salle climatisée* (ang.: *air-conditioned*).

clin *n.m. Clin d'œil*, signe de l'œil adressé discrètement à quelqu'un: *Dès qu'il l'aperçut dans la foule, il lui fit un clin d'œil.*

cliquetis *n.m.* Ensemble des bruits secs produits par de menus chocs: *Le cliquetis d'une machine à écrire.*

cloche *n.f.* Instrument de bronze en forme de vase renversé, qu'on fait sonner en le frappant avec un battant attaché à l'intérieur. — **clocher** *n.m.* Tour qui contient les cloches d'une église: *Le clocher d'une église pointe à l'horizon.*

cochère *adj. f. Porte cochère*, dans un immeuble, grande porte à deux battants donnant sur la rue et permettant le passage des voitures.

code *n.m.* Recueil de lois ou de règlements: *Le Code de la route est l'ensemble de la législation concernant la circulation routière.*

cœur *n.m. Avoir un cœur d'or* (= être très généreux, très bon). — *de bon cœur*, très volontiers: *Je vous offre cet argent de bon cœur.*

cognac *n.m.* Eau-de-vie de vin, produite en France.

coiffer *v. tr. Etre coiffé de*, avoir la tête couverte de: *Etre coiffé d'un béret, d'une casquette.*

coiffer (se) *v. pr.* Arranger ses cheveux: *Elle a passé une demi-heure devant la glace pour se coiffer.*

coiffeuse *n.f.* Petite table avec glace sur laquelle les femmes mettent leurs produits de beauté.

coiffure *n.f.* Manière de disposer les cheveux: *Avez-vous remarqué sa nouvelle coiffure?*

colère *n.f.* 1. Mouvement d'hostilité envers quelqu'un ou quelque chose. 2. **En colère,** très irrité: *Le comte était ce jour-là en colère.*

collier *n.m.* Ornement que les femmes portent autour du cou: *Elle a mis son beau collier de perles.*

colonne *n.f.* Support vertical de forme cylindrique: *Les temples grecs comportaient des colonnes.*

commander *v. tr. Commander un repas dans un restaurant*, en demander la livraison. — **commande** *n.f.* Ce qu'un client a commandé.

commettre *v. tr.* (syn.: **faire**).

commode *n.f.* Meuble servant surtout à ranger le linge.

commun, e 1. Se dit de quelque chose qu'on trouve couramment: *Le fer est un metal commun.* 2. *péjor.* Se dit de quelqu'un ou de quelque chose qui manque de distinction, d'élégance (syn.: **vulgaire**).

compartiment *n.m.* Division d'une voiture de chemin de fer, comprenant généralement deux banquettes de trois ou quatre places: *Joyce a refermé la portière du compartiment.*

compétent, e *adj. C'est un médecin très compétent* (syn.: **capable, qualifié**).

1. complément *n.m.* Ce qu'il faut ajouter à une chose incomplète pour la compléter.

2. complément *n.m.* En grammaire, mot ou groupe de mots qui s'ajoute à un autre pour en compléter le sens. On appelle « *complément direct* » celui qui n'est pas relié au verbe par une préposition, et « *complément indirect* » celui qui est relié au verbe par une préposition. Le « *complément d'agent* » exprime, après un verbe passif, par qui l'action est faite.

complet *n.m.* Vêtement généralement composé de trois pièces: le veston, le gilet et le pantalon; ces diverses pièces sont de la même étoffe.

complexe *n.m.* Ensemble de sentiments et de souvenirs inconscients qui conditionnent plus ou moins le comportement d'un individu: *Avoir un complexe d'infériorité.*

compréhensif, ive *adj.* Qui comprend les gens, qui admet facilement le point de vue des autres: *Je sais que vous ne m'en voudrez pas: vous êtes trop compréhensif* (syn.: **indulgent**).

compris, e *adj. Petit déjeuner compris*, en y comprenant (incluant) le petit déjeuner.

compteur *n.m.* Appareil qui mesure et enregistre des distances, des vitesses . . . : *Compteur kilométrique.*

comptoir *n.m.* Table sur laquelle un commerçant dispose ses marchandises ou reçoit ses paiements.

comte *n.m.* **comtesse** *n.f.* Titre de noblesse intermédiaire entre ceux de marquis (marquise) et vicomte (vicomtesse).

concentrer *v. tr. Concentrer des choses, des personnes*, les rassembler, les réunir en un point: *Concentrons nos efforts sur ce point.*

concerner *v. tr. Concerner quelqu'un* ou *quelque chose*, s'y rapporter: *Cette critique concerne le jeu des acteurs plus que l'œuvre.*

concevoir *v. tr. On pourrait concevoir d'autres solutions.* (syn.: **imaginer**).

concierge *n.m.* et *f.* Gardien, gardienne d'une maison.

concurrencer *v. tr.* (ang.: *to compete*).

conducteur, trice *n.* Personne qui conduit un véhicule: *Le conducteur de la Simca décapotable n'a pas été blessé dans l'accident* (syn.: **chauffeur**).

conduire (se) *v. pr.* Agir de telle ou telle façon: *Ces étudiants se conduisent bien* (syn.: **se tenir**).

confiance *n.f.* Sentiment de sécurité d'une personne à l'égard de quelqu'un ou de quelque chose: *J'ai une confiance totale en cet ami* (contr.: **méfiance**). — **confiant, e** *adj.* Qui fait preuve de confiance (contr.: **méfiant**).

confidence *n.f.* Déclaration faite en secret à quelqu'un: *Je vais vous faire une confidence: c'est moi qui avais cassé le vase.* En confidence (= en secret). — **confier** *v. tr.* Confier quelque chose à quelqu'un, le lui dire en secret.

confit, e *adj.* Conservé dans du sucre: *Le confiseur prépare ou vend des fruits confits.*

conflit *n.m.* Violente opposition matérielle ou morale: *Le monde a connu deux grands conflits dans la première moitié du XXe siècle* (syn.: **guerre**).

confondre (se) *v. pr.* Ne pas être distinct: *Il se confond avec la foule qui l'entoure.*

congé *n.m.* 1. Courtes vacances: *Les étudiants ont eu trois jours de congé en janvier.* 2. Autorisation spéciale donnée à quelqu'un de cesser son travail; période de cette cessation de travail: *Ma secrétaire est en congé.*

connaissance *n.f.* Faire la connaissance de quelqu'un (ang.: *to meet someone*).

connaissances *n.f. pl.* Choses connues: *Il a des connaissances superficielles en histoire.*

connaisseur, euse *adj.* et *n.* Capable d'apprécier, qui s'y connaît: *L'antiquaire a jeté un regard connaisseur sur le vase.*

connaître *v. tr. S'y connaître, se connaître en*, avoir de la compétence dans tel domaine: *Laissez-moi dépanner ce moteur, je m'y connais* (je me connais en moteurs).

consacrer *v. tr. Consacrer quelque chose à*, l'employer: *Il a consacré toute l'année à la préparation de ses examens.*

conscience *n.f. Vous n'avez pas conscience de votre valeur* (= vous ne vous rendez pas compte).

conséquent (**par conséquent**) *loc. adv.* Annonce une conséquence: *Il pleut, par conséquent le projet de promenade est abandonné* (syn.: **donc**).

constater *v. tr.* Remarquer objectivement: *Je constate qu'il manque une page à ce livre.*

consumer *v. tr. Consumer quelque chose*, le détruire progressivement par le feu.

contaminer *v. tr.* Infecter de virus, d'un mal quelconque: *Ne vous laissez pas contaminer par les vices de ces gens* (syn.: **corrompre**).

conte *n.m.* Récit assez court, d'aventures imaginaires: *« La Belle au bois dormant »* (ang.: *Sleeping Beauty*) *est un conte célèbre de Perrault.*

contemporain, e *adj.* et *n.* 1. Se dit des personnes ou des choses qui sont de la même époque: *Racine et Molière étaient contemporains.* 2. Se dit de personnes ou de choses qui appartiennent au moment présent (syn.: **actuel**).

contenu *n.m.* Idées qui sont exprimées dans un texte, un mot . . . : *On ignorait le contenu du testament.*

conter *v. tr. Conter quelque chose*, faire le récit d'une histoire vraie ou imaginaire (syn.: **raconter**). — **conteur, euse** *n.* (syn.: **narrateur**).

contraire	*adj.* Se dit de choses qui sont en opposition totale. — **au contraire, bien au contraire** *loc. adv.* (= d'une manière tout opposée): *Il n'était pas triste: au contraire, il riait aux éclats.*
contravention	*n.f.* Amende dressée par un représentant de l'autorité: *Un agent dressait (ou donnait) une contravention pour excès de vitesse.*
contrôleur, euse	*n.* Personne chargée de vérifier les billets: *Le contrôleur du métro.*
convenable	*adj.* (sans compl.) Se dit de quelqu'un, de quelque chose qui est conforme à l'usage, au bon sens (syn.: **comme il faut**). — **convenablement** *adv. Il s'exprime déjà très convenablement en français.* (syn.: **correctement**). *Cette pièce n'est pas convenablement chauffée.* (syn.: **bien**).
1. convenir	*v. tr.* Se mettre d'accord sur ce qui doit être fait.
2. convenir	*v. tr. ind.* Etre conforme aux goûts de quelqu'un: *Si la date ne leur convient pas, ils peuvent en proposer une autre* (syn.: **plaire**).
convention	*n.f.* Règle convenue à l'intérieur d'un groupe: *Une langue est un système de conventions permettant l'échange des idées et des sentiments.*
converger	*v. intr.* Aboutir à un même point: *Une place où convergent douze avenues.*
converser	*v. intr. Converser avec quelqu'un*, échanger avec lui des propos sur un ton familier: *Nous avons agréablement conversé pendant le dîner* (syn.: **bavarder, causer, parler**).
copain	*n.m.* **copine** *n.f. fam.* camarade de classe, de travail, de loisir, qui est souvent de la même génération: *Je pars en vacances avec un copain* (syn.: **ami**).
copier	*v. tr. Copier un écrit*, le reproduire avec exactitude.
corbeille	*n.f.* Panier: *A la fin du repas, on passa une corbeille de fruits. Il jeta son brouillon dans la corbeille à papier.*
corps	*n.m.* Ensemble de personnes appartenant à une même catégorie professionnelle: *Plusieurs membres du corps diplomatique ont donné leur démission.*
corriger	*v. tr. Corriger quelque chose*, en faire disparaître les défauts, les erreurs. — **incorrigible** *adj.* (avant ou après le nom). Se dit d'une personne ou d'un défaut qu'on ne peut pas corriger: *Une paresse incorrigible.*
cosmopolite	*adj.* Se dit d'un groupe, d'un lieu où se trouvent des gens de nationalités diverses: *Ce quartier est très cosmopolite.*
costume	*n.m.* Ensemble des pièces qui composent le vêtement masculin.
côte	*n.f.* Partie en pente d'un chemin, d'une route: *Il s'arrêtèrent en haut de la côte. Si le frein casse dans la côte, tu peux te tuer.*
côte à côte	*loc. adv. Deux amis qui marchent côte à côte* (= l'un à côté de l'autre).
côté	*n.m.* — **de côté** *adv.* obliquement (syn.: **de biais**).
cou	*n.m.* Partie du corps qui joint la tête aux épaules.
couche	*n.f.* Lit, lieu où l'on s'étend pour se reposer (littéraire).
couchette	*n.f.* Lit ou banquette de repos sur un bateau ou dans un train: *Nous avons pris une couchette pour Rome.*
coude	*n.m.* Angle du bras plié (ang.: *elbow*).
coudoyer	*v. tr. Coudoyer des personnes*, les heurter du coude, passer à côté d'eux.
couloir	*n.m.* Passage étroit et allongé permettant de passer d'une pièce à une autre ou qui donne accès à plusieurs pièces: *Le salon, la cuisine et le bureau donnent sur le couloir.*
coupable	*adj.* et *n.* Se dit d'une personne (ou d'un animal) responsable d'une faute: *Le gigot a disparu: le coupable pourrait bien être le chien* (contr.: **innocent**).
coupant, e	*adj. Parole coupante, ton coupant*, parole, ton qui n'admet pas la discussion, qui a un caractère décisif (syn.: **tranchant, catégorique**).
coup de main	*Donner un coup de main*, aider quelqu'un.
coup d'oeil	*n.m.* Regard ou examen rapide: *Il a tout compris au premier coup d'oeil.*

cour *n.f. Faire la cour à une femme*, chercher à lui plaire par toutes sortes d'attentions.

1. courant, e *adj.* Se dit de ce qui ne sort pas de l'ordinaire, qu'on trouve sans difficulté: *Aujourd'hui, le téléphone est d'un usage courant* (contr.: **rare**). — **couramment** *adv.: Il parle couramment l'italien* (= sans difficulté). *Une question qu'on me pose couramment* (syn.: **fréquemment**).

2. courant *n.m. Au courant*, qui est informé de quelque chose: *Mon patron est au courant de tout* (syn.: **renseigné**). — *Dans le courant de la semaine, du mois, de l'année*, à un moment d'une de ces périodes.

courir *v. intr. Courir à toutes jambes, à perdre haleine, comme le vent* (= courir très vite).

courrier *n.m.* Ensemble de la correspondence (lettres, paquets): *Le facteur a déjà distribué le courrier.*

course *n.f.* 1. Compétition sportive où plusieurs concurrents luttent de vitesse: *Une course à pied. Une course cycliste, automobile.* 2. Mouvement rapide vers un but, en général dans une lutte entre plusieurs rivaux: *La course au pouvoir a été très animée entre les deux rivaux.* 3. Trajet parcouru par un corps mobile; le mouvement lui-même: *L'autobus continuait sa course le long du boulevard.* 4. Trajet fait à la demande d'un client par un taxi: *Le chauffeur avait fait trois courses dans l'après-midi.*

courses *n.f. pl.* Allées et venues pour se procurer quelque chose: *J'ai quelques courses à faire à la banque, à la bibliothèque, chez le dentiste . . .* (syn.: **commissions**).

courtois, e *adj.* Se dit généralement d'un homme qui se conduit avec une politesse distinguée.

couturier *n.m.* Directeur d'une maison de couture, spécialisé dans la création de modèles et l'exécution de toilettes féminines: *Sa robe sortait de chez un grand couturier.* — **couturière** *n.f.* Femme qui fait des vêtements féminins.

couverture *n.f.* (ang.: *blanket*).

craindre *v. tr. Craindre quelqu'un, quelque chose*, éprouver de la peur causée par eux: *C'est un garçon violent, tous ses camarades le craignent* (syn.: **avoir peur de**).

créer *v. tr. Créer quelque chose*, lui donner une existence, une forme: *Un romancier qui crée ses personnages* (syn.: **imaginer**). *Les descriptions créent une atmosphère qui renforce l'action* (syn.: **produire**).

creuser *v. tr.* et *intr. Creuser un trou, un fossé . . .* , faire une cavité dans le sol.

crever *v. intr.* 1. Eclater sous l'effet d'une pression: *Le pneu avant a crevé* (= s'est dégonflé après avoir été percé). 2. (sujet nom d'animal ou de plante ou, pop., de personne) Mourir: *Il criait qu'il ne voulait pas crever dans la misère.*

cri *n.m.* Son perçant que lance la voix: *La foule poussa des cris de joie.*

criard, e *adj.* et *n. Couleurs criardes*, couleurs vives et contrastant désagréablement entre elles.

crise *n.f.* Situation tendue, de l'issue de laquelle dépend le retour à un état normal.

critiquer *v. tr. Critiquer quelqu'un, les actes de quelqu'un*, les juger défavorablement: *Le député critiquait violemment la politique du gouvernement* (syn.: **blâmer**).

croiser *v. tr.* 1. Disposer deux choses l'une sur l'autre en croix ou en X: *Elle s'est assise en croisant les jambes.* 2. *Croiser quelqu'un, un véhicule*, le rencontrer et passer auprès de lui dans le sens opposé. — **décroiser** *v. tr.* Séparer ce qui était croisé: *Décroiser les jambes.*

croisière *n.f.* Voyage touristique ou mission militaire accomplis par un navire: *Elle a fait une croisière dans les fjords de Norvège.*

crosse *n.f.* Bâton à l'extrémité recourbée: *Quand on joue au golf, on envoie la balle au moyen d'une crosse.*

croûte *n.f.* Partie superficielle du pain, du fromage . . . plus dure que l'intérieur. *fam. Casser la croûte*, prendre un repas.

croyance	*n.f.* Action de croire à l'existence ou à la vérité d'un être ou d'une chose: *La croyance en Dieu.* (syn.: **foi**).
cueillir	*v. tr. Cueillir un fruit, une fleur,* les détacher de leur branche, de leur tige.
culbuter	*v. tr. Culbuter quelque chose ou quelqu'un,* le faire tomber brusquement en le renversant: *Les manifestants avaient culbuté les tables et les chaises d'un restaurant.*
cycliste	*n.* Personne qui utilise la bicyclette comme moyen de locomotion ou qui pratique le sport de la bicyclette.

d

davantage	*adv.* Marque la supériorité en quantité, en degré, en durée: *Il faut lire davantage* (syn.: **plus**). *Nous n'allons pas discuter davantage* (syn.: **plus longtemps**).
déambuler	*v. intr.* Aller çà et là, sans but précis, d'un pas de promenade: *Des touristes qui déambulent à travers le village.*
débarrasser	*v. tr. Débarrasser quelqu'un,* l'aider à se défaire d'un défaut, d'une personne indésirable: *On a eu de la peine à le débarrasser de cette mauvaise habitude. Débarrassez-moi de cet idiot!*
débarrasser (se)	*v. pr.* Se défaire de quelqu'un ou de quelque chose.
déborder	*v. intr.* S'étendre au-delà des limites: *La foule, trop nombreuse pour la salle, débordait sur la place.*
déboucher	*v. intr.* (sujet nom d'être animé, de véhicule) Apparaître tout à coup: *Une voiture, débouchant d'une route transversale, heurta violemment la vieille Ford.*
debout	*adv.* ou *adj. invar.* Dans une position verticale. — *fam. Tenir debout,* avoir de la vraisemblance: *Vos arguments ne tiennent pas debout* (= sont absurdes).
déboutonner	*v. tr.* Ouvrir en défaisant les boutons.
début	*n.m.* Première phase du déroulement d'une action, d'un récit: *Reprenons le récit à son début* (syn.: **commencement**).
décapotable	*adj.* Se dit d'une voiture qui a une couverture de toile qu'on peut tendre ou replier à volonté: *Une 4CV décapotable.*
déchirant, e	*adj.* Qui déchire le cœur: *Un cri déchirant. Un spectacle déchirant* (syn.: **navrant**).
déchirer	*v. tr.* (ang.: *to tear*).
décider (se)	*v. pr.* Se déterminer: *Il est temps de te décider: vas-tu épouser cette jeune fille?*
déclamatoire	*adj. péjor.:* Un ton déclamatoire (syn.: **pompeux, emphatique**).
déclarer	*v. tr. Déclarer quelque chose,* le faire savoir officiellement: *Déclarer des marchandises à la douane.*
décoller	*v. intr. L'avion décolle,* il quitte le sol pour s'élever dans les airs.
déconcerter	*v. tr. Déconcerter quelqu'un,* le jeter dans la perplexité: *Le résultat imprévu des élections a déconcerté les députés.*
déconseiller	*v. tr. Déconseiller à quelqu'un de faire quelque chose,* l'en dissuader: *Le vendeur lui a déconseillé cet achat.*
décor	*n.m.* Ensemble des accessoires utilisés au théâtre ou au cinéma pour figurer le lieu de l'action.
découvrir	*v. tr.* 1. *Découvrir quelque chose, quelqu'un,* leur enlever ce qui les couvrait: *Une robe qui découvre largement les épaules* (= laisse apparaître). 2. *Découvrir quelque chose,* le faire connaître: *Découvrir un trésor* (syn.: **trouver**).
décrire	*v. tr.* Représenter par écrit ou oralement: *Décrire le personnage d'un roman.*
décroiser	*v. tr.* Voir **croiser.**
déçu, e	*adj.* Se dit d'une personne frustrée dans ses espérances: *Un spectateur déçu.*

dédaigneux, euse	*adj.* Se dit d'une personne qui regarde les autres gens avec mépris; l'air de cette personne: *Un sourire dédaigneux.*
défaut	*n.m.* Imperfection matérielle ou morale: *Son plus grand défaut est la paresse* (contr.: **qualité**).
défectueux, euse	*adj.* Se dit des choses qui présentent des imperfections, des défauts: *Tout pneu défectueux sera remplacé par le fabricant.*
défigurer	*v. tr. Défigurer quelqu'un*, lui déformer, lui enlaidir le visage.
défilé	*n.m.* Action de personnes qui marchent en colonne, par files: *Le défilé des soldats victorieux.*
dégager (se)	*v. pr.* Se libérer de ce qui emprisonne: *Se dégager d'un piège.*
déguiser	*v. tr. Déguiser quelqu'un*, l'habiller d'une façon qui change complètement son aspect. — **déguisement** *n.m.* Vêtements, apparence d'une personne déguisée: *Personne ne nous reconnaîtra sous ce déguisement.*
délabrer	*v. tr. Délabrer une maison*, la faire tomber en ruine: *Il habite un château délabré.*
délicieux, euse	*adj.* Se dit de ce qui excite agréablement les sens ou l'esprit: *Un repas délicieux.*
demande	*n.f.* Action de demander; écrit qui l'exprime: *Ils ont reçu plusieurs demandes d'emploi* (contr.: **offre**).
démarrer	*v. intr.* (sujet nom désignant un véhicule) Commencer à partir: *Le train démarrait quand ils sont arrivés à la gare.*
déménager	*v. intr.* Changer de résidence: *Il vient de déménager et je ne connais pas sa nouvelle adresse.*
demeure	*n.f.* Lieu où l'on habite (syn.: **maison**).
demeurer	*v. intr. Demeurer à pied* (syn.: **rester**). *Elle demeure à Paris* (syn.: **habiter**).
dénicher	*v. tr. Dénicher un manuscrit dans une bibliothèque* (syn.: **découvrir**).
dénouement	*n.m. Le dénouement tragique d'une pièce* (syn.: **conclusion**).
dentiste	*n.m.* Spécialiste qui soigne les dents.
dépasser	*v. tr. Dépasser quelque chose, quelqu'un*, aller plus loin que lui, le laisser derrière soi: *Il est interdit de dépasser un véhicule en haut d'une côte* (syn.: **doubler**).
dépêche	*n.f. Il a reçu une dépêche lui annonçant le mariage de sa cousine* (syn.: **télégramme**).
dépeindre	*v. tr.* Représenter en détail par la parole ou par l'écriture (syn.: **décrire**).
déplaire	*v. tr. ind. et intr. Déplaire à quelqu'un*, lui être désagréable. — **déplaisant, e** *adj.* (syn.: **désagréable**).
déposer	*v. tr. Déposer une chose, une personne*, la laisser quelque part: *Montez dans ma voiture, je vous déposerai chez vous.*
dépourvu, e	*adj. Dépourvu de quelque chose*, se dit d'une personne ou d'une chose qui ne le possède pas: *Un appartement dépourvu de chauffage* (= sans chauffage).
député	*n.m.* Personne élue qui représente un groupe dans une assemblée: *Les députés de la majorité, de l'opposition.*
déranger	*v. tr. Déranger une personne*, interrompre son repos ou son occupation: *Ne le dérangez pas, il dort.*
dernièrement	*adv.* Il y a peu de temps: *Elle a beaucoup changé dernièrement* (syn.: **récemment**).
dérouler (se)	*v. pr.* Se présenter successivement aux yeux ou à l'esprit: *Le drame qui s'est déroulé dans cette maison.* — **déroulement** *n.m.* (syn.: **enchainement, suite**).
dès	(syn.: **à partir de**) — **dès que** (syn.: **aussitôt que, à partir de l'instant où**).
désemparé, e	*adj.* Se dit d'une personne qui ne sait pas comment s'y prendre pour se tirer d'affaire: *Après le départ de sa femme, il se sentait tout désemparé* (syn.: **perdu**).
désert, e	*adj.* Se dit d'un lieu inhabité ou peu fréquenté: *A cette heure, les rues sont désertes.*
désigner	*v. tr. Désigner quelque chose, quelqu'un*, le montrer: *Elle me désigna une chaise en m'invitant à m'asseoir.*

désoler   *v. tr. Etre désolé de quelque chose*, le regretter vivement (souvent comme formule de politesse): *Je suis désolé d'être en retard.*

désordre   *n.m.* (syn.: **confusion, chaos**). — **désordonné, e** *adj.* Se dit des choses dont les éléments sont en désordre: *Un bureau désordonné.*

dessin   *n.m. Dessin animé*, film composé d'une suite de dessins, donnant à la projection l'illusion du mouvement (ang.: *animated cartoon*).

destin   *n.m.* Ensemble des événements, le plus souvent malheureux ou tragiques, qui composent la vie humaine et qui semblent commandés par une puissance supérieure (mot littéraire, qui peut être employé pour l'homme ou pour les grandes œuvres humaines) (syn.: **fatalité**).

destiner   *v. tr.* (syn.: **réserver**).

détacher   *v. tr. Détacher quelque chose*, le rendre distinct, le mettre en relief, en valeur: *Un éclairage qui détache nettement les silhouettes.*

détail   *n.m.* Elément d'un ensemble: *Observer les détails d'un tableau.*

détective   *n.m.* Spécialiste chargé d'une enquête policière: *C'est un détective privé qui a découvert le voleur.*

détendu, e   *adj. Un sourire, un visage détendu* (syn.: **calme**). — **détente** *n.f.* (syn.: **repos**).

dévaler   *v. tr. et intr.* Descendre rapidement: *Dès qu'il entendit sonner, il dévala l'escalier.*

devanture   *n.f.* Partie d'un magasin où les articles sont exposés à la vue des passants (syn.: **vitrine**).

développer   *v. tr. Développer quelque chose*, l'augmenter, l'accroître.

deviner   *v. tr. Deviner quelque chose*, le trouver par intuition (syn.: **prévoir**).

dévisager   *v. tr. Dévisager quelqu'un*, le regarder de façon très insistante.

devise   *n.f.* 1. Monnaie étrangère. 2. Paroles concises qu'on se donne comme règle de conduite: *Simplicité, c'est ma devise.*

devoir   *n.m.* Tâche, ordinairement écrite, donnée à un élève: *Un devoir de mathématiques.*

dévorer   *v. tr. et intr. Dévorer quelque chose*, le manger, l'absorber par grandes quantités: *Regardez comme ces enfants dévorent.*

dévouer (se)   *v. pr. Se dévouer à quelqu'un, à quelque chose*, leur donner son activité, ses soins. — **dévouement** *n.m.* Attitude d'une personne qui se dévoue.

diable (au)   *fam. Au diable les syndicats!* (= ne songeons plus aux syndicats).

dictionnaire   *n.m.* Recueil des mots d'une langue rangés dans un ordre alphabétique, avec leur sens et des indications sur les conditions de leur emploi: *Le dictionnaire bilingue donne la traduction des mots d'une langue dans une autre.*

dinde   *n.f.* (ang.: *turkey*).

diplôme   *n.m. Un diplôme d'ingénieur, d'architecte . . .* Document universitaire donnant un titre. Celui qui a un diplôme est *diplômé.*

dire   *v. tr. Dis* (dites), *dis donc* (dites donc), s'emploient pour attirer l'attention: *Dis donc, regarde cette voiture! Dites donc, vous! vous pourriez faire attention!* — **dire du mal des autres,** calomnier, médire de.

direct, e   *adj. Complément direct*, en grammaire, complément qui n'est pas introduit par une préposition. — **style direct,** style qui rapporte textuellement les paroles de quelqu'un (syn.: **discours direct**): *Il m'a dit: « Je vous montrerai ma maison ».*

diriger (se)   *v. pr.* Aller, avancer: *Elle se leva et se dirigea vers la sortie.*

discuter   *v. tr. et intr. Discuter de quelque chose, discuter quelque chose*, échanger des idées sur un sujet défini: *Un groupe d'étudiants discutait la vie, la politique, l'art. . . .* — **discussion** *n.f.* Débat contradictoire: *Il a fallu d'interminables discussions pour arriver enfin à un accord.*

disparaître   *v. intr.* (auxil. **avoir,** ou plus rarement **être**). Cesser d'être visible: *Le soleil va bientôt* *disparaître derrière les maisons* (contr.: **apparaître**). — **disparition** *n.f.* Action de disparaître.

disposer   *v. tr. ind. Disposer de quelque chose*, avoir l'usage de cette chose: *Il dispose d'une grosse somme.*

disputer (se)   *v. pr. Ils se disputent tous les dimanches* (syn.: **se quereller**).

disque   *n.m.* Objet circulaire et aplati de matière plastique pour la reproduction phonographique (ang.: *record*).

distinguer   *v. tr. Distinguer quelqu'un, quelque chose*, le percevoir nettement (syn.: **apercevoir, reconnaître**).

distraire (se)   *v. pr.* Occuper agréablement le temps dont on dispose: *Allez voir un film pour vous distraire.*

distrait, e   *adj.* Se dit d'une personne insuffisamment attentive à ce qu'elle fait: *Un étudiant distrait* (syn.: **inattentif**).

divaguer   *v. intr.* Prononcer des paroles déraisonnables, ne plus contrôler ce qu'on dit: *Le malade s'est mis à divaguer* (syn.: **délirer**).

divers, e   *adj.* Qui présente des caractères différents (surtout au pl.): *Converser sur des sujets divers* (syn.: **varié**).

divertissement   *n.m. Son divertissement favori est la peinture* (syn.: **passe-temps, distraction, plaisir**).

divin, e   *adj. Cette actrice est divine dans son rôle* (syn.: **admirable, excellent**).

diviser   *v. tr. Diviser des choses, un groupe*, les séparer en plusieurs parties: *Diviser un gâteau en huit* (syn.: **partager**). *Si on divise cent par quatre, on obtient vingt-cinq.*

documentaire   *n.m.* et *adj.* Film établi d'après des documents pris dans la réalité: *Avant le grand film, on a passé un documentaire.*

dodu, e   *adj.* Se dit d'une personne ou d'un animal qui est assez gras: *Un enfant dodu* (syn.: **grassouillet**).

doléances   *n.f. pl.* Plaintes: *Elle entendait ses doléances* (syn.: **lamentations**).

dôme   *n.m.* Couverture hémisphérique de certains monuments: *Le dôme des Invalides à Paris.*

domestique   *n.* (ang.: *servant*): *Le nom de « gens de maison » remplace généralement aujourd'hui celui de « domestiques ».*

domicile   *n.m.* Lieu où quelqu'un habite ordinairement (syn.: **maison, résidence**).

dominer   *v. tr.* Etre maître de, être supérieur à: *Sachons dominer nos instincts* (syn.: **maîtriser, discipliner**).

dommage   *n.m. C'est dommage, il est dommage que*, expriment le regret: *Aujourd'hui je dois travailler; c'est dommage car je voulais aller à la plage* (syn.: **fâcheux, regrettable**).

donner   *v. intr. Chambre, fenêtre, porte qui donne sur*, d'où l'on voit, d'où l'on accède à: *Cette porte donne sur la rue.* — **Donner sa langue au chat**, renoncer finalement à deviner ce que quelqu'un vous cache malicieusement.

doré, e   *adj.* Se dit de ce qui a la couleur de l'or ou une teinte rappelant cette couleur: *Une lumière dorée.*

dossier   *n.m.* Partie verticale ou inclinée d'une chaise, d'un fauteuil, contre laquelle une personne appuie son dos.

douane   *n.f.* Administration chargée de percevoir des taxes sur certaines marchandises importées ou exportées; bureau de cette administration: *Cette voiture a été fouillée à la douane.* — **douanier** *n.m.* Employé de la douane.

doubler   *v. tr.* 1. *Doubler un film*, enregistrer des paroles traduisant celles des acteurs dans une autre langue. 2. *Doubler une voiture*, la dépasser: *En France, on circule à droite et on doit doubler un piéton ou une voiture en passant à sa gauche.*

douer   *v. tr.* Etre doué (pour quelque chose), avoir des aptitudes, des dons naturels: *Il est doué pour les mathématiques.*

doute *n.m.* Etat de quelqu'un qui hésite à prendre parti, qui ne sait que croire (syn.: **indécision, incertitude**).

1. douter *v. tr.* et *intr. Douter de quelque chose, de quelqu'un*, ne pas avoir confiance en eux: *Douter du succès d'une entreprise.*

2. douter (se) *v. pr. Se douter de quelque chose, se douter que* (et indic.), en avoir le pressentiment, le juger probable: *Je me doutais que vous étiez le neveu de la comtesse* (syn.: **deviner**). *Vous ne vous doutez pas que nous sommes au courant* (syn.: **penser**).

douteux, euse *adj.* Se dit de ce sur quoi on peut hésiter, de ce qui n'est pas nettement déterminé: *Le résultat de l'expérience est douteux.*

doux, ce *adj.* (avant ou après le nom) 1. Se dit de ce qui produit une sensation agréable: *Une peau douce* (contr.: **rude**). *Une pomme douce* (contr.: **acide**). *Une boisson douce* (contr.: **amer**). *Une lumière douce* (contr.: **cru**). 2. Se dit de ce qui n'est pas saccadé: *Une route en pente douce* (contr.: **raide, abrupt**). 3. Se dit d'une personne qui a un caractère facile: *Une jeune fille très douce* (contr.: **violent**). — *Il fait doux, la température est agréable, ni trop chaude ni trop froide.* — **douceur** *n.f.* Qualité de ce qui est doux.

droit *n.m.* Faculté, légalement ou moralement reconnue, d'agir de telle ou telle façon: *Les femmes ont maintenant le droit de vote en France.*

droite *n.f.* Côté droit (contr.: **gauche**): *Etre assis à la droite de quelqu'un. Un automobiliste qui ne tient pas sa droite.*

durer *v. intr.* (syn.: **continuer**). — **durée** *n.f.* Espace de temps que dure une chose: *La route est fermée pendant la durée des travaux.*

e

ébahir *v. tr. Ebahir quelqu'un*, le jeter dans une très grande surprise, souvent nuancée d'admiration. — **ébahi, e** *adj. Les gens contemplaient d'un air ébahi une toile de Picasso.*

éblouissement *n.m.* Trouble momentané de la vue, causé par une lumière trop vive.

écarter *v. tr. Ecarter des personnes, des choses*, les mettre à une certaine distance l'une de l'autre. — **s'écarter** *v. pr.* Se mettre à une certaine distance: *Les deux bateaux s'écartent l'un de l'autre* (syn.: **s'éloigner**).

échapper *v. tr.* et *intr. Echapper à une chose*, ne pas en être atteint: *Voilà une idée qui échappe à toute critique. Il a échappé à de graves dangers* (syn.: **éviter**).

écharpe *n.f.* Large bande de tissu, qu'on porte sur les épaules ou autour du cou.

échec *n.m.* Manque de réussite: *La dernière tragédie de Racine a subi un échec* (syn.: **insuccès, fiasco**).

échecs *n.m. pl.* Jeu dans lequel deux joueurs déplacent diverses pièces sur un plateau carré divisé en soixante-quatre cases alternativement blanches et noires: *Elle l'a battu aux échecs.*

échouer *v. intr.* Ne pas réussir: *Les étudiants qui échoueront à l'examen pourront se présenter dans deux mois.*

éclabousser *v. tr. Eclabousser quelqu'un, quelque chose*, faire rejaillir un liquide sur eux.

éclater *v. intr.* Se manifester avec force, avec intensité: *Les étalages éclataient en notes vives.* — **éclat** *n.m.* Intensité d'une lumière: *Elle avait peine à supporter l'éclat du soleil.*

écossais *adj.* (ang.: *Scottish*).

écouler (s') Se retirer en coulant; disparaître progressivement: *La foule s'écoulait lentement.*

écran *n.m.* 1. Tableau ou pièce de tissu servant à projeter des vues: *Les images apparaissent sur l'écran.* 2. *L'écran*, le cinéma: *Les vedettes de l'écran.*

écraser *v. tr. Ecraser un être vivant*, le tuer: *Le camion a écrasé un chien. Quinze touristes ont été écrasés par une avalanche.*

écrivain *n.m.* Personne qui compose des ouvrages littéraires: *Racine, Corneille, Victor Hugo sont de célèbres écrivains* (syn.: **homme, femme de lettres, auteur**).

éditer *v. tr. Editer l'œuvre d'un écrivain*, la publier et la mettre en vente: *Une maison qui édite des romans, des poésies, etc.* (syn.: **publier**).

effacer (s') *v. pr.* Devenir indistinct, disparaître.

effet *n.m. Sous l'effet de* (= sous l'influence de): *Fermer les yeux sous l'effet d'une lumière vive.*

effilé, e *adj.* Se dit de ce qui va en s'amenuisant: *Des doigts effilés* (syn.: **mince, allongé**).

efforcer (s') *v. pr. S'efforcer de* (et l'infin.), employer ses forces à, faire son possible pour: *Il s'efforçait de rester calme dans cette agitation générale* (syn.: **essayer**).

effronté, e *adj.* (syn.: **impudent, insolent**).

égal, e, aux *adj.* (syn.: **identique**). — **également** *adv.* Aussi: *Il faut lire ce chapitre et celui-là également.*

égard *n.m. A mon égard* (= en ma faveur).

égarer (s') *v. pr.* Ne plus reconnaître le bon chemin (syn.: **se perdre**).

église *n.f.* Edifice destiné au rassemblement des fidèles pour l'exercice du culte catholique (pour les autres religions, on emploie généralement le mot **temple**): *On aperçoit déjà le clocher de l'église.*

égratinure *n.f.* Déchirure superficielle de la peau.

élancer (s') *v. pr.* 1. (sujet nom d'être animé) Se lancer, se porter vivement: *Il s'élança vers la sortie* (syn.: **se jeter, se précipiter**). 2. (sujet nom désignant une chose immobile) Etre dressé verticalement: *Les arbres s'élançaient du sol* (syn.: **se dresser**). — **élancé, e** *adj. Une taille élancée* (= mince et élégante).

élever *v. tr. Elever des enfants*, assurer leur développement physique, intellectuel et moral. — **élevé, e** *adj. Bien élevé, mal élevé*, se dit d'une personne qui a une bonne, une mauvaise éducation (syn.: **poli, correct**): *Il est mal élevé de couper la parole à quelqu'un.*

éloge *n.m.* Paroles ou écrits qui vantent les mérites, les qualités de quelqu'un ou de quelque chose: *Elle m'a fait l'éloge de son nouveau jardinier* (syn.: **louange**).

embarquer *v. tr. Embarquer quelqu'un, quelque chose*, le faire monter à bord d'un bateau (contr.: **débarquer**). — **s'embarquer** *v. pr.* Monter à bord d'un bateau, d'un véhicule.

embarras *n.m.* Situation d'une personne qui est perplexe: *Son embarras se lisait sur son visage* (syn.: **perplexité, gêne**).

embêter *v. tr. fam. Embêter quelqu'un*, l'ennuyer, le contrarier, l'agacer: *Mes voisins m'embêtent* (syn. fam.: **assommer**; pop.: **casser les pieds**).

embouteillage *n.m.* Accumulation de véhicules ou de personnes qui gênent la circulation: *Il a été pris dans un embouteillage.*

embrasser *v. tr.* Donner des baisers: *Il embrasse ses enfants avant de partir* (ang.: *to kiss*).

embrouiller (s') *v. pr.* Perdre le fil de ses idées, tomber dans la confusion: *S'embrouiller dans un récit, dans les dates.*

émeraude *n.f.* Pierre précieuse de couleur verte.

émerveiller *v. tr. Emerveiller quelqu'un*, le remplir d'admiration (souvent au passif): *Joyce a répondu avec une vivacité d'esprit qui a émerveillé le comte* (syn.: **enchanter**).

empêcher *v. tr. Empêcher une chose*, y faire obstacle de manière à ce qu'elle n'ait pas lieu: *Il a tout fait pour empêcher ce mariage.* (ang.: *to prevent*).

emplettes *n.f. pl. Elle a rapporté ses emplettes dans un grand sac* (= les choses qu'elle a achetées).

emplir *v. tr.* Rendre plein (langue littéraire; syn. plus fréquent: **remplir**): *Ce spectacle nous a emplis d'admiration.*

emploi *n.m.* 1. Action ou manière d'employer une chose: *Mon emploi du temps ne me laisse*

guère de loisir (= la distribution de mes occupations dans la journée, la semaine . . .).
2. Occupation confiée à une personne: *Chercher un emploi* (syn.: **place, situation**).

emporter (s')   *v. pr.* Se mettre en colère: *Ecoutez-la jusqu'au bout sans vous emporter contre elle.*

emprunter   *v. tr. Emprunter quelque chose*, se le faire prêter: *Emprunter dix dollars à un ami jusqu'au lendemain.*

enchanter   *v. tr. Enchanter quelqu'un*, le remplir d'un vif plaisir (souvent au passif): *L'annonce de ce jour de congé a enchanté les étudiants. Une beauté qui enchante les yeux* (syn.: **charmer**).

encombrement   *n.m.* Affluence de voitures en un lieu déterminé, y causant un ralentissement de la circulation: *Etre pris dans un encombrement. Les encombrements m'ont retardé.*

encombrer   *v. tr. Encombrer un lieu*, y causer un embarras, un obstacle, par accumulation: *Des chaises qui encombrent le couloir.*

encourager   *v. tr. Encourager quelqu'un*, lui donner du courage: *La présence de Joyce l'encourageait.*

encrasser   *v. tr.* Salir: *Les bougies sont encrassées* (= sales, couvertes de crasse, de saleté).

en effet   *loc. adv.* Introduit une explication; confirme ce qui a été dit: « *Etiez-vous à votre bureau vendredi? — En effet, j'y étais* » (syn.: **assurément, effectivement**).

énerver   *v. tr.* Provoquer l'irritation: *Il l'énerve avec ses questions stupides* (syn.: **agacer**). — **énervé, e** *adj.*: *Sa colère s'explique parce qu'elle était très énervée.*

enfiler   *v. tr. Enfiler un vêtement*, le passer sur ses bras, ses jambes, son corps (syn.: **mettre**).

enfoncer (s')   *v. pr.* S'engager profondément: *S'enforcer dans la forêt.*

enfouir   *v. tr. Il enfouit prestement l'argent dans sa poche* (syn.: **plonger**).

enfuir (s')   *v. pr.* Fuir au loin, s'en aller en hâte: *Deux prisonniers se sont enfuis* (syn.: **s'évader**).

engager   *v. tr. Engager quelqu'un*, le prendre à son service, lui fournir du travail. — **s'engager** *v. pr.* 1. Entrer dans un lieu. *Le train s'engage dans le tunnel.* 2. *Ecrivain, artiste qui s'engage*, qui prend nettement position en matière politique.

enivrer   *v. tr.* Voir **ivre.**

enjamber   *v. tr. Enjamber un espace*, le franchir: *Le pont enjambe la rivière.*

enlever   *v. tr. Enlever quelqu'un*, le soustraire à sa famille: *Enlever un enfant en exigeant une rançon.* — **enlèvement** *n.m.* Action d'enlever (syn.: **rapt**).

ennui   *n.m.* Ce qui est regrettable: *L'ennui c'est que ce projet est irréalisable.*

ennuyer   *v. tr. Ennuyer quelqu'un*, lui causer de la lassitude. — **s'ennuyer** *v. pr.* Eprouver de la lassitude par manque d'intérêt: *S'ennuyer dans une chambre d'hôtel, un jour de pluie* (syn. fam.: **se barber**). — **ennuyeux, euse** *adj.* Se dit d'une personne ou d'une chose qui ennuie.

enquête   *n.f.* Recherches ordonnées par une autorité administrative: *Qui est-ce qui est chargé de l'enquête sur ce vol?*

enrichir   *v. tr. Enrichir quelque chose*, le rendre plus abondant, plus varié: *Ces écrivains ont enrichi la langue française* (= ils y ont fait entrer des mots ou des sens nouveaux).

enrouler   *v. tr. Enrouler une chose*, la rouler sur elle-même ou autour d'une autre: *Enrouler un journal autour d'une bouteille.*

enseigner   *v. tr. Enseigner quelque chose à quelqu'un*, lui donner des leçons de: *Enseigner l'histoire.* — **enseignement** *n.m.* Art, manière d'enseigner: *On essaie de développer l'enseignement des langues vivantes.*

ensevelir   *v. tr.* 1. *Ensevelir un mort*, le mettre au tombeau. 2. *Ensevelir quelqu'un, une chose*, les recouvrir d'une masse de terre, de neige . . . : *Une avalanche qui ensevelit un chalet.*

ensoleiller   *v. tr.* Eclairer de la lumière solaire (surtout au passif): *Ils se promènent dans le parc ensoleillé.*

entendre (s')   *v. pr.* Avoir les mêmes idées, les mêmes goûts: *Dès la première rencontre, nous nous sommes bien entendus* (syn.: **se comprendre**).

enthousiasme   *n.m.* Admiration passionnée. — **enthousiaste** *adj.* et *n.* Se dit d'une personne qui manifeste son enthousiasme: *Les spectateurs enthousiastes acclamaient les joueurs.*

entier, ère   *adj.* 1. Se dit de quelque chose dont rien n'a été retranché: *Il reste un gâteau entier.* 2. Se dit de quelque chose qui est considéré dans sa totalité: *Cette dame occupe la maison entière.*

1. entretenir   *v. tr.* Entretenir quelqu'un (= élever, nourrir). — **entretenu, e** *adj. Femme entretenue,* femme à qui son amant fournit ses moyens d'existence.

2. entretenir   *v. tr. Entretenir quelqu'un de quelque chose,* avoir avec lui une conversation sur ce sujet: *La comtesse a entretenu les invités de ses voyages à l'étranger.*

3. entretenir   *v. tr. Entretenir quelque chose,* le faire durer.

entretenir (s')   *v. pr. S'entretenir par téléphone* (syn.: **converser, causer, bavarder**).

entrevoir   *v. tr.* Voir indistinctement: *Joyce a entrevu la façade du château* (syn.: **apercevoir**).

envahir   *v. tr.* 1. *Envahir un lieu,* s'y répandre par la force: *Les Normands ont envahi l'Angleterre en 1066* (syn.: **conquérir**). 2. *Envahir quelqu'un,* s'emparer de cette personne: *Aux premiers grondements du volcan, la terreur envahit les habitants des villages voisins* (syn.: **saisir**).

envelopper   *v. tr.* 1. Enrouler d'un tissu, d'un papier . . . 2. *Envelopper ses paroles, sa pensée* (syn.: **déguiser, camoufler**). — **s'envelopper** *v. pr.* S'enrouler: *S'envelopper dans des couvertures.*

envie   *n.f.* Désir d'avoir ou de faire quelque chose: *On lui a offert un livre dont il avait envie depuis longtemps.*

envier   *v. tr. Envier quelqu'un,* souhaiter d'avoir ou regretter de ne pas avoir un bien dont il jouit: *Je vous envie d'avoir déjà fini ce travail. Je n'envie pas son existence misérable.*

envoler (s')   *v. pr.* Partir en volant: *Les feuilles sèches s'envolent au vent.*

épaule   *n.f.* Partie du corps humain par laquelle le bras s'attache au tronc (ang.: *shoulder*).

épave   *n.f.* Objet abandonné.

éperdument   *adv.* (syn.: **follement**): *Il est éperdument amoureux.*

épinard   *n.m.* (le pl. désigne la plante cuite): *Avec le poulet rôti, elle a servi des épinards* (ang.: *spinach*).

épingle   *n.f. épingle de cravate,* petite tige métallique pointue, destinée à maintenir la cravate qu'on porte.

époque   *n.f.* Moment de l'histoire marqué par des événements importants: *L'époque de la Révolution française* (syn.: **période**).

épouser   *v. tr.* Prendre pour mari, pour femme: *Elle a épousé un médecin. Il épouse la fille de son professeur de biologie* (syn.: **se marier avec**).

épouvantable   *adj.* (avant ou après le nom) Se dit de ce qui est très mauvais, très contrariant: *Il fait un temps épouvantable* (syn.: **affreux, horrible**).

époux, épouse   *n.* Personne unie à une autre par le mariage.

éprouver   *v. tr. Eprouver un sentiment,* le ressentir: *Eprouver de la joie, de l'appréhension.*

épuiser   *v. tr. Epuiser quelqu'un, les forces de quelqu'un,* le jeter dans un affaiblissement extrême: *Ce long examen m'a épuisé* (syn.: **exténuer;** fam.: **tuer**).

équilibre   *n.m.* Etat d'une personne qui se tient debout, qui ne tombe pas: *Il s'est trop penché et il a perdu l'équilibre.*

équipage   *n.m.* Ensemble des hommes embarqués pour le service d'un navire: *Le transatlantique a sombré, mais les passagers et l'équipage ont été sauvés.*

équipe   *n.f.* 1. Ensemble de personnes travaillant ensemble. 2. Groupe de joueurs associés en vue de disputer des compétitions sportives, des championnats: *Entraîner une équipe.*

erreur   *n.f.* Etat de quelqu'un qui se trompe: *Vous êtes dans l'erreur la plus complète* (= votre opinion est complètement fausse). *Il persiste dans son erreur.*

espace   *n.m.* Etendue de surface (ang.: *space*).

espiègle   *adj. et n.* Se dit de quelqu'un qui est vif, malicieux sans méchanceté.

espoir   *n.m.* Fait d'espérer.

esprit   *n.m.*   1. *Avoir de l'esprit* (ang.: *to be witty*). *Avoir l'esprit large ou étroit* (ang.: *to be broad- or narrow-minded*). *Avoir l'esprit de finesse: L'esprit de géometrie s'associe parfois à l'esprit de finesse* (= le raisonnement déductif à l'intuition). *Avoir l'esprit d'analyse* (= avoir le souci d'analyser avec des critères objectifs ce qui se présente à votre jugement).   2. Etre imaginaire, comme les revenants: *Croyez-vous aux esprits?*

esquisse   *n.f.* Premier tracé d'un dessin, indiquant seulement les grandes lignes. — **esquisser** *v. tr. Esquisser quelque chose*, en faire une esquisse.

essai   *n.m.* Livre, long article qui traite très librement d'une question, sans prétendre épuiser le sujet.

essence   *n.f.* Liquide très inflammable: *Un moteur à essence* (ang.: *gasoline*).

essuyer   *v. tr.* Enlever un liquide ou de la poussière en frottant: *Essuyer la vaisselle. Elle a pris un chiffon de laine pour essuyer les meubles.*

estimable *adj. Une chose estimable* (ang.: *desirable*).

estivant, e *n.* Personne venue passer ses vacances d'été au bord de la mer, à la campagne: *Au début de juin, les estivants commencent à affluer sur les plages.*

étagère   *n.f.*   1. Meuble formé de tablettes superposées.   2. Tablette fixée horizontalement sur un mur: *Les bibelots étaient posés sur une étagère.*

étaler   *v. tr. Etaler des objets*, les exposer pour la vente: *Un marchand qui étale à sa devanture des sacs à main* — **étalage** *n.m. Un marchand de chaussures qui refait son étalage* (= qui change la disposition des marchandises à la devanture). *Il aime faire étalage de ses mérites.*

état   *n.m.* Manière d'être d'une chose: *Une voiture en bon, en mauvais état. La situation financière de cette entreprise est en mauvais état. Nous avons retrouvé la maison en parfait état.*

éteindre   *v. tr. Eteindre quelque chose* (mot abstrait), le faire cesser: *Un souvenir que rien ne peut éteindre* (syn.: **effacer**). — **éteint, e** *adj.* Se dit d'une chose ou d'une personne qui a perdu son éclat, sa vivacité; *Un regard éteint* (syn.: **terne**). *Il répondit d'une voix éteinte* (syn.: **neutre**).

éteindre (s') *v. pr.* Cesser de brûler, d'éclairer: *La lumière des grands lustres s'éteint doucement.*

étendre (s')   *v. pr.* Se développer en longueur, en largeur: *La forêt s'étend jusqu'à la rivière* (syn.: **s'étaler, aller**).

éternité   *n.f.*   1. Durée qui n'a ni commencement ni fin.   2. Temps qui paraît très long: *Il y a une éternité qu'elle ne l'avait pas vu.*

étoffe   *n.f.* Tissu d'habillement ou d'ameublement: *Une étoffe légère, chaude, soyeuse.*

étonner   *v. tr. Etre étonné* (ang.: *to be astonished*): *Je suis étonné des progrès de cet étudiant.*

étonner (s')   *v. pr. S'étonner de quelque chose*, en être surpris: *Je m'étonne qu'il ne soit pas venu, car il est très ponctuel.*

étouffer   *v. tr.*   1. *Etouffer une personne, un animal*, arrêter leur respiration.   2. *Etouffer un sentiment, une opinion* . . . , les empêcher de se manifester.

étourdi, e *adj. et n.* Se dit d'une personne qui agit sans réfléchir suffisamment, ou qui oublie ce qu'elle devrait faire: *C'est un étudiant intelligent mais étourdi.*

étrange   *adj.* (ang.: *strange*).

étranglé, e *adj. Voix étranglée*, voix qui a de la peine à émettre des sons.

être   *n.m.*   1. Ce qui possède une existence (avec un art. défini): *Les êtres humains.*   2. Syn. de **personne, individu** (avec un art. indéfini): *C'est un être bizarre.*

être armé   Avoir une arme (ang.: *to be armed*).

études   *n.f. pl.* Ensemble des cours enseignés dans une école, une université: *Pendant toutes ses études, il a été un élève brillant.*

événement   *n.m.* Fait qui se produit (syn.: **incident**).

éventualité   *n.f. Toutes les éventualités ont été examinées* (= tout ce qui peut se produire; syn.: **possibilité**).

évidemment   *adv.*   1. Assurément.   2. Renforce une affirmation (souvent en tête d'une phrase): *Evidemment, en français, je fais des fautes d'orthographe* (syn.: **bien sûr**).

éviter   *v. tr.* (Contr.: **rechercher;** ang.: *to avoid*).

évoquer   *v. tr. Il évoque ses souvenirs de voyage* (syn.: **rappeler**).

excessif, ive   *adj.* Se dit d'une chose qui dépasse la mesure: *Une composition d'une longueur excessive.*

exécuter   *v. tr. Exécuter un travail*, le mener à bien: *Cette statue a été exécutée en marbre d'Italie.*

exemplaire   *n.m.* Un des objets reproduits en série selon un même type (se dit surtout de livres et de journaux): *Un critique littéraire reçoit de nombreux exemplaires des livres qui paraissent.*

exercer   *v. tr. Exercer une profession*, la pratiquer: *Cet avocat n'exerce plus depuis qu'il s'occupe de politique.*

exiger   *v. tr. Le professeur exige le silence pendant la classe* (syn.: **ordonner**).

existentialisme   *n.m.* Doctrine philosophique selon laquelle l'homme se crée et se définit perpétuellement en agissant. — **existentialiste** *adj.* et *n. Les théories existentialistes.*

expatrié   *n.m.* et *f.* Personne qui vit à l'étranger.

explétif, ive   *adj.* Se dit d'un mot ou d'une expression qui n'est pas nécessaire au sens de la phrase, mais dont l'emploi est commandé par l'usage: *« Ne » est explétif dans: Elle veut les voir avant qu'ils ne partent.*

exposé   *n.m. Cet étudiant a fait un exposé oral de la situation politique* (= une brève conférence; syn. fam.: **topo**). *Il a présenté un exposé sur Camus* (syn.: **rapport**).

exprès   *adv.* Avec intention: *C'est exprès que j'ai évité d'employer ce mot* (syn.: **intentionnellement**).

expressif, ive   *adj.* Se dit de ce qui exprime avec force une idée, un sentiment: *Un mot, un langage, un regard expressif* (syn.: **éloquent**).

exprimer   *v. tr.* Montrer, manifester: *Exprimer sa joie. Choisir des mots qui expriment le mieux une pensée* (syn.: **traduire**). — **s'exprimer** *v. pr.* Formuler sa pensée, se faire comprendre: *Il s'exprime difficilement en allemand* (syn.: **parler**).

extase   *n.f.* Vive admiration causée par une personne ou une chose: *Ils étaient en extase devant le paysage.*

f

façade   *n.f.* Devant d'un bâtiment, où se trouve l'entrée principale: *La façade de la maison donnait sur un jardin.*

face   *n.f.* **De face** *loc. adv.* Du côté où la face est perpendiculaire au regard: *Un portrait de face* (par opposition à **de profil**). — **En face de** (= vis-à-vis); *Elle est assise en face de moi.*

fâcher (se)   *v. pr.* Se mettre en colère: *Ne dites pas cela à votre frère, il va se fâcher.* — **fâché, e** *adj.* En colère: *Avoir l'air fâché* (syn.: **mécontent**). *Etre fâché avec quelqu'un* (syn.: **brouillé**).

façon   *n.f.* Manière d'être ou d'agir. *De toute façon* (= quoi qu'il arrive, en tout cas, dans tous les cas).

faculté   *n.f.* Etablissement d'enseignement supérieur: *Son fils est maintenant en âge d'aller à la faculté.*

1. fade *adj.* Qui manque de saveur, de succulence: *Ce potage est fade, il manque de sel* (contr.: **épicé, assaisonné**).

2. fade *adj.* Se dit d'une chose ou d'une personne sans sel, sans caractère, sans vie: *Ce roman est fade* (syn.: **inintéressant, ennuyeux**).

faible *n.m.* (au sing. seulement). Penchant pour une personne ou pour une chose: *Eprouver un faible pour une jeune fille* (syn.: **inclination**). *Avoir un faible pour le tabac* (syn.: **goût, prédilection**).

faillir *v. intr.* Avoir failli (et l'infin.), avoir été sur le point de faire quelque chose: *Elle a failli acheter cette vieille Ford.*

faire *v. tr.* 1. *Faire part de quelque chose à quelqu'un*, l'en informer: *Elle m'a fait part de ses projets.* — **Faire voir** (= montrer). 2. Sans complément direct, dans les propositions courtes, veut dire **dire** ou **répondre**: *Sans doute, fit-elle, vous avez raison.*

faire (se) *v. pr.* 1. *Se faire à quelque chose, à quelqu'un*, s'y habituer, s'y adapter. 2. *Se faire mille francs par mois*, les gagner. 3. *fam. S'en faire, se faire du souci*, se tourmenter. *Ne t'en fais pas. Tu réussiras.* 4. *Se faire* (et l'infin.), agir de façon à être l'agent du procès exprimé par cet infinitif: *Elle se fait maigrir en suivant un régime sévère* (= elle maigrit). 5. *Se faire des idées sur quelqu'un* (= avoir une opinion erronée de cette personne).

fait *n.m.* Chose, événement qui se produit: *Les chimistes ont observé un fait curieux* (syn.: **phénomène**).

fameux, euse *adj.* Remarquable, extraordinaire.

familier, ère *adj.* 1. Se dit de ce qui est simple et amical: *Un entretien familier.* 2. Se dit d'un mot ou d'une construction caractéristique de la langue de la conversation: *Une tournure familière, un style familier.*

fardeau *n.m.* Chose qui pèse lourdement et qu'il faut transporter.

faubourg *n.m.* Partie d'une ville située à la périphérie et souvent moins élégante que la ville proprement dite: *Les faubourgs industriels* — **faubourien, enne** *adj. péjor.*: *accent faubourien, allure faubourienne*, de caractère populaire très marqué.

fauteuil *n.m.* Siège confortable à bras et à dossier.

favori, ite *adj.* et *n.* Se dit d'une personne ou d'une chose préférée de quelqu'un: *Son roman favori.* — **favoriser** *v. tr. Favoriser quelqu'un*, le traiter de façon à l'avantager.

fée *n.f.* Etre féminin imaginaire doué de pouvoirs surnaturels.

félicitations *n.f. pl.* Compliments.

femme, valet de chambre *n.* Domestique attaché au service particulier d'une personne ou au service des clients d'un hôtel.

fer *n.m.* (ang.: *iron*).

ferme *n.f.* (ang.: *farm*).

féroce *adj.* 1. *Un lion féroce* (syn.: **sauvage**). 2. *Un examinateur féroce* (syn.: **impitoyable**).

fertile *adj.* Qui produit beaucoup: *Sol fertile. Imagination fertile.*

fêter *v. tr.* (ang.: *to celebrate*).

feu *n.m. Donner du feu à quelqu'un* (= lui donner de quoi allumer sa cigarette, sa pipe). (ang.: *fire*).

feuilleter *v. tr. Feuilleter un livre*, en tourner rapidement les pages.

feuilleton *n.m.* Article de littérature ou de science qui paraît régulièrement dans un journal.

fiasco *n.m. fam.* Echec dans une tentative ou une entreprise: *La première représentation de cette pièce a été un fiasco complet.*

fidèle *adj.* (ordinairement après le nom) 1. Se dit d'un être animé qui manifeste un attachement constant: *Un chien fidèle. Un mari fidèle.* 2. *Récit, compte rendu fidèle*, qui suit scrupuleusement la vérité.

fier, fière *adj.* (après le nom) 1. Se dit d'une personne hautaine et méprisante: *Depuis qu'il est* *riche, il est devenu fier* (syn.: **distant**).   2. Qui a le sentiment de son honneur: *Avoir l'âme fière* (syn.: **noble**).

figé, e   *adj.* Glacé, immobile.

figurer   *v. intr.* Apparaître dans un ensemble d'objets ou de personnes (syn.: **être**).

fil   *n.m.* Enchaînement logique d'un ensemble d'éléments successifs: *On suivait difficilement le fil de son discours. Perdre le fil* (= ne plus savoir ce qu'on disait, après une interruption).

file   *n.f.* Suite de personnes ou de choses placées les unes derrière les autres: *Une longue file de voitures attendait* (syn.: **rangée, queue**).

filer   *v. intr.* Aller, partir très vite: *Il fila vers la sortie.*

filtre   *n.m. Café filtre*, ou simplement *filtre*, café qu'on passe directement dans la tasse au moyen d'un filtre individuel.

finalement   *adv.* En fin de compte, pour en finir: *Nous avons longtemps sonné à cette porte, puis finalement nous sommes partis.*

finition   *n.f.* Opération par laquelle on achève le travail d'un vêtement: *La finition d'une robe.*

fixer   *v. tr. Fixer quelque chose, quelqu'un*, le regarder avec une grande attention: *Elle le fixa longtemps avant de commencer à parler.*

flamand, e   *adj.* et *n.* De Flandre.

flâner   *v. intr.*   1. Se promener sans but (fam.: **se balader**).   2. Rester inactif: *Il flâne dans sa chambre au lieu de faire ses devoirs.*

fleuri, e   *adj. Un style fleuri* (= qui offre des métaphores gracieuses).

flirter   *v. intr.* Entretenir des rapports sentimentaux: *Il flirte avec une belle passagère.*

flot   *n.m.* (ang.: *wave*).

flotter   *v. intr.* Demeurer en équilibre à la surface d'un liquide: *Le bois flotte sur l'eau.*

folie   *n.f.* Dérèglement mental (ang.: *madness*).

fonctionnaire   *n.* Agent d'administration publique dépendant juridiquement de l'Etat: *Un haut fonctionnaire de l'Etat.*

fonctionner   *v. intr.* C'est marcher, en parlant d'une machine, d'un organe. — **fonctionnement** *n.m.* La manière dont une chose fonctionne.

fond   *n.m.* Partie la plus basse, la plus profonde de quelque chose: *Les souliers sont au fond de la malle.* — **au fond** *loc. adv. Au fond, elle ne se connaît pas très bien* (syn.: **en fin de compte, en réalité**).

fond de teint   *n.m.* Crème destinée à donner au visage un teint uniforme, et sur laquelle on applique la poudre, le rouge à joues. . . .

fontaine   *n.f.*   1. Eau qui sort du sol.   2. Construction destinée à l'écoulement et à la distribution des eaux.

football   ou *fam.* **foot** *n.m.* Sport qui oppose deux équipes de onze joueurs, et qui consiste à envoyer un ballon sphérique dans le but adverse, sans l'intervention des mains.

forcer   *v. tr. Forcer quelqu'un (à)*, lui imposer une action: *Forcer un étudiant à travailler.*

forêt   *n.f.* (ang.: *forest*).

forger   *v. tr.* Travailler un métal à chaud, au marteau, pour lui donner une forme bien définie.

fort, e   *adj.* (placé en général après le nom).   1. *Un garçon grand et fort* (syn.: **robuste, vigoureux**).   2. Personne corpulente (syn.: **gros**).   3. Devant un adj. ou un adv., sert à exprimer, surtout dans la langue écrite, une grande intensité: *C'est fort aimable à vous de vous être dérangé* (syn. usuel: **très**).

forteresse   *n.f.* Lieu fortifié, organisé pour la défense d'une ville, d'une région.

1. fortune   *n.f.* Ensemble des richesses appartenant à un individu.

2. fortune   *n.f. Etre favorisé par la fortune* (syn.: **destin, hasard**).

fouiller *v. tr.* Chercher minutieusement: *J'ai fouillé toute la maison pour retrouver mon stylo.*

foule *n.f.* Beaucoup de personnes rassemblées sans ordre dans un endroit: *La foule attendait l'arrivée du train.*

fouler *v. tr. Fouler une partie du corps, un membre*, lui faire une foulure ou une entorse — **se fouler** *v. pr.: Il s'est foulé la cheville* — **foulure** *n.f.* Etirement accidentel des ligaments articulaires, accompagné d'un gonflement douloureux (syn.: **entorse**).

fourmilière *n.f.* Habitation des fourmis (une fourmi, ang.: *ant*).

fournir *v. tr. Fournir quelque chose à quelqu'un*, le lui procurer: *Fournir des renseignements à la police* (syn.: **apporter**).

fourrure *n.f.* 1. Peau d'animal qui peut servir de vêtement: *Un animal qui a une belle fourrure.* 2. Vêtement fait de cette peau: *Elle a mis son manteau de fourrure.*

fraise *n.f.* Fruit du fraisier (ang.: *strawberry*).

franc, franche *adj.* (ordinairement après le nom) *Un homme franc* (syn.: **honnête, loyal, sincère**). — **franchement** *adv.* (= sincèrement).

franchir *v. tr. Franchir une porte* (syn.: **passer, traverser**).

fraude *n.f. Prendre quelqu'un en fraude* (ang.: *fraud*).

frayer (se) *v. pr. Se frayer un chemin parmi des gens affairés* (= se tracer un chemin . . .).

frein *n.m.* Partie d'une voiture qui permet de ralentir ou d'arrêter le mouvement de cette voiture. — **freiner** *v. intr.* Faire agir le frein d'une voiture pour la faire ralentir: *Freiner doucement, brusquement.*

frivole *adj.* Se dit d'une personne qui a du goût pour les choses vaines: *Une jeune fille frivole* (syn.: **insouciant, léger;** contr.: **sérieux**).

fuir *v. intr.* 1. S'éloigner pour échapper à quelque chose ou à quelqu'un (syn.: **s'enfuir**). 2. *Liquide qui fuit*, qui s'échappe: *L'eau de ce vase fuit.*

furieux, euse *adj.* Se dit d'une personne qui est en colère: *Jean-Pierre était furieux contre son oncle.*

fusée *n.f.* Projectile dont la propulsion résulte de la combustion continuée d'une substance: *Il y a quelques années, une fusée américaine s'est posée sur la lune.*

g

galant, e *adj.* (placé avant ou après le nom) Se dit d'un homme prévenant avec les femmes: *Soyez galant, passez-moi mon manteau.*

galopin, e *n.* Enfant qui court les rues: *Une bande de galopins joue dans la cour.*

gambade *n.f.* Bond qui marque de la gaité: *Faire des gambades dans l'herbe.* — **gambader** *v. intr.* (= faire des gambades).

gant *n.m.* Partie de l'habillement qui couvre la main, chaque doigt séparément: *Mettre, retirer ses gants. Une paire de gants.*

garantir *v. tr.* Mettre à l'abri, préserver: *L'imperméable nous garantit de la pluie.*

garde *n.f.* Groupe d'hommes assignés à la protection d'une personne: *La garde républicaine de Paris* (= corps de gendarmerie et de parade).

garnir *v. tr. Garnir une chose* (nom désignant un mets), l'accompagner d'un autre aliment: *Un plat de bœuf garni de pommes de terre et de petits pois.*

gâteau *n.m.* Pâtisserie faite de farine, de beurre, d'œufs, de sucre . . .: *Un gâteau à la crème, au chocolat.*

gâter *v. tr. Gâter un enfant*, le traiter avec trop d'indulgence, au point de corrompre son caractère.

gazeux, euse *adj. Eau gazeuse*, eau qui contient des gaz en dissolution.

géant, e *n.* Personne, animal ou être inanimé de stature très grande: *Cet homme est un géant.*

geler   *v. tr.*   1. Transformer en glace: *Le lac est gelé.*   2. Avoir très froid: *On gèle ici.* — **il gèle** *v. impers.* (= il fait un temps où le froid transforme l'eau en glace).

gendre   *n.m.* Mari de la fille, par rapport aux parents de celle-ci (ang.: *son-in-law*).

1. genre   *n.m.* Ensemble des traits caractéristiques communs à un groupe de choses ou d'êtres animés: *Aimez-vous ce genre de film? Cette actrice est unique en son genre.*

2. genre   *n.m.* Caractéristique grammaticale d'un substantif par laquelle celui-ci se trouve placé dans la classe des masculins ou dans celle des féminins.

gésir   *v. intr.* Etre couché, étendu: *Elle gisait sur son lit, sans bouger.*

geste   *n.m.* Mouvement de corps, surtout des bras, des mains ou de la tête: *Faire des gestes en parlant.*

gigot   *n.m.* Cuisse de mouton ou d'agneau, en boucherie: *Manger du gigot. Une tranche de gigot.*

gilet   *n.m.* Veste courte, sans manches, qui se porte sous le veston.

gisait   Voir **gésir.**

glace   *n.f.* (ang.: *ice cream*).

glaçon   *n.m.* Petit cube de glace: *Mettre un glaçon dans son verre.*

glisser   *v. intr. Son pied a glissé* (ang.: *to slip*). — **glissant, e,** *adj.* Qui fait glisser: *Elle est tombée sur un parquet glissant.*

goal   *n.m.* Gardien de but, au football ou au polo.

godasse   *n.f. pop.* soulier.

gosse   *n. fam.* Enfant, garçon ou fille: *Les gosses sortent de l'école.*

gourmand, e   *adj.* et *n.* Personne qui mange beaucoup: *Elle est très gourmande.*

goût   *n.m.* Sens intuitif du beau et du laid: *Vous avez bon goût, mauvais goût.*

goutte   *n.f.* Très petite quantité de liquide, qui se détache avec une forme sphérique: *Une goutte d'eau* (ang.: *drop*).

gouvernante   *n.f.* Femme chargée de la garde et de l'éducation d'un ou de plusieurs enfants.

1. grâce   *n.f.* Beauté: *Avoir de la grâce* (syn.: **charme**).

2. grâce   *n.f. Grâce à* (exprime un résultat heureux): *Grâce à ses conseils, j'ai réussi à tous mes examens* (contr.: **par la faute de**).

grave   *adj.* Se dit de ce qui peut avoir des conséquences sérieuses: *La situation est grave, il faut agir vite.*

gré   *n.m. Au gré de quelqu'un,* selon son goût: *A-t-il trouvé la maison à son gré? Elle en fait à son gré* (= selon sa volonté, à sa guise).

grec, grecque   *adj.* et *n.* Propre à la Grèce: *Le peuple grec. La tragédie grecque.*

grille   *n.f.* Assemblage de barreaux fermant une ouverture: *Les prisonniers peuvent parler avec les visiteurs à travers la grille du parloir.*

griller   *v. tr.* Faire rôtir en exposant à la flamme: *Griller une côtelette. Du pain grillé.*

grippe   *n.f.* Maladie contagieuse, caractérisée par de la fièvre, souvent accompagnée de rhume: *Attraper la grippe. Une épidémie de grippe.*

grossier, ère   *adj.* (parfois avant le nom). Se dit de quelqu'un qui manque de culture et d'éducation: *Un public grossier. Un grossier personnage* (syn.: **mufle**).

guerre   *n.f.* Lutte organisée et sanglante entre des pays ou entre des factions: *Déclarer la guerre.*

guide   *n.m.*   1. Celui qui montre le chemin (en montagne, dans un musée . . .): *Servir de guide à quelqu'un. Suivez le guide!* 2. Livre qui contient des renseignements classés sur tel ou tel sujet: *Consulter le guide touristique, le guide de l'étudiant. . . .*

guillotine   *n.f.* Instrument servant à décapiter les condamnés à mort: *Dresser la guillotine* (= l'installer à une place).

guimbarde   *n.f. fam.* Vieille voiture, à demi hors d'usage: *Il a acheté une vieille guimbarde.*

h

habile   *adj.* (ang.: *skillful*) — **habilement** *adv.* (ang.: *skillfully*): *Son discours a été habilement fait pour calmer les oppositions* (contr.: **maladroitement**).

habillé, e   *adj.* Se dit de ce qui donne de l'élégance: *Elle portait une robe très habillée.*

habitant, e   *n.* Personne qui vit en un lieu: *On prévoit que la France aura 60 millions d'habitants en 1985* (= la population de la France sera de . . .).

habitude   *n.f.* 1. Manière de voir, d'agir que l'on a acquise par des actes répétés: *J'ai l'habitude de prendre mon déjeuner au restaurant* (syn.: **usage, coutume**). 2. d'habitude (= en général, d'ordinaire; syn.: **habituellement, ordinairement**). — **habitué, e** *n.* Personne qui a l'habitude de fréquenter un lieu: *Le garçon de café servait toujours en premier les habitués* (= les clients habituels).

*haïr   *v. tr.* Haïr quelqu'un, avoir contre lui des sentiments violemment hostiles (syn.: **détester**).

*haricot   *n.m. Aimez-vous les haricots verts?* (ang.: *beans*).

*hasard   *n.m.* Evénement dû à un ensemble de circonstances imprévues. — **au hasard,** n'importe où, n'importe comment: *Aller au hasard à travers les rues de la ville.* — **par hasard,** d'une manière accidentelle: *Ils s'étaient rencontrés tout à fait par hasard.*

*hâte   *n.f.* En hâte, sans perdre de temps: *On envoya en hâte chercher le médecin* (syn.: **d'urgence**).

*hâter (se)   *v. pr.* 1. Aller plus vite: *Hâtez-vous, le musée va fermer dans quelques minutes.* 2. Se hâter de (et l'infin.), ne pas perdre de temps pour: *Je me hâte de répondre à votre lettre* (syn.: **se presser**).

*hautement   *adv.* A un haut degré: *style hautement littéraire* (= très soigné).

*haut-parleur   *n.m.* (ang.: *loudspeaker*).

*hein!   *interj. fam.* Sert de renforcement à une interrogation: *C'est bien joué, hein?* (syn.: **n'est-ce pas?**).

herbe   *n.f.* (ang.: *grass*).

héritier, ère   *n.* Personne qui reçoit un bien transmis par succession: *une riche héritière* (= jeune fille qui apporte en dot l'espoir d'une riche succession).

*héros   *n.m.,* **héroïne** *n.f.* 1. Celui, celle qui se distingue par son très grand courage ou par sa vertu exceptionnelle: *Un héros de la dernière guerre.* 2. Principal personnage d'une œuvre littéraire (roman, poème, pièce de théâtre): *Les héros d'Homère.*

hésiter   *v. intr.* et *tr. ind.* Etre dans l'incertitude sur ce que l'on va dire ou faire: *Joyce a hésité un instant avant de répondre.*

heure   *n.f. Arriver à l'heure* (= arriver à l'heure fixée). — *Arriver de bonne heure* (= arriver très tôt le matin).

hiatus   *n.m.* Rencontre de deux voyelles à l'intérieur d'un mot (créa) ou entre deux mots (elle dîna à Atlanta).

histoire   *n.f.* 1. Partie de la vie de l'humanité, d'un peuple . . .: *L'histoire de France.* 2. Récit d'événements imaginaires: *Une histoire d'aventures* (syn.: **conte**).

historiette   *n.f.* Petit récit d'une aventure plaisante, souvent imaginée (syn. **anecdote**).

*hocher   *v. tr.* Hocher la tête, la remuer de haut en bas pour exprimer la désapprobation ou l'accord: *Joyce approuvait en hochant la tête.*

*homard   *n.m.* (ang.: *lobster*).

honnête   *adj.* (avant ou plus souvent après le nom) Qui respecte la loyauté, la justice: *Un juge honnête.* — **malhonnête** *adj.* Contr. de **honnête.** — **honnêteté** *n.f. Sa parfaite honnêteté est connue de tous.*

honneur	*n.m.* **En l'honneur (de)**, pour rendre hommage à: *Réception donnée en l'honneur des représentants des Etats-Unis.*
*hors-d'œuvre	*n.m. invar.* Menus mets servis au début d'un repas.
hôtel particulier	*n.m.* Bâtiment entièrement occupé par une personne riche et sa famille.
hôtesse de l'air	*n.f.* Personne chargée de veiller au confort des passagers à bord des avions commerciaux.
huile	*n.f.* (ang.: *oil*).
humeur	*n.f.* Disposition dominante ou momentanée d'une personne: *Etre de bonne humeur* (= être gai). *Etre de mauvaise humeur* (= être triste, irrité).
humour	*n.m. Avoir le sens de l'humour* (= savoir se moquer de soi-même).
*hurlement	*n.m. Les hurlements d'un chien. Pousser un hurlement de douleur* (syn.: **cri**).
*hurler	*v. intr.* (syn.: *crier*).

i

illustre	*adj.* (avant ou après le nom) Se dit de personnes ou de choses dont la gloire ou le mérite est éclatant: *L'illustre Balzac* (syn.: **fameux, célèbre**).
imaginaire	*adj.* Qui n'existe que dans l'esprit, qui ne correspond pas à la réalité.
imbécile	*adj.* et *n.* (souvent terme d'injure): *C'est un imbécile* (syn.: **idiot**).
immangeable	*adj.* Qui ne peut pas être mangé: *Cette viande brûlée est immangeable.*
immense	*adj. L'océan est immense* (syn.: **vaste**). *Avoir une immense fortune* (syn.: **colossal**).
immeuble	*n.m.* Grand bâtiment urbain de plusieurs étages.
immobile	*adj.* Qui ne change pas, qui ne se déplace pas: *Rester immobile.*
impeccable	*adj.* (avant ou le plus souvent après le nom) Sans défaut (syn.: **parfait**).
imperméable	*n.m.* Vêtement contre la pluie.
imposant, e	*adj.* (avant ou après le nom) Se dit de choses qui impressionnent par la grandeur, le nombre, la force: *Une taille imposante.*
impressionner	*v. tr. Impressionner quelqu'un*, produire une vive impression sur lui: *L'intérieur du bateau nous a beaucoup impressionnés.*
imprévu, e	*adj.* (ang.: *unexpected*).
imprimer	*v. tr.* Reporter sur du papier ou du tissu un texte ou un dessin.
imprimerie	*n.f.* Etablissement industriel où l'on imprime (**imprimer** = *to print*): *Envoyer un manuscrit à l'imprimerie.*
inattaquable	*adj.* Voir **attaquer.**
inattendu, e	*adj. Un bruit inattendu* (syn.: **brusque**). *Un départ inattendu* (syn.: **imprévu**).
incendie	*n.m.* Grand feu qui cause de grandes destructions: *On voyait les flammes de l'incendie à des kilomètres.*
incertain, e	*adj.* (après le nom) *Les traits de son visage étaient vagues et incertains* (syn.: **indécis, hésitant**).
incliner	*v. tr. Incliner la tête* (syn.: **pencher, baisser**).
incliner (s')	*v. pr.* Donner des marques de respect, de politesse, en particulier en courbant la tête, le corps: *S'incliner profondément pour saluer.*
inconscient, e	*adj.* Se dit d'une personne qui ne sait pas ce qu'elle fait ou qui ne se rend pas compte de quelque chose: *Il est inconscient du danger.*
incontestable	*adj.* (= assuré, certain, hors de doute, indiscutable).
incorrigible	*adj.* Voir **corriger.**
inégal, e, aux	*adj. Deux nombres inégaux* (contr.: **égal**).

inexpérimenté, e	*adj.* Se dit d'une personne qui n'a pas de l'expérience: *Elle ne se sentait pas en sécurité avec un chauffeur aussi inexpérimenté.*
inexprimable	*adj. Une joie inexprimable* (syn.: **indicible, extraordinaire, immense**).
infidèle	*adj.* Voir **fidèle**.
infirmier, ère	*n.* Personne qui soigne les malades dans les hôpitaux, les cliniques, etc.
informe	*adj.* Sans forme: *Masse informe.*
ingrat, e	*adj.* et *n.* Se dit de quelqu'un qui n'est pas reconnaissant pour les bienfaits.
initiative	*n.f.* Action de celui qui est le premier à proposer ou à faire quelque chose.
innombrable	*adj.* 1. *Une foule innombrable emplissait la pièce* (syn.: **nombreux, considérable**). 2. En une quantité si grande qu'on ne peut pas l'évaluer.
inoffensif, ve	*adj.* Se dit de quelque chose qui est sans danger: *Un remède inoffensif.*
inoubliable	*adj.* Chose qu'on ne peut pas oublier: *Cette rencontre m'a laissé un souvenir inoubliable.*
inouï, e	*adj.* Qui est sans exemple par son caractère extraordinaire (syn.: **incroyable**).
inquiet, ète	*adj.* et *n.* Se dit d'une personne qui a peur d'un danger (syn.: **soucieux, anxieux**). — **s'inquiéter** *v. pr.* Avoir de la crainte: *Sa mère s'inquiète de ne pas la voir rentrer.*
inquiétant, e	*adj.*: *Des nouvelles inquiétantes* (syn.: **alarmant, sombre**).
inscrire	*v. tr. Inscrire quelque chose*, l'écrire sur un registre ou un cahier. — **s'inscrire** *v. pr. S'inscrire à la faculté* (= y entrer comme étudiant).
insouciant, e	*adj.* et *n.* Qui ne s'inquiète de rien.
instituteur, trice	*n.* Personne chargée de l'instruction des enfants dans les écoles primaires (en général jusqu'à l'entrée dans un lycée ou un collège).
instruire (s')	*v. pr.* Accroître ses connaissances: *Je cherche à m'instruire* (syn.: **apprendre**).
insupportable	*adj.* 1. *Une douleur insupportable* (syn.: **atroce, intolérable**). 2. Se dit d'une personne de caractère difficile: *Un enfant insupportable* (syn.: **turbulent**).
intenter	*v. tr. Intenter une action en justice contre quelqu'un*, engager contre lui des poursuites judiciaires.
interdire	*v. tr. Interdire une chose* (à quelqu'un), la lui défendre, l'empêcher de la faire (contr.: **permettre, autoriser**). *Passage, sens interdit.*
intéresser (s')	*v. pr.* Prendre part à quelque chose: *S'intéresser à la politique.*
intérêt	*n.m.* Ce qui est avantageux, profitable à quelqu'un: *Vous avez intérêt à vous taire.*
interminable	*adj.* Trop long.
interne	*adj.* Situé en dedans, à l'intérieur (syn.: **intérieur**).
interrompre	*v. tr.* 1. *Interrompre une chose*, en briser la continuité: *N'interrompez pas votre travail, je pars tout de suite* (syn.: **arrêter**). 2. *Interrompre quelqu'un*, l'arrêter dans son discours, lui couper la parole.
intervenir	*v. intr.* Prendre part volontairement à une action: *L'avocat intervient pour poser une question à l'accusé.*
intituler	*v. tr. Ce film est intitulé « Terreur sur la ville »* (= a pour titre).
intrigue	*n.f.* Ensemble des événements qui forment l'action d'une pièce de théâtre, d'un roman, d'un film . . .: *Elle suivait avec intérêt les développements imprévus de l'intrigue.*
inventeur, trice	*n.* et *adj.* Personne qui crée quelque chose d'original: *L'inventeur du moteur à explosion.*
invité, e	*n.* Personne que l'on a priée de venir assister à un repas, à une soirée . . .: *Recevoir les invités dans le salon.*
invraisemblable	*adj. Une histoire invraisemblable* (= qu'on ne peut pas estimer vraie).
ivre	*adj.* Qui a la tête troublée à la suite de l'absorption d'alcool, de vin. — **enivrer** *v. tr.* Rendre ivre: *Ce vin rouge enivre facilement. Le parfum qui monte du jardin m'enivre* (syn.: **transporter, exalter**). — **s'enivrer** *v. pr.* Devenir ivre.

j

jaquette   *n.f.* Vêtement de femme couvrant les bras et le buste et ouvrant devant.

jet d'eau   *n.m.* Gerbe d'eau jaillissant d'un bassin, souvent de motifs sculptés.

joie   *n.f.* Sentiment de grande satisfaction, de vif plaisir (contr.: **chagrin**).

joindre   *v. tr. Joindre deux choses*, les mettre ensemble de telle manière qu'elles forment un tout (syn.: **attacher**).

jouer   *v. tr. ind. et intr.*   1. Interpréter un rôle: *Jouer dans un film.*   2. *Jouer d'un instrument de musique*, s'en servir: *jouer du piano, de la flûte.*   3. S'adonner à un divertissement qui n'a d'autre but que le plaisir: *Jouer aux cartes, aux Indiens, à cache-cache, au football, au golf, au tennis.* . . . — *v. tr.* Représenter au théâtre, au cinéma . . .: *Jouer un film. Que joue-t-on au cinéma?* — **jeu** *n.m.* Manière d'interpréter un rôle: *Le jeu d'un acteur.*

jouet   *n.m.* Objet qui sert à jouer.

joueur, euse   *n.* Personne qui joue à un jeu quelconque: *Un joueur de football.*

journaliste   *n. Journaliste sportif* (syn.: **reporter**). *Journaliste littéraire* (syn.: **chroniqueur**). *Journaliste à la radio* (syn.: **commentateur**).

jovial, e, als   *adj.* Se dit d'une personne gaie et franche: *Un homme jovial* (syn.: **gai;** contr.: **maussade**).

jurer   *v. tr. Ils ne jurent plus que par le barbouillage de leur fille* (= Ils croient aveuglement au talent de leur fille et n'admirent que les peintures qui ressemblent aux siennes).

k

kilo   *n.m.* Mot grec qui signifie **mille** et qui forme divers mots composés comme **kilogramme** (on dit le plus souvent **kilo,** poids de 1.000 grammes), **kilomètre** (mesure de 1.000 mètres), etc.

kiosque   *n.m.* Petit abri établi dans les rues, sur les places publiques . . . pour la vente de journaux, de revues, de livres.

Klaxon   *n.m.* L'avertisseur sonore d'une voiture (ang.: *horn*). — **klaxonner** *v. intr. et tr.* Avertir au moyen d'un Klaxon: *Vous auriez dû klaxonner avant de reculer.*

l

lacet   *n.m.* Courbe sinueuse, zigzag: *Les lacets d'une route de montagne. Un chemin en lacet monte jusqu'au château.*

lâche   *adj. et n.*   1. Se dit de quelqu'un qui manque de courage.   2. Se dit de quelqu'un qui manifeste de la bassesse en sachant qu'il ne sera pas puni.

lâcher   *v. intr.* Se rompre, casser: *Ne tire plus, la corde va lâcher.*

lainage   *n.m.*   1. Vêtement de laine tricotée.   2. Etoffe de laine.

laisser (se)   *v. pr. (et infin.).* Prendre une attitude passive: *Elle se laisse faire* (= cède aux désirs, à la volonté de quelqu'un).

lait   *n.m.* (ang.: *milk*) — **laitier** *n.m.* Personne qui vend ou livre du lait.

laitue   *n.f.* (ang.: *lettuce*).

lame   *n.f.* Morceau de métal plat et très mince: *une lame de rasoir.*

lancer   *v. tr. Lancer quelqu'un ou quelque chose*, les faire connaître, les mettre en vedette: *Son dernier film a lancé cette jeune vedette. Lancer une mode. Lancer un slogan.* (syn.: **jeter**).

langage   *n.m.* (avec un qualificatif ou un compl. du nom) Manière de parler propre à un groupe, à un individu: *Son langage est expressif, direct, incompréhensible, fleuri* (syn.: **style**).

langueur   *n.f.* Etat d'âme consistant en un sentiment d'attendrissement amoureux, mêlé d'inquiétude. — **langoureux, euse** *adj. Une musique, une chanson langoureuse.* — **languir** *v. intr.* Etre dans un état d'abattement, conséquence de la durée d'une attente, d'un besoin . . .: *Languir d'amour pour quelqu'un.*

lapin, e   *n.* 1. (ang.: *rabbit*) 2. Terme d'affection.

laquais   *n.m.* Domestique masculin qui porte la livrée: *Un laquais recevait les invités à la porte du château.*

larme   *n.f.* Liquide qui coule des yeux sous l'effet d'une émotion, d'une douleur physique ou morale: *Ce spectacle lui arrachait des larmes. Pleurer à chaudes larmes* (= beaucoup).

las, lasse   *adj.* Qui éprouve une grande fatigue physique (syn.: **fatigué**).

lavage   *n.m.* Action de laver (syn.: **blanchissage, nettoyage**).

lecture   *n.f.* Action de lire; ce qu'on lit: *La lecture d'un roman policier est pour lui le meilleur divertissement.*

lendemain   *n.m.* (toujours avec l'art.) Le jour qui suit celui dont on parle, par rapport à un moment passé ou futur (par rapport à un moment présent, on dit demain): *Elle est arrivée lundi à Paris, et le lendemain elle a pris l'avion pour Rome* (syn.: **vingt-quatre heures après**).

lépreux, euse   *adj.* Couvert de taches, de traces de moisissure: *Des murs lépreux.*

levier   *n.m.* Dans une voiture, la barre rigide qu'on utilise pour le changement de vitesse.

libéral, e, aux   *adj. Professions libérales*, professions indépendantes, d'ordre intellectuel: *Les médecins, les avocats appartiennent aux professions libérales; ils ne reçoivent pas de salaires, mais des honoraires.*

libraire   *n.m.* Commerçant dont la profession est de vendre des livres (syn.: **marchand de livres**). — **librairie** *n.f.* Magasin où l'on vend des livres.

lien   *n.m.* Ce qui unit plusieurs choses entre elles (syn.: **rapport**).

lieu   *n.m. Avoir lieu*, se produire en un endroit et à un moment donnés: *Le bal aura lieu dans la salle des fêtes.*

ligne   *n.f.* Forme d'un objet: *La ligne du nez* (syn.: **profil**). *Quelle est la ligne cette année dans la mode?* (= la forme générale).

lime   *n.f.* Outil d'acier qui sert à détacher par frottement des parcelles de matière: *Une lime à ongles.*

linge   *n.m.* 1. Etoffe servant aux divers usages du ménage: *Du linge de toilette* (= des serviettes). *Le gros linge* (= les draps). 2. Vêtement de dessous (caleçon, slip . . .) et certaines pièces d'habillement (mouchoir, chaussettes, pyjama, chemise).

livrée   *n.f.* Costume particulier que portent les domestiques masculins d'une grande maison: *Un laquais en livrée.*

locataire   *n.m. et f.* Personne qui loue un appartement, une maison, une terre: *Le locataire du sixième* (= du 6ᵉ étage).

logement   *n.m.* Lieu où l'on habite: *Nous avons un logement de cinq pièces* (syn.: **appartement**).

loger   **être logé** *v. passif* ou **loger** *v. intr.* Avoir une habitation permanente ou temporaire en un endroit: *Où êtes-vous logé?* (syn.: **habiter, demeurer**).

lointain, e   *adj.* (après le nom) Qui se trouve à une grande distance dans l'espace ou dans le temps: *Un pays lointain.*

long   **le long de** *loc. prép.* En allant sur la plus grande dimension de: *Se promener le long de la rivière.*

longer   *v. tr.* 1. Suivre le bord de quelque chose (sujet nom de chose): *La route longeait la mer.*

2. Marcher le long de quelque chose (sujet nom d'être animé): *Joyce et Jean-Pierre longeaient les devantures des magasins chics.*

lorsque *conj.* Marque la simultanéité: *Lorsque vous y penserez, vous me rapporterez mon dictionnaire* (syn.: **quand**).

losange *n.m.* Figure géométrique à quatre côtés égaux (ang.: *diamond-shaped*).

1. louer *v. tr. Louer un appartement* (ang.: *to rent*).

2. louer *v. tr.* 1. *Louer quelqu'un, quelque chose,* en vanter les mérites ou les qualités: *Le professeur a loué cet étudiant de son travail* (syn.: **féliciter;** contr.: **blâmer**). 2. *Dieu soit loué!* Exclamation manifestant le soulagement et la satisfaction.

loup *n.m.* (ang.: *wolf*). *Avoir une faim de loup* (= avoir une grande faim).

lueur *n.f.* 1. Clarté faible: *A la lueur du clair de lune.* 2. Eclat vif (des yeux): *Une lueur de colère passa dans ses yeux* (syn.: **éclair**).

luisant, e *adj. Des yeux luisants de fièvre* (syn. usuel: **brillant**).

lune *n.f.* Planète satellite de la Terre, autour de laquelle elle tourne: *La lune brille la nuit.*

lunettes *n.f.* Paire de verres qu'on place devant les yeux pour voir plus distinctement: *Porter des lunettes. Des lunettes de soleil.*

lustre *n.m.* Appareil d'éclairage suspendu au plafond et portant plusieurs lampes: *La salle est éclairée par deux lustres de cristal.*

lutter *v. intr. Lutter de vitesse:* quand les concurrents d'une compétition sportive se déplacent vite à pied, à cheval, en automobile . . . , on dit qu'ils luttent de vitesse.

luxueux, euse *adj. Un hôtel luxueux* (syn.: **riche, somptueux;** contr.: **modeste**).

m

magasin *n.m. Magasin de nouveautés,* on y vend tout ce qui concerne la toilette des femmes.

magnétophone *n.m.* Appareil d'enregistrement des sons (ang.: *tape recorder*).

maisonnette *n.f.* Petite maison.

maître d'hôtel *n.m.* Celui qui, dans un restaurant ou dans une grande maison, veille au service de la table.

maîtriser *v. tr.* 1. Soumettre par la force: *Maîtriser un cheval sauvage* (syn.: **dompter**). 2. Dominer un sentiment, une passion: *Maîtriser sa colère* (syn.: **contenir, surmonter**).

1. mal, maux *n.m.* 1. Ce qui cause une souffrance physique: *Se faire du mal en tombant. Avoir mal à la tête, au bras . . .* — **le mal de mer,** malaise proche de la nausée. 2. Ce qui exige de l'effort: *Ils se donnent bien du mal pour payer les études de leur fils.*

2. mal *adv.* 1. D'une manière mauvaise: *Ecrire, s'exprimer mal.* 2. *fam. Pas mal,* équivaut à un adv. de quantité ou de qualité (le plus souvent sans **ne**): *Il y avait pas mal de visiteurs* (syn.: **beaucoup**). *Ça va? — Pas mal, merci et vous?* (syn.: **assez bien**). 3. *De mal en pis,* d'un état mauvais à un autre plus mauvais encore: *La situation va de mal en pis.*

maladroit, e *adj. et n.* — **maladroitement** *adv.* Voir **adroit.**

malaise *n.m.* Sentiment pénible et mal défini.

malentendu *n.m. Cette querelle repose sur un malentendu* (syn.: **erreur;** ang.: *misunderstanding*).

malfaiteur *n.m.* Personne qui a commis des vols, des crimes: *On a arrêté un dangereux malfaiteur* (syn.: **bandit, voleur**).

malgré *prép.* (suivie d'un substantif ou d'un pronom); **malgré que** *conj.* (suivie du subj.). Indiquent une opposition: *Elle est sortie malgré qu'elle soit malade* (syn.: **bien que**).

malheur *n.m.* Evénement pénible, douloureux, qui affecte quelqu'un: *Il lui est arrivé un grand malheur: il a perdu sa fille* (contr.: **bonheur**).

malheureux, se	*adj. malheureux comme les pierres* (= très malheureux).
malhonnête	*adj.* Voir **honnête.**
malice	*n.f.* Attitude d'esprit consistant à s'amuser ironiquement aux dépens d'autrui: *Sa réponse était pleine de malice* (syn.: **moquerie**). — **malicieusement** *adv.* (= avec malice).
malle	*n.f.* Grande valise où l'on enferme les objets et les vêtements que l'on emporte en voyage.
malpropre	*adj.* Contr. de **propre:** *Un cou malpropre* (syn.: **sale**).
manchette	*n.f.* Dans un journal, titre en gros caractères de la première page: *Les manchettes des journaux sont remplis d'accidents tragiques.*
mangeable	*adj.* Qui peut être mangé: *C'est mangeable, mais on n'en prendrait pas tous les jours.*
manger	*v. tr.* et *intr. manger comme quatre* = manger beaucoup.
mangeur, euse	*n.* Gros, grand mangeur, personne de gros appétit, qui mange beaucoup.
maniement	*n.m. Le maniement d'un outil, d'une voiture* (syn.: **usage**). *Cet appareil électrique est d'un maniement très simple* (syn.: **utilisation**).
manières	*n.f. pl.* 1. Façons habituelles de parler, d'agir en société: *Il a pris de mauvaises manières.* 2. *Manquer de manières,* ne pas connaître la courtoisie, la politesse.
manifester	*v. tr. Ses traits tirés manifestent une grande fatigue* (syn.: **indiquer**). — **se manifester** *v. pr.* (sujet nom de chose) Apparaître: *Sa satisfaction se manifestait nettement.*
mannequin	*n.m.* (ang.: *model*).
manque	*n.m.* Absence de quelque chose: *Le manque de sommeil* (syn.: **insuffisance**).
manquer	*v. tr.* 1. *Manquer son avion,* ne pas le prendre parce qu'on est en retard (syn. fam.: **rater**). 2. *Manquer de quelque chose,* ne pas en avoir suffisamment: *Elle manque d'argent.* 3. *Ne pas manquer de* + inf. (= ne pas oublier de).
manuel	*n.m. Un manuel d'histoire* (syn.: **livre;** ang.: *textbook*).
maquiller	*v. tr.* Mettre sur le visage des produits de beauté: *La dame était très maquillée;* — **se maquiller** *v. pr.* Se peindre le visage. — **maquillage** *n.f.* (ang.: *makeup*).
Marais (Le Marais)	Quartier parisien. Les vieux hôtels du Marais ont été habités au 17e siècle par la plus haute aristocratie.
1. marche	*n.f.* (sujet nom désignant un véhicule) Action de se déplacer: *La voiture a fait marche arrière* (= a reculé). — **mettre en marche,** faire fonctionner.
2. marche	*n.f.* Chacune des surfaces horizontales, placées à des hauteurs différentes, qui servent à monter et à descendre, et dont l'ensemble constitue un escalier: *Monter, descendre les marches.*
marché	*n.m.* Lieu public, en plein air ou couvert, où des commerçants vendent des marchandises. — **bon marché,** d'un prix abordable, pas cher. — **par-dessus le marché,** en outre, en plus de ce qui a été convenu.
marcher	*v. intr.* (sujet nom de chose) Fonctionner: *Comment ça marche aujourd'hui? Ça marche mal. Ça marche bien.* — *fam.* **Faire marcher quelqu'un,** le tromper: *N'essayez pas de le faire marcher, ça ne prend pas avec lui.*
mari	*n.m.* Homme uni à une femme par le mariage.
marquer	*v. tr.* Laisser des traces sur quelque chose: *La fatigue marque ses yeux.*
marronnier	*n.m.* (ang.: *chestnut tree*).
masque	*n.m.* Objet dont on se couvre le visage, soit pour le cacher, soit pour le protéger: *Les chirurgiens mettent un masque de gaze qui couvre le nez et la bouche.*
massif	*n.m.* 1. Ensemble de montagnes formant une masse. 2. Ensemble de fleurs, d'arbustes groupés sur un espace de terre.
massif, ive	*adj.* Qui forme une masse épaisse, compacte: *Un homme au visage massif* (syn.: **épais**).
maternel, elle	*adj. Langue maternelle,* celle que l'on a parlée dans son enfance, que l'on a apprise de ses parents.

1. matière *n.f.* Substance constituant les corps (ang.: *matter*).

2. matière *n.f.* Ce qui constitue le sujet d'un ouvrage, d'un discours, d'un cours.

maussade *adj.* Se dit de quelqu'un qui manifeste de la mauvaise humeur: *Il nous a reçus d'un air maussade* (syn.: **mécontent**).

mauve *adj.* De couleur violet pâle.

mécontent, e *adj. et n.* Se dit de quelqu'un qui n'est pas content: *Le professeur est mécontent de votre travail.*

médicament *n.m.* Substance préparée et utilisée pour traiter une maladie (syn.: **remède**).

méfiant, e *adj.* Personne qui n'a pas confiance . . . qui a une attitude soupçonneuse: *Il est méfiant à l'égard de tous ceux qu'il ne connaît pas.*

méfier (se) *v. pr.* 1. *Se méfier de quelqu'un*, ne pas avoir confiance en lui. 2. (sans compl.) Se tenir sur ses gardes, avoir une attitude soupçonneuse: *Méfie-toi! il nous écoute.*

mélange *n.m.* Ensemble de choses différentes réunies pour former un tout (syn.: **mixture**). — **mélanger** *v. tr.* Mettre ensemble des choses pour former un tout (syn.: **mêler**).

mêler (se) *v. pr.* 1. Etre mis ensemble: *Les races les plus diverses se mêlent dans la ville de Hong Kong.* 2. (sujet nom de personne) Participer à une activité, à une action, souvent mal à propos: *Ne vous mêlez pas de les réconcilier!* (syn.: **intervenir pour**): *Mêlez-vous de ce qui vous regarde.*

mémorable *adj.* (avant ou après le nom) *Un dîner mémorable* (syn.: **inoubliable**).

menace *n.f.* Parole, geste, action par lesquels on exprime son intention de faire mal, par lesquels on manifeste sa colère. — **menaçant, e** *adj.*: *Une voix menaçante, des gestes menaçants* (= qui constituent une menace).

mener *v. tr.* Conduire: *Mener un enfant* (syn.: **amener**).

menton *n.m.* Partie saillante du visage, sous la bouche (ang.: *chin*).

1. menu *n.m.* Liste détaillée des plats servis à un repas: *Le menu est affiché à la porte du restaurant.*

2. menu, e *adj.* (avant ou plus souvent après le nom) 1. Très petit. 2. De peu d'importance: *Raconter une aventure dans le menu détail.*

merveille (à) *loc. adv.* D'une manière qui approche la perfection (syn.: **parfaitement**).

mesure *n.f.* **A mesure** *loc. adv.* D'une manière progressive: *A mesure que l'orateur parlait, l'auditoire s'endormait* (syn.: **peu à peu**).

métier *n.m.* Genre de travail dont on gagne sa vie. Les gens de métier sont des ouvriers spécialisés qui n'ont pas de diplôme universitaire. — *Changer de métier* (syn.: **travail**).

métro *n.m.* Chemin de fer souterrain: *Prendre le métro.*

metteur en scène *n.m.* Celui qui, au théâtre, dirige la représentation sur scène; celui qui dirige la prise de vues d'un film.

mettre *v. tr.* 1. *Mettre les pieds quelque part*, y aller. 2. Avec un substantif forme de nombreuses locutions: *Mettre sous les yeux, sous le nez* (= montrer). *Mettre la table* (= y placer la nappe et les couverts). *Il y met du sien* (= il y met de la bonne volonté; contr.: il y met de la mauvaise volonté).

mettre (se) *v. pr.* *Se mettre debout* (= se lever). *Se mettre à l'eau* (= se baigner). *Se mettre au lit* (= se coucher). *Se mettre à table* (= s'attabler). *Se mettre au travail* (= à travailler). — **se mettre à** (et l'infin.) Commencer à: *Se mettre à rire, à pleurer, à boire* . . .

meublé, e *adj. Chambre meublée, appartement meublé*, etc., local qui est loué avec tous les meubles.

meurtre *n.m.* Action de tuer volontairement un être humain (syn.: **homicide**). — **meurtrier, ère** *n.* (syn.: **assassin**).

mi- *mot invar.* qui entre dans la composition de certains substantifs en signifiant « à moitié », « à demi ». — **mi-temps,** chacune des deux parties d'un jeu comme le football, le rugby: *La première mi-temps s'est achevée sur un résultat nul.*

milieu	*n.m.* Ce qui est à égale distance des deux extrémités. — **au beau milieu, en plein milieu de** *loc. prép.* Formes intensives de **au milieu de**: *Au beau milieu du film, il y eut une panne d'électricité.*
milliard	*n.m.* Mille millions. — **milliardaire** *adj.* et *n.* Personne très riche (dont le capital se compte en milliards).
minceur	*n.f.* La minceur d'une feuille (contr.: **épaisseur**). *La minceur de sa taille* (contr.: **ampleur**).
mine	*n.f.* Ensemble des traits du visage, exprimant l'état général du corps: *Elle est revenue de vacances et elle a une très bonne mine.*
miroir	*n.m.* Verre poli où l'on peut voir l'image des objets qui s'y reflètent (syn.: **glace**).
mode	*n.m.* En grammaire, forme verbale qui indique la manière dont l'action est présentée: *En français, il y a les modes indicatif, subjonctif et impératif.*
modèle	*n.m.* Ce qui sert d'objet d'imitation; personne ou objet qui possède à la perfection certaines caractéristiques: *La conduite de cet étudiant est un modèle pour tous.*
modiste	*n.f.* Femme qui crée, fait ou vend des chapeaux féminins.
moindre	*adj.* 1. (avant ou après le nom) Comparatif de **petit** (dans des expressions en nombre limité): *Acheter à moindre prix* (= à un prix plus bas). 2. Précédé de l'article, superlatif relatif de **petit**: *Il n'a pas la moindre idée de ce qui se passe.*
moineau	*n.m.* Petit oiseau brun et noir (ang.: *sparrow*).
mondain, e	*adj.* Relatif à une société riche, caractérisée par son luxe et ses divertissements particuliers: *Donner une soirée mondaine.*
monde	*n.m.* 1. Ensemble de tout ce qui existe. 2. Ensemble des personnes appartenant aux classes les plus riches: *Se lancer dans le monde. Le grand monde* (syn.: **la haute société**).
mondial, e, aux	*adj.* Relatif au monde: *La politique mondiale.*
monnaie	*n.f.* Différence entre la valeur d'un billet ou d'une pièce et la valeur d'une marchandise (cette différence étant versée en argent par le vendeur): *Le vendeur me rend la monnaie sur dix francs* (ang.: *change*).
montage	*n.m.* Assemblage des diverses séquences d'un film en une bande définitive.
montée	*n.f.* Endroit par où l'on monte.
moquer (se)	*v. pr. Se moquer de quelque chose*, ne pas en tenir compte, ne pas y faire attention: *Il se moque de mes conseils. Je me moque de ce qu'il peut dire. Je me moque pas mal de ma tenue* (fam.; syn.: **se désintéresser de**).
moqueur, euse	*adj.* Se dit de quelqu'un qui a l'habitude de se moquer: *Avoir un sourire moqueur* (syn.: **ironique**).
morne	*adj.* Se dit de ce qui porte à la tristesse par son aspect sombre: *Un quartier de Paris morne et gris* (syn.: **sombre**).
motocyclette	ou *fam.* **moto** *n.f.* Véhicule à deux roues muni d'un moteur assez puissant: *Aller à, en moto.* — **motocycliste** *n.* et *adj. Les motocyclistes doivent porter un casque protecteur.*
mou	ou **mol** (devant un nom masc. commençant par une voyelle), **molle** *adj.* (après le nom) 1. Qui manque de fermeté (contr.: **dur**): *Les traits mous de son visage.* 2. Qui n'a pas d'énergie, de fermeté morale: *Un homme mou* (= qui préfère sa tranquillité personnelle à un acte de courage).
moulin	*n.m. Un moulin à vent, à eau, à café . . .* (ang.: *mill*).
moustache	*n.f.* Partie de la barbe qui pousse sur la lèvre supérieure. — **moustachu, e** *adj.* et *n.* Qui a de la moustache.
moyen	*n.m.* Ce qui sert pour parvenir à un but: *Il a trouvé le moyen d'éviter cette rencontre.*
moyen, ne	*adj.* (avant ou après le nom) Se dit de ce qui tient le milieu entre deux extrémités: *Il est de taille moyenne. La moyenne de mes notes est basse* (ang.: *average*).
moyens	*n.m. pl.* Ressources pécuniaires: *Il voyage tout le temps, mais il a les moyens* (= il est riche).

muet, muette	*adj.* (avant ou après le nom) et *n.* Se dit d'une personne qui n'a pas ou qui n'a plus l'usage de la parole.
mûr, e	*adj.* Se dit d'un fruit qui a atteint son complet développement et peut-être cueilli ou mangé. — **mûrir** *v.intr.* Devenir mûr: *Les fruits ont bien mûri avec la chaleur.*
murmurer	*v. tr.* (sujet nom de personne) Dire à mi-voix, prononcer à voix basse: *Murmurer quelques mots à l'oreille de son voisin* (syn.: **chuchoter**).
muse	*n.f.* 1. Chacune des neuf déesses de la mythologie qui présidaient aux arts (avec une majuscule). 2. Inspiratrice d'un poète.
museau	*n.m.* Partie saillante de la face de certains animaux: *Le museau du chien, du chat, du loup.*
mystère	*n.m.* 1. Ce qui est incompréhensible et obscur: *Un mystère étrange entourait sa disparition.* 2. Discrétion volontaire: *Cet écrivain a enveloppé l'enlèvement de son héroïne d'un mystère bien inutile.*

n

naissance	*n.f.* Commencement de la vie pour un être vivant. — **naître** *v. intr.* Venir au monde: *Cet enfant est né il y a cinq jours.*
naïveté	*n.f. La naïveté d'un enfant* (syn.: **candeur, ingénuité**).
nappe	*n.f.* Linge dont on couvre la table pour prendre un repas: *Mettre, ôter la nappe.*
narine	*n.f.* Chacune des ouvertures du nez chez l'homme.
nature	*n.f. nature morte*, tableau représentant des objets ou des animaux morts, groupés en un ensemble artistique (ang.: *still life*).
naufrage	*n.m.* Perte accidentelle en mer: *Le bateau a fait naufrage. Son père avait fait naufrage sur les côtes de Bretagne.* — **naufragé, e** *adj.* et *n. Les naufragés se sont réfugiés sur une île.*
navire	*n.m.* (syn.: **bateau**). *Navire de commerce* (= cargo). *Navire de plaisance* (= yacht).
navrer	*v. tr. Navrer quelqu'un*, lui causer une peine très vive (souvent au passif): *Je suis navré de vous avoir fait de la peine.*
nécessaire de toilette	*n.m.* Petit sac de voyage renfermant tous les objets nécessaires à la toilette, au voyage (brosse et pâte à dents, savon . . .).
négliger	*v. tr. Négliger une chose*, la laisser sans soin: *Négliger sa tenue. Avoir une barbe négligée. Un style négligé* (contr.: **impeccable**). — **négligemment** *adv.* (= avec négligence, avec nonchalance).
nettement	*adv.* D'une manière précise, claire.
niveau	*n.m.* 1. Hauteur d'un point par rapport à un plan de référence. 2. Degré social, intellectuel, moral: *En France, le niveau des études est très élevé.*
noce	*n.f. Epouser en secondes noces*, faire un second mariage.
nocturne	*adj.* Qui a lieu la nuit.
1. note	*n.f.* Courte indication recueillie par écrit pendant un exposé, une lecture ᐧ . . . : *Prendre des notes à un cours.*
2. note	*n.f.* Chiffre exprimant la valeur d'un travail: *Cet étudiant a de mauvaises notes.* — *notes vives* (= couleurs vives).
nourrir	*v. tr.* Donner à manger. — **nourriture** *n.f.* Ce qui sert à nourrir.
nouvelle	*n.f.* Petit récit assez court.
novateur, trice	*n.* Personne qui crée des nouveautés.
noyer (se)	*v. pr.* Mourir asphyxié dans l'eau: *Dimanche dernier, un baigneur s'est noyé.*
nuance	*n.f.* Différence minime entre deux choses de même genre: *Les nuances d'une pensée.* — **nuancer** *v. tr.* Exprimer d'une manière délicate (souvent au passif): *Un jeu nuancé.*

O

obligatoire	*adj. En France, le service militaire est obligatoire* (syn.: **indispensable**).
1. occasion	*n.f.* Circonstance qui vient à propos: *Puisque je vous vois, je profite de l'occasion pour vous dire ma satisfaction* (syn.: **événement**).
2. occasion	*n.f.* 1. *Une occasion, un objet d'occasion*, qui n'est pas neuf et que l'on achète de seconde main: *Pour ce prix-là, vous avez une belle occasion. Acheter une voiture d'occasion.* 2. Objet acheté à un prix avantageux: *J'ai acheté cette voiture à moitié prix: c'est une belle occasion.*
occuper (s')	*v. pr. S'occuper de quelque chose*, lui consacrer son activité: *Il n'a absolument pas le temps de s'occuper de ses affaires* (syn.: **penser à**).
œuvre	*n.f.* Composition, production littéraire ou artistique: *L'œuvre romanesque de Jean-Paul Sartre* (syn.: **production**). *L'œuvre de jeunesse de Picasso.*
oignon	*n.m.* Plante potagère: *Aimez-vous la soupe à l'oignon?* (ang.: *onion*).
oiseau de proie	*n.m.* Oiseau qui se nourrit d'autres animaux.
ongle	*n.m.* (ang.: *nail*).
opposer	*v. tr. Opposer une chose ou une personne à une autre*, les faire contraster, s'affronter: *Opposer des couleurs vives à des couleurs tendres. Ce match opposera l'équipe de Yale à celle de Harvard.*
or	*n.m.* Métal précieux, jaune et brillant (ang.: *gold*).
orchestre	*n.m.* Partie d'une salle de théâtre, de cinéma . . . réservée aux spectateurs et située au rez-de-chaussée: *Elle préfère l'orchestre aux balcons.*
ordinairement	*adv.* (syn.: **habituellement**).
1. ordonner	*v. tr. Savoir ordonner ses idées* (syn.: **organiser**).
2. ordonner	*v. tr.* Donner un ordre: *Je vous ordonne de partir* (syn.: **demander**).
organiser	*v. tr. Organiser quelque chose*, le préparer selon un plan précis: *Organiser une grande réception.*
orgueilleux, euse	*n.m.* Se dit d'une personne qui a un sentiment exagéré de sa valeur ou de son importance (contr.: **modeste, humble**).
ornière	*n.f.* Trace creusée par les roues de voiture dans un chemin de terre: *Les ornières boueuses d'un chemin.*
orphelin, e	*n.* Enfant dont les parents sont morts.
orthographe	*n.f.* Art d'écrire correctement les mots.
os	*n.m. Etre trempé jusqu'aux os*, être mouillé complètement.
osciller	*v. intr.* Avoir un mouvement qui va et vient de part et d'autre de sa position d'équilibre: *Un choc violent a fait osciller la statue.*
oser	*v. tr.* Avoir l'audace, le courage de: *Oser dire la vérité aux gens* (contr.: **craindre de**).
osseux, euse	*adj. Visage osseux, main osseuse*, très maigres (contr.: **grassouillet, dodu**).
Ouest	(avec une majuscule) 1. *L'Ouest*, l'ensemble des départements de l'ouest de la France: *Avoir un accent de l'Ouest.* 2. *L'Ouest*, l'ensemble des pays de l'ouest de l'Europe et de l'Amérique du Nord, par opposition à ceux de l'est de l'Europe: *La politique de l'Ouest* (syn.: **occident**).
outre	*prép.* En plus de. — **En outre** *loc. adv.* De plus: *J'ai lu toute l'œuvre de Camus, et, en outre, j'ai vu jouer une de ses pièces.*
ouvreuse	*n.f.* Femme chargée de placer les spectateurs dans un cinéma, un théâtre: *N'oubliez pas de donner un pourboire à l'ouvreuse.*
ouvrier, ère	*n.* Homme ou femme qui fait un travail manuel ou mécanique, le plus souvent en usine, et dont le salaire est généralement horaire (par opposition à **employeur, patron**).

p

paille *n.f.* (ang.: *straw*).

paisible *adj.* 1. Se dit de quelqu'un qui est d'humeur douce et tranquille: *Un homme paisible* (syn.: **pacifique**; contr.: **emporté**). 2. Se dit de quelque chose que rien ne trouble, où règne la paix: *Mener une vie paisible* (syn.: **tranquille**). *Un quartier paisible* (= qui donne une impression de calme).

palier *n.m.* Espace horizontal formant une sorte de plate-forme où finit chaque étage: *Les voisins de palier* (= de l'appartement qui se trouve au même étage).

palmier *n.m.* (ang.: *palm tree*).

panne *n.f.* Arrêt accidentel dans le fonctionnement d'une machine: *La voiture a une panne* (syn.: **ennui mécanique**). *Tomber, être en panne.*

par *prép.* Exprime parfois le moment pendant lequel se déroule l'action: *Il reste à rêver par cette belle nuit étoilée.*

paraître *v. intr.* 1. Avoir l'apparence de, donner l'impression de: *Le voyage paraît très long.* 2. **Il paraît** = on prétend, on dit: *Il paraît que vous êtes allé en France cet été.*

paralyser *v. tr. Paralyser quelque chose, quelqu'un*, l'empêcher d'agir (syn.: **arrêter**).

parapluie *n.m.* (ang.: *umbrella*).

parasol *n.m.* Grand objet portatif de même forme que le parapluie, utilisé pour se protéger du soleil.

parcourir *v. tr. Le train parcourt cette distance en deux heures* (syn.: **franchir**).

pardessus *n.m.* Vêtement masculin que l'on porte au-dessus des autres vêtements pour se protéger du froid: *Mettre, ôter son pardessus.*

paresse *n.f.* Répugnance au travail, à l'effort, goût pour l'inaction. — **paresseux, euse** *adj.* Qui montre de la paresse: *Un étudiant paresseux.*

parier *v. tr. et intr. Je parie qu'il a oublié de lui téléphoner* (= je suis sûr que).

parler *v. intr. et tr. ind. Parler de la pluie et du beau temps* (= s'entretenir de choses banales, indifférentes). *Parler de choses et d'autres* (= converser sur des sujets divers).

parquet *n.m.* Bois qui couvre le sol d'une pièce.

part *n.f.* 1. *De la part de quelqu'un*, en son nom, venant de lui: *J'ai une lettre à vous remettre de la part de votre oncle.* 2. *De part en part*, d'un côté à l'autre en traversant l'épaisseur.

partager *v. tr.* (ang.: *to share*).

partenaire *n.* Personne à qui on est associé dans un jeu, avec qui on est en relation dans une entreprise: *Avant le début du match, les partenaires anglais avaient mis au point leur tactique.*

parterre *n.m.* Partie d'un jardin où des fleurs variées sont disposées d'une manière ornementale.

participer *v. tr. ind. Participer à quelque chose*, y avoir part: *Ses frères participent aux bénéfices de l'entreprise.*

partie *n.f.* Totalité des points à obtenir pour avoir gagné ou perdu à un jeu: *Une partie de cartes, d'échecs . . . .*

partir *v. intr. Il est parti de rien* (= ses débuts ont été très modestes).

parvenir *v. intr. Parvenir à* (et l'infin.), réussir au prix d'un certain effort: *Elle ne parvient pas à déchiffrer son écriture.*

passage *n.m. Il a acheté au passage un journal* (= en passant).

passager, ère *n.* Personne qui voyage en bateau ou en voiture, sans faire partie de l'équipage: *Les passagers ont été invités à une fête dans le grand salon.* — **un passager clandestin** (= qui n'a pas payé la traversée).

passant, e *n.* Qui circule à pied dans une rue: *Les passants s'arrêtaient pour regarder la vitrine* (syn.: **piéton**).

1. passer	*v. tr.* 1. Faire s'écouler: *Il passe ses journées à ne rien faire* (ang. *to spend time*; dépenser = *to spend money*). 2. Faire aller d'un lieu à un autre: *Il m'a passé son crayon* (syn.: **prêter**). *Passe-moi l'appareil, je vais lui répondre* (= donne-moi le téléphone). 3. Passer un vêtement, le mettre sur soi.
2. passer	*v. intr.* 1. Passer d'un lieu à un autre: *Les voitures ne cessent de passer dans la rue* (syn.: **circuler**). *Elle est passée le voir à l'hôpital* (= elle a été). *Cette idée m'est passée par la tête* (= m'est venue à l'esprit). 2. *Passer pour* (et un nom), être considéré comme: *Il le fait passer pour son frère.* 3. *Passe encore de* (et l'infin.), indique une concession: *Passe encore de n'être pas à l'heure, mais il aurait dû nous prévenir* (= il n'était pas à l'heure, d'accord; mais il aurait dû nous prévenir).
passer (se)	*v. pr.* 1. Avoir lieu: *La scène se passe à Paris.* 2. *Se passer de quelque chose*, ne pas l'utiliser: *Il essaie de se passer du tabac* (= de ne pas fumer).
passe-temps	*n.m.* invariable. Occupation sans importance qui divertit, qui fait passer le temps: *Un passe-temps agréable* (syn.: **amusement, distraction**).
passionnel, elle	*adj.* Inspiré par la passion amoureuse: *Un crime passionnel.*
pâté	*n.m.* Hachis de viande, de poisson, de volaille enveloppé dans une pâte: *Un pâté de campagne. Un pâté de foie gras.*
pâte dentifrice	*n.f.* (ang.: *tooth paste*).
patiemment	*adv.* Avec patience.
pâtisserie	*n.f.* 1. Pâte sucrée cuite au four et souvent garnie de crème, de fruits . . . : *La pâtisserie se mange au dessert.* 2. (au pl.) Gâteaux divers.
pâtissier, ère	*n.* Personne qui fait, qui vend de la pâtisserie.
patrie	*n.f.* 1. Pays où l'on est né. 2. Ville, village, région d'où l'on est originaire.
patron, onne	*n.* Personne qui dirige une entreprise industrielle ou commerciale: *La patronne du restaurant est à la caisse.*
pavé	*n.m.* Petit bloc de pierre dont on couvre le sol des rues. — **paver** *v. tr. On a pavé la rue* (= on a mis les pavés).
paysage	*n.m.* Vue d'ensemble d'une région (syn.: **panorama**). — **paysagiste** *n.* Artiste qui peint des paysages.
péché	*n.m.* (ang.: *sin*).
pédagogie	*n.f.* Science ou méthode dont l'objet est l'instruction ou l'éducation des enfants.
pédant, e	*n. et adj. Prendre un ton pédant* (syn.: **prétentieux**).
1. peine	*n.f. Ce n'est pas la peine d'appeler un taxi* (= il est inutile). — **Avoir peine à** (et l'infin.), parvenir difficilement à: *J'ai peine à croire qu'il n'y ait pas d'autre solution.*
2. peine (à)	*loc. adv.* Très peu, de façon peu sensible: *C'est à peine si on remarque son accent étranger.*
péjoratif, ive	*adj. Mot péjoratif, expression péjorative* . . . , qui comporte une idée défavorable: *Le suffixe* **-ard** *est péjoratif dans « chauffard ».*
pelouse	*n.f.* Terrain couvert d'une herbe courte et épaisse: *Ils étaient assis sur la pelouse du jardin* (ang.: *lawn*).
pencher (se)	*v. pr.* Incliner son corps (ang.: *to lean*).
pendule	*n.f.* Petite horloge d'appartement ou de bureau souvent munie d'une sonnerie: *Être réveillé par la sonnerie de la pendule.*
pénétrer	*v. intr.* Entrer à l'intérieur de: *On pénètre dans la chambre par un petit couloir.*
pénombre	*n.f.* Lumière faible.
pensif, ive	*adj.* Se dit de quelqu'un qui est absorbé dans ses pensées: *Elle était assise dans un fauteuil, immobile et pensive.*
pente	*n.f.* Partie d'un terrain qui est incliné par rapport à l'horizontale: *La rue allait en pente douce vers la Seine.*
perméable	*adj.* Se dit de ce qui se laisse traverser par l'eau (contr.: **imperméable**).

permis	*n.m.* Autorisation écrite qui est exigée pour exercer certaines activités: *Un permis de conduire.*
perplexe	*adj.* Se dit de quelqu'un qui ne sait quelle décision prendre devant une situation embarrassante (syn.: **inquiet, indécis**).
perplexité	*n.f. L'attitude de Jean-Pierre a jeté le comte et la comtesse dans la plus terrible perplexité* (syn.: **embarras, incertitude**).
pers	*adj. Des yeux pers*, dont la couleur est intermédiaire entre le vert et le bleu.
personnage	*n.m.* 1. Personne considérable par son rôle social: *Les grands personnages de l'Etat.* 2. Rôle dans une pièce de théâtre: *Pièce à trois personnages.*
perspective	*n.f. Quelle perspective réjouissante!* (syn.: **idée**).
pesé, e	*adj. Toutes ses paroles sont soigneusement pesées* (= bien choisies).
pétarade	*n.f.* Suite de détonations: *Les pétarades d'une motocyclette.* — **pétarader** *v. intr.*: *Le moteur commence à pétarader.*
pétrole	*n.m.* Huile minérale naturelle utilisée surtout comme source d'énergie: *Des gisements de pétrole ont été découverts dans le Moyen-Orient.*
peuplier	*n.m.* Arbre des régions tempérées dont le tronc étroit peut s'élever à une grande hauteur.
phare	*n.m.* Lampe placée à l'avant d'un véhicule: *Allumer ses phares.*
1. physique	*n.f.* Science qui a pour objet l'étude des propriétés générales des corps et des lois qui modifient leur état et leur mouvement.
2. physique	*n.m.* Aspect général d'une personne: *Avoir un physique agréable. Un physique de cinéma* (= séduisant, photogénique).
pictural, e, aux	*adj.* Qui concerne la peinture: *La technique picturale* (= de la peinture).
1. pièce	*n.f.* Chaque partie d'un appartement, d'une maison (en excluant la cuisine, la salle de bains, l'entrée): *Un appartement de quatre pièces* (ang.: *room*). La pièce où l'on couche (= chambre), où l'on mange (= salle à manger).
2. pièce	*n.f.* Ouvrage dramatique (comédie, tragédie ou drame): *Une pièce en cinq actes.*
pied	*n.m. A pied*, en marchant: *Aller à pied à son bureau* (par opposition à un moyen de transport). — *Mettre les pieds quelque part*, y aller.
piéton	*n.m.* Personne qui va à pied dans une ville, sur une route.
piloter	*v. tr. Piloter un avion*, le conduire, le diriger.
Ping-Pong	*n.m.* Tennis de table: *Jouer au Ping-Pong.*
piqûre	*n.f.* Injection médicamenteuse faite dans les tissus à l'aide d'une aiguille.
piscine	*n.f.* Bassin artificiel pour nager: *Une piscine fermée, en plein air.*
piste	*n.f.* Chemin dans une forêt, une région peu habitée (syn.: **sentier**).
pitié	*n.f.* Sentiment de compassion pour les souffrances d'autrui.
pittoresque	*adj.* Qui serait bon pour un sujet de tableau: *Paysage pittoresque.*
placard	*n.m.* Armoire ménagée dans un mur: *Placard à vêtements, placard à vaisselle.*
place	*n.f.* Large espace découvert où aboutissent plusieurs rues dans une agglomération: *La place des Vosges n'a pas changé depuis l'époque de Louis XIV.*
placement	*n.m. Bureau de placement* (= organisme qui permet à certaines catégories de salariés de trouver un emploi).
plage	*n.f.* Au bord de la mer, étendue plate couverte de sable: *Nous sommes allés à la plage.*
plaider	*v. intr.* Discuter devant un tribunal.
plaindre	*v. tr. Etre à plaindre*, mériter la compassion (souvent dans des phrases négatives): *Avec ce qu'il gagne, il n'est pas à plaindre.*
plaindre (se)	*v. pr.* Exprimer sa souffrance: *Il se plaint de fréquents maux de tête.*
plaire	*v. Plaire à quelqu'un*, lui être agréable — **se plaire** *v. pr. Se plaire à* (et l'infin.), y prendre du plaisir: *Ils se plaisent à le faire souffrir* (syn.: **aimer**).

plaisanter	*v. intr.* Dire des choses drôles: *Il aime à plaisanter dans la conversation.* — **plaisanterie** *n.f.* Propos ou acte de quelqu'un qui plaisante: *On faisait des plaisanteries sur sa façon de s'habiller.*
plaisir	*n.m. Faire plaisir à quelqu'un*, lui être agréable: *Vous nous feriez plaisir en acceptant de dîner avec nous.*
planche	*n.f.* Morceau de bois scié, nettement plus large qu'épais (ang.: *board*).
plaquer	*v. tr. Il a plaqué ses lèvres contre les siennes* (= il a appliqué fortement).
plat	*n.m.* 1. Pièce de vaisselle de table plus grande qu'une assiette: *Apporter les plats sur la table.* 2. Contenu d'un plat: *Servir un plat de poisson.* 3. Chacun des éléments d'un menu: *Le premier, le deuxième plat.*
plateau	*n.m.* Support plat, servant à transporter des objets de ménage: *Mettez les assiettes sales sur le plateau et remportez-les à la cuisine.*
plein, e	*adj.* 1. (avant ou après le nom) Se dit d'une chose qui contient tout ce qu'elle peut contenir: *La valise est pleine, on ne peut rien ajouter.* 2. Se dit d'une chose qui est complètement ce qu'elle est censée être: *En plein jour, en pleine nuit* (= quand le jour, la nuit sont bien établis). *Vivre en plein air* (= à l'air libre).
plomb	*n.m.* Métal très dense, d'un gris bleuâtre. — *soldat de plomb* (= figurine de plomb ou d'un autre métal, représentant un soldat).
plombier	*n.m.* Ouvrier qui établit et entretient les installations et les canalisations d'eau et de gaz.
plonger (se)	*v. pr.* S'absorber dans une occupation: *Il se plonge dans un problème de mathématiques. Se plonger dans la lecture d'un roman.*
plupart (la)	*adv.* (suivi de la prép. *des* et d'un nom pl.): *La plupart des bateaux transatlantiques ont des piscines en plein air* (syn.: **la majorité, presque tous**).
plusieurs	*adj. indéf. pl.* Indique une pluralité de personnes ou de choses: *Je pourrais vous donner plusieurs exemples.*
pneu	*n.m.* Enveloppe de caoutchouc rempli d'air comprimé qui sert de bandage aux roues des bicyclettes, des voitures: *Vérifier la pression des pneus. Faire réparer un pneu crevé.*
point	*n.m.* **A point** *loc. adv.* et *adj.*: *Le bifteck est cuit à point* (= ni trop cru ni trop cuit). — **Au point** *loc. adv.* et *adj.* Bien réglé, qui fonctionne bien: *Ma voiture est maintenant au point.* — **Sur le point de** *loc. prép.* (avec infin.). Indique un futur immédiat: *Sur le point de franchir le dernier obstacle, le cheval tomba* (= au moment où il allait le franchir).
pointer	*v. intr.* (sujet nom de chose). Se dresser verticalement, s'élever: *Les flèches de la cathédrale pointent vers le ciel.*
pointure	*n.f.* Dimension des chaussures, des gants: *Quelle est votre pointure?*
1. pois	*n.m. Elle nous a servi des petits pois frais* (ang.: *peas*).
2. pois	*n.m. A pois*, se dit de certains tissus décorés par des petits ronds d'une couleur différente de celle du fond: *Une cravate à pois.*
policier, ère	*adj. Roman, film policier*, roman, film dont l'intrigue repose sur une enquête criminelle.
pompeux, euse	*adj.* (ang.: *pompous*).
pompier	*n.m.* Homme qui combat les incendies (ang.: *fireman*).
port	*n.m.* Partie abritée d'une côte où les bateaux peuvent s'arrêter.
portefeuille	*n.m.* Enveloppe de cuir qui se ferme comme un livre et où l'on range des billets de banque, ses papiers, etc.: *Se faire voler son portefeuille. Avoir un portefeuille bien garni* (= avoir de l'argent).
porter (se)	*v. pr.* (sujet nom de personne). Aller bien ou mal, avoir une santé bonne ou mauvaise: *« Comment vous portez-vous? — Je ne me porte pas trop mal, merci. »*
porteur	*n.m.* Personne dont le métier est de porter les bagages: *Sur le quai de la gare, les porteurs attendaient derrière leurs chariots.*

portière   *n.f.* Porte qui ferme l'ouverture par laquelle on pénètre dans une voiture de chemin de fer, dans une automobile.

1. poser   *v. tr. Poser un objet*, le mettre quelque part: *Poser une assiette sur une table* (syn.: **placer**). — **se poser** *v. pr. Une main s'est posée sur son épaule* (syn.: **s'abattre**).

2. poser   *v. intr.* Prendre une attitude telle qu'on puisse faire un portrait, une photo: *Voulez-vous poser sur ce canapé?*

posséder   *v. tr.* (simple syn. de **avoir**) *Je te laisse cent francs, c'est tout ce que je possède.*

potager, ère   *adj. Plantes potagères*, plantes réservées pour l'usage alimentaire. *Jardin potager*, jardin consacré à la culture des plantes potagères.

poudre   *n.f.* Substance divisée en particules très fines que les femmes se mettent sur les joues. (On dit aussi **poudre de riz**.)

poulet, ette   *n.* 1. Petit de la poule (ang.: *chicken*). 2. Terme d'affection.

poupée   *n.f.* Petite figure humaine qui sert de jouet aux enfants: *La petite fille tenait sa poupée comme une vraie maman.*

pourboire   *n.m.* Somme d'argent qu'on donne gracieusement pour payer un petit service (ang.: *tip*).

poursuivre   *v. tr. Poursuivre une personne*, la suivre vivement pour l'atteindre: *Il se mit à poursuivre la jeune fille qui fuyait.*

pourtant   *adv.* Marque une opposition à ce qui vient d'être dit: *Il a échoué à l'examen, et pourtant il n'est pas bête* (syn.: **cependant;** au commencement de la phrase: **mais**).

pourvu que   *loc. conj.* Introduit une proposition subordonnée au subjonctif, exprimant la condition nécessaire pour que l'action de la principale se réalise (souvent la subordonnée est en tête de phrase): *Pourvu qu'ils ne fassent pas trop de bruit, les enfants peuvent jouer dans le jardin.*

pouvoir (se)   *v. pr. impers. Il* (cela, ça) *se peut*, il est (c'est) possible: *Il se peut que je me trompe.* « *Croyez-vous qu'il va neiger? — Ça se pourrait bien.* »

pratiquer   *v. tr. Pratiquer un métier, un art, un sport*, l'exercer, l'appliquer, s'y livrer: *Pratiquer la photographie en couleurs, le football. . . .*

précédemment   *adv. Nous avions déjà précédemment fait le même exercice* (syn.: **naguère;** ang.: *before*).

précieux, euse   *adj.* (après le nom) et *n. Style précieux* (syn.: **affecté, recherché;** contr.: **simple, naturel**).

précipiter (se)   *v. pr.* S'élancer brusquement: *Quand elle a vu Jack qui la regardait, elle s'est précipitée dans ses bras.*

précis, e   *adj.* Se dit d'une chose rigoureusement déterminée, qui coïncide exactement avec une autre: *Arriver à trois heures précises* — **précisément** *adv.* (syn.: **exactement, justement**).

préfet   *n.m.* Administrateur supérieur d'un département. Nom de divers magistrats: *Préfet de police.*

préjugé   *n.m.* Jugement favorable ou défavorable porté d'avance (souvent péjor.): *Son oncle est plein de vieux préjugés.*

préparer (se)   (sujet nom de chose) Etre proche: *Une grande bataille se prépare au Sénat.*

présent, e   *adj. Vous répondez « présent » à l'appel de votre nom* (contr.: **absent**). — **présence** *n.f.* Fait de se trouver présent.

prêter   *v. tr. Prêter quelque chose à quelqu'un*, le mettre à sa disposition pour un certain temps: *Prêter de l'argent à un ami. Prête-moi ton stylo.*

prévenant, e   *adj.* Se dit d'une personne pleine d'attention à l'égard d'une autre: *Ce jeune homme a l'air serviable et prévenant.*

prévenir   *v. tr. Prévenir quelqu'un de quelque chose*, l'en avertir, le lui faire savoir: *Je vous préviens que je serai absent demain* (syn.: **informer**).

prévoyant, e   *adj.* Se dit d'une personne qui devine à l'avance quelque chose.

prier   *v. tr.* et *intr.* 1. Adresser une supplication à un dieu, à un saint. 2. *v. tr. Prier* *quelqu'un de faire quelque chose*, l'en supplier, le lui demander.   3. *Je vous prie, je vous en prie*, formules de politesse: *Voulez-vous me donner le stylo qui est sur le bureau, je vous (en) prie?* (syn.: **s'il vous plaît**).

prière   *n.f.*   1. Acte religieux par lequel on s'adresse à Dieu ou à un saint.   2. Demande: *Malgré vos prières, je ne vous donnerai rien.*

primaire   *adj.* Se dit des personnes ou des choses qui appartiennent à l'enseignement du premier degré (entre les classes enfantines et la sixième): *Ecole primaire.*

1. principal, e, aux   *adj.* (avant ou après le nom) Se dit d'une personne, d'une chose qui est la plus importante: *L'entrée principale du collège.* — **principal** *n.m. Le principal, c'est d'agir vite* (= la chose principale; syn.: **essentiel**).

2. principale   *adj.* et *n.f.* Se dit en grammaire, d'une proposition qui, dans une phrase, est complétée par une proposition subordonnée qui dépend d'elle, sans qu'elle-même dépende d'aucune autre proposition: *Dans la phrase: « Il neigeait quand nous sommes arrivés à la gare », la proposition « il neigeait » est une principale.*

procès   *n.m.* (ang.: *trial*).

procurer   *v. tr. Procurer quelque chose à quelqu'un*, le lui donner: *Le plaisir que lui procuraient les vacances* (syn.: **apporter**).

produire (se)   *v. pr.* (sujet nom de chose) Arriver, survenir au cours d'une succession d'événements: *Il s'est produit un grand changement* (syn.: **s'accomplir, avoir lieu**).

produit   *n.m.* Objet manufacturé: *Produits de beauté* (= poudre, rouge à joues, rouge à lèvres, fond de teint . . .).

profiter   *v. tr. ind. Profiter de quelque chose*, en tirer un avantage: *Vous avez du temps pour voyager mais vous n'en profitez pas.*

projet   *n.m.* Ce qu'on a l'intention de faire: *Faire des projets de vacances.*

promeneur, euse   *n.* Personne qui se promène: *Les promeneurs du dimanche occupent toute la largeur du trottoir.*

pronominal, e, aux   *adj. Forme pronominale*, forme du verbe précédée d'un pronom personnel réfléchi (*me, te, se, nous, vous*).

proportionné, e   *adj. Bien proportionné*, dont les diverses parties sont dans un rapport harmonieux, surtout en parlant d'une personne: *Il a les membres bien proportionnés* (syn.: **bien fait;** fam.: **bien bâti;** contr.: **mal fait**).

1. propos   *n.m. A propos de*, au sujet de: *Il rit à propos de tout* (= en toute occasion). — **A propos!,** sert à marquer une transition, dans le dialogue, entre deux idées différentes: *A propos! il faut que je vous raconte ce qui m'est arrivé hier. . . .*

2. propos (à)   *loc. adv. Ce chèque est arrivé fort à propos* (= à un bon moment).

proposition   *n.f.* En grammaire, unité formant une partie d'une phrase ou bien la phrase toute entière. La phrase: *Il pleuvait quand nous sommes sortis*, comporte deux propositions. « Il pleuvait » est la *proposition principale*; « quand nous sommes sortis » est la *proposition subordonnée.*

propre   *adj.* (avant le nom, avec un possessif) Renforce l'idée possessive: *Je l'ai vu de mes propres yeux* (= moi-même, de mes yeux).

propreté   *n.f. Aimer la propreté* (= aimer ce qui est propre; ce qui n'est pas sale). *Etre d'une propreté méticuleuse*, être très propre.

propriétaire   *n.m.* et *f.* Personne qui a une ou plusieurs propriétés.

propriété   *n.f.* Terre, maison qui appartient à quelqu'un: *Il a une belle propriété à la campagne.*

protéger   *v. tr. Protéger quelqu'un, quelque chose*, le mettre à l'abri des dangers éventuels: *Plusieurs policiers sont chargés de protéger le président dans ses déplacements.*

prudent, e   *adj.* et *n.* Se dit de quelqu'un qui agit en essayant d'éviter les dangers, les fautes: *Elle jugeait prudent de faire ce détour* (syn.: **bon**).

psychiatre   *n.m.* Médecin spécialiste des maladies mentales.

publier   *v. tr. Publier un livre*, le faire paraître: *Emile Zola a publié de nombreux romans.*

puissant, e   *adj.* (avant ou après le nom) 1. Se dit d'une personne qui a beaucoup d'influence: *Un roi puissant.* 2. Se dit d'une personne qui a une grande force physique: *Un homme puissant.* 3. Se dit de ce qui agit avec force: *Un moteur puissant. Des freins puissants.*

q

quant à   *loc. prép.* Se place devant un terme de la proposition sur lequel on attire l'attention en l'isolant: *Quant à lui, il est d'accord pour nous rejoindre à Paris* (syn.: **de son côté, pour sa part**).

quelque part   En un endroit indéterminé: *Elle voulait laisser ses bagages quelque part.*

question   *n.f. Etre question de*, le sujet est: *Il est question dans ce roman de l'ascension du Mont Blanc* (syn.: **s'agir de**).

questionnaire   *n.m.* Liste de questions auxquelles on doit répondre par écrit ou par oral.

queue   *n.f.* File de personnes qui attendent leur tour d'être servies, d'entrer . . . : *Les étudiants faisaient la queue pour se faire servir* (= attendre).

quoique   *conj.* (et le subj.) Indique l'existence d'un fait qui aurait pu empêcher la réalisation de l'action (le syn. **bien que** appartient à la langue écrite; **malgré que, quoique** sont plutôt de la langue parlée): *Il ressemblait beaucoup à son oncle, quoique plus jeune.*

quotidien, enne   *adj.* Qui se fait ou qui revient tous les jours: *La vie quotidienne* (= de chaque jour).

quotidien   *n.m.* Journal paraissant chaque jour de la semaine.

r

rabattre (se)   *v. pr. Se rabattre sur quelque chose*, y venir, faute de mieux: *Lorsque le bifteck est trop cher, on se rabat sur le poulet.*

raccourci   *n.m.* Chemin plus court (contr.: **détour**).

radical   *n.m.* Partie d'un mot que l'on détermine en enlevant sa conjugaison ou sa déclinaison: *Les formes du verbe « chanter » sont faites sur un seul radical* (**chant-**).

radis   *n.m. En France on mange des radis avec du beurre comme hors-d'œuvre* (ang.: *radish*).

raffiné, e   *adj.* 1. Se dit de ce qui est d'une grande finesse, d'une grande délicatesse: *Une nourriture raffinée* (contr.: **simple**). 2. Se dit d'une personne qui a une grande finesse de goût.

raide   *adj. Des cheveux raides* (= qui ne frisent pas; syn.: **droit**; contr.: **bouclé**).

raie   *n.f.* Ligne d'une couleur différente de celle du fond dans une étoffe: *J'ai acheté une cravate à raies* (= rayée).

raisin   *n.m.* Fruit de la vigne: *Manger, cueillir du raisin* (ang.: *grapes*).

raisonner   *v. intr.* Chercher et employer des arguments pour démontrer une chose, pour convaincre quelqu'un.

ramener   *v. tr. Ramener quelqu'un*, le faire revenir avec soi à l'endroit qu'il avait quitté: *Comme j'étais souffrant, on m'a ramené chez moi en voiture* (syn.: **reconduire, raccompagner**).

rangée   *n.f.* Suite de choses, et quelquefois de personnes, disposées sur une même ligne: *Une rangée de tableaux, d'arbres, de maisons.*

ranger   *v. tr. Ranger des choses*, les placer dans un certain ordre, les mettre à une place convenable: *Dans un dictionnaire, les mots sont rangés par ordre alphabétique.*

rappeler   *v. tr.* 1. *Rappeler quelque chose, quelqu'un*, le faire revenir à la mémoire: *Il m'a rappelé sa promesse.* 2. Présenter une certaine ressemblance: *Cet enfant me rappelle son grand-père* (syn.: **faire penser à**).

rapport   *n.m.* Lien, liaison qui existe entre deux ou plusieurs choses. — *par rapport à* (= par comparaison avec).

rapporter   *v. tr. Rapporter ce qu'on a vu, entendu ou appris*, en faire le récit (syn.: **dire, raconter**).

rapporter (se)   *v. pr. Se rapporter à une chose*, avoir un lien logique avec elle: *Le développement de votre dissertation ne se rapporte pas au sujet* (syn.: **correspondre**).

rapprocher (se)   *v. pr.* Venir plus près: *Rapproche-toi, je ne t'entends pas* (contr.: **s'éloigner**).

rapt   *n.m.* Enlèvement d'une personne mineure: *Etre accusé du rapt d'un enfant* (syn.: **kidnapping**).

rasoir   *n.m.* Instrument servant à raser, à couper les cheveux, la barbe d'une personne.

rassasier   *v. tr.* 1. *Rassasier quelqu'un*, satisfaire entièrement sa faim. 2. *Rassasier quelqu'un*, satisfaire ses désirs, ses passions (souvent au passif): *Il aime tellement les voyages qu'il n'en est jamais rassasié.*

rassembler   *v. tr. Rassembler des gens*, les faire venir en un même lieu: *Toute la famille est rassemblée autour de l'arbre de Noël.*

rassurer   *v. tr. Rassurer quelqu'un*, lui rendre la confiance, la tranquillité.

rattraper (se)   *v. pr.* Se dédommager d'une privation: *Il n'a pu manger à sa faim pendant plusieurs jours, mais maintenant il se rattrape.*

ravir   *v. tr.* 1. *Ravir quelqu'un*, lui faire éprouver un vif sentiment d'admiration: *Cette pièce de théâtre a ravi tous ceux qui l'ont vue* (syn.: **charmer, enchanter**). 2. *Etre ravi de* (avec un nom ou un infin.), *être ravi que* (et le subj.), éprouver un grand plaisir: *Je suis ravi de vous revoir.* — **ravissant, e** *adj.* Se dit d'une personne ou d'une chose qui procure un plaisir extrême par sa grande beauté: *Elle est ravissante dans cette robe en taffetas rouge vif* (syn.: **séduisant**).

rayé, e   *adj.* Qui porte des raies: *Un tissu rayé* (contr.: **uni**). *Le tigre est rayé de noir.*

réalisateur, trice   *n.* Personne qui est responsable de la réalisation d'un film: *Le réalisateur contrôle toutes les opérations de tournage* (syn.: **metteur en scène**).

réaliser   *v. tr. Réaliser quelque chose*, donner l'existence à ce qui n'était que dans l'esprit: *Racine a réalisé l'idéal de la tragédie classique.* — **se réaliser** *v. pr.* Devenir réel: *Ses rêves se sont réalisés.* — **réalisable** *adj.* (syn.: **faisable**).

récemment   *adv.* Depuis peu de temps: *J'ai vu ce film récemment* (syn.: **dernièrement**).

recevoir   *v. tr.* Recevoir quelqu'un (sans compl. d'objet). Inviter du monde chez soi: *Cet homme sait recevoir. Cette famille reçoit beaucoup.*

réchauffer (se)   *v. pr.* S'exposer à une source de chaleur.

rechercher   *v. tr. Rechercher quelqu'un, quelque chose*, chercher avec soin à les connaître, à les découvrir. — **recherche** *n.f.* 1. Action de rechercher: *La recherche d'un objet perdu, d'un coupable.* 2. (au pl.) Travaux destinés à approfondir une question en matière d'érudition ou de science: *Ce livre est le résultat de ses recherches sur cette génération littéraire.* — *A la recherche de*, en cherchant avec soin: *Etre à la recherche d'un hôtel bon marché.*

récit   *n.m.* Histoire rapportée oralement ou par écrit d'événements réels ou imaginaires: *Il nous a fait pleurer par le récit de ses malheurs* (syn.: **histoire**).

réconforter   *v. tr. Réconforter quelqu'un*, lui redonner des forces: *Réconforter un malade.*

reconnaissant, e   *adj.* Qui témoigne de la gratitude (contr.: **ingrat**).

recouvrir   *v. tr.* Couvrir de nouveau: *Le tissu de ces sièges est usé: il faudra les recouvrir.*

reculer   *v. intr.* Aller en arrière: *Les agents ont fait reculer la foule.*

réduire   *v. tr. Réduire quelque chose*, en diminuer les dimensions, l'importance.

refaire   *v. tr.* 1. Faire de nouveau. 2. Recommencer en faisant quelque chose de différent, en transformant: *Ce devoir est à refaire.*

réfléchi   *adj. m. Verbe pronominal réfléchi*, indique qu'une action revient sur le sujet de la proposition: *Je me regarde dans la glace.* — *Pronom réfléchi*, pronom personnel qui désigne la même personne ou la même chose que le sujet et sert à former des verbes pronominaux réfléchis.

réfléchir   *v. intr.* et *tr. ind. Réfléchir à, sur quelque chose*, y penser longuement pour l'approfondir: *Avant de parler, réfléchissez à ce que vous allez dire.*

reflet   *n.m.* Rayon lumineux: *Les reflets du soleil sur la neige.* — **refléter** *v. tr.* Renvoyer la lumière, la couleur, l'image d'une chose, de façon affaiblie.

refrain   *n.m.* Répétition des mots ou des vers à la fin de chaque couplet d'une chanson, d'un poème.

régaler (se)   *v. pr. Se régaler d'un plat* (ou sans compl.), faire un bon repas, manger un mets que l'on aime.

régime   *n.m.* Règle observée dans la manière de vivre et surtout en ce qui regarde les aliments et les boissons: *Pour maigrir, on se met au régime, on suit un régime.*

régiment   *n.m.*   1. Unité militaire composée de plusieurs bataillons et commandée par un colonel.   2. *fam.* Grand nombre.

règle   *n.f.*   1. Ce qui est conforme à l'usage, à l'autorité, à la morale.   2. Principe selon lequel on enseigne un art, une science: *Les règles de la grammaire.* — *Etre en règle*, être dans la situation exigée par la loi, les convenances: *Je suis en règle avec la police; on a prolongé mon passeport.*   3. Ensemble des conventions propres à un jeu, à un sport.

régler   *v. tr. Régler un mécanisme, une machine . . .* , en mettre au point le fonctionnement: *Régler une montre, les phares. . . .*

régner   *v. intr.* Exercer le pouvoir souverain dans un Etat: *Louis XIV régna de 1643 à 1715.*

regretter   *v. tr. Regretter quelque chose, regretter de* (et l'infin.), éprouver du mécontentement d'avoir fait ou de ne pas avoir fait quelque chose: *Elle regrette de ne pas être venue.*

rejoindre   *v. tr. Rejoindre quelqu'un*, aller le retrouver: *Pendant les vacances, il va rejoindre ses parents en Europe.*

réjouir   *v. tr.* Donner de la joie: *Cette nouvelle réjouit tout le pays* (syn.: **faire plaisir**). — **réjouissant, e** *adj.* Qui réjouit (surtout dans une proposition négative): *Une nouvelle pas très réjouissante.* — **réjoui, e** *adj.* Qui manifeste la joie, la gaieté: *Avoir un air, une mine réjouie.*

rembourrer   *v. tr.* Garnir de bourre, de laine. *Un fauteuil bien rembourré* (= très confortable).

remettre   *v. tr. Remettre une chose*, la replacer dans son état antérieur: *Remettre une voiture en marche. Remettre de la monnaie en circulation.*

remonter   *v. intr.* (sujet nom de chose) *Remonter à, jusqu'à*, se reporter à une date antérieure: *Cet événement remonte à plus d'un an.*

remords   *n.m.* Vive douleur morale causée par la conscience d'avoir mal agi (syn.: **regret**).

remporter   *v. tr.*   1. Emporter ce qu'on avait apporté: *N'oubliez pas de remporter vos journaux* (syn.: **reprendre**).   2. Gagner: *Le roi avait remporté une victoire.*

remuer   *v. tr.* et *intr.* Faire un ou plusieurs mouvements: *Cet enfant ne peut rester en place, il remue sans cesse* (syn.: **bouger**).

rencontre   *n.f. Une rencontre entre deux chefs d'Etat* (syn.: **entrevue**).

rendez-vous   *n.m.* Rencontre entre deux ou plusieurs personnes qui décident de se trouver à une même heure dans un même endroit: *Donner un rendez-vous à quelqu'un.*

renforcer   *v. tr.*   1. *Renforcer quelque chose*, le rendre plus fort.   2. Donner plus d'intensité, d'énergie: *Mot qui sert à renforcer une expression.*

renommé, e   *adj.* (syn.: **célèbre, réputé**).

renoncer   *v. tr.*   1. *Renoncer à quelque chose*, en abandonner la possession.   2. *Renoncer à quelque chose*, n'en avoir plus le désir: *Renoncer à un voyage, à un projet, à un espoir.*

renseigner   *v. tr. Renseigner quelqu'un*, lui donner des indications servant à faire connaître une personne ou une chose. — **renseignement** *n.m. Fournir des renseignements* (syn.: **informer**). *Demander des renseignements à quelqu'un.*

répandre   *v. tr. Répandre un liquide*, le laisser tomber en le dispersant sur une surface (syn.: **renverser**).

répartir   *v. tr. Répartir des personnes, des choses*, les distribuer dans un espace ou d'après certaines règles: *Vous avez mal réparti les valises sur le porte-bagages de la voiture.*

repentir (se)   *v. pr. Se repentir de quelque chose*, ressentir le regret d'une faute avec le désir de la réparer: *Se repentir du mal que l'on a fait à quelqu'un.*

réplique   *n.f.* Reproduction d'une œuvre d'art: *Il existe plusieurs répliques de ce tableau.*

répliquer   *v. tr.* et *intr.* Répondre avec vivacité ou avec impertinence: *Ce garçon est mal élevé; il a toujours quelque chose à répliquer.*

repos   *n.m.* Cessation de travail, d'exercice: *Il y a longtemps que vous travaillez; prenez un peu de repos.*

repousser   *v. tr. Repousser une personne ou un groupe de personnes*, les pousser en arrière, ne pas céder à leur pression: *Il voulait l'embrasser, mais elle le repoussa.*

résolu, e   *adj.* Décidé, ferme: *Il est bien résolu à ne pas abandonner ses études.*

résoudre   *v. tr.* Trouver la solution d'une question, d'un cas embarrassant: *Résoudre un problème d'algèbre.*

respectueux, euse   *adj.* Qui a du respect: *Un étudiant respectueux envers ses professeurs* (contr.: **impertinent, insolent**).

respirer   *v. intr.* (ang.: *to breathe*).

resserrer (se)   *v. pr.* Devenir plus étroit.

reste   *n.m.* Ce qui demeure d'un tout dont on a retranché une ou plusieurs parties. — **Au reste, du reste** *loc. adv.*: *Il est médecin, comme son père du reste* (syn.: **d'ailleurs**).

restes   *n.m. pl.* Ce qu'il y a dans les plats après un repas.

résulter   *v. intr.* (sujet nom de chose) Etre la conséquence d'une cause: *Sa maladie résulte d'un excès de travail* (syn.: **provenir**).

retenir   *v. tr. Retenir une place, une chambre*, les faire réserver par précaution: *Avez-vous écrit pour retenir une chambre dans un hôtel?* (syn.: **louer**).

retomber   *v. intr. Retomber sur quelque chose*, revenir après un détour: *Entre femmes, la conversation retombe souvent sur les hommes.*

retour   *n.m.* Action de revenir; moment où l'on revient à son point de départ: *J'irai vous voir à votre retour.* — *En retour*, en échange, réciproquement: *Il vous a beaucoup aidé. Que lui donnerez-vous en retour?*

retourner (se)   *v. pr.* Tourner la tête en arrière: *Dans la rue, elle se retourne sans cesse pour s'assurer que personne ne la suit.*

rétrécir   *v. tr. Rétrécir un objet, un vêtement*, le rendre plus étroit, moins large.

retrousser   *v. tr. Retrousser un vêtement*, le replier vers le haut: *Retrousser ses manches* (syn.: **relever**). — **retroussé, e** *adj. Nez retroussé*, nez dont le bout est un peu relevé.

retrouver   *v. tr.*   1. *Retrouver quelque chose*, être de nouveau en possession de ce qu'on avait perdu: *On a retrouvé chez un antiquaire le tableau volé.*   2. *Retrouver quelqu'un, quelque chose*, être de nouveau en leur présence, après une séparation: *Je serai bien content de vous retrouver aux prochaines vacances* (syn.: **revoir**).

réunion   *n.f.* Action de rassembler des personnes (ang.: *meeting*).

réussi, e   *adj.*   1. Exécuté avec succès: *Une robe tout à fait réussie.*   2. Parfait en son genre: *Une réception, une soirée réussie.*

révéler   *v. tr. Révéler quelque chose*, le laisser voir d'une façon manifeste: *Ce roman révèle chez son auteur des qualités qu'on ne lui connaissait pas.*

revenant   *n.m.* Esprit, âme d'un mort qu'on suppose revenir de l'autre monde.

revenu   *n.m.* Argent qu'une personne reçoit annuellement: *Cette femme a un revenu considérable.*

rêver   *v. intr.*   1. (sujet nom désignant une personne endormie) *Faire des rêves* (ang.: to dream).   2. (sujet nom désignant une personne éveillée) Laisser aller son imagination sur des choses vagues: *Au lieu d'écouter le professeur, cet étudiant ne fait que rêver* (syn.: **être distrait**). — **rêve** *n.m.* Suite d'images qui se présentent à l'esprit pendant le sommeil: *Faire des rêves agréables ou pénibles.*

revers   *n.m.* Chacune des deux parties symétriques d'un vêtement repliées sur la poitrine: *Les revers d'un veston* (ang.: *lapel*).

richissime   *adj. fam.* Extrêmement riche (syn.: **milliardaire**).

ride   *n.f.* Pli de la peau sur le visage, le cou . . . et qui est ordinairement l'effet de l'âge. — **ridé, e** *adj.* Couvert de rides: *Un visage tout ridé.*

rideau   *n.m.*   1. Pièce d'étoffe qu'on étend devant une fenêtre pour intercepter la vue ou le jour: *Fermer, tirer les rideaux.*   2. Grande draperie placée devant la scène d'une salle de spectacle (ang.: *curtain*).

rigoler   *v. intr. fam.* S'amuser, rire: *Son collègue est un bonhomme avec qui il est difficile de rigoler.*

rire   *v. intr. rire à s'en décrocher la machoire* (= rire très fort).

rire aux éclats   (= très fort).

risquer   *v. tr. Risquer quelque chose*, l'exposer à un danger: *En essayant de sauver un noyé, il risquait sa vie.* — *v. tr. ind.* **Risquer de,** être exposé à: *Ne vous penchez pas par la fenêtre, vous risquez de tomber.*

rive   *n.f.* Quartier d'une ville qui borde un fleuve: *Mes cousins habitent la rive gauche (de la Seine).*

robuste   *adj.* (syn.: **fort, vigoureux;** contr.: **délicat**).

roi   *n.m.* Chef souverain d'un Etat: *Couronner un roi.*

rôle   *n.m.* Le personnage représenté par un acteur: *Interpréter un rôle tragique, comique. Il joue toujours les premiers rôles* (= les personnages les plus importants).

romain, e   *adj. et n.* Qui appartient à la Rome ancienne ou moderne: *Etudier l'histoire romaine. La campagne romaine.*

1. roman, e   *adj. Langues romanes*, langues dérivées du latin: *Les principales langues romanes sont le français, l'italien, l'espagnol, le portugais et le roumain.*

2. roman   *n.m.* Œuvre d'imagination en prose dont l'intérêt est dans la narration d'aventures, l'étude de mœurs ou de caractères, l'analyse de sentiments ou de passions. — *Roman policier*, roman dans lequel l'auteur expose les efforts d'un détective pour éclaircir une affaire mystérieuse. — **romancier, ère** *n.* Auteur de romans.

rompre   *v. tr. Rompre quelque chose*, le mettre en morceaux (syn.: **casser**). — *Rompre la glace*, mettre fin à la froideur, à la gêne d'un premier contact.

rôti   *n.m.* Viande cuite au four.

rouble   *n.m.* Unité monétaire de l'U.R.S.S.

roue   *n.f. Roue de secours*, roue d'automobile supplémentaire destinée à remplacer une roue dont le pneu est crevé. (ang.: *wheel*).

rouge à lèvres   *n.m.* (ang.: *lipstick*).

rougir   *v. tr.* Devenir rouge par l'effet d'une émotion: *Rougir de honte, de colère.*

rouler   *v. tr. Cette voiture est déjà vieille, mais elle roule encore bien* (syn.: **marcher**).

routine   *n.f.* Habitude d'agir toujours de la même manière: *Cette personne est esclave de la routine.*

roux, rousse   *adj. et n.*   1. Qui est d'une couleur entre le jaune et le rouge: *Avoir la barbe rousse, des cheveux roux.*   2. Qui a les cheveux roux: *Une jolie rousse.*

ruche   *n.f.* Habitation des abeilles (une abeille = *a bee*).

ruelle   *n.f.* Petite rue étroite: *Ils ont pris une ruelle pour éviter de faire un détour trop long.*

rugueux, euse	*adj. Une peau rugueuse* (= rude au toucher; ang.: *rough*).
ruiner	*v. tr. Ruiner une personne*, causer la perte de sa fortune: *De mauvaises affaires ont ruiné cette famille.* — **ruiné, e** *adj.* Qui a perdu sa fortune: *Une famille ruinée.*
ruisseau	*n.m.* Petit cours d'eau.
ruisseler	*v. intr.* 1. Couler, se répandre sans arrêt: *La pluie tombe si fort que l'eau ruisselle sur les trottoirs et la chaussée.* 2. Etre inondé d'un liquide qui coule: *Son visage ruisselait de sueur.*

S

sac	*n.m. Sac à main* ou *sac*, objet ouvert seulement par le haut, généralement de cuir où les femmes mettent les objets dont elles peuvent avoir besoin. (ang.: *bag*).
sage	*adj.* et *n.* Se dit d'une personne réfléchie et modérée dans sa conduite (syn.: **raisonnable**). — *adj.* Doux et obéissant: *Une petite fille sage.*
saignant, e	*adj. Un bifteck saignant* (= très peu cuit).
saigner	*v. intr.* Perdre du sang: *Saigner du nez. Saigner comme un bœuf* (*fam.* = perdre du sang en abondance).
salé, e	*adj.* Imprégné de sel: *Du beurre salé.*
salir	*v. tr. Salir quelque chose*, le rendre sale.
salle de séjour	*n.f.* Pièce servant à la fois de salle à manger et de salon.
salon	*n.m.* Pièce destinée à recevoir les invités: *Le grand salon du château était richement meublé.*
sanglant, e	*adj.* 1. Couvert de sang. 2. Qui occasionne une grande effusion de sang: *Un combat sanglant* (syn.: **cruel, meurtrier**).
sanglot	*n.m.* Contraction convulsive du diaphragme sous l'effet de la douleur et le plus souvent accompagnée de pleurs: *Pousser des sanglots. Contenir ses sanglots. Eclater en sanglots.*
santé	*n.f. Etre en parfaite santé. Avoir une santé délicate, fragile* (ang.: *health*).
satin	*n.m.* 1. Etoffe fine et brillante: *Une robe de satin.* 2. *Peau de satin*, peau douce. — **satiné, e** *adj. Peau satinée*, peau douce comme le satin.
satisfait, e	*adj.* Se dit de quelqu'un qui a ce qui lui suffit, qui est content: *Mon professeur est satisfait de mon travail.*
saucisse	*n.f.* (ang.: *sausage*). — **saucisson** *n.m.* Grosse saucisse.
sauf	*prép.* A l'exclusion de: *J'ai tous les exemplaires de cette revue, sauf un numéro.*
saule	*n.m.* Arbre qui croît ordinairement dans les endroits humides (ang.: *willow*).
sauter	*v. intr.* (ang.: *to jump*).
sauvage	*adj.* et *n.* 1. Qui vit en dehors des sociétés civilisés (syn.: **primitif**). 2. Qui est d'une nature rude, grossière: *Il a quelque chose de sauvage dans ses manières.*
scène	*n.f.* 1. Partie d'un théâtre où jouent les acteurs. 2. Ensemble des décors: *La scène représente un palais.* 3. Lieu où se passe l'action qu'on représente: *La scène est en Ecosse.*
scruter	*v. tr. Scruter une chose* (mot concret), l'examiner attentivement en parcourant du regard: *Scruter l'horizon* (syn.: **explorer**).
séance	*n.f.* Réunion où l'on assiste à un divertissement, à un spectacle: *Séance musicale. Séance de cinéma* (syn.: **représentation**).
secondaire	*adj. Ecole secondaire*, école destinée aux enfants sortant de l'école primaire.
secouer	*v. tr. Secouer quelqu'un*, lui donner une commotion physique ou morale: *La maladie, les mauvaises nouvelles qu'il a reçues l'ont bien secoué.* (syn.: **ébranler, traumatiser**).
secours	*n.m.* Action de secourir (aider) une personne en danger, dans le besoin. — **Au secours!** (ang.: *help!*).

séduire   *v. tr.* (syn.: **charmer, fasciner**). — **séduisant, e** *adj.* Se dit d'une personne qui plaît, qui attire par sa beauté, son charme.

séjourner   *v. intr.* Rester pendant un certain temps dans un endroit: *Son ami a séjourné quelques années en Italie* (syn.: **habiter**). — **séjour** *n.m.* Fait, pour une personne, de séjourner dans un endroit: *Faire un long séjour en France.*

semblable   *adj.* (syn.: **comparable, analogue**).

semblable   *n.m.* (avec un adj. possessif): *Aimer, aider ses semblables. Avoir pitié de ses semblables.*

1. sens   *n.m.* Manière dont une chose est comprise, interprétée: *Le sens d'une parole, d'un texte* (syn.: **signification**).

2. sens   *n.m.* Direction dans laquelle se fait un mouvement, une action: *Des voitures qui roulent en sens inverse les unes des autres.*

3. sens   *n.m.* Fonction par laquelle l'homme et les animaux reçoivent les impressions des objets extérieurs: *La vue, l'ouïe, l'odorat, le toucher et le goût sont les cinq sens.*

sensationnel, elle   *adj. fam.* Excellent en son genre: *Un film sensationnel* (syn.: **extraordinaire**).

sensible   *adj.* (sans compl.) Se dit d'une personne qui est facilement touchée par la tendresse, la pitié (syn.: **émotif, compatissant**).

sentir (se)   *v. pr.* Connaître dans quelles dispositions physiques ou morales on se trouve: *Se sentir à l'aise* (= ne pas éprouver de gêne ni de contrainte). *Se sentir capable de faire un travail* (syn.: **s'estimer, se juger**).

séquence   *n.f.* Au cinéma, suite d'images qui forment un ensemble, même si elles ne se présentent pas dans le même décor.

serrure   *n.f.* Appareil fixé à une porte, à un tiroir . . . qui sert à les fermer ou à les ouvrir et qu'on manœuvre à l'aide d'une clef: *Regarder par le trou de la serrure.*

service   *n.m.* Organisation chargée d'une branche d'activités dans un établissement public ou privé: *Le service de la sûreté au ministère de l'Intérieur.* — **libre service** *n.m. Restaurant, magasin où les clients se servent eux-mêmes.*

serviette   *n.f.* 1. Sac de cuir, utilisé pour le transport de livres, de documents, etc. 2. Pièce de linge dont on se sert à table ou pour la toilette (ang.: *napkin, towel*).

si   *adv. de quantité* marque l'intensité: *Si j'en connais* (= j'en connais tellement).

siècle   *n.m.* Période de cent ans: *Un quart de siècle, un demi-siècle.*

siège   *n.m.* 1. Meuble servant pour s'asseoir: *Les sièges d'une voiture.* 2. Endroit où réside une autorité: *Le Palais-Bourbon est le siège de l'Assemblée nationale.*

sifflet   *n.m.* (ang.: *whistle*).

signe   *n.m.* Elément du langage, geste ou mimique qui permet de faire connaître une pensée ou un désir: *Faire un signe de la tête, de la main. Faire signe de venir, de se lever.*

signifier   *v. tr. Il ne comprenait pas ce que signifiait ce geste* (= quel était le sens de ce geste).

silhouette   *n.f.* 1. Aspect, ligne générale d'un corps humain: *Cette jeune fille a une silhouette élégante.* 2. Forme d'un objet dont les contours se profilent sur un fond: *La silhouette du gratte-ciel se dessinait sur le ciel bleu.*

simplifier   *v. tr. Simplifier quelque chose*, le rendre plus simple, moins complexe.

simultané, e   *adj.* Se dit d'une chose qui se produit, qui a lieu en même temps qu'une autre. — **simultanément** *adv.* En même temps.

sincère   *adj.* Se dit d'une personne qui fait connaître sa pensée, ses sentiments sans les déguiser. — **sincérité** *n.f. Personne ne doute de la sincérité de ses paroles* (syn.: **franchise**).

sinon   *conj.* Introduit une idée de condition négative: *Mettez-vous au travail tout de suite, sinon vous ne réussirez jamais aux examens* (syn.: **autrement, dans le cas contraire**).

sinueux, euse   *adj.* Se dit de ce qui se développe en courbes: *Un chemin sinueux* (contr.: **droit**).

1. situation   *n.f.* Position géographique d'une localité, d'un terrain . . . — **situer** *v. tr. Situer une ville, un personnage, un événement*, déterminer leur place dans l'espace ou dans le temps. — **situé, e** *adj.* Se dit d'un bâtiment, d'un terrain placés en un endroit par rapport aux environs: *Le Palais-Bourbon est situé à Paris, sur la rive gauche de la Seine.*

2. situation *n.f.* Emploi: *Avoir une belle situation dans l'enseignement. Chercher une situation* (syn.: **place**).

ski *n.m.* Sport pratiqué à l'aide de longs patins de bois employés pour glisser sur la neige: *Faire du ski.*

soie *n.f.* (ang.: *silk*).

soigner *v. tr. Soigner un malade*, s'occuper de rétablir sa santé.

soin *n.m.* Application à faire quelque chose: *Les devoirs de cet étudiant sont faits avec soin* (syn.: **attention**). — **soigné, e** *adj.* 1. Qui est fait avec soin: *un travail soigné.* 2. Qui prend soin de sa personne: *Un garçon très soigné* (syn.: **élégant**).

soirée *n.f.* 1. Temps compris entre le coucher du soleil et minuit (indique la durée): *Il passe ses soirées à regarder la télévision.* 2. Spectacle, fête, réunion qui a lieu en général après dîner (vers 21 heures): *Donner une soirée chez soi.*

soit... soit... marque une alternative: *Soit vous, soit un autre* (syn.: **ou bien**).

solde *n.m.* Marchandise vendue au rabais (ang.: *sale*): *Des soldes intéressants. Chaussures mises en solde.*

solennel, elle *adj. L'entrée solennelle d'un roi* (syn.: **majestueux, pompeux**).

sombre *adj.* (après le nom) 1. Se dit d'un lieu peu éclairé: *Un appartement, une maison sombre* (syn.: **obscur**). 2. Se dit d'une couleur qui tire sur le noir: *Des murs, des vêtements sombres* (syn.: **foncé**; contr.: **clair**).

sommelier *n.m.* Personne chargée du service des vins et des liqueurs dans un restaurant.

sommet *n.m.* Partie la plus élevée de certaines choses: *Le sommet d'une montagne, d'un rocher, d'un arbre.*

somptueux, euse *adj.* Se dit de ce qui est magnifique: *Une maison somptueuse* (syn.: **splendide**).

songer *v. tr. ind. Songer à une chose*, l'avoir dans l'esprit (syn.: **penser**).

sonnette *n.f.* Appareil avertisseur actionné par l'électricité: *Appuyer sur (le bouton de) la sonnette.*

sorcier, ère *n.* Personne que l'on croyait autrefois en relation avec le diable pour connaître l'avenir, pour agir sur les personnes (ou les animaux) au moyen de sortilèges (syn.: **magicien**).

sort *n.m.* Puissance imaginaire qui est supposée fixer le cours des événements dont la cause ne peut être déterminée: *Etre favorisé par le sort* (syn.: **fortune, destin**).

sorte *n.f.* Espèce: *Dans une grande ville, on rencontre toutes sortes de gens.*

sortie *n.f.* Endroit par où l'on sort: *Cette maison a deux sorties, une sur la rue et une autre sur le jardin.*

sortir *v. intr.* et *tr. Sortir une personne*, l'accompagner à la promenade, au spectacle, en visite: *Un mari qui ne sort jamais sa femme.*

sosie *n.m.* Personne qui ressemble parfaitement à quelqu'un d'autre: *avoir un sosie.*

sou *n.m.* 1. Le **sou** était une pièce de monnaie valant la vingtième partie du franc, ou cinq centimes. (Ne s'emploie plus que dans quelques expressions): *Compter ses sous* (= compter son argent). *Etre sans le sou, n'avoir pas le sou* (= être totalement dépourvu d'argent). 2. *N'avoir pas un sou de, pas pour un sou de*, être complètement dépourvu de: *Vous n'avez pas pour un sou de malice.*

souci *n.m. Avoir des soucis familiaux, financiers* (syn.: **ennui, tracas**). *Se faire du souci* (= s'inquiéter; ang.: *to worry*).

souffler *v. intr.* Agiter, déplacer l'air: *Le vent souffle de l'ouest.*

souffrir *v. tr.* Supporter quelque chose de pénible: *Il a souffert la torture sans se plaindre.*

souhait *n.m.* (ang.: *wish*).

souhaiter *v. tr.* 1. Désirer pour quelqu'un ou pour soi l'accomplissement d'une chose (syn.:

rêver de).   2. S'emploie dans des formules de politesse lorsqu'on fait des vœux pour quelqu'un: *Souhaiter la bonne année. Souhaiter bon voyage.*

soulager   *v. tr.* Diminuer une douleur physique ou morale: *Il était soulagé d'avoir avoué sa faute* (syn.: **calmer**).

souligner   *v. tr. Souligner quelque chose*, le faire ressortir (syn.: **accentuer**).

soupçonner   *v. tr. Soupçonner quelqu'un de* (et un nom ou l'infin.), lui attribuer des actes ou des pensées condamnables: *Cet homme est soupçonné d'avoir participé à plusieurs vols.*

soupir   *n.m.* Respiration forte et prolongée, occasionnée par un état généralement pénible: *Pousser de profonds soupirs.*

souple   *adj.* Se dit d'une chose qui se plie aisément: *Un cuir souple* (syn.: **flexible**).

sourd, e   *adj.* et *n.* Se dit d'une personne qui ne perçoit pas ou perçoit difficilement les sons: *Cette maladie l'a rendue sourde d'une oreille. Les sourds parlent d'une voix forte.*

sourire   *v. tr. ind. La fortune lui sourit assez souvent* (syn.: **favoriser**).

souris   *n.f.* Petit rongeur qui dévore des aliments, des vêtements, des papiers . . . (ang.: *mouse*).

soutenir   *v. tr.* (syn.: **maintenir, supporter**).

souvenir (se)   *v. pr.* (syn.: **se rappeler, penser à**).

spacieux, euse   *adj.* Qui a une grande étendue: *Un appartement spacieux* (syn.: **grand, vaste**).

spécialité   *n.f.* Mets qu'on consomme particulièrement dans une région, dans un restaurant.

spectacle   *n.m.* Représentation théâtrale, cinématographique . . . : *Aller souvent au spectacle.*

spectateur, trice   *n.*   1. Personne qui est témoin d'un événement.   2. Personne qui assiste à un spectacle artistique.

spectre   *n.m.* Apparition présentant les formes d'une personne morte: *Il dit avoir vu un spectre* (syn.: **fantôme, revenant**).

spirituel, elle   *adj. Cette jeune fille est très spirituelle* (ang.: *witty*).

spontané, e   *adj.* Se dit de ce qu'on fait soi-même, sans y être poussé ni forcé: *Un geste spontané* (syn.: **volontaire**).

stade   *n.m.* Terrain pourvu des installations nécessaires à la pratique des sports.

stationner   *v. intr.* (sujet nom de personne ou de véhicule). S'arrêter en un lieu: *Il est interdit de stationner devant les arrêts d'autobus. Toutes ces voitures stationnent devant notre école.*

statique   *adj.* Se dit d'une personne ou d'une chose qui ne change pas: *Une religion statique.*

sténographie   ou **sténo** *n.f.* Procédé d'écriture formé de signes abréviatifs, qui sert à transcrire la parole aussi rapidement qu'elle est prononcée.

stopper   *v. tr. Stopper une voiture*, en arrêter la marche.

styler   *v. tr. Styler quelqu'un*, l'habituer à exécuter certains gestes (surtout au part. passé): *Un maître d'hôtel stylé.*

styliser   *v. tr. Styliser un objet*, le représenter en le simplifiant, en vue de lui donner un aspect décoratif, ornemental: *Styliser une fleur.*

subir   *v. tr.*   1. (sujet nom de personne) *Subir quelque chose*, supporter malgré soi ou volontairement ce qui est imposé: *Subir l'influence de quelqu'un.*   2. (sujet nom de chose) *Subir quelque chose*, en être l'objet: *Un projet de loi qui a subi des modifications.*

subit, e   *adj.* Se dit de ce qui se présente tout à coup. — **subitement** *adv.*: *Partir subitement* (syn.: **brusquement**).

substituer (se)   *v. pr.* Prendre la place de: *La forme pronominale se substitue au passif à la troisième personne seulement.*

subvention   *n.f.* (ang.: *subsidy*) — **subventionner** *v. tr.* Fournir une subvention: *Les théâtres nationaux sont subventionnés par l'Etat.*

successivement   *adv.* L'un après l'autre.

suffir	*v. intr.* et *tr. ind.* — *Il suffit de* (suivi d'un nom ou d'un infin.), *il suffit que* (et le subj.), il est besoin de, que: *Il ne suffit pas d'avoir de l'argent pour être heureux.*
suggérer	*v. tr. Suggérer quelque chose à quelqu'un*, le lui inspirer pour qu'il l'adopte: *Suggérer une idée, un projet* (syn.: **conseiller**).
suite	*n.f.* Ce qui vient après ce qui est connu: *Pour comprendre ce passage, il faut lire la suite.* — *à la suite de*, après: *A la suite de cet accident, il a dû abandonner ses études.*
1. suivant, e	*adj.* Se dit d'une chose qui vient après une autre dans une série: *Vous trouverez les renseignements à la page suivante.*
2. suivant	*prép.* Conformément à: *Suivant son habitude, il est arrivé à l'heure.*
suivre	*v. tr. Suivre un cours, une classe* (= y être régulièrement).
sujet	*n.m.* Matière sur laquelle on parle, on écrit: *Quel était le sujet de votre conversation?*
supplier	*v. tr. Supplier quelqu'un de* (et infin.), lui demander quelque chose avec humilité et insistance. — **suppliant, e** *adj.* et *n.* Se dit d'une personne qui supplie: *Une voix suppliante.*
supporter	*v. tr. Elle supporte mal le bruit* (= elle ne tolère pas le bruit).
supposer	*v. tr. Supposer quelque chose*, l'admettre comme vraisemblable sans en être certain.
sûr, e	*adj.* Se dit d'une personne qui sait quelque chose d'une manière certaine. — *bien sûr* (= c'est évident).
surlendemain	*n.m.* (toujours avec l'article) Le jour qui suit le lendemain, par rapport à un moment passé ou futur (par rapport à un moment présent on emploie *après-demain*): *Le lundi 5 mars, il avait commencé à tousser, le surlendemain, le mercredi 7 mars, il s'était couché avec une bronchite* (= deux jours après).
surmonter	*v. tr. Surmonter une chose*, être placé au-dessus d'elle: *Un dôme surmonte la basilique.*
surprendre	*v. tr.* Frapper l'esprit par quelque chose d'inattendu: *Voilà une nouvelle qui va surprendre bien des gens* (syn.: **étonner**). — **surpris, e** *adj.* (syn.: **étonné**).
surveiller	*v. tr. Surveiller une chose*, la contrôler de manière que tout se passe bien: *Surveiller la cuisson d'un gâteau.*
svelte	*adj.* (après le nom) Se dit d'une personne mince, légère et élégante tout à la fois.
sympathique	*adj.* (syn.: **agréable, aimable**).

t

tablier	*n.m.* Pièce d'étoffe que l'on met devant soi pour préserver ses vêtements (ang.: *apron*).
tabouret	*n.m.* Petit siège à quatre pieds, sans dossier ni bras.
tache	*n.f. Un chien qui a des taches noires* (ang.: *spot*).
tâcher	*v. tr. Tâcher de* (et l'infin.), faire des efforts pour (syn.: **s'efforcer de**).
taille	*n.f. Une femme de taille moyenne, de petite taille. Avoir la taille fine ou épaisse.* (ang.: *height, size, waist*). — *Etre, se sentir de taille à faire quelque chose*, être, se sentir capable de le faire. — *Taille bien prise*, qui a de justes proportions, avec une idée de minceur.
tailleur	*n.m.* 1. Personne qui fait des vêtements sur mesure. 2. Costume féminin comprenant une jupe et une jaquette de même tissu.
talent	*n.m.* Aptitude naturelle à faire une chose: *Avoir du talent pour la musique, pour la peinture.*
tamiser	*v. tr. Une lumière tamisée* (= douce, filtrée).
tant mieux	*loc. adv.* Indique la satisfaction devant un événement heureux: *Il a réussi, tant mieux!* (contr.: **tant pis**).
taper	*v. tr.* Ecrire au moyen de la machine à écrire: *Elle tape bien mais pas très vite.*

tapis	*n.m.* Etoffe dont on couvre le plancher.
tapoter	*v. tr.* Frapper légèrement à plusieurs reprises: *Tapoter la joue d'un enfant.*
taquiner	*v. tr.* Contrarier malicieusement: *Ses amies l'ont taquinée pendant toute la soirée.*
tarte	*n.f.* Pâtisserie garnie de fruits: *Une tarte aux abricots, aux pommes.* — **tartelette** *n.f.* Petite tarte.
tas de	*(fam.)* = beaucoup de: *Elle connaît un tas de gens intéressants.*
taureau	*n.m.* 1. Mâle de la vache, apte à la reproduction. 2. *De taureau*, superlatif indiquant la force, la grosseur: *Un cou de taureau* (= très gros). *Avoir une force de taureau* (= être très fort).
teindre	*v. tr. Teindre quelque chose*, l'imprégner d'une substance colorante: *Teindre une étoffe, ses cheveux.*
teint	*n.m.* Couleur du visage: *Un teint clair, frais, bronzé, pâle. . . .*
teinte	*n.f.* 1. Nuance résultant du mélange de plusieurs couleurs: *Une teinte jaunâtre.* 2. Couleur en général, plus ou moins intense: *Les feuilles des arbres, à l'automne, prennent des teintes roussâtres.*
témoigner	*v. intr.* Rapporter ce qu'on sait. — *v. tr. ind. Témoigner d'une chose*, servir de preuve à cette chose: *Ces murs richement sculptés témoignent d'un passé luxueux.*
témoin	*n.m.* Personne qui a vu ou entendu quelque chose et peut le certifier: *Les témoins prêtent serment de dire la vérité. En France, la loi requiert deux témoins pour la célébration d'un mariage.*
tendance	*n.f.* 1. Force qui influence l'activité de l'homme (syn.: **inclination**). 2. *Avoir tendance à*, être porté à: *Cet homme a tendance à exagérer.*
tendre	*adj. Une couleur tendre. Des paroles tendres.* (syn.: **caressant, doux**).
tenir	*v. tr. Tenir sa droite*, circuler en suivant régulièrement le côté de la route qu'on a à sa droite. — *Tenir tête à quelqu'un*, s'opposer à sa volonté, lui résister. — *tiens, tenez*, impératifs employés comme interj. et servant à attirer l'attention, pour exprimer la surprise: *Tiens, le voilà qui passe! Tiens, c'est bien vous qui êtes ici!*
tenir (se)	*v. pr.* (sujet nom de personne) 1. Etre uni l'un à l'autre: *Joyce et Jean-Pierre se tenaient par la main.* 2. Etre dans une certaine attitude: *Se tenir debout, couché.*
tenir à ce que	(et le subj.) Avoir un extrême désir de, que: *Il tient à ce que tout le monde sache qu'il est innocent.*
tenir le coup	(= résister): *Il est très fatigué, mais il tient tout de même le coup.*
tentative	*n.f.* Action par laquelle on essaie de faire réussir une chose: *Ses tentatives pour battre le record du monde ont échoué.*
1. tenter	*v. tr. ind. Tenter de* (et l'infin.), faire des efforts pour obtenir un résultat: *Tenter de s'absorber dans la lecture d'un roman* (syn.: **essayer**).
2. tenter	*v. tr.* (sujet nom de chose) *Tenter quelqu'un*, attirer, exciter le désir, l'envie de quelqu'un: *Les sports d'hiver les tentaient.*
tenture	*n.f.* Pièce d'étoffe qui sert à couvrir les murs d'une maison, d'un appartement.
tenue	*n.f.* Manière dont une personne est habillée: *Une tenue soignée, impeccable. Etre en tenue de sport, de ville, de soirée. Grande tenue* (= habit de gala).
terminer	*v. tr. Terminer quelque chose*, le faire jusqu'à la fin: *Nous terminions notre repas quand le téléphone a sonné* (syn.: **achever, finir**).
terne	*adj.* Se dit de ce qui manque d'éclat, de lumière et produit une impression désagréable: *Une couleur terne* (syn.: **sale, mat**). *Un regard terne* (syn.: **inexpressif**).
terrain	*n.m.* Espace de terre d'une certaine nature: *Un terrain de jeu, de camping, d'atterrissage.*
terrain vague	*n.m.* Etendue sans constructions, à proximité d'une agglomération.
terrasse	*n.f.* Prolongement d'un café ou d'un restaurant sur une partie du trottoir: *S'installer, s'asseoir à la terrasse. Prendre un café à la terrasse.*

terreux, euse	*adj.* Qui est d'une couleur de terre: *Avoir le teint, le visage terreux.*
tête	*n.f. En tête (de)*, au premier rang: *Il a passé en tête aux élections.* — *Sans queue ni tête*, se dit de ce qui est désordonné, incohérent et obscur: *Une histoire sans queue ni tête.* — *Avoir une idée dans la tête, en tête, derrière la tête* (= dans l'esprit).
têtu, e	*adj.* Se dit de quelqu'un qui reste très attaché à son opinion ou à sa décision, en dépit de tout (syn.: **obstiné, entêté**).
théorie	*n.f.* Système de concepts qui donne une explication d'ensemble à un domaine de la connaissance: *La théorie atomique.* — **théoricien, enne** *n.* Personne spécialisée dans la recherche abstraite.
thèse	*n.f.* 1. Opinion dont on essaie de démontrer la véracité: *Avancer, contredire une thèse.* 2. Ouvrage présenté pour obtenir le grade de docteur: *Préparer, soutenir une thèse.*
tiède	*adj.* Ni chaud ni froid.
timidement	*adv.* (syn.: **gauchement**). — **timidité** *n.f.* Manque d'assurance en société (contr.: **audace, assurance**).
tirer	*v. tr.* 1. *Tirer vanité de quelque chose*, se vanter: *Il tire vanité de ses succès.* 2. *Tirer une chose d'une autre chose*, l'en faire sortir, l'en extraire: *Tirer un mouchoir de sa poche. Tirer des sons d'une guitare.*
tirer (se)	*v. pr. Se tirer de, s'en tirer*, réussir à sortir d'une situation fâcheuse: *Il s'en est tiré à bon compte*; réussir une chose difficile: *Il s'en est bien tiré.*
tissu	*n.m.* Etoffe: *Un tissu de coton, de laine.*
titre	*n.m.* Nom d'un livre, d'un chapitre ou d'un article: *Ce livre a pour titre « Dialogues et Situations ».* — **sous-titre** *n.m.* Traduction résumée des paroles d'un film en version originale, placée au bas de l'image.
titre (à)	**A titre** + *adj.* indique la manière: *On lui a donné cela à titre exceptionnel.*
toile	*n.f.* 1. Tissu de lin ou de coton: *Un complet d'été en toile. Un pneu a une enveloppe de toile et de caoutchouc.* 2. *Acheter, exposer une toile* (= peinture).
toilette	*n.f.* Les vêtements, en parlant d'une femme: *Elle a toujours de nouvelles toilettes.*
tombeau	*n.m.* Monument funéraire élevé sur le lieu d'un ou de plusieurs morts: *Le tombeau de Napoléon.* —*rouler à tombeau ouvert*, conduire à une vitesse propre à causer un accident mortel.
tombée	*n.f. La tombée de la nuit*, moment où la nuit arrive: *La visibilité est mauvaise en voiture à la tombée de la nuit* (syn.: **crépuscule**).
tomber	*v. intr. Tomber sur quelqu'un, sur quelque chose*, le rencontrer par hasard: *Je suis tombé sur un livre que je cherchais depuis longtemps.*
ton	*n.m.* En peinture, couleur considérée dans son intensité: *Un tableau qui a des tons chauds, froids, fondus, liés.*
tonalité	*n.f.* Impression qui se dégage de l'ensemble des couleurs d'un tableau: *La tonalité vive, éteinte, chaude . . . d'un tableau.*
tour	*n.m.* Moment où une personne fait quelque chose à son rang, dans une série d'actions du même ordre: *C'est son tour maintenant.*
tour	*n.f.* Bâtiment très élevé de forme généralement ronde ou carrée: *La grande tour d'un château* (syn.: **donjon**). *Les tours de Notre-Dame* (syn.: **clocher**).
tournant	*n.m.* Endroit où un chemin, une rivière change de direction: *Une route pleine de tournants* (syn.: **virage**).
tourne-disque	*n.m.* Appareil qui sert à écouter des disques (syn.: **pick-up**).
tout de même	*loc. adv.* (syn.: **cependant, néanmoins**). Souligne une expression exclamative: *C'est tout de même dommage!* — *Tout d'un coup* ou *tout à coup* (syn.: **soudain, subitement**).
traduire	*v. tr. Traduire un texte*, le faire passer d'une langue dans une autre: *Traduire de français en anglais.*

traîner	*v. tr.* (sujet nom de chose) Etre éparpillé, en désordre: *Cet étudiant laisse toujours traîner ses affaires* (= ne les range pas).
traité	*n.m.* Livre relatif à une matière spécifique: *Un traité de physique, de médecine, de philosophie, etc.*
traiter	*v. tr. Traiter une personne de* (avec un attribut), lui donner un qualificatif péjoratif: *Traiter quelqu'un de fou, de paresseux.*
traits	*n.m. pl.* Lignes caractéristiques du visage: *Avoir des traits fins, grossiers . . . — Avoir les traits tirés,* amaigris et tendus par la fatigue.
tranche	*n.f.* Morceau coupé assez mince: *Une tranche de pain, de jambon.*
transformer	*v. tr. Transformer une chose,* lui donner un aspect différent.
transitif, ive	*adj. et n.m.* Se dit des verbes qui admettent un complément d'objet direct ou indirect (contr.: **intransitif**).
transmettre	*v. tr. Transmettre quelque chose à quelqu'un,* lui faire passer ce qu'on a reçu.
transpercer	*v. tr.* Passer au travers de: *La pluie transperce son vieil imperméable.*
trapu, e	*adj.* Gros et court: *Un homme trapu.*
traquer	*v. tr. Traquer un animal,* le poursuivre jusqu'à épuisement.
travers (à)	*loc. prép. et adv.* (ang.: *across*).
traverser	*v. tr.* Passer d'un côté à l'autre: *Traverser la rue* (ang.: *to cross*).
trembler	*v. intr.* Etre agité de petits mouvements musculaires vifs: *Trembler de froid.* — **tremblant, e** *adj.*: *Une main tremblante.*
tribunal	*n.m.* Endroit où les juges rendent la justice.
tricot	*n.m.* Vêtement généralement de laine, avec manches, et couvrant le haut du corps: *Mettre un tricot* (syn.: **chandail**).
trivial, e, aux	*adj. Un mot trivial* (syn.: **grossier**).
trompette	*n.f. fam. Nez en trompette,* nez relevé.
troubler	*v. tr. Un détail me trouble* (= me rend perplexe; syn.: **embarrasser, inquiéter**).
trouver	*v. tr.* (avec un attribut du compl.) Rencontrer dans tel ou tel état: *Les étudiants ont trouvé l'examen difficile. Jack a trouvé le film excellent.*
truquer	*v. tr.* Changer, modifier par fraude quelque chose: *Truquer un compteur* (= en modifier le chiffre).

U

uni, e	*adj.* Sans ornements: *Sa robe était de tissu uni* (= d'une seule couleur et sans dessins).
unir	*v. tr. Unir deux choses,* les joindre de manière qu'elles forment un tout (syn.: **associer**).
usage	*n.m.* Emploi que l'on fait de quelque chose: *L'usage du tabac remonte au début du XVIIe siècle. Guide pratique à l'usage du touriste de langue anglaise* (= destiné au touriste de langue anglaise).
utile	*adj.* Se dit d'une personne ou d'une chose qui rend service: *Si je peux vous être utile en quelque chose, dites-le-moi* (contr.: **inutile**).
utiliser	*v. tr.* (sujet nom de personne) *Utiliser quelque chose,* s'en servir (syn.: **se servir de, employer**).

V

1. vague	*n.f. Etre soulevé, renversé par une vague* (ang.: *wave*).
2. vague	*n.f.* **nouvelle vague** *loc. adj. invar.* Se dit des films, des romans, des modes vestimentaires . . . qui sont le fait d'une génération plus jeune: *Aimez-vous les films nouvelle vague?*

3. vague   *adj.* Se dit de tout ce qui est imprécis, indéterminé (contr.: **précis**).

vain, e   *adj.* (généralement avant le nom) Se dit d'une chose qui n'a ni valeur ni sens. — **en vain** *loc. adv.* Sans résultat (syn.: **inutilement, sans succès**).

vaincre   *v. tr.* et *intr.* Remporter sur quelqu'un un succès militaire, une victoire dans une compétition (syn.: **battre, gagner**).

vaisselle   *n.f.* Ensemble des récipients qui servent à manger et à présenter la nourriture sur la table: *Vaisselle de porcelaine. Faire la vaisselle* (= laver les assiettes après un repas).

valable   *adj.* Se dit d'une monnaie, d'un argument . . . qui peut être accepté, dont la valeur n'est pas contestée: *Cette règle n'est pas valable.*

valeur   *n.f.* (ang.: *value*).

valoir   *v. intr. Valoir mieux* (et infin.), être préférable de: *Il vaut mieux se taire que de dire des bêtises.*

vaniteux, euse   *adj.* et *n.* Se dit d'une personne qui a, sans motifs valables, bonne opinion d'elle-même: *Une jeune fille vaniteuse.*

varié, e   *adj.* Se dit d'une chose qui change: *Travail varié* (contr.: **routinier**).

vaste   *adj.* Spacieux, large: *Une pièce assez vaste* (syn.: **grand**).

vedette   *n.f.* Artiste en renom: *Faire un film de vedettes. Cet acteur est une grande vedette.*

veiller   *v. tr. ind. Veiller à ce que* (et le subj.) prendre soin de: *Veiller à ce que personne ne sorte de la maison* (= faire en sorte que).

veinard, e   *adj.* et *n. fam.* Qui a de la chance.

veine   *n.f.* Vaisseau qui ramène le sang des capillaires au cœur.

velours   *n.m.* Etoffe couverte de poils très doux au toucher (ang.: *velvet*).

vendeur, vendeuse   *n.* Personne qui vend quelque chose (contr.: **acheteur**).

vente   *n.f.* (contr.: **achat**; ang.: *sales*).

ventripotent, e   *adj. fam.* Qui a un gros ventre: *Devenir ventripotent.*

véritable   *adj.* (avant ou après le nom) Se dit d'une personne, d'une chose qui existe vraiment, qui est réelle: *Il circulait sous le nom de Dupont, mais son véritable nom était Ducroc* (syn.: **vrai**; contr.: **faux**).

verre   *n.m.* 1. Récipient en verre pour boire. 2. Contenu de ce récipient: *Voulez-vous prendre un verre de Dubonnet avant le dîner?* (= voulez-vous boire . . .)

verse (à)   *loc. adv. Il pleut à verse* (= il pleut abondamment).

verso   *n.m.* Revers d'un feuillet: *N'écrivez rien sur le verso.*

vestiaire   *n.m.* Lieu où l'on dépose les vêtements, divers objets, avant d'entrer dans certains établissements publics: *Le vestiaire de l'hôtel, du musée, du théâtre.*

veston   *n.m.* Vêtement d'homme couvrant les bras et le buste et ouvrant devant.

veuf, veuve   *adj.* et *n.* Un veuf est un homme dont la femme est morte et qui n'a pas contracté un nouveau mariage.

vicieux, euse   *adj.* et *n. Homme vicieux*, homme qui a des défauts graves et habituels.

vieillard   *n.m.* Homme âgé.

vif, vive   *adj.* 1. Se dit d'une personne dont l'attitude traduit de la vivacité et de la vitalité: *C'est une jeune fille très vive.* 2. Se dit d'une couleur intense: *Couleur vive* (syn.: **éclatant**; contr.: **doux, tamisé**).

vilain, e   *adj.* Se dit d'un enfant désobéissant, désagréable: *Quelle vilaine petite fille!*

virage   *n.m.* 1. Mouvement d'un véhicule qui tourne, change de direction: *Ralentir dans les virages.* 2. Courbure plus ou moins accentuée d'une route: *Virage dangereux* (syn.: **tournant**).

virer   *v. intr.* (sujet nom de bateau ou de véhicule) Changer de direction: *Virer à gauche, à droite* (syn.: **tourner**).

vision   *n.f.* Fait de voir.

visite   *n.f.*   1. Fait d'aller voir quelqu'un à son domicile: *Rendre visite à quelqu'un.*   2. Fait d'aller voir quelque chose: *Faire une visite rapide de la ville* (syn.: **tour**).   3. *Visite médicale*, ou *visite*, examen d'un patient par un médecin. — **visiter** *v. tr.*   1. *Visiter quelqu'un*, aller le voir par charité: *Visiter les pauvres, les malades, les prisonniers.*   2. *Visiter un pays, une ville, un monument, un musée*, aller les voir en touriste, par curiosité. — **visiteur, euse** *n.* Personne qui fait une visite, qui visite un musée, un monument.

vitre   *n.f.*   1. Panneau de verre qui garnit un châssis: *Laver les vitres* (syn.: **carreau**). *Le nez collé à la vitre* (syn.: **fenêtre**).   2. Glace d'une voiture: *Baisser les vitres.* — **vitré, e** *adj.* — *Porte vitrée* (= munie d'une vitre).

vitrine   *n.f.*   1. Partie d'un magasin où les articles sont exposés à la vue des passants (syn.: **devanture**).   2. Meuble servant à exposer des objets d'art, des livres, etc.

vivant, e   *adj.* Animé d'une sorte de vie, qui ressemble à la vie: *Action vivante. Exemple vivant.*

vivement   *adv.* (syn.: **rapidement**).

vlan!   *interj.* Exprime un bruit violent, en particulier celui d'un coup: *Et vlan! il a reçu le coup de poing en pleine figure.*

voisin, e   *n.* Personne qui habite à côté d'une autre ou se trouve à proximité.

voix   *n.f.* Ensemble des sons qui sortent de la bouche de l'homme: *Avoir la voix grave, forte.*

volaille   *n.f.* C'est l'ensemble des oiseaux de la basse-cour (poulets, dindes . . .).

volant   *n.m.* Appareil de direction dans une voiture: *Prendre, tenir le volant* (= conduire).

volonté   *n.f.* Energie, fermeté à réaliser ce que l'on souhaite (ang.: *will*).

volontiers   *adv.* Avec plaisir: « *Vous viendrez bien nous voir cet été? — Volontiers.* »

volupté   *n.f.* Vif plaisir des sens. — **voluptueux, euse** *adj. et n.* Se dit d'une personne qui aime, qui recherche la volupté: *Tempérament voluptueux.*

voûte   *n.f.* Ouvrage de maçonnerie, formé d'un assemblage de pierres qui s'appuient les unes sur les autres.

voûté, e   *adj.* Courbé: *Un vieillard tout voûté. Avoir le dos voûté* (= tenir le dos penché en avant, arrondir le dos).

vue   *n.f.* Acte de regarder, de voir: *Perdre de vue la montagne* (= cesser de la voir).

W

wagon-restaurant   *n.m.* Voiture de chemin de fer aménagée pour servir des repas.

western   *n.m.* Film d'aventures dont l'action se déroule dans l'ouest des Etats-Unis.

index